Guttentag'sche Sammlung Deutscher Reichsgesetze

Nr. 34

Crisolli

# Abzahlungs-Geschäfte

Walter de Gruyter & Co.

Am Schlusse dieses Bandes befindet sich ein „Nachweis wichtiger Gesetzesausgaben", in dem die meisten Bände der jetzt über 240 Nummern umfassenden

**Guttentagschen Sammlung Deutscher Reichs- und Preußischer Gesetze**

sowie größere und kleinere Kommentare, Lehrbücher, Sammelwerke, Entscheidungssammlungen und Zeitschriften verzeichnet sind.

Guttentagsche Sammlung
Nr. 34 Deutscher Reichsgesetze Nr. 34
Textausgaben mit Anmerkungen und Sachregister

# Das Reichsgesetz
betreffend die
# Abzahlungsgeschäfte
Vom 16. Mai 1894

Mit Einleitung, Anmerkungen und Sachregister
von

Dr. Karl-August Crisolli
Gerichtsassessor in Berlin
unter Mitwirkung von Dr. Julius Crisolli
Regierungsrat in Meseritz

Vierte, völlig umgearbeitete Auflage des Werkes
von Hoffmann-Wilke

Berlin und Leipzig 1931
Walter de Gruyter & Co.
vormals G. J. Göschen'sche Verlagshandlung — J. Guttentag, Verlagsbuchhandlung — Georg Reimer — Karl J. Trübner — Veit & Comp.

# Inhaltsverzeichnis.

# Einleitung.

## I. Entstehung des Gesetzes.

In den letzten Jahrzehnten des 19. Jahrhunderts sind in Deutschland Handelsbetriebe entstanden, welche es sich zur besonderen Aufgabe stellten, ihre Waren durch Abschluß von „Abzahlungsgeschäften" abzusetzen, und daher sich als „Abzahlungsgeschäfte", „Abzahlungsbasare", „Warenabzahlungsgeschäfte", Warenkredithäuser" bezeichneten. Diese „Warenkredithäuser" sind es zweifellos gewesen, welche die Aufmerksamkeit weiterer Kreise auf die eigentümlichen Vertragsformen und Vertragsklauseln lenkten, die beim Abschluß von Abzahlungsgeschäften üblich geworden waren. Auf sie bezogen sich wohl die seit der Mitte der achtziger Jahre häufig gegen die Abzahlungsgeschäfte erhobenen Beschwerden und Reformvorschläge. Von anderer Seite dagegen wurden die Beschwerden gegen die Abzahlungsvertragsart erhoben. So wurde z. B. gefordert, die Abzahlungsgeschäfte sollten einer besonderen Steuer unterworfen werden. Diese Beschwerde konnte sich sowohl gegen die Warenkredithäuser richten als Forderung auf die Besteuerung der Warenkredithäuser als auch auf die Besteuerung aller Verträge, welche als Abzahlungsgeschäfte angesehen werden konnten, mochten sie abgeschlossen sein, von wem sie wollten. Wurde aber gefordert, die Abzahlungsgeschäfte sollten unter strenge polizeiliche Kontrolle gestellt werden, so konnten damit nur die Warenkredithäuser gemeint sein, deren in die Augen fallende Tätigkeit eben die Aufmerksamkeit auf die Formen und Klauseln der Verträge gelenkt hatte, die von ihnen — aber keineswegs von ihnen allein — abgeschlossen wurden.

Beim Abschluß von Abzahlungskäufen waren bestimmte Nebenabreden zwischen den Parteien Regel geworden. Sie betrafen in der Hauptsache den Fall, daß der Käufer seinen Vertragsverpflichtungen nicht nachkam, z. B. mit einer Ratenzahlung im Rückstand blieb. Dann sollte dem Verkäufer das Recht zustehen, nicht bloß die Ware, die dem Käufer mit der ersten Teilzahlung (Anzahlung) übergeben worden war, wieder an sich zu nehmen, sondern auch den vom Käufer bereits gezahlten Teil des Kaufpreises für sich zu behalten. Die Verträge enthielten also nicht nur die sogenannte kassatorische Klausel (lex commissoria) oder den Vorbehalt des Eigentums (pactum reservati dominii), welch beide Nebenabreden dem Verkäufer das Recht sicherten, die gekaufte Ware wieder an sich nehmen zu können, sobald der Käufer seine Verpflichtungen nicht erfüllte. Es wurde vielmehr daneben regelmäßig noch die sogenannte Verwirkungsklausel in den Kaufvertrag aufgenommen, der zufolge die geleisteten Zahlungen zugunsten des Verkäufers verfielen.[1])

Dies war so sehr zur Regel geworden, daß man einen Abzahlungskauf ohne jene Nebenabreden, und insbesondere ohne Verwirkungsklausel, kaum als ein Abzahlungsgeschäft gelten lassen wollte. „Die Eigentümlichkeit der Abzahlungsgeschäfte", so wurde gesagt, „besteht in der Vereinbarung, daß der bedungene Kaufpreis in einzelnen, zu bestimmt verabredeten Zeiten fälligen Teilzahlungen zu erlegen ist, bis zur Tilgung der ganzen Schuld das Eigentum der verkauften Sache dem Verkäufer verbleibt und bei Nichteinhaltung auch nur einer Ratenzahlung das bereits Geleistete zugunsten des Verkäufers verfällt" (Verordnung

[1]) Vgl. die im Anhang unter II B abgedruckten Formulare.

des Königlich Sächsischen Ministeriums des Innern vom 28. September 1887). Oft wurde das Abzahlungsgeschäft nicht in der Form eines Kaufvertrages, sondern in der Form des sogenannten Möbelleihvertrages abgeschlossen. Hier wurde in der Form eines Mietvertrages verabredet, die vermieteten Sachen sollten in das Eigentum des Mieters übergehen, sobald die geleisteten Mietzahlungen zusammengerechnet eine bestimmte Summe ausmachten. Bei derartigen Verträgen fehlte die Verwirkungsklausel im Vertrage. Es verstand sich aber, die Gültigkeit des sogenannten Möbelleihvertrages als Mietvertrag einmal vorausgesetzt, von selbst, daß der Vermieter, der den Mietvertrag auflöste, weil der Mieter mit der Mietzahlung im Rückstand blieb, die bis zur Auflösung des Vertrages gezahlten Mietraten behalten durfte.

Die Rechtsgültigkeit der den Abzahlungsverträgen stets beigefügten Verwirkungsklausel konnte aber nach der damaligen Rechtslage nicht mit Erfolg angezweifelt werden. Sehr viele der berühmtesten Lehrer des römischen Rechts nahmen sogar auf Grund der L. 5 und 6 pr. D. de lege commissoria XVIII, 3 die Verwirkung der vom Käufer geleisteten Teilzahlungen auch ohne dahinzielende ausdrückliche Verabredung der Parteien an, sofern der Verkäufer den Rücktritt von dem mit der kassatorischen Klausel abgeschlossenen Kaufvertrage erklärte, weil der Käufer die ihm obliegenden Zahlungen nicht rechtzeitig oder vollständig geleistet hatte (quia nihil penes eum residere oporteret ex re, in quia fidem fefelisset).

Es widerspricht jedoch dem natürlichen Billigkeitsgefühl, daß bei Auflösung eines mit der Verwirkungsklausel geschlossenen Kaufs auf Abzahlung oder bei der Auflösung eines Möbelleihvertrages der eine Teil die Ware und die in der Hoffnung auf den Erwerb der Ware geleisteten Zahlungen verlieren soll. Diese Unbilligkeit war um so größer, als sie gerade den wirtschaftlich schwach dastehenden Teil der Bevölkerung traf. Der bessergestellte Teil des Publikums suchte die Warenkredithäuser nicht auf. Er weiß die Vorteile des Bareinkaufs zu schätzen und ist imstande, sie auszunutzen. Gerade Unbemittelte müssen sich zum Kauf notwendiger Gegenstände gegen Abzahlung verstehen und können leicht ohne Schuld in Lagen kommen, in denen sie selbst beim besten Willen nicht imstande sind, ihre Verpflichtungen zu erfüllen. Die offenbare Unbilligkeit der Verwirkungsklausel zeigt das alltägliche Beispiel, daß eine arme Näherin gezwungen wurde, die auf Abzahlung gekaufte Nähmaschine — vielleicht das einzige Mittel zu ihrem weiteren Fortkommen — herauszugeben, weil sie zur Zahlung einer Rate an dem dazu bestimmten Termin infolge von Krankheit unfähig war. Sie hatte dann das in der Hoffnung auf den Erwerb der Maschine bezahlte Geld umsonst ausgegeben. Wenn nun weiter behauptet werden konnte,[1]) daß einzelne Warenkredithäuser den Anzahlungspreis so hoch stellten, daß die Anzahlung den Selbstkostenpreis bereits deckte und alle späteren Zahlungen für sie reiner Profit waren, so mußten solche Vorkommnisse den Wunsch nach einem gesetzgeberischen Einschreiten zugunsten der Abzahlungskäufer hervorrufen. Es ist verständlich, daß dieser Wunsch besonders in den Kreisen der soliden kaufmännischen Welt lebendig wurde, da die Klagen über die — namentlich in den größeren Städten sich verbreitenden — Abzahlungsbasare den guten Ruf des deutschen Kaufmannsstandes zu beeinträchtigen drohten. Viele kleinere Geschäftsleute sahen auch in den Abzahlungsbasaren, in denen die verschiedenartigsten Gegenstände zum Kauf angeboten wurden, eine ihre Kundschaft ver-

[1]) Jahresbericht der Handelskammer zu Mannheim 1887 S. 122, in dem eine solche Behauptung der Zeitschrift „Der Konfektionär" mitgeteilt wird.

mindernde Konkurrenz. So kam es, daß gerade aus kaufmännischen Kreisen heraus der erste wirksame Anstoß zu der Bewegung kam, die zu dem Erlaß des Gesetzes vom 16. Mai 1894 führen sollte.

Der Verein gegen Unwesen in Handel und Gewerbe zu Köln a. Rh. richtete im Jahre 1886 an die dortige Handelskammer das Ersuchen, seine gegen die Abzahlungsgeschäfte gerichtete Petition zu unterstützen, mit der er sich an den Reichstag wenden wollte. In dieser Petition, die am 30. November 1886 abging, beantragte der Verein, die in Warenabzahlungsgeschäften geschlossenen Verträge für ungültig zu erklären. Die Kölner Handelskammer kam den Wünschen des Vereins weit entgegen; sie brachte die Frage der Abzahlungsgeschäfte nicht nur bei den anderen deutschen Handelskammern in Anregung, sondern sie wurde auch bei dem Ministerium für Handel und Gewerbe hierüber vorstellig. Die Jahresberichte der deutschen Handelskammern haben sich denn auch vom Jahre 1886 an, teils der Anregung der Kölner Handelskammer Folge gebend, teils infolge späterer behördlicher Anfragen, mehrfach in eingehendster Weise über die Abzahlungsgeschäfte ausgesprochen.

Jedoch verhielten sich viele Handelskammern nicht bloß gegen den von der Kölner Handelskammer befürworteten Vorschlag ablehnend, den Eigentumsvorbehalt für nichtig zu erklären, sondern sie bekämpften überhaupt jeden gesetzgeberischen Eingriff in die Vertragsfreiheit der Parteien bei dem Abschluß der Abzahlungsgeschäfte. Es waren dies die Handelskammern Baden-Baden (1886), Bielefeld, Duisburg, Halle, Heilbronn, Hildesheim, Karlsruhe, Kiel, Leipzig, Posen, Trier, Wiesbaden, Zittau sowie die Ältesten der Kaufmannschaft von Berlin.

Die überwiegende Mehrzahl der Handelskammern hielt jedoch gegen die bei den Abzahlungsgeschäften eingerissenen

Mißstände ein Einschreiten des Gesetzgebers für geboten. Die Kammer in Stuttgart schlug eine Besteuerung der Warenkredithäuser vor. Die Kammern in Chemnitz, Dresden, Hannover, Harburg, Limburg und Solingen befürworteten die Stellung der Abzahlungsbasare unter obrigkeitliche Kontrolle nach Analogie der Pfandleihgeschäfte (§§ 34, 35, 38 der Gewerbeordnung). Dem Antrage der Kölner Handelskammer (Verbot des Eigentumsvorbehalts) schlossen sich an: Arnsberg, Augsburg, Bochum, Düsseldorf, Flensburg, Minden, Mülheim a. Rh., Osnabrück. Den im Gesetz gewählten Weg, die Verwirkungsklausel zu verbieten, empfahlen: Frankfurt a. M., Göttingen, Halberstadt, Heidelberg, Offenbach, Pforzheim und Worms. Der Jahresbericht der Kammer zu Plauen (1887) endlich gab zu erwägen, „ob nicht die Frage der Zulässigkeit des Abzahlungsgeschäfts in dessen bisherigem Sinn 1. durch eine Berücksichtigung des Mehrwerts des verfallenen Kaufgegenstandes über den Betrag der noch rückständigen Abschlagszahlungen zugunsten des Käufers und 2. durch die Beschränkung des Abzahlungsgeschäfts auf solche Gegenstände, welche dem Käufer als Hilfsmittel in seinem Berufe dienen sollen, gesetzlich geregelt werden könne“.

Aus kaufmännischen Kreisen war auch die überwiegende Mehrzahl der an den Reichstag gerichteten Eingaben hervorgegangen, welche in der Sitzung der Kommission für Petitionen am 12. Mai 1887 zur Beratung standen (Drucks. des Reichstags 1887 I Nr. 154). Die Handelskammern der Provinz Hannover (Goslar, Göttingen, Hannover, Harburg, Hildesheim, Lüneburg, Osnabrück und Verden) hatten die Stellung der Abzahlungsgeschäfte unter obrigkeitliche Kontrolle, die Handelskammern zu Flensburg, Gera, Heidelberg, Iserlohn, Ludwigshafen, Offenbach a. M., Ravensburg, die Vereine gegen Unwesen in Handel und Gewerbe zu Köln a. Rh. und zu Dresden, der Dresdener

Allgemeine Handwerkerverein, endlich eine Petition von J. Hochstetter und Genossen zu Mannheim (mit 861 Unterschriften) hatten die Ungültigkeit der Kontrakte, welche von den Abzahlungshändlern geschlossen würden, beantragt, während der Kaufmann L. Löwenstein (Altona) und der Kaufmann S. Sachs (Berlin) zugunsten der Abzahlungsgeschäfte petitioniert hatten. Die Kommission befürwortete, die gegen die Abzahlungsgeschäfte gerichteten Petitionen dem Reichskanzler zur Erwägung zu überweisen und zu empfehlen. Zu einer Verhandlung im Plenum des Reichstags gelangten jedoch weder diese noch die in der Sitzung der Petitionskommission vom 18. Januar 1889 beratenen Petitionen der Handelskammer zu Osnabrück und des Vorstandes des Vereins zur Wahrung gewerblicher Interessen für Aachen und Burtscheid, da der Regierungsvertreter die Erklärung abgab, die Frage der gesetzlichen Regelung der Abzahlungsgeschäfte werde demnächst den Gegenstand kommissarischer Beratungen unter den beteiligten Reichsämtern bilden.

Die in Aussicht gestellte Initiative der verbündeten Regierungen brachte aber in die nun einmal in Fluß gekommene Bewegung gegen die Abzahlungsgeschäfte keinen Stillstand. Der Petitionskommission des Reichstags lagen in ihrer Sitzung vom 27. Februar 1891 nicht weniger als 972 Petitionen von Handelskammern, kaufmännischen Vereinen, Gewerbetreibenden, Handwerkervereinen, Innungen und Innungsverbänden vor, welche, wie es in dem Kommissionsbericht heißt, „alle mit mehr oder weniger lebhaften Farben die Schäden und Nachteile schildern, die durch den Hausierhandel, die Detailreisenden und die Abzahlungsgeschäfte sowie andere ähnliche Auswüchse des gewerblichen Lebens dem gewerblichen Mittelstand und dem Handwerkerstand sowie der verbrauchenden Bevölkerung im allgemeinen zugefügt würden". Typisch für alle diese Schriftstücke erachtete die Kommission die Petitionen des Deutsch-Sozialen Vereins für das Königreich Sachsen und des Deutschen Reformvereins zu Leipzig sowie die ihnen gleichlautende Petition des Technikers Theodor Fritsch zu Leipzig, welche 5540 Unterschriften gefunden hatte. Dort war gesagt:

„Die Abzahlungsgeschäfte sind ebenfalls darauf berechnet, durch eine scheinbar bequeme Bezahlungsform zu leichtsinnigen Einkäufen zu verführen. Der bestehende Zahlungsmodus läßt den Käufer meist ganz übersehen, daß er doch eigentlich sehr hohe Preise für Waren von zweifelhafter Güte zahlt. Die dabei üblichen Kauf- und Mietverträge bringen den Käufer oft in die Gefahr, sein Geld loszuwerden, ohne schließlich etwas dafür zu besitzen. Ein furchtbares Wachstum der gerichtlichen Klagen und Auspfändungen bildet die hauptsächlichste Frucht dieser Geschäfte. Auch hier zeigt sich eine kecke Plünderung des Publikums und eine Schädigung der soliden Geschäftsleute durch Entziehung der Kundschaft."

Auch der über diese 972 Petitionen erstattete schriftliche Bericht vom 11. März 1891 (Drucks. 1890/91 Nr. 351) gelangte nicht zur Plenarberatung.

Am 10. September 1891 verhandelte dann der XXI. Deutsche Juristentag über die Frage der Abzahlungsgeschäfte. Das dem Juristentage vom Justizrat R. Wilke (Berlin) erstattete Gutachten empfahl insbesondere Beschränkung der Abzahlungsgeschäfte auf Gegenstände des gewerblichen und wirtschaftlichen Bedarfs. Einem zweiten, von Dr. Heck (Berlin) erstatteten Gutachten war ein vollständig ausgearbeiteter Gesetzentwurf, die Abzahlungsgeschäfte betreffend, beigefügt.

Auf dem XXI. Deutschen Juristentage kam es zu keinem Beschluß. Die dort geführten Diskussionen hatten aber im Verein mit den erstatteten Gutachten und verschiedenen anderen, mittlerweile erschienenen fachwissenschaftlichen Werken die einschlägigen Fragen soweit geklärt, daß sie spruchreif erschienen. Die von den verbündeten Regierungen angeordneten amtlichen Erhebungen ließen auch einen Aufschub der Entscheidung, etwa bis zur Vollendung des in Aussicht genommenen Deutschen Bürgerlichen Gesetzbuchs, nicht ratsam erscheinen.

Am 23. Dezember 1892 legte der Reichskanzler einen vom Bundesrat beschlossenen Entwurf eines Gesetzes, betreffend die Abzahlungsgeschäfte, dem Reichstage zur verfassungsmäßigen Beschlußnahme vor (Drucks. 1892/93 II Nr. 69). Dieser Entwurf sah von jedem Versuche, das Abzahlungsgeschäft für gewisse Kategorien von Waren, z. B. Luxuswaren, zu verbieten oder dasselbe unter obrigkeitliche Kontrolle zu stellen oder einer besonderen Steuer zu unterwerfen, gänzlich ab und beschränkte sich auf das Gebiet des bürgerlichen Rechts. In den dem Gesetzentwurf beigegebenen Motiven wurde dieser Standpunkt wie folgt gerechtfertigt:

„Ist . . . davon auszugehen, daß das Abzahlungsgeschäft nach Lage der heutigen Verhältnisse unentbehrlich ist, so läßt sich durch das Gesetz diese Geschäftsform weder völlig untersagen noch den Gegenständen nach beschränken. Denn es wird kaum eine Gattung von Gegenständen geben, deren Anschaffung nicht je nach den Umständen einem wahren Bedürfnis entsprechen kann. Eine Untersagung des Abzahlungsgeschäfts für Sachen, die im einzelnen Falle nur dem Luxus des Erwerbes dienen, wäre zwar grundsätzlich zu rechtfertigen; allein eine Vorschrift dieser Art wäre nicht durchzuführen, ohne die Sicherheit des Geschäftsverkehrs zu schädigen. Ebensowenig empfiehlt sich der Vorschlag, die Abzahlungsgeschäfte einer besonderen Steuer zu unterwerfen, da diese Maßregel einerseits den beabsichtigten Erfolg kaum haben, andererseits auf eine Beeinträchtigung auch des berechtigten Abzahlungshandels hinauslaufen würde. Nicht minder erweisen sich Maßregeln auf gewerbepolizeilichem Gebiet als undurchführbar. Mehrseitig ist befürwortet worden, den Betrieb von Abzahlungsgeschäften wie den der Pfandleiher von einer Erlaubnis der Behörde abhängig zu machen und ihn der obrigkeitlichen Regelung und Kontrolle zu unterwerfen (§§ 35, 38 der Gewerbeordnung) oder doch die Untersagung des Gewerbebetriebes für den Fall erwiesener Unzuverlässigkeit (§ 35 daselbst) zuzulassen. Abgesehen davon, daß derartige Beschränkungen den reellen Abzahlungshandel schwer schädigen und gerade die solideren Geschäftsleute von diesem zurückschrecken müßten, ist zu beachten, daß das Abzahlungsgeschäft nicht, wie die Geschäftszweige, die von den angeführten Vorschriften betroffen werden, eine sich äußerlich kennzeichnende, besondere Art von Gewerbebetrieb, sondern nur eine Form des Geschäftsabschlusses darstellt, die in den verschiedensten Arten von Gewerbebetrieben Anwendung finden kann. Infolge davon wäre eine wirksame Aufsicht der Behörde über das Verhalten der Abzahlungshändler und über die Befolgung der erlassenen Anordnungen nicht zu ermöglichen. Besondere Vorschriften, welche die Polizeibehörden über den Geschäftsbetrieb, namentlich über die Vertragsbedingungen, bei den Abzahlungsgeschäften zu treffen hätten, würden sich überdies auf Nebenpunkte beschränken müssen, um die Freiheit des Verkehrs nicht in nachteiliger Weise einzuengen. An der Schwierigkeit der tatsächlichen Durchführung scheitern auch die Vorschläge, für den Abzahlungsverkehr den Gewerbebetrieb im Umherziehen und das Aufsuchen von Bestellungen von Ort zu Ort und von Haus zu Haus zu untersagen oder auf Bedarfsgegenstände zu beschränken oder die Vorbedingungen einer derartigen Ausübung des Gewerbebetriebs (§§ 44 a, 55, 56 ff. der Gewerbeordnung) zu erschweren.[1]) Zudem würden derartige Maßregeln, insofern sie sich auch gegen den reellen und notwendigen Abzahlungshandel richteten, die berechtigten Interessen der Industrie schädigen und den Bedürfnissen des Publikums auf dem platten Lande widersprechen."

Der Entwurf vom 23. Dezember 1892 beschränkte sich aber nicht allein auf eine rein zivilrechtliche Neuregelung der Abzahlungsgeschäfte, sondern er befleißigte sich auch in deren zivilrechtlicher Neuregelung der größtmöglichen Zurückhaltung. Zur Erreichung des dem Gesetzgeber vorschwebenden Ziels tunlichster Wiederherstellung des Zustandes vor dem Vertrag erschien es genügend, lediglich bestimmten, bei Abzahlungsgeschäften über Mobilien getroffenen Abreden die Wirksamkeit zu versagen. Die Motive rechtfertigen diese Zurückhaltung weitergehenden Vorschlägen gegenüber folgendermaßen:

„Die Klagen hinsichtlich der zivilrechtlichen Gestaltung der Abzahlungsgeschäfte richten sich auf zwei Punkte: man verneint die Angemessenheit der Anwendung gewisser gesetzlicher Normen auf diese Geschäfte und bekämpft die Zulässigkeit der üblichen, für den Schuldner drückenden Abreden. In ersterer Hinsicht wird die Ausschließung

---

[1]) Die in dieser Beziehung gemachten Vorschläge knüpften an die österreichische Regierungsvorlage zur X. Session des Abgeordnetenhauses 1890 an, welche folgenden § 5 enthielt:

Hausierern ist der Abschluß von Veräußerungsgeschäften gegen Ratenzahlung sowie die Einladung zum Abschlusse solcher Geschäfte untersagt. Bei dem Aufsuchen von Bestellungen von Ort zu Ort oder von Haus zu Haus darf die Einladung zum Abschluß solcher Geschäfte sowie der Abschluß derselben nur in Gegenständen stattfinden, welche zum Geschäftsbetriebe oder überhaupt dem wirtschaftlichen Bedarf des Erwerbers der Sache dienen.

des Handelsrechts befürwortet, weil es leicht zur Verwirkung der Ansprüche wegen mangelhafter Beschaffenheit der Sache führe, einen Rechtsbehelf wegen Übermaßes des Preises nicht gewähre, der Vertragsstrafe keine Schranke setze; gegenüber der Formfreiheit der Verträge nach Handelsrecht wird das Erfordernis des schriftlichen Vertragsabschlusses empfohlen. Allein auf der einen Seite würde die Anwendung des allgemeinen bürgerlichen Rechts an Stelle des Handelsgesetzbuchs den angeblichen Übelständen nicht in fühlbarem Maße abhelfen, sondern nur böswilligen Schuldnern bequeme Handhaben für Schikane und Prozeßverschleppung bieten. Auf der anderen Seite gewährt gerade das Handelsrecht in weiterem Umfange die Möglichkeit, die wahre Willensmeinung der Kontrahenten und namentlich mündliche Nebenabreden zu dem schriftlichen Vertrage zu berücksichtigen. Aus letzterem Grunde erscheint es auch nicht angezeigt, die schriftliche Form, die im Abzahlungsverkehr ohnehin allgemein üblich ist, zur Bedingung für die Gültigkeit des Vertrags zu machen. Wenn ferner mit Rücksicht auf das Treiben der Agenten und Provisionsreisenden die allgemeinen Grundsätze über Bevollmächtigung für ungeeignet erklärt worden sind, so ist nicht abzusehen, wie hier auf dem Gebiete des Zivilrechts Wandel geschaffen werden könnte. Insbesondere würde eine gesetzliche Feststellung der Vollmacht jener Mittelspersonen an der Vielgestaltigkeit der Verhältnisse scheitern und mit den Bedürfnissen des Lebens nicht im Einklange stehen. Ein durchgreifendes Mittel gegen Übervorteilung oder Übereilung könnte man in dem Vorschlag erblicken, daß dem Käufer der freie Rücktritt vom Vertrage gegen Zahlung eines Reugeldes gewährt werden solle. Diese Maßregel würde jedoch, während sie den Handel mit fast wertloser Ware kaum hemmen würde, das solide

Abzahlungsgeschäft zum Nachteil des Publikums mit schweren Unkosten belasten, überdies die Leichtfertigkeit bei Eingehung der Verträge wesentlich steigern. Ein wirksamer Schutz würde dem Abzahlungskäufer auch nicht durch eine Vorschrift gewährt werden, welche eine Klausel in dem schriftlichen Vertrage für ungültig erklärte, wonach mündlichen Nebenabreden keine Bedeutung zukommen solle; denn die Schwierigkeit, den in Wahrheit verabredeten Vertragsinhalt gegenüber der schriftlichen Urkunde zur Geltung zu bringen, beruht im wesentlichen nicht auf Sätzen des materiellen Rechts, sondern in der dem Abzahlungskäufer obliegenden Beweislast. Die Tatsache, daß Abzahlungshändler ihre Überlegenheit häufig zur Aufnahme drückender Abreden in den Vertrag benutzen, hat weiterhin den Vorschlag veranlaßt, daß nur einige wenige Vereinbarungen zuungunsten des Käufers im Gesetz als zulässig bezeichnet, alle anderen dagegen verboten werden sollten. Diese Regelung würde jedoch einerseits für die Ausbeutung immer noch einen weiten Spielraum übriglassen, andererseits die Berücksichtigung der besonderen Verhältnisse ausschließen, die im Einzelfalle die verschiedenartigsten Vereinbarungen nötig machen können.

Das Gesetz muß sich deshalb darauf beschränken, bestimmten Abreden die Wirksamkeit zu versagen. Dahin gehören die Verwirkungsklausel, die Vereinbarung über die vom Käufer im Falle der Zurücknahme zu leistende Vergütung, die Festsetzung einer übermäßigen Vertragsstrafe sowie die Vereinbarung der sofortigen Fälligkeit der Restschuld im Falle des Verzugs. Weiter zu gehen erscheint nicht geboten. Der vertragsmäßige Verzicht auf die Ansprüche aus Gewährsmängeln ist im Falle des Betrugs ohnehin wirkungslos; im übrigen dient er zur Abschneidung leichtfertiger Prozesse. Die Vereinbarung, daß der Gläubiger bei Auflösung des Vertrags eigenmächtig die Sachen aus den Räumen des Schuldners solle abholen dürfen, kann unter Umständen gerechtfertigt sein, schützt übrigens im Falle des Mißbrauchs nicht gegen die Strafe des Hausfriedensbruchs. Die vertragsmäßige Unterwerfung unter den allgemeinen Gerichtsstand des Verkäufers hat in Deutschland zu besonderen Beschwerden keinen Anlaß gegeben."

In Ausführung dieser Grundsätze stellte nun der Entwurf in fünf Paragraphen die zivilrechtlichen Regeln fest, nach denen künftig gewisse Abreden der Parteien bei den Abzahlungsgeschäften beurteilt werden sollten, und bestimmte im § 6, daß diese Regel keine Anwendung finden dürfte, wenn der Empfänger der Sache als Kaufmann in das Handelsregister eingetragen sei. Im § 7, dem Schlußparagraphen des Entwurfs, der dem § 9 des jetzigen Gesetzes entspricht, war bestimmt, daß das Gesetz keine rückwirkende Kraft haben solle.

Die IX. Kommission, der der Entwurf vom Reichstag nach Abschluß der ersten Beratung am 21. Januar 1893 (Sten. Ber. 1892/93 S. 613—630) überwiesen worden war, fügte den sieben Paragraphen des Entwurfs zwei hinzu, erstlich den heutigen § 3, wonach die aus den §§ 1 und 2 des Gesetzes sich ergebenden gegenseitigen Verpflichtungen der Parteien Zug um Zug zu erfüllen sind, sodann den heutigen § 7, wonach der Verkauf gewisser Papiere gegen Teilzahlungen in der Person des Verkäufers bestraft wird. Auch änderte sich die im § 1 des Entwurfs vorgesehene Berechtigung des Käufers, die Zurückgewährung der von ihm geleisteten Teilzahlungen gegen Rückgabe der empfangenen Sache zu fordern, in eine Verpflichtung beider Parteien um, sich gegenseitig die empfangenen Leistungen zurückzugewähren.

Der von der IX. Kommission durchberatene Entwurf vom 23. Dezember 1892 kam jedoch nicht zur Verabschiedung, da der Reichstag, der am 29. April 1893 (Sten. Ber. 1892/93 S. 2082—2096) über den Entwurf beraten hatte, am 6. Mai 1893 aufgelöst wurde. Der neue Entwurf vom 18. Dezember 1893 schloß sich, von ganz geringfügigen redaktionellen Änderungen abgesehen, vollständig an die Fassung an, die dem ersten Entwurf von der IX. Kommission gegeben worden war. Der Reichstag nahm in drei Sitzungen (vom 25. Januar 1894 — Sten. Ber. 1893/94 S. 863 —, vom 10. April 1894 — Sten. Ber. S. 2025—2052 —, vom 12. April 1894 — Sten. Ber. S. 2066–2074 —) das Gesetz an.

In der Reichstagsberatung fanden nur zwei Abänderungs- und Ergänzungsanträge Annahme. Diese stammten von dem Abgeordneten Dr. Enneccerus und lauteten:

1. im § 2 nach dem Worte „vergüten" einzufügen: „wobei auf die inzwischen eingetretene Wertminderung der Sache Rücksicht zu nehmen ist".
2. die Schlußworte des § 4 folgendermaßen zu fassen: „mindestens dem zehnten Teile des Kaufpreises der überlieferten Ware gleichkommt".

Abgelehnt dagegen wurden fünf Anträge:

1. Ein Antrag des Abgeordneten Gröber, welcher lautete:

„Wer gewerbsmäßig im Umherziehen oder im stehenden Gewerbebetrieb von Ort zu Ort, beziehungsweise von Haus zu Haus, Bestellungen auf Waren, welche gegen Teilzahlungen verkauft oder durch sonstige, auf die gleichen Zwecke abzielende Verträge veräußert werden sollen, bei Personen aufsucht, in deren Geschäftsbetrieb Waren der angebotenen Art keine Verwendung finden, oder an solche Personen Waren in dieser Weise feilbietet oder veräußert (§§ 1, 6), wird, sofern nicht die Bestimmung des § 7 Anwendung findet, mit Geldstrafe bis zu einhundertfünfzig Mark bestraft."

2. Ferner wurde ein Antrag des Abgeordneten Hoffmann-Dillenburg abgelehnt. Dieser lautete:

„Für Klagen aus diesem Gesetze ist der durch die §§ 13—24 der ZPO. bestimmte Gerichtsstand ausschließlich begründet."

3. Ferner wurde ein Antrag des Abgeordneten Lenzmann abgelehnt. Dieser Antrag wollte an Stelle des Prinzips des Entwurfs, daß bei Auflösung des Geschäfts der status quo ante möglichst wiederhergestellt werde, eine Bestimmung setzen, nach welcher der Verkäufer, der den Vertrag auflöste, zum Rückkäufer der verkauften Sache wurde und das Recht erhielt, auf den Rückkaufspreis nicht bloß die ihm aus dem aufgelösten Vertrage noch schuldigen Teilzahlungen, sondern auch noch die Aufwendungen aus dem Vertrag und Zinsen für die rückständigen Teilzahlungen anzurechnen. Der sozialpolitischen Absicht des Entwurfs, den wirtschaftlich schwach gestellten Abzahlungskäufer zu schützen, hätte eine solche Lösung der Frage wenig entsprochen.

4. Abgelehnt wurde ferner ein Antrag der Abgeordneten Tutzauer und Auer, welcher lautete:

„Wird über den Verkauf einer beweglichen Sache gegen Teilzahlung eine Urkunde errichtet, so ist der Verkäufer verpflichtet, dem Käufer der Sache eine zweite Ausfertigung der Vertragsurkunde auszuantworten und diesen im Besitz des Käufers dauernd zu belassen. Die Aushändigung des zweiten Exemplars der Vertragsurkunde hat spätestens bei Übergabe der veräußerten Sache, bei stempelpflichtigen Urkunden spätestens am dritten Tage nach erfolgter Abstempelung zu erfolgen. Die Zuwiderhandlung gegen diese Vorschrift zieht eine Geldstrafe bis zu 150 Mark nach sich."

5. Schließlich wurde ein Antrag des Abgeordneten Dr. Enneccerus abgelehnt, welcher das Verbot, die im § 7 bezeichneten Arten von Papieren gegen Teilzahlungen zu verkaufen, auf Wertpapiere aller Art ausgedehnt wissen wollte. Die Ablehnung erfolgte wegen der merkwürdigen Konsequenzen, die sich aus dem Verbot, Wertpapiere jeder Art gegen Teilzahlungen zu verkaufen, notwendigerweise ergeben mußten.

Das Gesetz wurde am 16. Mai 1894 vollzogen und im Reichsgesetzblatt Nr. 23, welches am 21. Mai 1894 in Berlin ausgegeben wurde, veröffentlicht. Es ist also am 4. Juni 1894 in Kraft getreten.

## II. Stellungnahme zum Gesetz.

Gegen das Abzahlungsgesetz sind — insbesondere von Hein — Bedenken geltend gemacht worden, weil es dem Käufer keinen wirklich ausreichenden Schutz zu gewähren imstande sei. Andererseits ist vornehmlich in Österreich von seiten der gewerbsmäßigen Abzahlungsverkäufer geltend gemacht worden, daß das Abzahlungsgesetz bezw. das inhaltlich verwandte österreichische Ratengesetz zu weit ginge. Die gegen die deutsche Regelung erhobenen Vorwürfe sind jedoch im wesentlichen unberechtigt, wie sich auch aus einem Vergleich mit dem österreichischen endgültigen Entwurf eines neuen Gesetzes (siehe unten zu III) ergibt.

Die Bedenken und Reformvorschläge liegen auf drei verschiedenen Rechtsgebieten.

### A. Kritik der materiellrechtlichen Vorschriften des Abzahlungsgesetzes.

Die im Gesetz unter sorgfältiger Abwägung aller für und gegen einen weiteren Eingriff in das allgemeine Privatrecht getroffene Beschränkung auf eine Regelung des Rücktrittsverhältnisses, der Vertragsstrafe und der Fälligkeitsabrede erscheint durchaus als ausreichend und den billigen Interessen beider Teile entsprechend. Es darf auch nicht übersehen werden, daß eine weitere Einengung der Rechte des Verkäufers — etwa durch ein Verbot bestimmter Nebenabreden, z. B. der Zukaufsklausel — leicht dahin führen kann, daß gerade die gewissenhaften Verkäufer den Abschluß eines Abzahlungsgeschäfts ablehnen würden. Damit wäre den Interessen des Käufers nicht gedient, der alsdann gezwungen wäre, seine dringenden Warenbedürfnisse in minder vertrauenswürdigen Geschäften zu decken.

Andererseits wäre eine Abschwächung oder gar Aufhebung der Sondervorschriften des Abzahlungsgesetzes sozialpolitisch nicht zu rechtfertigen. Die Gründe, die für den Erlaß des Abzahlungsgesetzes maßgebend waren, bestehen auch heute noch fort. Der Hinweis der Vorkämpfer für eine Abschwächung der Abzahlungsvorschriften, daß der Kauf auf Abzahlung unter den heutigen Verhältnissen eine wesentlich größere Rolle spiele als früher, geht fehl. Die Kaufkraft des breiten Publikums ist heute eben so gesunken, daß erheblich größere Volkskreise auf den Kauf auf Abzahlung angewiesen sind. Gerade deshalb ist heute ein Schutz der kapitalschwachen Käufer womöglich noch dringender als vor dem Kriege. In Frage kommt nur eine Untersuchung, ob nicht die Bestimmung des § 8 AbzGes. zu eng ist. In dieser Hinsicht können tatsächlich Bedenken bestehen.

Die reichsrechtliche Regelung, nach der alle eingetragenen Kaufleute den Schutz des Abzahlungsgesetzes nicht genießen, auch wenn es sich um Privatgeschäfte handelt, ist zwar der im § 10 des österreichischen Entwurfs vorgeschlagenen Regelung vorzuziehen, nach der das Ratengesetz nicht Anwendung finden soll, wenn es sich auf seiten des Käufers um ein Handelsgeschäft handelt. Die Herausnahme der Kaufleute ist darauf begründet, daß sie wegen ihrer geschäftlichen Gewandtheit diesen Schutz nicht brauchen. Von diesem Gesichtspunkte aus erscheint aber der Kaufmann darum nicht auf einmal schutzbedürftig, weil er ein Privatgeschäft abschließt. Auch bei diesem kommen ihm seine geschäftlich erworbenen Kenntnisse und Erfahrungen zugute. (Gl. M. Rühl S. 229.) Auch der Vorschlag, den § 8 dahin zu ändern, daß für die Nichtanwendung des Abzahlungsgesetzes nicht die Eintragung in das Handelsregister, sondern die Eigenschaft als Vollkaufmann entscheiden soll (so Heilbrun S. 11 Anm. 1, Schmidt S. 58), erscheint im Interesse der Rechtssicherheit nicht als begründet. Der Minderkaufmann, der unzulässigerweise in das Handelsregister eingetragen ist, hat es sich in der Regel selbst zuzuschreiben, daß die Eintragung erfolgt oder nicht wieder gelöscht ist. Ihn hier zu schützen, liegt für die Rechtsordnung keine Notwendigkeit vor.

Die Regelung des § 8 erscheint vielmehr deshalb de lege ferenda als besserungsbedürftig, weil sie nur einen bestimmten Berufsstand ausnimmt, obwohl andere Teile des Publikums mindestens ebensowenig schutzbedürftig sind. Der höhere kaufmännische Angestellte, der praktische Jurist, der Arzt und die Angehörigen ähnlicher Berufe scheinen mindestens ebensowenig eines besonderen Schutzes zu bedürfen wie ein kleiner Vollkaufmann. Alle diese Kreise des Publikums aus dem Gesetze herauszunehmen, ist jedoch gesetzestechnisch ausgeschlossen. Daher dürfte nur der von den skandinavischen Abzahlungsgesetzen beschrittene und auch im österreichischen und tschechoslowakischen Entwurf vorgeschlagene Weg gangbar sein, alle Abzahlungsgeschäfte außerhalb des Gesetzes zu stellen, bei denen der Kaufpreis eine bestimmte Höhe überschreitet. (Gl. M. Rühl S. 229.)

Es darf angenommen werden, daß bei einer gewissen Höhe des Kaufpreises nur solche Personen als Käufer in Frage kommen, die den besonderen Schutz des Abzahlungsgesetzes nicht nötig haben. Dabei bleibt jedoch — was die Begründung des österreichischen Entwurfs vermissen läßt — zu bedenken, daß geschäftliche Gewandtheit allein vor einer Übervorteilung nicht schützt. Sofern der Käufer die auf Abzahlung anzuschaffende Sache dringend und sofort braucht, wird ihm trotz aller Erfahrungen und Kenntnisse meist nichts anderes übrigbleiben, als auf die Bedingungen des Verkäufers einzugehen. Vielfach wird auch der nicht im praktischen Leben Stehende trotz hoher Geistesbildung an Gewandtheit und praktischen Erfahrungen dem Geschäftsmann unterlegen sein. Die Grenze, von der ab die Abzahlungsgeschäfte von den Vorschriften des Abzahlungsgesetzes befreit sein sollen, wird deshalb — wenn überhaupt — nur mit Vorsicht und jedenfalls nicht in der vom österreichischen Entwurf vorgeschlagenen, sondern eher in der von den skandinavischen Gesetzen bestimmten Höhe zu ziehen sein. *Ein dringendes Bedürfnis nach einer entsprechenden Änderung des Gesetzes liegt jedoch nicht vor.*

Auch eine *Beschränkung des Rücktrittsrechts für den Verkäufer*, wie sie Hein (S. 45 ff.) fordert, erscheint weder erforderlich, noch mit den berechtigten Interessen des Verkäufers vereinbar.

Abzulehnen ist die im § 3 des österreichischen Entwurfs eines Ratengesetzes vorgeschlagene Einführung eines *Rücktrittsrechts für den von dem Verkäufer aufgesuchten Käufer* binnen einer angemessenen Frist nach Erhalt der Auftragsbestätigung. Einer solchen Vorschrift bedarf es nach dem deutschen Rechte nicht. Der Privatmann ist hier durch die Vorschrift des § 56 a Ziff. 4 RGO. genügend geschützt.

Ebensowenig kann ein Verbot bestimmter Abzahlungsgeschäfte, etwa von Luxuswaren, befürwortet werden. Eine solche Bestimmung könnte nicht bestimmt genug gefaßt werden, um eine Gefährdung der Rechtssicherheit auszuschließen. Es läßt sich auch nicht verkennen, daß gerade in der heutigen Zeit der Kapitalsknappheit ein gewisses wirtschaftliches Bedürfnis für den Kauf hochwertiger Waren auf Abzahlung sowohl auf seiten der Käufer wie auf seiten der Verkäufer besteht. Die Untersagung solcher Abzahlungsgeschäfte — die der Mehrzahl nach in der Praxis gerade am reibungslosesten abgewickelt werden dürften — würde vielfach den Verkauf überhaupt verhindern, womit keinem von beiden Teilen gedient wäre.

Auch hinsichtlich der Unterwerfung der Finanzierungsgeschäfte unter das Abzahlungsgesetz bedarf es nach der hier vertretenen Auffassung (vgl. Anm. 52 ff. zu § 6) keiner Änderung des Gesetzes. Nur wenn die bisher noch zögernde Rechtsprechung endgültig zu einer zu engherzigen Auslegung des § 6 AbzGes. kommen sollte — womit bisher nicht gerechnet werden muß —, müßte eine entsprechende Änderung des § 6 AbzGes. dringend gefordert werden.

Eine schriftliche Beurkundung des Abzahlungsgeschäfts — die auch im österreichischen Entwurfe nur für die Fälle vorgeschrieben ist, in denen der Verkäufer den Käufer aufgesucht hat — vorzuschreiben, erscheint um so weniger erforderlich, als in der Praxis wohl in fast allen Fällen schriftliche Verträge abgeschlossen werden und dem Käufer eine Ausfertigung ausgehändigt zu werden pflegt.

Wesentlich wichtiger als diese Frage ist die Stellungnahme zu der Gültigkeit und prozessualen Behandlung der in diesen Verträgen meist enthaltenen Klausel, daß mündliche Vereinbarungen keine Gültigkeit haben. Diese Frage geht jedoch über die Regelung der Abzahlungsgeschäfte weit hinaus. Der Abzahlungskäufer erscheint — entgegen der Ansicht des österreichischen Entwurfes — in diesem Punkte nicht schutzbedürftiger als jeder andere Kontrahent, dem eine solche Abrede vorgeschrieben wird. Die rechtlichen Konsequenzen eines Ausschlusses mündlicher Ratenabreden sind deshalb auch mit Recht trotz ihrer Wichtigkeit im österreichischen Entwurfe nicht geregelt worden.

Aus dem gleichen Grunde verbietet sich im Rahmen des Abzahlungsgesetzes auch eine gesetzliche Regelung der mit dem Eigentumsvorbehalt zusammenhängenden Probleme, insbesondere der Fragen einer Beurkundungs- oder Registrierungspflicht der Verträge über einen Eigentumsvorbehalt. (Näheres hierzu siehe Rühl S. 307 ff. und Schwister JW. 1931, 1160.) Auch diese Probleme gehen über den Bereich der Abzahlungsgeschäfte hinaus. Andererseits besteht kein besonderes Bedürfnis, gerade den bei einem Abzahlungsgeschäft vereinbarten Eigentumsvorbehalt besonders zu regeln. In dieser Hinsicht erfordert der sozialpolitische Zweck des Gesetzes, den zahlungsschwachen Käufer zu schützen, keine Sonderregelung.

### B. Die prozessuale Rechtsstellung des Abzahlungskäufers.

Verschiedentlich wird gegen das Abzahlungsgesetz geltend gemacht, daß die Interessen des Käufers im Prozesse gegen die Abzahlungsverkäufer vielfach gefährdet seien. Diese Bemängelung trifft jedoch das Gesetz nicht. Soweit der Abzahlungskäufer — was allerdings vielfach der Fall sein wird — infolge Rechtsunkenntnis sein Recht nicht in zweckentsprechender Weise wahrnimmt, kann dem Gesetz daraus kein Vorwurf gemacht werden. Vom Gesetze kann nicht verlangt werden, daß es den Schuldner gegen ein gesetzwidriges Verhalten des Vertragsgegners schützt, wenn er nicht seinerseits sein Recht geltend macht. Es wird daher durch keine noch so eingehend und sorgfältig ausgeklügelten

Vorschriften zu verhindern sein, daß der Schuldner in der oft zu beachtenden Scheu vor einer gerichtlichen Austragung sich in das unberechtigte Verlangen des Verkäufers fügt oder ein Versäumnisurteil über sich ergehen läßt. Was vom Gesetze verlangt werden kann, ist nur, daß es dem Verkäufer keine Möglichkeit läßt, durch die Art seines prozessualen Vorgehens Ansprüche durchzusetzen, die ihm nicht zustehen. Das ist jedoch — wie unten Anm. 11 ff. zu § 3 darzulegen sein wird — bei richtiger Auslegung des Gesetzes nicht der Fall. Wenn der Verkäufer in einzelnen Fällen durch ein auf Zahlung oder Herausgabe der Sachen oder ähnlich lautendes Urteil die Möglichkeit erhält, nach seinem Belieben Zahlung zu verlangen oder ohne zugumzugweise Rückgabe der Ratenzahlungen die Sachen wegzunehmen, so beruht das nicht auf einer Lücke im Gesetze, sondern auf einer unzutreffenden Rechtsanwendung durch den Richter. Der Abzahlungskäufer ist tatsächlich, insbesondere auch mit Rücksicht darauf, daß der Richter die Möglichkeit der dem AbzGes. widersprechenden Abreden von Amts wegen (vgl. Anm. 3 zu § 3) berücksichtigen muß und unzulässige Vergleiche (vgl. Anm. 76 zu § 2) nicht zur Protokollierung zulassen darf, auch in prozessualer Hinsicht genügend geschützt.

### C. Reformvorschläge auf gewerberechtlichem Gebiet.

Zur Beseitigung der Möglichkeit für den Abzahlungsverkäufer haben Stein (S. 130 ff.) und ihm folgend Schmidt (S. 58 ff.) vorgeschlagen, den Betrieb eines Abzahlungsgeschäftshauses konzessionsfähig zu machen und unter Staatsaufsicht zu stellen. Dieses Verlangen geht zu weit. Wie die Erfahrung gezeigt hat, hat das Abzahlungsgesetz seit seinem Bestehen ausgereicht, um die Auswüchse des Abzahlungshandels zu beseitigen. Ein weiteres Eingreifen des Staates erscheint daher um so weniger gerechtfertigt, als Heins Vorschlag von einem unrichtigen Ausgangspunkte ausgehen dürfte. Die Auffassung, daß die Kredithäuser sich verhältnismäßig leicht von anderen Betrieben unterscheiden ließen, trifft zum mindesten in der heutigen Zeit nicht mehr zu, in der fast alle Gewerbetreibenden zum Verkauf auf Abzahlung gezwungen sind. Die Abgrenzung der konzessionspflichtigen typischen Abzahlungshäuser würde daher heute auf kaum überwindliche Schwierigkeiten stoßen. Daher verbietet sich ein Eingreifen des Staates auf gewerberechtlichem Gebiete auch aus diesem Grunde.

## III. Der endgültige österreichische Entwurf eines Ratengesetzes nebst Auszug aus der Begründung.

Gegen das zurzeit noch in Österreich geltende Ratengesetz vom 27. April 1896 ist vom Zentralverband der kreditgebenden Warenhäuser und Detailgeschäfte Österreichs eine lebhafte Agitation eingeleitet worden. Nach umfangreichen Vorarbeiten hat das österreichische Justizministerium deshalb einen Vorentwurf ausgearbeitet, in dem es den Wünschen der am Teilzahlungshandel interessierten Gewerbetreibenden Rechnung trug, soweit sich dies seiner Auffassung nach mit dem Schutz des Ratenkäufers vereinbaren ließ. Diesen Vorentwurf hat es den Handelskammern, Arbeiterkammern, landwirtschaftlichen Hauptkörperschaften, ferner den Spitzenverbänden der Industrie, des Handels und des Gewerbes, den Organisationen des Teilzahlungshandels sowie der Ratenkäufer, den Rechtsanwaltskammern und der Richtervereinigung zur Begutachtung übersandt. Auf Grund der Äußerungen hierzu und der Kritik im juristischen Schrifttum hat es einen endgültigen Entwurf ausgearbeitet, den die Bundesregierung dem Nationalrat zur Beschlußfassung vorgelegt hat (Nr. 42 der Beilagen Nationalrat IV. Gesetzgebungsperiode).

Dieser Entwurf ist auch für die Beurteilung des deutschen AbzGes. de lege ferenda um so mehr von Interesse, als er vielleicht auch den Anstoß zu einer auf die Änderung des AbzGes. gerichteten Bewegung geben kann. Nachstehend wird daher der Entwurf und ein Auszug aus der Begründung abgedruckt, soweit diese von den angegebenen Gesichtspunkten aus interessiert. Zu den wichtigsten Abweichungen von der deutschen Regelung ist bereits oben (S. 27ff.) Stellung genommen.

### A. Text des Entwurfes.

Bundesgesetz vom ..........., betreffend Ratengeschäfte.

Der Nationalrat hat beschlossen:

§ 1. Ratengeschäfte im Sinne dieses Gesetzes sind in Ausübung eines Handels- oder anderen Gewerbetriebes vorgenommenen Verkäufe beweglicher Sachen, deren Kaufpreis in mehr als drei Teilbeträgen (Raten), wobei das Angeld als Rate gilt, zu entrichten ist und welche dem Käufer vor der vollständigen Zahlung des Kaufpreises übergeben werden.

§ 2. (1) Hat der Verkäufer sich für den Fall der Nichterfüllung der dem Käufer obliegenden Verpflichtungen das Recht des Rücktrittes vom Vertrage vorbehalten, so ist er, wenn er hiervon Gebrauch macht, verpflichtet, dem Käufer das empfangene Angeld und die gezahlten Raten samt gesetzlichen Zinsen vom Empfangstage an zurückzuerstatten und die auf die Sache gemachten notwendigen und nützlichen Aufwendungen zu ersetzen. Eine entgegenstehende Vereinbarung ist ungültig.

(2) Der Käufer hat dagegen dem Verkäufer die Sache zurückzustellen und ihn nach den Umständen des Falles schadlos zu halten. Insbesondere hat der Käufer für die Benützung der Sache in der Zwischenzeit eine angemessene

Vergütung zu leisten, wobei auch auf die mittlerweile eingetretene Wertminderung der Sache Rücksicht zu nehmen ist. Eine im vorhinein erfolgte Vereinbarung über die Höhe der zu leistenden Entschädigung ist ungültig.

§ 3. (1) Ist der Besteller durch den Verkäufer oder eine von diesem mit der Vermittlung oder Abschließung von Geschäften betraute Person aufgesucht worden, so ist ein von dem Besteller auf Abschluß eines Ratengeschäftes gestellter Antrag oder ein durch sofortige Annahme eines solchen Antrages, sei es auch unter gleichzeitiger Übergabe der Sache, zustande gekommenes Ratengeschäft nur rechtsverbindlich, wenn darüber ein Ratenbrief (§ 6) errichtet und dem Besteller eine Abschrift des Ratenbriefes ausgefolgt wurde. Der Besteller kann bis zum Ablauf des dritten auf die Ausfolgung der Abschrift folgenden Werktages den Antrag widerrufen oder vom Vertrage zurücktreten. Diese Frist ist bei schriftlicher Erklärung des Widerrufes oder des Rücktrittes gewahrt, wenn das die Erklärung enthaltende Schreiben innerhalb des bezeichneten Zeitraumes abgesendet wurde.

(2) Entgegengesetzte Vereinbarungen, insbesondere die Vereinbarung einer kürzeren als der im ersten Absatz bezeichneten Frist oder der Verzicht auf die Ausfolgung der Abschrift, ferner die Vereinbarung eines Reugeldes oder anderer Leistungen für den Fall des Rücktrittes oder Widerrufes sind unwirksam.

§ 4. (1) Hat sich der Verkäufer das Recht vorbehalten, im Falle des Ausbleibens von Ratenzahlungen die sofortige Zahlung sämtlicher Raten zu fordern (Terminverlust), so kann er dieses Recht nur ausüben, wenn der Käufer mit einem Betrage im Rückstand ist, der mindestens einem Zehntel des Kaufpreises der Sache gleichkommt oder der den Betrag einer Rate, bei ungleichen Raten einer Durchschnittsrate, übersteigt. In beiden Fällen kann der Terminverlust nur geltend gemacht werden, wenn die Zahlung des gesamten Rückstandes trotz Ablaufes einer vom Verkäufer unter schriftlicher Androhung des Terminverlustes gesetzten Nachfrist von mindestens acht Tagen unterblieben ist. Der Lauf der Nachfrist beginnt mit dem Tage des Einlangens des die Androhung des Terminverlustes enthaltenden Schreibens beim Käufer. Entgegengesetzte Vereinbarungen sind unwirksam.

(2) Die Vereinbarung einer anderen Strafe als des Terminverlustes für den Fall der Nichterfüllung der dem Käufer obliegenden Verpflichtungen ist ungültig.

§ 5. (1) Dem Käufer steht das Rechtsmittel wegen Verkürzung über die Hälfte auch dann zu, wenn er den wahren Wert der Sache gekannt oder wenn er erklärt hat, sie aus besonderer Vorliebe um einen außerordentlichen Preis zu übernehmen.

(2) Dieses Rechtsmittel findet auch dann statt, wenn das Ratengeschäft ein Handelsgeschäft ist. Ein Verzicht auf dieses Rechtsmittel ist unwirksam. Die Vereinbarung einer kürzeren als der dreijährigen Verjährungsfrist (§ 1487 ABGB.) ist ungültig.

(3) Der Anspruch auf Gewährleistung wegen Mängel der Sache kann, wenn der Mangel innerhalb einer Frist von sechs Monaten nach Ablieferung der Sache dem Verkäufer angezeigt wurde, so lange mit Klage oder Einrede geltend gemacht werden, als der Kaufpreis nicht vollständig bezahlt ist. Ein Verzicht auf den Gewährleistungsanspruch ist unwirksam.

(4) Die Vereinbarung einer kürzeren Frist für die Anzeige des Mangels oder für die Haftbarkeit des Verkäufers ist ungültig.

§ 6. (1) Wird über ein Ratengeschäft eine Urkunde (Ratenbrief) errichtet, so ist der Verkäufer verpflichtet, spätestens bei Übergabe der Sache auf seine Kosten dem

Käufer eine Abschrift der Urkunde auszufolgen. Ein Verzicht auf die Ausfolgung der Abschrift ist unwirksam.

(2) Der Ratenbrief hat die genaue Bezeichnung der den Gegenstand des Geschäftes bildenden Sachen, ferner, wenn der Kaufpreis nach Stücken, Maß oder Gewicht bestimmt ist, außer dem Preis der Einheit auch den Gesamtpreis auszuweisen; weiteres hat er die Höhe sowie die Fälligkeitstermine der einzelnen Raten zu bezeichnen. Er hat ferner die über das Rücktrittsrecht des Verkäufers und den Terminverlust etwa getroffenen Vereinbarungen und einen Hinweis auf das Rücktritts- (Widerrufs-) Recht des Käufers (Bestellers) sowie darauf zu enthalten, daß Mängel der Sache bei sonstigem Verlust des Gewährleistungsanspruches binnen sechs Monaten vom Tage der Ablieferung der Sache dem Verkäufer anzuzeigen sind. Hat sich der Verkäufer das Eigentum an der Sache bis zur vollständigen Zahlung des Kaufpreises vorbehalten, so ist im Ratenbriefe auf die allfälligen strafrechtlichen Folgen der Veräußerung der Sache aufmerksam zu machen.

(3) Der Ratenbrief muß leicht und deutlich lesbar sein.

(4) Übertretungen der Vorschriften der vorstehenden Absätze werden von den politischen Behörden mit Geld bis 200 Schilling bestraft.

§ 7. (1) Hat der Käufer im Geltungsgebiete dieses Gesetzes seinen Wohnsitz, so kann gegen ihn die Klage aus dem Ratengeschäft nur bei dem Gericht erhoben werden, bei dem er seinen allgemeinen Gerichtsstand hat oder in dessen Sprengel der Ort seiner Beschäftigung (§ 86 JN.) liegt. Hat jedoch der Käufer das Ratengeschäft in Ausübung seines gewerblichen oder land- oder forstwirtschaftlichen Betriebes abgeschlossen, so kann die Klage gegen ihn auch bei dem Gericht erhoben werden, in dessen Sprengel seine Niederlassung oder Betriebsstätte (§ 87 JN.) liegt. Andere Gerichtsstände sind ausgeschlossen.

(2) Die Unzuständigkeit ist von Amts wegen, und zwar bis zur Vornahme der exekutiven Verwertung, zu berücksichtigen.

(3) Die Unzuständigkeit kann nur dadurch behoben werden, daß sich der Beklagte, ungeachtet vorhergegangener richterlicher Belehrung, auf die Verhandlung einläßt.

§ 8. In Rechtsstreitigkeiten aus Ratengeschäften kann sich der Verkäufer auf Vereinbarungen nicht berufen, wonach mündliche Zusagen, die er oder sein Bevollmächtigter (§ 3) dem Käufer gegeben hat, unwirksam sein sollen, soweit sie über den Inhalt des schriftlich abgeschlossenen Vertrages hinausgehen oder damit in Widerspruch stehen.

§ 9. Die Vorschriften dieses Gesetzes finden auch auf Verträge, wodurch der Zweck des Ratengeschäftes auf anderem Wege, insbesondere durch mietweise Überlassung einer Sache, erreicht werden soll, sinngemäße Anwendung.

§ 10. Die Bestimmungen dieses Gesetzes finden auf Ratengeschäfte keine Anwendung, wenn der Kaufpreis der den Gegenstand eines Ratengeschäftes bildenden Sachen 3000 Schilling übersteigt oder wenn das Geschäft auf seiten des Käufers ein Handelsgeschäft ist.

§ 11. (1) Ratengeschäfte über Lose und Wertpapiere unterliegen den Bestimmungen dieses Gesetzes auch dann, wenn der Kaufpreis 3000 Schilling übersteigt.

(2) Die Bestimmungen dieses Gesetzes finden sinngemäße Anwendung auch auf Verkäufe von Losen und Wertpapieren, die erst nach vollständiger Zahlung des in Raten abzustattenden Kaufpreises dem Käufer ausgefolgt werden.

(3) Die Bestimmungen des Gesetzes vom 30. Juni 1878 (österr RGBl. Nr. 90) bleiben unberührt.

§ 12. Dieses Gesetz tritt am ........ in Kraft. Am gleichen Tage tritt das Gesetz vom 27. April 1896 (österr-RGBl. Nr. 70) außer Geltung; seine Bestimmungen finden jedoch auf Ratengeschäfte Anwendung, wenn die Bestellung oder der Abschluß (§ 3) vor dem genannten Tage zustande kam.

§ 13. Mit der Vollziehung dieses Gesetzes sind die Bundesminister für Justiz, für Handel und Verkehr und der Bundeskanzler betraut.

## B. Auszug aus der Begründung.

### 1. Allgemeines.

„. . .

Das Justizministerium hat . . . eine Äußerung der Wiener Handelskammer über die Anträge der Teilzahlungshändler eingeholt. Die genannte Kammer, die seinerzeit auf die Auswüchse des Ratenhandels hingewiesen und damit den Anstoß zur Schaffung des geltenden Ratengesetzes gegeben hatte, hat auf breitester Grundlage eine Enquete der beteiligten Kreise durchgeführt. Der Justizausschuß der Kammer arbeitete hierauf unter Verwertung der Enqueteergebnisse eine Reihe von Anträgen aus, die allerdings hinter den Wünschen des eingangs genannten Zentralverbandes ziemlich weit zurückblieben. . . .

Das Justizministerium . . . gelangte . . . zur Auffassung, daß die Gründe, die seinerzeit zur Schaffung des Ratengesetzes führten, heute seine Aufrechterhaltung fordern. Wie aus den Motiven zum Ratengesetze hervorgeht, richten sich seine Bestimmungen durchaus nicht gegen den Ratenhandel schlechthin, dessen volkswirtschaftlich wohltätige Seiten vorbehaltlos anerkannt wurden, sondern es sollte das Ratengesetz nur Mißbräuchen des Ratenhandels wirksam steuern. Daß aber Mißbräuche auch heute, und zwar nicht in geringerem Maße als zur Zeit der Schaffung des Gesetzes, vorkommen, kann ernstlich nicht bestritten werden und wird auch durch die Erfahrungen der Gerichte bestätigt. In diesem Zusammenhange muß hervorgehoben werden, daß das deutsche Gesetz über Abzahlungsgeschäfte, dem unser Ratengesetz zum Teil folgte, seit seiner Erlassung im Jahre 1894 unverändert in Geltung steht und daß in Deutschland, soweit dem Justizministerium bekannt wurde, von keiner Seite seine Aufhebung oder Lockerung ernstlich verlangt wurde.

Wohl aber glaubte das Justizministerium, dem Wunsche der am Teilzahlungshandel interessierten Gewerbetreibenden nach Änderung einiger Bestimmungen des Ratengesetzes Rechnung tragen zu können, ohne damit den vom Gesetze den Ratenkäufern zugedachten Schutz in unbilliger Weise zu beeinträchtigen. . . .

Zur allgemeinen Charakteristik der Vorlage sei bemerkt, daß die oben skizzierte grundsätzliche Einstellung des Justizministeriums eine Änderung nicht erfahren hat. Dem Problem des Teilzahlungshandels von der volkswirtschaftlichen Seite näherzutreten und insbesondere die Frage der Zweckmäßigkeit der sogenannten Konsumfinanzierung aufzuwerfen, mußte sich der Entwurf versagen. Nicht aber konnte die ihm beigegebene Begründung davon absehen, bei Prüfung der einzelnen Abänderungsvorschläge außer dem rein privatrechtlichen auch den sozialpolitischen Gesichtspunkt heranzuziehen, der bei Schaffung des Ratengesetzes zweifellos maßgebend war und der heute an Bedeutung sicherlich nur gewonnen hat. Hierbei mußte sich der Entwurf freilich vor Augen halten, daß auch die Wirksamkeit sozialpolitischer Gesetze immanente Grenzen hat, jenseits deren der Eingriff des Gesetzgebers das Gegenteil der gewollten Wirkung erzielen würde.

## 2. Besonderer Teil.

Zu den einzelnen Bestimmungen des Entwurfes wird folgendes bemerkt:

Zu § 1. . . . Um einer zu engen Auslegung, die auch dem verkehrsüblichen Begriffe des Ratengeschäftes durchaus nicht entspricht, den Boden zu entziehen, fordert der Entwurf, daß — einschließlich des etwa gegebenen Angeldes — mehr als drei Raten vereinbart sein müssen.

Vom Hauptverband der Industrie und der Wiener Rechtsanwaltskammer wurde darauf aufmerksam gemacht, es ... wären Geschäfte, bei denen mindestens die Hälfte des Kaufpreises vor Übergabe der Ware gezahlt wurde, aus dem Geltungsbereiche des Ratengesetzes auszuschließen. Die Vorlage hat diese Anregung — von anderen Gründen abgesehen — schon deshalb nicht übernommen, weil die geschilderten Zahlungsmodalitäten wohl hauptsächlich bei Geschäften unter Kaufleuten vorkommen, solche Geschäfte aber — entgegen dem Vorentwurfe — gemäß § 10 der Vorlage ohnehin nicht unter das Ratengesetz fallen sollen.

Von anderer Seite wurde auf die Praktiken mancher Ratenhändler hingewiesen und angeregt, ... die Worte „deren Kaufpreis in ... Teilbeträgen zu entrichten ist" durch die Wendung „deren Kaufpreis vereinbarungsgemäß in ... Teilbeträgen entrichtet werden kann" zu ersetzen. Auch nach einer solchen Änderung besteht kein Bedürfnis. ... Die Worte „in Teilbeträgen zu entrichten ist" drücken nur aus, daß nach den getroffenen Vereinbarungen nicht Barzahlung verlangt werden darf, sondern der Käufer eben das Recht hat, den Kaufpreis in Raten zu entrichten, keineswegs aber kann es vernünftigerweise die Absicht einer solchen Vereinbarung — und rechtlich muß auch ein bloßes Zugestehen der Ratenzahlung als Vereinbarung gewertet werden — sein, etwa die Barzahlung als vertragswidrig auszuschließen und nur die Zahlung in Raten als vertragsmäßige Erfüllung gelten zu lassen.

Zu § 2. Der erste Absatz des § 2 entspricht dem ersten Absatze des § 2 des geltenden Ratengesetzes. Im Abs. 2 ... soll ... außer Zweifel gestellt werden, daß gegebenen Falles auch auf die oft bedeutende Werteinbuße Bedacht zu nehmen ist, der manche Waren infolge Wechsels der Mode oder infolge von Fortschritten auf technischem Gebiete und dergleichen innerhalb verhältnismäßig sehr kurzer Zeit ausgesetzt sind.

Zu § 3. . . . Besonders dringlich wurde die Einräumung eines Rücktrittsrechtes an den Käufer verlangt. Diesem Begehren hatte der den Wirtschaftskörperschaften zur Äußerung mitgeteilte Vorentwurf Rechnung getragen, indem er dem Käufer unter der Voraussetzung, daß das Geschäfts durch Vermittlung eines Agenten zustande kam, gestattete, bis zum Ablauf des auf die Übergabe der Ware folgenden Tages vom Vertrage zurückzutreten.

Grundsätzliche Bedenken wurden gegen dieses Rücktrittsrecht aus dem Gesichtspunkte der Verletzung der Vertragstreue von der Wiener Rechtsanwaltskammer, vom Hauptverband der Industrie und von einem Teil der literarischen Kritik (so Klärmann, Lenhoff, Zimbler, nicht aber auch von Klang und Schrom) erhoben.

Zustimmung fand der Vorschlag des Vorentwurfes nicht nur seitens der Organisationen der Ratenkäufer, sondern auch seitens der meisten Handelskammern und gewerblichen Organisationen, ferner der agrarischen Körperschaften, der Arbeiterkammern und der Mehrzahl der Rechtsanwaltskammern. Es wurde nur bemängelt, daß das Rücktrittsrecht auf Agentengeschäfte beschränkt und nicht auch dann eingeräumt werde, wenn der Verkäufer selbst den Käufer aufgesucht hat.

Die Wiener Handelskammer und einige andere Wirtschaftskörperschaften halten zwar ein Rücktrittsrecht ebenfalls für notwendig — nicht zuletzt auch wegen des Schadens, den die ortsansässigen, ihre Abnehmer nicht aufsuchenden Geschäftsleute durch die von den Ratenhändlern und ihren Agenten praktizierte Art der Kundenwerbung leiden —, erachten jedoch eine Einschränkung insofern für geboten, als der Beginn des Laufes der Frist zur Erklärung des Rücktrittes nicht erst an die Übergabe der Ware zu knüpfen, sondern vielmehr schon mit dem Abschlusse des Geschäftes in Zusammenhang zu bringen wäre. Eine solche Regelung würde nicht nur dem grundsätzlichen, gegen das Rücktrittsrecht geltend gemachten Bedenken, wenigstens zum Teil, Rechnung tragen, sondern auch die praktischen Härten mildern, die dem Verkäufer aus der im Vorentwurfe vorgesehenen Gestaltung des Rücktrittsrechtes erwachsen.

Gegen diese Abschwächung des Rücktrittsrechtes wurde freilich — insbesondere von der Richtervereinigung und von der Salzburger Handelskammer — eingewendet, daß die vom Vorentwurf gewählte Form des Rücktrittsrechtes das einzig wirksame Gegenmittel gegen die Überredungskünste der Agenten bilde. Hauptsächlich seien es die Frauen, die der suggestiven Kraft der Agenten zum Opfer fallen; haben sie sich dann zur Bestellung überreden lassen, so finden sie doch nicht den Mut, ihren Männern die gemachte Bestellung einzugestehen. Die Männer erfahren davon in der Regel erst beim Einlangen der Ware; dies sei also der Zeitpunkt, an den der Beginn der Rücktrittsfrist zu knüpfen wäre. Hierzu komme, daß der Käufer in aller Regel erst in diesem Zeitpunkte die Ware überhaupt zu Gesicht bekomme und auf ihre vertragsmäßige Beschaffenheit prüfen könne.

Wenn der vorliegende Entwurf trotz der vorgebrachten Bedenken der Anregung der Wiener Handelskammer folgt, so war dafür hauptsächlich maßgebend, daß ein Eingriff in das Prinzip der Vertragstreue, wenn er schon nicht zu umgehen ist, jedenfalls auf das allernotwendigste Ausmaß beschränkt werden muß. Die Rechtfertigung dieses Eingriffes liegt nun wohl in der Erwägung, daß der Käufer der auf ihn einwirkenden Suggestion bis zu einem solchen Grade unterliegt, daß von einer Art psychischen Zwanges gesprochen werden kann, wenn auch freilich die Mangelhaftigkeit des rechtsgeschäftlichen Willens nicht das in § 869 AGBG. vorgesehene Ausmaß erreicht. Gewährt nun der Entwurf dem Besteller einige Tage Zeit, um seine Selbstbesinnung und damit gegebenenfalls die Einsicht zu gewinnen, daß er die bestellte Ware gar nicht benötigt, daß die Bestellung seine finanzielle Leistungsfähigkeit übersteigt, daß er die Ware überzahlt hat usw., so hat der Gesetzgeber damit wohl ein ausreichendes Gegenmittel auch gegen die stärksten Überredungskünste geschaffen. Von dieser Schutzbestimmung auch wirklich Gebrauch zu machen, muß den Beteiligten selbst überlassen bleiben. Es wird eben Sache der interessierten Kreise sein, dafür zu sorgen, daß die Kenntnis dieses den Ratenkäufern gewährten Schutzes möglichst allgemein wird.

Die Konstruktion des Rücktrittsrechtes aus dem Gesichtspunkte vorzunehmen, daß der Käufer erst nach Einlangen der Ware ihre vertragsmäßige Beschaffenheit festzustellen in der Lage ist, somit also den Beginn der Frist zur Ausübung des Rücktrittsrechtes mit dem Zeitpunkte der Übergabe der Ware in Zusammenhang zu bringen, hätte die Erwägung gegen sich, daß die Rechtsordnung den Ratenkäufer gegen Lieferung vertragswidriger Ware ohnehin wie jeden anderen Käufer schützt, wozu noch kommt, daß der vorliegende Entwurf den Ratenkäufer in der Geltendmachung seiner allfälligen Gewährleistungsansprüche gegenüber anderen Käufern wesentlich begünstigt.

Daß die Einräumung eines Rücktrittsrechtes in den Fällen, wo der Besteller selbst den Verkäufer, sei es in dessen Geschäftsräumen oder sonstwie, aufsuchte, durchaus unangebracht wäre, soll gegenüber der von einigen Seiten erhobenen Forderung nach Ausdehnung des Rücktrittsrechtes auf alle Ratengeschäfte nur nebenbei erwähnt werden.

Wohl aber hat der Entwurf dem berechtigten Wunsche Rechnung getragen, es möge dem Käufer die Rücktrittsmöglichkeit auch dann gewährt werden, wenn er nicht von einem Agenten, sondern vom Geschäftsherrn selbst aufgesucht wurde.

Zur Fassung des ersten Absatzes des neuen § 3 sei ferner bemerkt, daß der Begriff des „Aufsuchens der Kundschaft“ der Vorschrift des § 59 der Gewerbeordnung entnommen ist, weiteres, daß unter den „mit der Vermittlung oder Abschließung von Geschäften betrauten Personen“ sowohl die angestellten Handlungsreisenden als die für den Geschäftsherrn tätigen selbständigen Agenten (§ 8 des Entwurfs spricht in gleicher Bedeutung von „Bevollmächtigten“) zu verstehen sind.

Für die juristische Ausgestaltung des Rücktrittsrechtes war bestimmend, daß in aller Regel das Ratengeschäft nicht schon anläßlich des Besuches des Agenten perfekt wird ...

Zunächst aus konstruktiven Gründen, nämlich um einen festen Ausgangspunkt für den Beginn des Laufens der Rücktrittsfrist zu gewinnen, ferner aber auch, um die vielfach für alle Ratengeschäfte geforderte obligatorische Schriftform wenigstens für jene Gruppe von Ratengeschäften einzuführen, für welche das dringendste Bedürfnis danach vorliegt, macht der Entwurf die Rechtswirksamkeit der durch Aufsuchen der Kunden zustande gekommenen Ratengeschäfte von der Voraussetzung abhängig, daß die Bestellung oder, wenn es hierzu kam, der Abschluß des Ratengeschäftes in einer Urkunde — es ist dies der im § 6 näher behandelte Ratenbrief — fixiert wurde. Weiteres wird zur Gültigkeit solcher Ratengeschäfte die Ausfolgung einer Abschrift des Ratenbriefes an den Besteller (Käufer) gefordert. An dem auf die Ausfolgung der Abschrift folgenden Tage setzt der Lauf der Frist zum Widerruf der Bestellung oder zur Erklärung des Rücktrittes ein; es kann somit über den Eintritt der Voraussetzungen des Rücktrittsrechtes und den Beginn des Fristenlaufes kaum ein Zweifel aufkommen.

Der Entwurf schreibt zwar nicht vor, daß die Abschrift dem anderen Teile sofort nach Errichtung des Ratenbriefes ausgefolgt werden muß. Dies aber dennoch zu tun und mit der Ausfolgung nicht, wie § 6 des Entwurfes es gestatten würde, bis zur Übergabe der Ware zuzuwarten, liegt jedoch im eigensten Interesse des Verkäufers, weil jede Verzögerung der Ausfolgung eine Hinausschiebung des Ablaufes der Rücktrittsfrist bedeutet. In diesem Zusammenhange sei noch hervorgehoben, daß zufolge ausdrücklicher Vorschrift des Entwurfes das Rücktrittsrecht (Widerrufsrecht) nicht etwa dadurch ausgeschaltet werden kann, daß die Ware dem Käufer, sei es sofort bei Geschäftsabschluß, sei es innerhalb der Frist für die Ausübung des Rücktrittsrechtes übergeben wird. . . .

Die Frist zur Ausübung des Rücktrittsrechtes wurde mit drei Tagen festgesetzt, womit den billigerweise zum Schutz der Ratenkäufer zu stellenden Ansprüchen ausreichend entsprochen scheint. Der Entwurf konnte sich zu dieser wesentlichen Verlängerung der im Vorentwurfe für die Ausübung des Rücktrittsrechtes mit nur einem Tage vorgesehenen Frist deshalb entschließen, weil er die aus dem Rücktritt für den Verkäufer fließenden Nachteile gegenüber der im Vorentwurfe vorgesehenen Regelung wesentlich verringerte, worauf schon oben hingedeutet worden ist. . . .

Der Vorentwurf hatte dem Verkäufer für den Fall des Rücktrittes des Käufers gestattet, die bis zur Übergabe der Ware auf den Kaufpreis geleisteten Zahlungen, soweit sie 5 v. H. des Gesamtpreises nicht übersteigen, als Reugeld zu behalten. Der vorliegende Entwurf hat diese Vorschrift nicht übernommen; er spricht vielmehr Vereinbarungen jegliche Rechtswirksamkeit ab, die darauf abzielen, den Käufer zur Bezahlung eines Reugeldes oder zu irgendwelchen anderen Leistungen aus dem Titel des Rücktrittes

(Widerrufes), zum Beispiel in der Form eines Spesenersatzes oder dergl., zu verpflichten. ...

Zu § 4. Zufolge § 3 des geltenden Ratengesetzes kann der Terminverlust erst dann geltend gemacht werden, wenn der Käufer mit mindestens zwei unmittelbar aufeinanderfolgenden Raten im Verzuge ist. Wie von den Vertretern des Ratenhandels besonders eindringlich hervorgehoben wurde, bietet die Auslegung, welche diese Bestimmung gefunden hat, den Ratenkäufern Gelegenheit zu Schikanen. Denn es genüge zur Ausschließung des Terminverlustes, daß der Käufer nur jede zweite Rate und auch diese nur zum Teil bezahlt.

Der Vorentwurf ist den Wünschen des Ratenhandels in seinem § 3 Abs. 1 nachgekommen, indem er bestimmte, daß der Terminverlust schon dann geltend gemacht werden kann, wenn der Käufer mit einem Betrage im Verzuge ist, der dem doppelten Betrag einer Rate, bei ungleichen Raten dem doppelten Betrag einer Durchschnittsrate gleichkommt. ... Dafür stellte aber der Vorentwurf die weitere Voraussetzung auf, daß der Verkäufer dem Käufer unter Androhung des Terminverlustes eine mindestens achttägige Nachfrist zur Zahlung des Rückstandes setzen muß und daß diese Frist fruchtlos ablief. Überdies wurde — in Anlehnung an das deutsche Gesetz über die Abzahlungsgeschäfte — gefordert, daß der rückständige Betrag mindestens ein Zehntel des Gesamtpreises ausmache.

An dieser Regelung wurde insbesondere gerügt, daß sie die berechtigten Interessen der Verkäufer dann nicht ausreichend schütze, wenn es sich um Geschäfte mit sehr viel Raten handle. ...

Der tschechoslowakische Entwurf eines neuen Ratengesetzes sucht zwischen den widersprechenden Standpunkten in der Weise zu vermitteln, daß er den Terminverlust geltend machen läßt, wenn der Käufer mit mindestens einem Zehntel des Kaufpreises oder aber — ohne eine Relation zwischen dem Rückstande und der Höhe des Gesamtpreises herzustellen — wiederholt mit der Zahlung von Raten, sei es der ganzen oder eines Teiles einer Rate, in Rückstand geraten ist. . . .

Hierzu ist zu bemerken, daß auch die im tschechoslowakischen Entwurfe vorgesehene zweite Alternative für die Käufer insofern eine Verschlechterung des geltenden Rechtszustandes bedeutet, als nicht nur das Erfordernis des Rückstandes mit der Zahlung zweier unmittelbar aufeinanderfolgender Raten fallengelassen, sondern auch auf die weitere Voraussetzung verzichtet wird, daß der Rückstand den Betrag zweier Raten erreicht. Diese Regelung kann aber . . . dennoch gerechtfertigt werden, weil es nach der schon dem geltenden Ratengesetze innewohnenden Absicht nicht so sehr auf die Höhe des rückständigen Betrages, sondern darauf ankommt, daß aus der wiederholten Säumnis des Käufers auf dessen Zahlungsunwilligkeit oder Zahlungsunfähigkeit geschlossen werden und darum dem Verkäufer die Möglichkeit geboten werden muß, den ganzen Kaufschillingsrest auf einmal zu fordern, damit er nicht gegenüber anderen Gläubigern ins Hintertreffen gerate. Abgesehen davon gleicht die Fassung des vorliegenden Entwurfs die geringe Abschwächung des den Käufern durch das geltende Recht gewährten Schutzes dadurch reichlich aus, daß sie — was gewiß eine nicht unbedeutende Belastung des Ratenhandels mit sich bringt — dem Verkäufer die schriftliche Androhung des Terminverlustes und die Setzung einer mindestens achttägigen Nachfrist zur Bezahlung des Rückstandes vorschreibt. . . .

Einem Wunsche der Richtervereinigung folgend, hat der Entwurf ausdrücklich ausgesprochen, daß die Nachfrist erst am Tage des Eintreffens des den Terminverlust androhenden Schreibens beim Käufer — nicht also schon am Tage seiner Absendung — zu laufen beginnt.

Die Wahl des Ausdrucks „Rückstand“ statt „Verzug“ setzt außer Zweifel, daß objektiver Verzug genügt.

Der zweite Absatz des § 4 entspricht dem zweiten Absatz des § 3 des geltenden Ratengesetzes.

Zu § 5. Nach § 4 Abs. 3 RatG. kann der Käufer den Anspruch auf Gewährleistung wegen Mängel der Sache auch nach Ablauf von sechs Monaten (§ 933 ABGB.) noch so lange mit Klage und Einrede geltend machen, als der Kaufpreis nicht vollständig bezahlt ist. Eine Anzeige des Mangels ist zur Wahrung des Anspruches nicht erforderlich. Diese seitens der Ratenhändler mit Recht als unbillig bezeichnete Bestimmung hat der Entwurf dahin gemildert, daß er die Geltendmachung des Gewährleistungsanspruches an die Voraussetzung bindet, daß der Käufer innerhalb der Frist von sechs Monaten nach Ablieferung der Ware den Mangel rügt.

Dem Wunsche nach Abkürzung dieser für die Erstattung der Mängelanzeige vorgesehenen Frist konnte der Entwurf jedoch nicht folgen, desgleichen nicht einer weiteren Anregung, die darauf abzielt, den Käufer von der Einhaltung der sechsmonatigen Präklusivfrist dann zu entbinden, wenn es sich um heimliche, erst nach Ablauf dieser Frist hervorgekommenen Mängel handelt. . . .

Die Bestimmungen des § 5 entsprechen denen des § 4 des geltenden Ratengesetzes; nur wurde in Berücksichtigung der oben dargelegten Änderung auch die Vereinbarung einer kürzeren als der sechsmonatigen Frist für die Anzeige des Mangels als unwirksam erklärt.

Zu § 6. Der vielfach erhobenen Forderung, die Gültigkeit der Ratengeschäfte an die Einhaltung der Schriftform zu binden und überdies von der Übergabe einer Abschrift des Ratenbriefes an den Käufer abhängig zu machen, hat der Entwurf, wie bereits erwähnt, hinsichtlich der Geschäfte, die den Schutz der Ratenkäufer besonders dringlich erscheinen lassen, durch die Bestimmungen des § 3 Abs. 1 genügt. Ein Bedürfnis nach der gleichen Regelung bei den übrigen Ratengeschäften dürfte kaum bestehen, weshalb aus grundsätzlichen Erwägungen von der Erschwerung des Verkehrs, die in der obligatorischen Schriftform liegt, hinsichtlich dieser Geschäfte abzusehen war. . . .

Die Vorschrift des Abs. 3 ist der Bestimmung des § 8 Abs. 3 des Versicherungsvertragsgesetzes nachgebildet.

Zu § 7. Die Änderungen, die der Entwurf gegenüber dem § 6 Abs. 1 des geltenden Ratengesetzes aufweist, sind von untergeordneter Bedeutung. Daß der Käufer außer beim Gerichtsstand seines Wohnsitzes auch bei dem seiner Niederlassung oder Betriebsstätte (§ 87 JN.) belangt werden kann, wenn das Geschäft von ihm in Ausübung seines gewerblichen oder landwirtschaftlichen Betriebes abgeschlossen wurde, bedeutet keine Verschlechterung in der Rechtsstellung des Käufers, erleichtert aber dem Verkäufer billigerweise die Rechtsverfolgung. Das gleiche gilt für die im Entwurfe — entsprechend einer von der Fachkritik (Kastner) gegebenen Anregung — vorgesehene Möglichkeit, den Käufer bei dem Gerichtsstand der Beschäftigung (§ 86 JN.) zu belangen.

Trotz der von verschiedenen Seiten erhobenen Forderung, es solle die Unzuständigkeit von Amts wegen nur bis zur Rechtskraft des Urteils, nicht aber darüber hinaus bis ins Exekutionsstadium berücksichtigt werden, hat die Vorlage an der Bestimmung des § 6 Abs. 2 des geltenden Ratengesetzes festgehalten. Diese Vorschrift ist — wie die Rechtsanwaltskammer Wien in ihrem Gutachten kurz und treffend hervorhebt — „gewiß hart, aber nicht vermeidbar, wenn der Erschleichung von Gerichtsständen wirksam vorgebeugt werden soll". Der hierbei an Stelle der bisherigen zu engen Fassung „exekutive Veräußerung" gewählte Ausdruck „exekutive Verwertung" ist im weitesten Sinne zu verstehen, umfaßt also alle jene Akte des Exekutionsverfahrens, die dem Verpflichteten endgültig den Vermögenswert entziehen (Abnahme von Bargeld, der herauszugebenden Sache usw.).

Daß der Entwurf sich auch mit dem Gedanken nicht vertraut machen konnte, die schiedsgerichtliche Austragung von Streitigkeiten aus Ratengeschäften zuzulassen, bedarf wohl kaum der Begründung.

Der dritte Absatz des § 7 des Entwurfes entspricht dem dritten Absatz des § 6 des geltenden Ratengesetzes.

Zu § 8. Die Bestimmungen des § 7 und des ersten Absatzes des § 8 des geltenden Ratengesetzes sind durch die Zivilprozeßreform gegenstandslos geworden.

Der zweite Absatz des bezogenen § 8 . . . erklärt sich daraus, daß zur Zeit der Erlassung des Ratengesetzes die Vorschrift des § 887 ABGB. noch in Geltung stand, wonach dann, wenn über einen Vertrag eine Urkunde errichtet wurde, „auf vorgeschützte mündliche Verabredungen, welche zugleich geschehen sein sollen, aber mit der Urkunde nicht übereinstimmen oder neue Zusätze enthalten, kein Bedacht zu nehmen ist".

Da mittlerweile die Bestimmungen des § 887 ABGB. durch die III. Teilnovelle aufgehoben wurden, wäre die ungeänderte Übernahme dieser Schutzvorschrift in ein neues Ratengesetz nicht begründet. Wohl aber muß dafür gesorgt werden, daß dem Richter die Möglichkeit der Berücksichtigung solcher Zusagen nicht durch — rechtlich gewiß zulässige — Vereinbarungen abgeschnitten werde, die darauf abzielen, derartige Zusagen, die oft für das Zustandekommen des Ratengeschäftes maßgebend gewesen sein können, von vornherein jeglicher Wirksamkeit zu berauben. ... Hierzu hat die Richtervereinigung darauf hingewiesen, daß der Vorentwurf Zusagen nicht decke, die dem schriftlichen Vertrage nicht widersprechen, also zum Beispiel Qualitätszusagen und dergleichen, während nach Ansicht der Wiener Rechtsanwaltskammer die mehrerwähnte Bestimmung gegen die häufig in den Ratenbriefen enthaltene Klausel keinen Schutz gewähre, wonach der Agent zur Abgabe von Erklärungen nicht befugt ist, die mit dem Ratenbriefe in Widerspruch stehen. Solche Vereinbarungen könnten wirksam nur getroffen werden, wenn der Verkäufer selbst oder ein mit Generalvollmacht ausgestatteter Vertreter des Geschäfts abschließe. ...

Es bestanden keine Bedenken dagegen, den von der Richtervereinigung vorgebrachten Erwägungen nach einer entsprechenden Fassung des § 8 des Entwurfes Rechnung zu tragen.

Zu § 9. Die Bestimmungen des § 9 entsprechen wörtlich der Fassung des § 9 des geltenden Ratengesetzes.

Vom Schutzverband der Ratenkäufer war beantragt worden, durch Einbeziehung in den § 9 RatG. den Ratengeschäften auch die Geschäfte gleichzustellen, bei denen sich zwischen Verkäufer und Käufer zum Zwecke der Ermöglichung des Kaufes eine Kreditstelle in der Art einschiebt, daß ein mit dem Verkäufer in Verbindung stehender Dritter dem Käufer einen in Raten abzustattenden Kredit gewährt. Ob dieser Geschäftstypus als Umgehungsform des Ratengesetzes anzusehen ist, kann wohl nur bei genauer Kenntnis der konkreten Erscheinungsform dieser Geschäftsart verläßlich beurteilt werden; eine allgemeine Norm aufzustellen schien dem Justizministerium um so gefährlicher, als es eine Reihe derartiger Organisationen gibt, deren Ziele durchaus unbedenklich sind. Dies ist gewiß dann der Fall, wenn sorgsam darauf geachtet wird, daß nicht Kredite in einem die wirtschaftliche Kraft des Kreditnehmers übersteigenden Ausmaß eingeräumt werden. Dient aber die Kreditorganisation ausschließlich oder doch in erster Linie dem Interesse des Verkäufers an der Steigerung seiner Absatzmöglichkeiten, so wird, insbesondere wenn die Verbindung des Verkäufers mit der Kreditstelle so weit geht, daß wirtschaftliche Identität dieser beiden Stellen angenommen werden kann, § 9 RatG. schon in seiner gegenwärtigen Fassung ausreichen.

Nebenbei sei nur noch bemerkt, daß, wenn der Gesetzgeber selbst die Unterstellung solcher Geschäfte unter das Ratengesetz vornehmen wollte, auch Bestimmungen darüber geschaffen werden müßten, in welchen Fällen der Käufer die ihm nach dem Gesetz zustehenden Rechte gegen den Verkäufer, in welchen Fällen er sie aber gegen den Kreditgeber zu richten hätte. Der vom Schutzverbande geprägte Satz, daß einfach in allen Fällen als Verkäufer der Kreditgeber zu gelten habe, ist, wie genauere Überlegung der in Betracht kommenden Möglichkeiten zeigt, juristisch und wirtschaftlich unzulänglich.

Mit der weiteren Frage, ob, wie vielfach verlangt wurde, auch die nach dem sogenannten Heimsparkassensystem abgeschlossenen Geschäfte in den Geltungsbereich des Ratengesetzes einzubeziehen wären, hat sich der Entwurf schon deshalb nicht auseinandergesetzt, weil in dem Entwurfe einer Novelle zur Gewerbeordnung das Verbot des Heimsparkassensystems vorgesehen ist.

Gegenüber dem von mehreren Seiten geäußerten Wunsche, im Sinne des tschechoslowakischen Entwurfes die Sicherstellung der Ratenzahlungen durch Wechsel zu verbieten, sei schließlich bemerkt, . . . daß die Sanktion dieser privatrechtlichen Norm durch verwaltungsrechtliche Strafen — abgesehen davon, daß die moderne Privatrechtsgesetzgebung grundsätzlich von derartigen Maßnahmen immer mehr abkommt — kaum ausreichend wäre. Eine privatrechtliche Sanktion jedoch ist wegen der dadurch herbeigeführten Gefährdung der Sicherheit des Wechselverkehrs von vornherein ausgeschlossen.

Zu § 10. Der Entwurf hat in § 10 das Anwendungsgebiet des Ratengesetzes eingeschränkt, indem er jene Ratengeschäfte außerhalb des Ratengesetzes stellt, bei denen der „Kaufpreis der Sache“, gleichgültig ob es sich um eine oder mehrere Sachen, um Einzelsachen oder Gesamtsachen handelt, wenn sie nur Gegenstand ein und desselben Ratengeschäftes sind, 3000 Schilling übersteigt. Dieser Einschränkung des Geltungsbereiches des Gesetzes liegt der Gedanke zugrunde, daß bei einer gewissen Höhe des Kaufpreises als Käufer von vornherein nur Personen in Betracht kommen, die eines besonderen gesetzlichen Schutzes nicht bedürfen. ...

Das System des auf die Höhe des Gesamtkaufpreises abgestellten Grenzbetrages ist von der Gesetzgebung der Nordstaaten und vom tschechoslowakischen Entwurfe angenommen worden; es fand nicht nur die Billigung der meisten zur Begutachtung des Vorentwurfes herangezogenen Stellen, sondern auch der juristischen Kritik (so ausdrücklich Klang, Kastner, Zimbler; im gleichen Sinne wohl auch Grünberg). Die Vorlage hatte daher keinen Anlaß, von der grundsätzlichen Regelung des Vorentwurfes abzugehen, der auch aus psychologischen Gesichtspunkten der Vorzug gebührt.

Was die Höhe des Grenzbetrages anlangt, fand der vorgeschlagene Betrag von 3000 Schilling nahezu allgemeine Mißbilligung.

Völlig im klaren darüber, daß jedem Grenzbetrag ein starkes Moment der Willkür innewohnt, glaubt die Vorlage doch für die schon im Vorentwurfe vorgeschlagene Grenze eintreten zu sollen.

Höher zu gehen, scheint wohl von vornherein ausgeschlossen, soll nicht die mit der Festsetzung des Höchstbetrages verfolgte Absicht völlig illusorisch werden. Auch Landwirte, die Maschinen im Preise von über 3000 Schilling kaufen, können als eines besonderen Schutzes bedürftig wohl nicht angesehen werden.

Gegen die Forderung nach Herabsetzung des Betrages, wofür allerdings bessere Argumente ins Treffen geführt werden können als für die Erhöhung, muß auf das Beispiel der Nordstaaten hingewiesen werden, von denen das dänische und schwedische Gesetz die Grenze bei 3000 Kronen, also ungefähr 5700 Schilling, das norwegische Gesetz mit 10 000 Kronen, also beiläufig 19 000 Schilling, ziehen. Der tschechoslowakische Entwurf allerdings hat einen Grenzbetrag von nur 10 000 tschechischen Kronen vorgesehen. Aus dieser Aufzählung wird unter Berücksichtigung der Wirtschaftsverhältnisse in Österreich die Grenze von 3000 Schilling wohl als die angemessenste bezeichnet werden können.

Das Gutachten der Wiener Handelskammer und eine Reihe anderer Gutachten . . . beantragen eine weitere Einschränkung des Geltungsbereiches des Ratengesetzes durch Ausschließung der Ratengeschäfte über Gegenstände, die der Käufer zur Ausübung eines selbständigen Erwerbes oder Berufes benötigt. . . . Dagegen muß erinnert werden, daß gerade das Beispiel der armen Näherin, des kleinen Handwerkers, welche die zur selbständigen Ausübung des Gewerbes nötigen Werkzeuge und Maschinen nur auf Raten zu kaufen vermögen, seinerzeit zur Begründung der Notwendigkeit eines gesetzlichen Schutzes der Ratenkäufer herangezogen wurde. In der Tat wäre es schwer zu begründen, warum gerade wirtschaftlich schwache Personen, die auf diese Zahlungsmodalität angewiesen sind, für notwendige Anschaffungen den Schutz nicht genießen sollen, den das Gesetz Leuten gewährt, die sich zum Ankauf völlig überflüssiger Dinge bewegen ließen. Der Antrag, diesen Fällen die Schutzbedürftigkeit abzusprechen, verkennt, daß es vornehmlich sozialpolitische Gesichtspunkte sind, welche die sonderrechtliche Behandlung des Ratengeschäftes rechtfertigen.

Eben dieser Gesichtspunkt, in Verbindung mit der Tatsache, daß dank der Ungunst der wirtschaftlichen Verhältnisse breite Bevölkerungsschichten auch Bedarfsgegenstände des täglichen Lebens nicht durch Barkauf zu erwerben in der Lage sind, war dafür maßgebend, daß die Vorlage dem weiteren Antrage nicht folgen konnte, alle im Geschäftslokale des Verkäufers oder sonst im Wege unmittelbaren Verkehrs zwischen Verkäufer und Käufer zustandegekommenen Ratengeschäfte aus dem Geltungsbereiche des Gesetzes auszuschließen. Der Tatsache aber, daß bei dieser Art von Geschäften — also den sogenannten Ladengeschäften — Mißstände in viel geringerem Maße zu beobachten sind als bei den durch Aufsuchen von Bestellungen erzielten Abschlüssen, hat die Vorlage dadurch Rechnung getragen, daß sie, wie schon oben hervorgehoben wurde, bei solchen Geschäften den Käufern ein Rücktrittsrecht nicht einräumt.

So weit zur Frage der Einschränkung des Anwendungsgebietes des Ratengesetzes.

Die Ausdehnung des Geltungsbereiches dieses Gesetzes, die der Vorentwurf im Einklange mit dem deutschen Gesetze über Abzahlungsgeschäfte durch Einbeziehung der nicht protokollierten Kaufleute vorgeschlagen hatte, hat der vorliegende Entwurf angesichts der Ablehnung, welche eine solche Ausdehnung seitens der meisten Handelskammern, des Hauptverbandes der Industrie und des Hauptverbandes der Kaufmannschaft erfahren hatte, nicht mehr vorgesehen. Die Gefahr, daß eine solche Ausdehnung des Geltungsbereiches des Ratengesetzes — wie Klang bemerkt — in letzter Linie geradezu die zu schützenden Kreise schädigen muß, weil sie ihnen den Einkauf gegen Ratenzahlung erschweren oder unmöglich machen würde — worauf auch der Hauptverband der Industrie besonders eindringlich hinweist —, ist nicht von der Hand zu weisen. Auf die im Vorentwurf vorgesehene Ausdehnung konnte trotz des vollen Anklanges, den diese Maßnahme bei den gewerblichen Spitzenorganisationen (ebenso bei Kastner und Grünberg) gefunden hat, um so eher verzichtet werden, als in diesen Fällen dem Verkäufer ebenfalls ein Kaufmann gegenübersteht, der, obwohl Minderkaufmann, doch den sonst als Ratenkäufer auftretenden Schichten vermöge seiner geschäftlichen Erfahrungen gewiß überlegen ist. Der Entwurf läßt es daher bei der Vorschrift des geltenden Rechtes bewenden, wonach Geschäfte, die auf seiten des Käufers Handelsgeschäfte sind, aus dem Geltungsbereiche des Ratengesetzes ausscheiden.

Zu § 11. Die Vorschriften des Abs. 2 in Verbindung mit dem neuen Abs. 3 geben den Inhalt des § 11 des geltenden Ratengesetzes wieder. Bemerkt wird, daß in einem zum Vorentwurf erstatteten Gutachten die gänzliche Unterdrückung des Losratenhandels durch Erlassung eines dagegen gerichteten Verbotes angeregt worden ist. Dieser Anregung folgt der Entwurf zwar nicht; wohl aber hat er auf Wunsch der Bundesfinanzverwaltung ausgesprochen (Abs. 1), daß Ratengeschäfte über Lose und Wertpapiere, wie bisher, dem Ratengesetze ohne Rücksicht auf die Höhe des Kaufpreises unterworfen bleiben. Dies gilt selbstverständlich auch für Geschäfte, die gemäß Abs. 2 des § 11 als Ratengeschäfte zu behandeln sind. . . .

Zu § 12. . . . Von einigen Wirtschaftskörperschaften, insbesondere den Organisationen des Teilzahlungshandels, ferner von einem Teile der Fachkritik (Lenhoff,

Klang, Zimbler) wurde angeregt, anläßlich der Novellierung des Ratengesetzes einige der dringendsten Fragen zu regeln, die mit dem Vorbehalte des Eigentums an den gegen Ratenzahlung verkauften Waren zusammenhängen. . . .

Diesen Anregungen konnte die Vorlage zunächst aus grundsätzlichen Erwägungen nicht Rechnung tragen, weil es unzweckmäßig wäre, bloß einen Teil der mit dem Institut des Eigentumsvorbehaltes zusammenhängenden Fragen zu regeln und überdies diese Regelung nur für eine, wenn auch freilich der Zahl nach stark ins Gewicht fallende Gruppe von Geschäften zu treffen."

# Literaturverzeichnis.

Arndt, Stichwort „Abzahlungsgeschäft" im Rechtsvergleichenden Handwörterbuch, herausgegeben von Schlegelberger.
Arndt, Der Autoverkauf auf Kredit (Das Recht des Kraftfahrers 1927 S. 17 ff.).
Aubele, Kommentar zum Reichsgesetz betreffend die Abzahlungsgeschäfte vom 16. Mai 1894 (1911).
Aubele, Wirkungen des § 5 des Abzahlungsgesetzes auf die Vertragsstrafe (JW. 14, 179).
Baumbach, Zivilprozeßordnung mit Gerichtsverfassungsgesetz (1926).
Bendix, Wie sind „Leihmöbel" pfändbar? (KGBl. 06, 69.)
Bendix, Der Eigentumsvorbehalt im Konkurse des Käufers und Verkäufers (JW. 30, 1361).
Berger-Wilhelmi, Kommentar zur Reichsgewerbeordnung (1910).
Berlak-Felix, Das Teilzahlungsgeschäft (herausgegeben im Einvernehmen mit dem Reichsverband des kreditgebenden Einzelhandels E. V., 1928).
Bernstein, Der uneigentliche Eigentumsvorbehalt an Waren (BankArch. 26, 62).
Bing, Vollstreckung in dem Schuldner nicht gehörige Sachen (Recht 07, 1047).
Blach, Das Vorrecht der Hypothekengläubiger und Vermieter bei der Pfändung von Leihvertragsgegenständen (JW. 13, 80).
Boldt, Das Abzahlungsgeschäft und seine besondere privatrechtliche Regelung nach dem Reichsgesetz vom 16. Mai 1894 (1908).
Bondi, Besprechung von KG. 8 U 1241/30 (JW. 30, 3778).
Brandis, Die Übertragung des Anwartschaftsrechtes, das bei einer bedingten Eigentumsübertragung entsteht (JW. 31, 505).
Brecht, Bedingung und Anwartschaft (IheringsJ. 61, 263 ff.).
Breme, Ansprüche aus Abzahlungsgeschäften (JW. 14, 578).

Brockdorf, Graf von, Die Rechtsgültigkeit der üblichen Finanzierungsverträge im Automobilhandel (Eger 1928 S. 29 ff.).

von Brüneck, Über den sogenannten Möbelleihvertrag (Gruchot 10, 339 ff.).

Busch, Artikel „Widerklage" im HdR. (Bd. VI, 907).

Cohn, Kann aus Abzahlungskäufen Herausgabe neben Zahlung verlangt werden? (Recht 08, 34.)

Cohn, Eigentumsvorbehalt im Vergleichsverfahren (JW. 1930, 2759 f.).

Cosack, Lehrbuch des deutschen Bürgerlichen Rechts (7./8. Aufl.).

Crisolli, K.-A., Rechtsnatur der Sacheinlageverpflichtung usw. (ZHR. 93, 239 ff.).

Crisolli, K.-A., Die Anträge und der Streitwert bei Klagen aus dem Abzahlungsgeschäft (ZHR. 95, 273 ff.).

Crisolli, K.-A., Die Anträge und der Streitwert bei Klagen aus dem Abzahlungsgeschäft (JR. 30, 57).

Crisolli, K.-A., Artikel „Verbotsgesetze" im HdR. (Bd. VI, 357).

Crome, System des deutschen Bürgerlichen Rechts (1900—1912).

Dernburg, Das Bürgerliche Recht des Deutschen Reichs und Preußens (3. und 4. Auflage).

Düringer-Hachenburg, Das Handelsgesetzbuch (1908 ff.).

Ebermayer, Das Reichsstrafgesetzbuch (1929).

Eccius, Preußisches Privatrecht (1892).

Ehrenzweig, System des österreichischen Allgemeinen Privatrechts (1920 ff.).

Eißner, Über die Nichtigkeit von Abzahlungsgeschäften (JW. 14, 263).

Eitzen, Das Gesetz betreffend die Abzahlungsgeschäfte vom 16. Mai 1894 unter der Geltung des Bürgerlichen Gesetzbuchs (Heidelberger Dissertation 1909).

Enneccerus, Lehrbuch des Bürgerlichen Rechts von Enneccerus-Kipp-Wolff, Bd. I, Bd. II (22. bis 24. Aufl.).

Etzold, Die Zwangsvollstreckung des Verkäufers in die unter Eigentumsvorbehalt verkaufte Sache (Frankfurter Dissertation 1928).

Etzold, Besprechung von LG. Düsseldorf 7 a S 75/29 (JW. 30, 2083).
Falkmann, Die Zwangsvollstreckung (1899 ff.).
Flatau, Die Zwangsvollstreckung in Leihmöbel (1909).
Flechtheim, Die Zwangsvollstreckung in Forderungen aus gegenseitigen Verträgen (ZZP. 28, 262 ff.).
Flechtheim, Eigentumsvorbehalt und Zwangsvollstreckung (Rhein.Arch. 08, 275 ff.).
Flechtheim, Der nachträgliche Eigentumsvorbehalt (JW. 1911, 345 ff.).
Flesch-Hiller-Luppe, Gewerbeordnung für das Deutsche Reich (1915).
Foerster-Kann, Zivilprozeßordnung (3. Aufl.).
Frank, Kommentar zum Strafgesetzbuch (1914).
Fromherz, Zwangsvollstreckung in den Anspruch aus einem Kaufvertrag, in welchem dem Verkäufer das Eigentum bis zur Abzahlung vorbehalten ist (ZZP. 38, 49 ff.).
Fromherz, Zwangsvollstreckung und Vermieterpfandrecht bei Leihmöbeln (ZZP. 39, 479).
Fromherz, Vollstreckungsarten bei Leihmöbeln (JW. 13, 574 ff.).
Fuchs, Richard, Das gesetzliche Pfandrecht an bedingt übereigneten Sachen (ArchBürgR. 34 S. 368 ff.).
Fuld, Das Reichsgesetz betreffend die Abzahlungsgeschäfte vom 16. Mai 1894 (1894), zitiert Fuld.
Fuld, Streitfragen aus dem Gesetze über die Abzahlungsgeschäfte (Gruchot 54 S. 564 ff.).
Gareis, Das Reichsgesetz betreffend die Abzahlungsgeschäfte (1894).
Gaupp-Stein-Jonas, Kommentar zur Zivilprozeßordnung (1926).
von Gierke, J., Handelsrecht und Handelsschiffahrt (1929).
von Gierke, O., Deutsches Privatrecht (1895—1917).
Gillmann-Jonas, Auf Abzahlung (1926).
Glatzer, Stempelpflichtigkeit des Bestätigungsschreibens bei Lieferungskäufen (DStBl. 1930 Sp. 1121 ff.).
Goldschmidt, Zivilprozeßrecht (1929).
Groß, Kauf und Verkauf auf Borg durch einen zum Barabschluß Bevollmächtigten und Verwandtes (Leipziger Dissertation 1909).

Hausmann, Das Gesetz betreffend die Abzahlungsgeschäfte vom 16. Mai 1894 (1894).
Heilbrun, Die besondere privatrechtliche Regelung der Abzahlungsgeschäfte nach dem geltenden deutschen Reichsrechte (Leipziger Dissertation 1903).
Hein, Abzahlungsgesetz und Kredithäuser (1910).
Hellwig, Anspruch und Klagerecht (1900).
Hellwig, Lehrbuch des deutschen Zivilprozeßrechts (1909).
Hermann, Von den Abzahlungsgeschäften (Holdheim 1916, 62).
Herzstein, Besprechung von LG. Düsseldorf 7 a S 75/29 (JW. 30, 3365).
Hirsch, Der moderne Handel, seine Organisation und Formen, ein Grundriß der Sozialökonomik, Abt. V Teil II (1925).
Hoehne, Der sogenannte Leihvertrag (1885), zitiert Leihvertrag.
Hoehne, Theorie des sogenannten Leihvertrags (1886), zitiert Theorie.
Hoehne, Die gesetzliche Regelung der Raten und Abzahlungsgeschäfte (1891).
Hörle, Abzahlungsgeschäfte (Gruchot 55, 177 ff.).
Horn, Die Pfändung sog. Leihmöbel (KGBl. 1904, 61).
Jacobi, Besprechung von OLG. Breslau 17 U 50/28 (JW. 30, 331).
Jaeger, Kommentar zur Konkursordnung (bis § 12: 6./7., ab § 12: 5. Auflage).
Jaffé, Der Eigentumsvorbehalt beim Kauf (Leipziger Dissertation 1910).
Jastrow, Das deutsche Reichsgesetz über die Abzahlungsgeschäfte (Arch. f. soz. Ges. 7, 287 ff.).
Josef, Abzahlungsgeschäft und Versicherungsabrede (Recht 12, 398).
Kaufmann, Zwangsvollstreckung und Eigentumsvorbehalt (Gruchot 53, 325 ff.).
Kiesow, Gesetz betreffend die Ermöglichung der Kapitalkreditbeschaffung für landwirtschaftliche Pächter (1926).
Kirchner, Eigentumsvorbehalt und Vermieterpfandrecht (DJZ. 09, 375).
Klang, Der Eigentumsvorbehalt beim Ratengeschäft (Juristische Blätter 1910).

Köhler, Deutsches Strafrecht (1917).
Korsch, Abzahlungsgeschäft und Versicherungsabrede (JW. 12, 230).
Kuhlenbeck, Das Bürgerliche Gesetzbuch für das Deutsche Reich (1903/04).
Kuhnt, Ausdehnung des Eigentumsvorbehalts auf künftig zu kaufende Sachen (DJZ. 1913, 83).
Kupfer, Offenbarungseidestermin und Eigentumsvorbehalt (BayZ. 1928, 21).
von Landmann, Kommentar zur Gewerbeordnung, herausgegeben von v. Landmann und Rohmer (1917 bis 1925).
Langenbeck, Gläubigernot — Rechtsnot — Anwaltsnot (BerlAnwBl. 28, 5, 19).
Lazarus, Das Recht des Abzahlungsgeschäftes (1898).
Lazarus, Klageantrag bei Klagen aus Abzahlungsgeschäften (DJZ. 08, 302).
Lehmann, Gläubigerschutz (1926).
Lemke, Vollstreckung in dem Schuldner nicht gehörige Sachen (Recht 07, 1457).
Levy, Der Eigentumsvorbehalt im Konkurs- und Vergleichsverfahren (in „Der Eigentumsvorbehalt in Wirtschaft und Recht“, 1931).
Lichtenthal, Der eigne Rechtsanwalt im Abzahlungswesen (1905).
Lichtenthal, Das Kredithaus (1912).
Liebrecht, Ein Beitrag zur Frage, betreffend die Pfändbarkeit der sog. Leihmöbel (KGBl. 05, 13).
Lieske, Das Abzahlungsgeschäft und seine zivilrechtliche Regelung nach dem Reichsgesetz vom 16. Mai 1894 (Leipziger Dissertation 1906).
Lindemeyer, Besprechung von LG. Braunschweig 3 U 29/30 (JW. 30, 3787).
Lindenberg, Reichsgewerbeordnung (1913).
Loeck-Eiffler, Preußisches Stempelsteuergesetz (1928).
Mentzel, Kommentar zur Konkursordnung (3. Aufl.).
Mertens, Zur gerichtlichen Praxis in Abzahlungsgeschäften (Recht 06, 1433).
Meyer, Pfändung in Leihmöbel durch den Eigentümer (KGBl. 1914, 146).
Michaelis, Artikel „Abzahlungsgeschäft“ im HdR. (Bd. I 45 ff.).

Mosse-Heymann, Handelsgesetzbuch (1926).
Müller-Erzbach, Deutsches Handelsrecht (2./3. Auflage 1928).
Neukamp, Die Gewerbeordnung für das Deutsche Reich (1912).
Neumann, Handausgabe des Bürgerlichen Gesetzbuchs für das Deutsche Reich.
Nußbaum, Die Pfändbarkeit der sog. Leihmöbel (KGBl. 04, 53).
Oertmann, Kommentar zum Allgemeinen Teil (3. Aufl.).
Oertmann, Kommentar zum Recht der Schuldverhältnisse (5. Aufl.).
Oertmann, Besprechung von LG. Dresden 3 D G 426/25 (JW. 26, 725).
Oertmann, Besprechung von LG. Düsseldorf 7 a S 75/29 (JW. 29, 3193).
Olshausen, Kommentar zum Strafgesetzbuch für das Deutsche Reich (1916).
Orgler, Der Eigentumsvorbehalt in Interventionsprozessen (in „Der Eigentumsvorbehalt in Wirtschaft und Recht“, 1931).
Paehler, Der Klageantrag bei Klagen aus Abzahlungsgeschäften (DJZ. 08, 190).
Petersen, Die Zivilprozeßordnung für das Deutsche Reich (1904).
Planck, Kommentar zum Bürgerlichen Gesetzbuch (4. Aufl.).
Pudor, Der Übergang der Gefahr beim Verkauf unter Eigentumsvorbehalt (JW. 05, 566).
Rautmann, Rechtliche Natur und Durchführung der Teilzahlungsfinanzierung (Erlanger Dissertation 1929); wohl fast identisch mit: Der Abzahlungsverkehr. Seine Finanzierung und Sicherung (1930).
RG.-Kommentar, Kommentar von Reichsgerichtsräten zum Bürgerlichen Gesetzbuch (6. Aufl.).
Richter, Die Zwangsvollstreckung in das bewegliche Vermögen (1890).
Rönnberg, Lotteriestrafrecht (1907).
Rosenberg, Besprechung von OLG. Breslau 17 U 50/28 (JW. 30, 331).
Rühl, Eigentumsvorbehalt und Abzahlungsgeschäft einschließlich des Rechts der Teilfinanzierung (1930).

Rühl, Besprechung von LG. Braunschweig 3 U 29/30 (JW. 30, 3786).
Rühl, Besprechung von OGH. Wien 40 b 63/30 (JW. 30, 3815).
Rühl, Besprechung von KG. 23 U 1961/29 (JW. 31, 75).
Rumpf, Die Rechtsstellung des Elektrizitätsunternehmers im Konkurse des Abnehmers (JW. 30, 1349).
Sachs, Beiträge zur Behandlung der Amortisationshypothek nach BGB. und ZVG. (IheringsJ. 58, 323).
Samoje, Die Zwangsvollstreckung in Leihmöbel (Rostocker Dissertation 1907).
Samter, Kommentar zum Reichsgesetz betreffend die Abzahlungsgeschäfte vom 16. Mai 1894 (1927).
Schalfejew, Der Eigentumsvorbehalt in der Rechtsprechung (in „Der Eigentumsvorbehalt in Wirtschaft und Recht", 1931).
Schanz, Zur Frage des Anwartschaftsrechtes des Abzahlungskäufers und seiner vertraglichen Verwertung (JW. 31, 507).
Schmidt, Das Reichsgesetz betreffend die Abzahlungsgeschäfte vom 16. Mai 1894 und seine sozialpolitische Bedeutung (Leipziger Dissertation 1918).
Schmitt, Reichsgesetz betreffend die Abzahlungsgeschäfte vom 16. Mai 1894 (1894).
Schulz, Eigentumsvorbehalt und Vermieterpfandrecht (DJZ. 08, 959).
Schwister, Der Eigentumsvorbehalt in Wirtschaft und Recht (JW. 1931, 1160 ff.).
Seckel, Die Gestaltungsrechte des Bürgerlichen Rechts (in der Festschrift für Koch, 1903, S. 205 ff.).
Seeger, Generaleigentumsvorbehalt beim Abzahlungsgeschäft (KGBl. 1915, 15).
Seelig, Abzahlungsgeschäfte mit Eigentumsvorbehalt (1919).
Seligsohn, Antrag bei Klagen des Abzahlungsverkäufers (KGBl. 1912, 2).
Seuffert, Kommentar zur Zivilprozeßordnung (1910).
Simmet, Vereinbarung des Eigentumsvorbehalts nach Übereignung der Kaufsache (JW. 11, 705).
Soergel, Bürgerliches Gesetzbuch nebst Einführungsgesetz (1929).

Staub, Klage und Einrede im Interventionsprozeß (JW. 1898 S. 301 ff.).
Staub, Kommentar zum Handelsgesetzbuch (12./13. Aufl.).
von Staudinger, Kommentar zum Bürgerlichen Gesetzbuch (1930/31).
Stein, Die Voraussetzung des Rechtsschutzes, insbesondere bei der Verurteilungsklage (in der Festschrift für Fitting, 1903, S. 333 ff.).
von Stenglein, Kommentar zu den strafrechtlichen Nebengesetzen des Deutschen Reiches (4. Aufl.).
Stier-Somlo, Kommentar zur Gewerbeordnung für das Deutsche Reich (1923).
Stölzel, Schulung für die zivilistische Praxis (1898).
Stulz, Der Eigentumsvorbehalt im ausländischen Recht (Blätter für internationales Privatrecht, Beilage zur LZ., 1927 S. 249ff.).
Stulz, Der Eigentumsvorbehalt im in- und ausländischen Recht (Veröffentlichungen des Reichsverbandes der Deutschen Industrie 1930 Nr. 51).
Stulz, Besprechung von Rühl, Eigentumsvorbehalt und Abzahlungsgeschäft (JW. 30, 2772).
Sydow-Busch, Zivilprozeßordnung und Gerichtsverfassungsgesetz (1926).
Thiesing, Ist der Veräußerer einer beweglichen Sache, die er dem Erwerber unter Eigentumsvorbehalt übergeben hat, mittelbarer Besitzer? (ArchBürgR. 20, 240 ff.)
Thiesing, Alternativ- und Eventualantrag (Recht 07, 119).
Titze, Die Unmöglichkeit der Leistung nach deutschem Bürgerlichen Recht (1900).
von Thur, Der Allgemeine Teil des deutschen Bürgerlichen Rechts (1914 ff.).
von Thur, Der Allgemeine Teil des Schweizerischen Obligationenrechts (1924/25).
Voigt, Das Reichsgesetz betreffend die Abzahlungsgeschäfte vom 16. Mai 1894 in seinen wichtigsten Streitfragen (Leipziger Dissertation 1908).
Volkmar, Abzahlungsgeschäfte im Kriege (KGBl. 1919, 46).
Vollrath, Das Abzahlungsgeschäft, insbesondere das Rücktrittsrecht des Verkäufers beim Abzahlungsgeschäft, nach dem Reichsgesetz vom 16. Mai 1894 (Marburger Dissertation 1913).

Warneyer, Kommentar zum Bürgerlichen Gesetzbuch (1930).

Wassermann, Der Eigentumsvorbehalt der Lieferanten an Waren, die zur Veräußerung im Geschäftsbetriebe des Abnehmers bestimmt sind (LZ. 28, 1318).

Weinschenk, Eigentumsvorbehalt und Verjährung (BayZ. 1926, 317 ff.).

Weiße, Der Eigentumsvorbehalt beim Abzahlungsgeschäft (Leipziger Dissertation 1911).

Wilke, Gutachten über die Frage: Wie ist den Mißständen, welche sich bei den Abzahlungsgeschäften herausgestellt haben, entgegenzuwirken? (Verhandl. des 21. Deutschen Juristentages, Bd. 2 S. 117 ff.)

Wolf, Herabsetzung der Vertragsstrafe bei Abzahlungsgeschäften (DJZ. 1901 S. 554 ff.).

Wolff, Martin, Die Zwangsvollstreckung in eine dem Schuldner nicht gehörige bewegliche Sache in der Festgabe für Hübler (1905).

Wolff, Martin, Das Sachenrecht im Lehrbuche des Bürgerlichen Rechts von Enneccerus-Kipp-Wolff (7. Aufl.) zitiert Wolff.

Wolff-Crisolli, Das Recht der Reklame (1930).

Ziegler, Gefahrübergang beim Verkauf unter Eigentumsvorbehalt (JW. 10, 798).

Ziffer, Uneigentlicher Eigentumsvorbehalt mit „dinglicher Surrogation“ (JW. 30, 1358).

---

Literatur zum österreichischen Entwurf:

Grünberg in Österreichische Anwaltszeitung 30, 21 ff.

Heindl in Zeitschrift für soziales Recht, 2. Jahrg., 177 ff.

Kastner in Gerichtszeitung 30, 74 ff.

Klang in Juristische Blätter 30, 71 ff.

Klärmann in Gerichtszeitung 30, 145 ff.

Lenhoff in Neue Freie Presse vom 18. Januar 1930.

Schobel in Gerichtshalle 74, 30 ff.

Schran in Österreichische Richterzeitung 23, 124 ff.

Zimbler in Wochenschrift des niederösterreichischen Gewerbevereins 30, 120 ff.

# Abkürzungsverzeichnis.

| | |
|---|---|
| a. a. O. . . . . . . | am angeführten Orte. |
| ABGB. . . . . . | Allgemeines Bürgerliches Gesetzbuch für Österreich. |
| AbzGes. . . . . . | Reichsgesetz betreffend die Abzahlungsgeschäfte. |
| AHGB. . . . . . | Allgemeines Deutsches Handelsgesetzbuch. |
| AG. . . . . . . . | Amtsgericht. |
| a. M. . . . . . . | anderer Meinung. |
| Anm. . . . . . . | Anmerkung. |
| AO. . . . . . . . | Reichsabgabenordnung. |
| ArchBürgR. . . . | Archiv für bürgerliches Recht. |
| BankArch. . . . . | Bankarchiv. |
| BayNotZ. . . . . | Zeitschrift für das Notariat und für die freiwillige Rechtspflege in Bayern. |
| BayZ. . . . . . . | Zeitschrift für Rechtspflege in Bayern. |
| Bd. . . . . . . . | Band. |
| Bem. . . . . . . | Bemerkung. |
| BerlAnwBl. . . . | Berliner Anwaltsblatt. |
| Beschl. . . . . . . | Beschluß. |
| BGB. . . . . . . | Bürgerliches Gesetzbuch. |
| BlfRechtspfl. i. Th. . | Blätter für Rechtspflege in Thüringen. |
| DJZ. . . . . . . | Deutsche Juristen-Zeitung. |
| DStBl. . . . . . | Deutsches Steuerblatt. |
| DStZ. . . . . . . | Deutsche Steuerzeitung. |
| Eger . . . . . . . | Eisenbahn- und verkehrsrechtliche Entscheidungen und Abhandlungen, herausgegeben von Eger. |
| ElsZ. . . . . . . . | Juristische Zeitschrift des Reichslandes Elsaß-Lothringen. |
| Fischer . . . . . . | Fischers Zeitschrift für Verwaltungsrecht. |

| | |
|---|---|
| Ges. . . . . . . . . | Gesetz. |
| GewArch. . . . . | Gewerbe-Archiv. |
| Gl. M. . . . . . . . | gleicher Meinung. |
| GoltdArch. . . . . | Archiv für Strafrecht und Strafprozeß (Goltdammer). |
| Gruchot . . . . . | Beiträge zur Erläuterung des deutschen Rechts. |
| GVG. . . . . . . . | Gerichtsverfassungsgesetz. |
| HansGZ. . . . . . | Hanseatische Gerichtszeitung. |
| HansRuGZ. . . . | Hanseatische Rechts- und Gerichtszeitschrift. |
| HdR. . . . . . . . | Handwörterbuch der Rechtswissenschaft (Stier-Somlo-Elster). |
| HGB. . . . . . . . | Handelsgesetzbuch. |
| Holdheim . . . . . | Monatsschrift für Handelsrecht. |
| HRR. . . . . . . . | Höchstrichterliche Rechtsprechung (Beilage zur JR.). |
| Jahreskurse f. j. F. . | Jahreskurse für juristische Fortbildung. |
| IheringsJ. . . . . | Iherings Jahrbücher für die Dogmatik des bürgerlichen Rechts. |
| JR. . . . . . . . . | Juristische Rundschau. |
| JW. . . . . . . . . | Juristische Wochenschrift. |
| KG. . . . . . . . . | Kammergericht. |
| KGBl. . . . . . . . | Blätter für Rechtspflege im Bezirke des Kammergerichts. |
| KGJ. . . . . . . . | Jahrbuch der Entscheidungen des Kammergerichts in Sachen der freiwilligen Gerichtsbarkeit. |
| KO. . . . . . . . . | Konkursordnung. |
| Kurznachrichten . . | Kurznachrichtenkarte (Beilage zum Eildienst der DStZ.). |
| LegPer. . . . . . | Legislaturperiode. |
| LG. . . . . . . . . | Landgericht. |
| LZ. . . . . . . . . | Leipziger Zeitschrift für deutsches Recht. |
| MBliV. . . . . . | Ministerialblatt für die preußische innere Verwaltung. |
| MinErl. . . . . . | Ministerialerlaß. |
| MittIndHandK. . . | Mitteilungen der Industrie- und Handelskammer Berlin. |
| Mot. . . . . . . . | Motive. |

| | |
|---|---|
| ObLG. . . . . . . | Oberstes Landesgericht, München. |
| ObLGSt. . . . . | Sammlung der Entscheidungen des Bayrischen Obersten Landesgerichts in Strafsachen. |
| ÖsterrRGBl. . . . | Österreichisches Reichsgesetzblatt. |
| OLG. . . . . . . | Oberlandesgericht. |
| OLGR. . . . . . | Rechtsprechung der Oberlandesgerichte auf dem Gebiete des Zivilrechts. |
| pr. . . . . . . . | preußisch |
| PrVBl. . . . . . | Preußisches Verwaltungsblatt. |
| RatG. . . . . . . | Österreichisches Ratengesetz vom 27. April 1896. |
| Recht . . . . . . | Das Recht. |
| Reger . . . . . . | Entscheidungen der Gerichte und Verwaltungsbehörden. |
| RFH. . . . . . . | Reichsfinanzhof; falls Zahlen dahinterstehen: Sammlung der Entscheidungen und Gutachten des Reichsfinanzhofs. |
| RFM. . . . . . . | Reichsfinanzminister. |
| RG. . . . . . . . | Reichsgericht. |
| RGBl. . . . . . . | Reichsgesetzblatt. |
| RGKomm. . . . . | Kommentar von Reichsgerichtsräten zum BGB. (6. Aufl.). |
| RGO. . . . . . . | Reichsgewerbeordnung. |
| RGSt. . . . . . . | Entscheidungen des Reichsgerichts in Strafsachen. |
| RGZ. . . . . . . | Entscheidungen des Reichsgerichts in Zivilsachen. |
| RheinArch. . . . . | Archiv für Zivil- und Kriminalrecht der preußischen Rheinprovinz. |
| Ring . . . . . . . | Die Rechtsprechung in Aufwertungssachen. |
| SächsAnn. . . . . | Sächsische Annalen des Oberlandesgerichts Dresden. |
| SächsArch. . . . . | Sächsisches Archiv für Rechtspflege. |
| SchlHolstAnz. . . . | Schleswig-Holsteinische Anzeigen. |
| Sess. . . . . . . . | Session. |
| SeuffArch. . . . . | Seufferts Archiv für die Entscheidungen der obersten Gerichte in den deutschen Staaten. |
| SeuffBl. . . . . . | Seufferts Blätter für Rechtsanwendung. |

StenBer. . . . . . . Stenographische Berichte.
StGB. . . . . . . . Reichsstrafgesetzbuch.
StPO. . . . . . . . Strafprozeßordnung.
UStDB. . . . . . . Umsatzsteuerdurchführungsbestimmungen.
u. U. . . . . . . . unter Umständen.
VerglO. . . . . . . Vergleichsordnung.
Warn. . . . . . . . Die Rechtsprechung des Reichsgerichts auf dem Gebiete des Zivilrechts, herausgegeben von Dr. O. Warneyer.
WarnJahrb. . . . . Jahrbuch der Entscheidungen, herausgegeben von Dr. Warneyer.
WüB. . . . . . . . Zeitschrift für Freiwillige Gerichtsbarkeit in Württemberg, Ausgabe B.
z. B. . . . . . . . zum Beispiel.
ZfRechtsanw. u. NotBeamte . . . Zeitschrift für Rechtsanwälte und Notariatsbeamte im Bezirk des Oberlandesgerichts Frankfurt.
ZHR. . . . . . . . Zeitschrift für das gesamte Handels- und Konkursrecht.
ZPO. . . . . . . . Zivilprozeßordnung.
ZZP. . . . . . . . Zeitschrift für den deutschen Zivilprozeß.

(Nr. 2176.)

# Gesetz,
betreffend die
# Abzahlungsgeschäfte.

Vom 16. Mai 1894.

(RGBl. 1894 Nr. 23 S. 450—451, ausgegeben zu Berlin am 21. Mai 1894.)

---

Wir Wilhelm, von Gottes Gnaden Deutscher Kaiser, König von Preußen usw., verordnen im Namen des Reichs, nach erfolgter Zustimmung des Bundesraths und des Reichstags, was folgt:

§. 1.

Hat bei dem Verkauf einer dem Käufer übergebenen beweglichen Sache, deren Kaufpreis in Theilzahlungen berichtigt werden soll, der Verkäufer sich das Recht vorbehalten, wegen Nichterfüllung der dem Käufer obliegenden Verpflichtungen von dem Vertrage zurückzutreten, so ist im Falle dieses Rücktritts jeder Theil verpflichtet, dem anderen Theil die empfangenen Leistungen zurückzugewähren. Eine entgegenstehende Vereinbarung ist nichtig.

Dem Vorbehalte des Rücktrittsrechts steht es gleich, wenn der Verkäufer wegen Nichterfüllung der dem Käufer obliegenden Verpflichtungen kraft Gesetzes die Auflösung des Vertrages verlangen kann.

§. 2.

Der Käufer hat im Falle des Rücktritts dem Verkäufer für die in Folge des Vertrages gemachten Aufwendungen, sowie für solche Beschädigungen der Sache Ersatz zu leisten, welche durch ein Verschulden des Käufers oder durch einen sonstigen von ihm zu vertretenden Umstand verursacht sind. Für die Ueberlassung des Gebrauchs oder der Benutzung ist deren Werth zu vergüten, wobei auf die inzwischen eingetretene Werthminderung der Sache Rücksicht zu nehmen ist. Eine entgegenstehende Vereinbarung, insbesondere die vor Ausübung des Rücktrittsrechts erfolgte vertragsmäßige Festsetzung einer höheren Vergütung, ist nichtig.

Auf die Festsetzung der Höhe der Vergütung finden die Vorschriften des §. 260 Absatz 1 der Civilprozeßordnung entsprechende Anwendung.

§. 3.

Die nach den Bestimmungen der §§. 1, 2 begründeten gegenseitigen Verpflichtungen sind Zug um Zug zu erfüllen.

§. 4.

Eine wegen Nichterfüllung der dem Käufer obliegenden Verpflichtungen verwirkte Vertragsstrafe kann, wenn sie unverhältnißmäßig hoch ist, auf Antrag des Käufers durch Urtheil auf den angemessenen Betrag herabgesetzt werden. Die Herabsetzung einer entrichteten Strafe ist ausgeschlossen.

Die Abrede, daß die Nichterfüllung der dem Käufer obliegenden Verpflichtungen die Fälligkeit der Restschuld zur Folge haben solle, kann rechtsgültig nur für den Fall getroffen werden, daß der Käufer mit mindestens zwei auf einander folgenden Theilzahlungen ganz oder theilweise im Verzug ist und der Betrag, mit dessen Zahlung er im Verzug ist, mindestens dem zehnten Theile des Kaufpreises der übergebenen Sache gleichkommt.

§. 5.

Hat der Verkäufer auf Grund des ihm vorbehaltenen Eigenthums die verkaufte Sache wieder an sich genommen, so gilt dies als Ausübung des Rücktrittsrechts.

§. 6.

Die Vorschriften der §§. 1 bis 5 finden auf Verträge, welche darauf abzielen, die Zwecke eines Abzahlungsgeschäfts (§. 1) in einer anderen Rechtsform, insbesondere durch miethweise Ueberlassung der Sache zu erreichen, entsprechende Anwendung, gleichviel ob dem Empfänger der Sache ein Recht, später deren Eigenthum zu erwerben, eingeräumt ist oder nicht.

§. 7.

Wer Lotterieloose, Inhaberpapiere mit Prämien (Gesetz vom 8. Juni 1871, Reichs-Gesetzbl. S. 210) oder Bezugs- oder Antheilscheine auf solche Loose oder Inhaberpapiere gegen Theilzahlungen verkauft oder durch sonstige auf die gleichen Zwecke abzielende Verträge veräußert, wird mit Geldstrafe bis zu fünfhundert Mark bestraft.

Es begründet keinen Unterschied, ob die Uebergabe des Papiers vor oder nach der Zahlung des Preises erfolgt.

§. 8.

Die Bestimmungen dieses Gesetzes finden keine Anwendung, wenn der Empfänger der Waare als Kaufmann in das Handelsregister eingetragen ist.

§. 9.

Verträge, welche vor dem Inkrafttreten dieses Gesetzes abgeschlossen worden sind, unterliegen den Vorschriften desselben nicht.

Urkundlich unter Unserer Höchsteigenhändigen Unterschrift und beigedrucktem Kaiserlichen Insiegel.

Gegeben Prökelwitz, den 16. Mai 1894.

(L. S.) Wilhelm.

Graf von Caprivi.

# Vorbemerkung.



---

## I. Arten des Abzahlungsgeschäfts.

**A. Wirtschaftlich** wird als Abzahlungsgeschäft einmal jedes Unternehmen verstanden, das gewerbsmäßig Geschäfte gegen Abzahlung der Gegenleistung abschließt (Abzahlungshaus oder Kredithaus). Andererseits versteht man darunter jeden auf Veräußerung einer Sache gerichteten Vertrag, bei dem die dem Veräußerer obliegende Verpflichtung zur Übergabe der Sache sofort ohne Gegenleistung oder gegen eine geringe Anzahlung erfüllt wird, der Erwerber den Preis dagegen nachträglich in einer Reihe von mehr oder minder hohen Teilbeträgen abzahlen darf. Vorbem. 1

**B.** Dieser (zweite) wirtschaftliche Tatbestand steht nicht — wie von Lazarus (§ 37) und Aubele (Anm. 2 zu § 1) angenommen wird — in einem Gegensatz zu dem **rechtlichen** Begriffe des Abzahlungsgeschäfts im Sinne des Gesetzes betreffend die Abzahlungsgeschäfte. Das Gesetz geht viel- Vorbem. 2

mehr von diesem wirtschaftlichen Tatbestande aus und stellt für die verschiedenen Rechtsformen, in denen das Abzahlungsgeschäft rechtlich auftritt, bestimmte Gebote und Verbote auf. Auch rechtlich ist ein Abzahlungsgeschäft ein Geschäft, das darauf gerichtet ist, dem Erwerber das Eigentum oder die ungestörte Innehabung einer ihm übergebenen Sache zu verschaffen, wobei der Veräußerer die Entrichtung des Erwerbspreises in mehreren Teilbeträgen gestattet hat. Die Ansicht, daß es zum Wesen des Abzahlungsgeschäftes gehört, daß der Veräußerer sich für den Fall der Nichterfüllung der dem Erwerber obliegenden Verpflichtungen bestimmte Rechte vorbehalten habe, trifft nicht zu.

Vorbem. 3. **C.** Das Gesetz vom 16. Mai 1894 regelt nicht alle unter den entwickelten Oberbegriff fallenden Tatbestände. Es beschränkt sich seinem ausgesprochenen Zwecke nach vielmehr auf die Regelung bestimmter Bedingungen, unter denen das Abzahlungsgeschäft in der Regel abgeschlossen zu werden pflegt. Lazarus (§ 37) faßt diese in bestimmter Weise bedingten Geschäfte unter dem Begriff „das Abzahlungsgeschäft im engeren Sinne" zusammen. Es kann ihm jedoch nicht dahin beigetreten werden, daß gerade die Rücktrittsklausel entscheidend ist. Man wird vielmehr zu unterscheiden haben zwischen dem reinen Abzahlungsgeschäft in dem entwickelten Sinne und den einzelnen Formen und Bedingungen, unter denen das Abzahlungsgeschäft praktisch vereinbart wird.

Von diesem Gesichtspunkte aus kann man unterscheiden:

Vorbem. 4. **1.** zwischen dem *Kaufe* auf Abzahlung (dem Abzahlungsgeschäft in unverhüllter Form, wie die Motive sagen) und dem in *andere Rechtsformen*, z. B. einen Mietvertrag, gekleideten Geschäfte. Eine wesentliche praktische Bedeutung hat diese Unterscheidung für die Betrachtung als Abzahlungsgeschäft nicht.

2. Erhebliche Bedeutung kommt dagegen den einzelnen Klauseln zu, mit denen sich der Veräußerer zu sichern pflegt. Samter (Anm. 1 zu § 1) und Lazarus (§ 37 a. E.) unterscheiden in dieser Hinsicht zwischen Geschäften, bei denen sich der Veräußerer das Eigentum bis zur Vollzahlung sämtlicher Raten vorbehalten hat, und solchen, bei denen dies nicht der Fall ist. Diese Unterscheidung ist zu eng. Man wird vielmehr in Anlehnung an die gesetzliche Regelung folgende Vertragstypen aufzustellen haben: Vorbem. 5.

1. den Verkauf auf Abzahlung unter Vorbehalt des Rücktrittes für den Verkäufer im Falle der Nichterfüllung durch den Käufer,
2. den Verkauf auf Abzahlung unter Vorbehalt des Eigentums des Verkäufers bis zur völligen Bezahlung des Kaufpreises,
3. den Verkauf auf Abzahlung unter Vereinbarung einer Vertragsstrafe wegen Nichterfüllung,
4. den Verkauf auf Abzahlung unter der Abrede, daß die Nichterfüllung der den Käufer obliegenden Verpflichtungen die Fälligkeit der Restschuld im Gefolge haben solle,
5. die Verbindung des Eigentumsvorbehaltes (Typus 2) mit einem der anderen Vertragstypen,
6. die Verbindung der Typen 3 und 4 miteinander.

3. Nach dem Gegenstand der veräußerten Sache ist mit Rücksicht auf § 7 AbzGes. schließlich noch zu unterscheiden zwischen: Vorbem. 6.

1. Abzahlungsgeschäften über andere Sachen als Lotterielose und Inhaberpapiere mit Prämien („Abzahlungsgeschäfte begrifflich normaler Art“, Samter 1 c zu § 1) und

2. Geschäften, die Lotterielose und Inhaberpapiere mit Prämien betreffen („Abzahlungsgeschäfte begrifflich anormaler Art").

## II. Verhältnis zu anderen Gesetzen.

Vorbem. 7. **A. Allgemeines.** Das Abzahlungsgesetz sieht davon ab, die gesamten Rechtsbeziehungen zwischen den Abzahlungsparteien zu regeln. Es beschränkt sich darauf, gewisse als Mißstand erkannte Abreden für nichtig zu erklären und einzelne Rechte und Pflichten, die sich aus dem jeweiligen Vertragstypus ergeben, zu bestimmen. Im übrigen verzichtet es jedoch bewußt darauf, das Abzahlungsgeschäft als besondere Rechtsmaterie abschließend zu regeln. Die Bestimmungen des Abzahlungsgesetzes stellen sich daher nur als eine Ergänzung der im übrigen voll anwendbaren Bestimmungen der einzelnen einschlägigen Gesetze des Bürgerlichen Rechtes dar.

Vorbem. 8. **B.** Über **das Verhältnis** zwischen den Bestimmungen **des BGB. und denen des Abzahlungsgesetzes** folgt aus Art. 32 EGBGB., daß das Abzahlungsgesetz als ein vor dem BGB. erlassenes Reichsgesetz insoweit in Kraft bleibt, als sich nicht aus dem BGB. oder dessen EG. seine Aufhebung ergibt. Da weder das EGBGB. noch das BGB. das Abzahlungsgesetz mit einem Hinweis erwähnen, hat das Abzahlungsgesetz neben dem BGB. volle Geltung und findet in ihm seine Ergänzung. So sind z. B. unsittliche Abzahlungsgeschäfte gemäß § 138 BGB. nichtig (Recht 06 S. 1088).

Hieraus ergibt sich, daß das Recht der Abzahlungsgeschäfte durch eine bloße Erläuterung des Abzahlungsgesetzes nicht geklärt werden kann, sondern daß seine Bestimmungen nur unter der Betrachtung der ergänzenden Bestimmungen zu erläutern sind.

## III. Aufbau des Gesetzes.

Die ersten fünf Paragraphen des Gesetzes handeln von dem Abzahlungsgeschäft in seiner einfachsten Rechtsform, dem Kauf und Verkauf auf Abzahlung. Die Motive nennen diesen Abzahlungskauf „das Abzahlungsgeschäft in seiner unverhüllten Gestalt". Von den Abzahlungsgeschäften, die in einer andern Rechtsform als dem Kauf geschlossen werden, handelt § 6. Vorbem. 9.

Innerhalb der §§ 1—5 gibt § 1 zunächst die Begriffsbestimmung des unverhüllten Abzahlungsgeschäfts. Zusammen mit den §§ 2 und 3 behandelt er ferner die Rücktrittsklausel. § 4 regelt in Abs. I die Vertragsstrafe und in Abs. II die Fälligkeitsklausel. Der Eigentumsvorbehalt ist im Gesetz nicht geregelt; in § 5 wird nur eine Spezialbestimmung gegeben für den Fall der Rücknahme auf Grund des Eigentumsvorbehaltes.

§ 7 stellt die Veräußerung an Lotterielosen usw. gegen Teilzahlungen unter Strafe.

§ 8 bestimmt, daß Abzahlungskäufe von eingetragenen Kaufleuten nicht unter die Bestimmungen des Gesetzes fallen.

§ 9 enthält eine Übergangsregelung.

## Gesetz, betreffend die

# Abzahlungsgeschäfte.

Vom 16. Mai 1894.

---

### § 1.

Hat bei dem Verkauf einer dem Käufer übergebenen beweglichen Sache, deren Kaufpreis in Theilzahlungen berichtigt werden soll, der Verkäufer sich das Recht vorbehalten, wegen Nichterfüllung der dem Käufer obliegenden Verpflichtungen von dem Vertrage zurückzutreten, so ist im Falle dieses Rücktritts jeder Theil verpflichtet, dem anderen Theil die empfangenen Leistungen zurückzugewähren. Eine entgegenstehende Vereinbarung ist nichtig.

Dem Vorbehalte des Rücktrittsrechts steht es gleich, wenn der Verkäufer wegen Nichterfüllung der dem Käufer obliegenden Verpflichtungen kraft Gesetzes die Auflösung des Vertrages verlangen kann.

I. Begriff des unverhüllten Abzahlungsgeschäftes:

## I. Begriff des unverhüllten Abzahlungsgeschäfts.

**A. Wesentliche Begriffsmerkmale.** Das unverhüllte Abzahlungsgeschäft ist ein Kauf einer beweglichen Sache unter Übergabe derselben gegen Teilzahlungen.

A. 1. **1. Kauf.** Der Kauf auf Abzahlung ist ein gegenseitiger schuldrechtlicher Vertrag auf Übereignung einer Sache gegen deren Bezahlung. Auf ihn finden daher in erster Linie die allgemeinen Rechtsregeln über Rechtsgeschäfte (Allgemeiner Teil BGB.), über die Schuldverhältnisse im allgemeinen (§§ 241—432 BGB.), insbesondere die gegenseitigen Verträge (§§ 320—327 BGB.), Anwendung. Die Kaufregeln (§§ 433 ff. BGB.) ergänzen die Bestimmungen des AbzGes.

A. 2. Ein Kaufvertrag im Sinne des § 1 ist auch der Werklieferungsvertrag des § 651 I BGB., und zwar der über eine vertretbare Sache in jeder Hinsicht, der über eine nicht vertretbare Sache mit den Einschränkungen des § 651 Abs. 1 Satz 1 Halbsatz 2. (Gl. M. Samter S. 10; a. M. Aubele Anm. 2 zu § 6.)

Der Abschluß eines Kaufvertrages ist nur wesentliches Er- A. 3.
fordernis des unverhüllten Abzahlungsgeschäftes. Auch im Falle eines anderen auf Erwerb der Sache gerichteten Rechtsgeschäftes liegt ein Abzahlungsgeschäft vor (gl. M. Samter Anm. 2 zu § 1). Näheres siehe unten zu § 6.

2. Den Gegenstand eines Abzahlungsgeschäftes bilden nur A. 4.
**bewegliche Sachen** (Mobilien).

**Sachen** sind nach § 20 BGB. nur „körperliche" Gegenstände. Daher scheiden Rechte, Forderungen jeglicher Art aus. Jedoch sind Inhaberpapiere und blankoindossierte Orderpapiere als Mobilien anzusehen (vgl. Anm. 53 zu § 7; gl. M. Lazarus S. 37; Aubele Anm. 10 zu § 1; Vollrath S. 31).

**Bewegliche Sachen.** Grundstücke und Bestandteile von ihnen A. 5.
können daher, solange sie nicht durch Trennung selbständige Sachen geworden sind — wohl aber Zubehör — nicht Gegenstand eines Abzahlungsgeschäftes im Sinne des Abzahlungsgesetzes sein.

Zu beachten ist aber, daß Sachen, die zu vorübergehendem Zweck A. 6.
mit dem Grund und Boden verbunden sind, nicht zu den Bestandteilen des Grundstücks gehören. So sind z. B. Bauwerke für einen Bergbaubetrieb — die Praxis legt den Begriff „vorübergehender Zweck" sehr weit aus (RGZ. 61, 191) — ebenso wie Bauwerke, die von einem Nießbraucher errichtet sind, nach dem Tode des Nießbrauchers (KG. in BayNotZ. 16, 151) Mobilien. Für den Verkauf solcher Gebäude auf Abzahlung gilt also auch das vorliegende Gesetz. Natürlich bilden sich hier sehr erhebliche Schwierigkeiten und Streitfragen. Dieselben hier näher darzustellen, erübrigt sich, da derartige Fälle in der Praxis kaum vorkommen werden. Es sei nur hervorgehoben, daß Aubele in BayNotZ. 16, 402 f. darüber gute Anregungen gibt.

Ferner sind als bewegliche Sachen anzusehen die Früchte des A. 7.
Grundstücks und ein Waldbestand. Der Verkauf eines Hauses zum Abbruch ist als Kauf der vom Grund und Boden getrennten Bestandteile anzusehen und kann daher den Gegenstand eines Abzahlungsgeschäftes bilden (RGZ. 60, 317; 62, 135).

**Sachgesamtheiten** (universitas rei), d. h. eine Mehrheit von A. 8.
beweglichen, selbständigen Sachen, die zueinander im beiordnenden

Verhältnis — also nicht Hauptsache und Zubehör — stehen, die aber im Verkehr wegen eines gemeinschaftlichen Zweckes als eine Einheit aufgefaßt werden, sind zwar nach der herrschenden Ansicht nicht „eine" Sache und können als solche nicht den Gegenstand eines Abzahlungsgeschäftes bilden. Diese Ansicht der herrschenden Meinung erscheint nicht zutreffend, soweit sich unter der Sachgesamtheit keine Grundstücke befinden. Weshalb bei der sonst im bürgerlichen Recht herrschenden Vertragsfreiheit den Parteien bezüglich des Kaufs auf Abzahlung von Sachgesamtheiten Schranken auferlegt werden sollen, die sich mit dem Wirtschaftsleben nicht vertragen, ist nicht einzusehen, namentlich da die herrschende Meinung den einheitlichen Abzahlungsvertrag über eine Sachgesamtheit auf einem Umwege in Wahrheit doch zuläßt.

Nach der herrschenden Meinung kann nämlich jede einzelne Sache, die zu der Gesamtheit gehört, als einzelne Sache im Wege des Abzahlungsgeschäftes verkauft werden. Wenn also eine Bibliothek, eine Herde, ein Warenlager auf Abzahlung verkauft wird, muß jedes einzelne Stück einer Sachgesamtheit den Gegenstand eines Abzahlungsgeschäftes bilden (so Samter S. 8; Aubele Anm. 11 zu § 1; RGZ. 53, 220; 67, 305). Nach Ansicht des Reichsgerichts (RGZ. 53, 220) ist es nun grundsätzlich nicht ausgeschlossen, daß „dies unter einer zusammenfassenden Benennung, welche der Verkehr für den Inbegriff anwendet, geschieht", sofern sich darunter keine Grundstücke befinden. Das Abzahlungsgeschäft betrifft in einem solchen Falle also die einzelnen unter der zusammenfassenden Bezeichnung verkauften Sachen. Der einheitlich vereinbarte Kaufpreis und die einheitlich ausgemachten Raten, z. B. bei dem Verkauf einer Bücherei von 30 000 Büchern für 3000 RM, zahlbar in monatlichen Raten von 300 RM, werden also so angesehen, als ob sie sich aus einer Summe von Einzelbeträgen, im Beispielsfalle etwa 30 000 mal 0,10 RM, zusammensetzen, so daß von jeder Ratenzahlung auf jeden einzelnen Gegenstand ein entsprechender Teilbetrag, im Beispielsfalle 0,01 RM, entfällt. Im Falle eines Verzuges sind daher alle Sachen verhältnismäßig gleich hoch bezahlt. Das Eigentum geht erst nach Bezahlung aller Sachen über (vgl. Anm. 31 zu § 5). Da der Rücktritt ebenfalls unter der zusammenfassenden Bezeichnung erfolgen und auch — da der

Vertrag ein unteilbares Ganzes bildet — keinesfalls auf einen Teil der Sachgesamtheit beschränkt werden kann, ist nicht einzusehen, weshalb das Reichsgericht an seiner Fiktion festhält. Praktisch und wirtschaftlich handelt es sich doch um ein Abzahlungsgeschäft bezüglich der Sachgesamtheit.

Von den Sachgesamtheiten (universitas rei) sind scharf zu A. 9.
trennen die **Rechtsgesamtheiten**. Während es sich bei den Sachgesamtheiten um mehrere, an sich selbständige körperliche Sachen handelt, die nur wirtschaftlich unter einer einheitlichen Bezeichnung zusammengefaßt werden, liegt bei einer Rechtsgesamtheit die Zusammenfassung von wirtschaftlichen Einheiten vor, die aus körperlichen Gegenständen, Rechten oder sonstigen immateriellen Gütern besteht. Das beste Beispiel einer Rechtsgesamtheit bildet das Geschäft als ganzes, das den Inbegriff von körperlichen Gegenständen — der Ladeneinrichtung, dem Warenlager —, von Rechten — den Forderungen —, sonstigen Gütern — z. B. der Kundschaft — und u. U. einem Grundstücke darstellt. Solche Rechtsgesamtheiten können niemals den Gegenstand von Abzahlungsgeschäften bilden (RGZ. 67, 386; KG. in OLGR. 24, 325). Ein einheitlicher Vertrag über Rechtsgesamtheiten kann grundsätzlich nur einheitlich beurteilt werden. „Es geht nicht an, ihn in seine Bestandteile zu zerlegen und die einzelnen Teile einer verschiedenen Beurteilung zu unterwerfen, je nachdem sie körperliche Gegenstände oder Rechte oder unkörperliche Werte sind. Noch weniger geht es an, die für den Verkauf beweglicher Sachen geltenden besonderen Grundsätze einheitlich auf den ganzen Vertrag anzuwenden." (RGZ. 67, 386.)

**Zufällig gleichzeitig zusammen gekaufte Sachen**, die keinen ge- A. 10.
meinsamen wirtschaftlichen Zweck haben, z. B. in einem Warenhause gleichzeitig gekaufte einzelne Möbel, Kleidungsstücke und Bücher, bilden weder eine Sach- noch eine Rechtsgesamtheit. Sie bilden nur äußerlich insofern eine Einheit, als sie in einem Vertrage zusammengenommen werden. Für sie gilt daher das von der herrschenden Meinung für die Sachgesamtheit Angenommene (vgl. Anm. 8). Sie ist im Zweifel als eine Summe von Einzelkäufen zu betrachten, von denen jedes einzelne Kaufgeschäft hinsichtlich der Bezahlung des Kaufpreises, des Rücktrittsrechts (vgl. unten Anm. 99), des Vorbehaltes des Eigentums, der Verrechnung des

Kaufpreises, der Gebrauchsvergütung nach Rücktritt, des Schadensersatzes, der Vertragsstrafe usw. seinen eigenen Weg geht, da hier anders als bei der Sachgesamtheit der einheitliche Kaufvertrag im Zweifel nicht als ein unteilbares Ganzes aufgefaßt werden kann. Natürlich wird hier auch, solange der Erwerber bei der Ratenzahlung nichts anderes erklärt, durch die einzelne Gesamtratenzahlung der Kaufpreis für jede einzelne Sache zu dem anteilmäßig auf sie entfallenden Teilbetrag gedeckt (gl. M. Aubele Anm. 13 zu § 1; Recht 09 Nr. 651). Es wird den Parteien auch bei der das bürgerliche Recht beherrschenden Vertragsfreiheit zustehen, eine Vereinbarung dahin zu treffen, daß der Schuldner nur auf alle einzelnen Kaufverträge verhältnismäßig gleich hohe Beträge einzahlen dürfe (RGZ. 66, 54) und daß das Eigentum aller Sachen erst nach Bezahlung des Kaufpreises für alle Sachen übergehen soll (gl. M. Samter S. 7). Näheres siehe Anm. 31 zu § 5.

A. 11. Vereinbaren die Parteien, daß, wenn der Käufer **weitere Sachen** auf Abzahlung **zukauft**, das Eigentum an allen Sachen erst übergehen soll, wenn alle Sachen durch die gezahlten Raten bezahlt sind, **so werden die einzelnen Kaufverträge Teile eines einheitlichen Vertrages.** Der Vertrag ist als dahin abgeschlossen anzusehen, daß der Schuldner unter Verzicht auf das ihm nach § 366 BGB. zustehende Recht auf alle einzelnen Kaufschulden nur verhältnismäßig gleich hohe Beträge abzahlen dürfe und daß das Eigentum an jeder einzelnen Sache bis zur Bezahlung des Kaufpreises für sie — die nach der Tilgungsabrede ja nur gleichzeitig mit der Bezahlung aller übrigen Kaufpreise erfolgen kann — vorbehalten bleiben soll. (Vgl. Anm. 58 zu § 4 und Anm. 31 zu § 5.)

Der Verkäufer kann an einer solchen Abrede das berechtigte Interesse haben, daß ihm die zuerst gekauften Sachen als Sicherung für die später gekauften dienen. Vielfach wird der Käufer Sachen zukaufen, ohne daß sofort mit der Ratenzahlung begonnen wird; der Käufer wird sogar meist nicht in der Lage sein, höhere als die noch laufenden Raten aus dem ersten Vertrage zu bezahlen. In einem solchen Falle würden die zugekauften Sachen bereits sehr stark abgenutzt sein und dem Gläubiger nur eine geringe Sicherheit bieten, wenn der Käufer endlich mit der Abzahlung auf sie beginnen würde. Dieses berechtigte Interesse des Verkäufers verbietet es, eine Abrede als sittenwidrig anzusehen, durch die er sich eine wirkliche Sicherung verschaffen will. Die durch die Klausel herbeigeführte, allerdings recht starke Bindung des Käufers kann demgegenüber um so weniger durchgreifen, als der Käufer ohne diese Abrede vermutlich von dem Verkäufer nicht als kreditwürdig genug angesehen werden würde, er also die neuen Sachen nicht unter den für ihn im übrigen doch günstigen Zahlungsbedingungen zukaufen könnte.

Es ist auch nicht richtig, daß § 455 BGB. der Zukaufsklausel entgegenstehe. Dieser behandelt die Frage, wann ein Eigentumsvorbehalt zulässig ist, überhaupt nicht. Endlich ist es auch nicht ganz verständlich, wieso der Eigentumsvorbehalt bei nachträglichem Zukauf anders behandelt werden soll als bei gleichzeitigem Kaufe.

Die Zukaufsklausel kann daher nicht grundsätzlich als nichtig angesehen werden. Ob die einzelne Vereinbarung oder die Geltendmachung der Rechte aus ihr als sittenwidrig anzusehen ist, wird vielmehr in jedem Einzelfalle nach den besonderen Umständen des Falles vom Richter zu prüfen sein (gl. M. die herrschende Rechtsprechung — RG. Recht 07 Nr. 237; Gruchot 53, 954; KG. OLGR. 33, 271; LG. III Berlin, KGBl. 1914, 58; Lazarus S. 115; Gillmann-Jonas S. 55 ff.; Kuhnt, DJZ. 1913, 93 und mit eingehender Begründung Rühl S. 80 ff.; a. M. Stuttgart OLGR. 8, 63; AG. Berlin-Schöneberg, KGBl. 1914, 58; Seeger, KGBl. 1915, 15; Hörle, Gruchot 55, 185 f.; Samter S. 68 ff.; Hein S. 91; Eisner, JW. 1914, 263; Seelig S. 36 ff.; Berlak-Felix S. 46).

Eine Vereinbarung, die nach der vollständigen Bezahlung getroffen wird, ist dagegen ebenso unwirksam wie eine Einbeziehung vollständig bezahlter Sachen in den erst nachher erfolgten Abzahlungskauf anderer Sachen (gl. M. Lazarus S. 115). A. 12.

**Verbrauchbare Sachen**, d. s. bewegliche Sachen, deren bestimmungsmäßiger Gebrauch in dem Verbrauch oder in der Veräußerung besteht (§ 92 BGB.), können an sich Gegenstand eines Abzahlungsgeschäftes sein. Über die Besonderheiten, die A. 13.

sich hierbei im Falle des Eigentumsvorbehalts und hinsichtlich des Eigenverbrauchs ergeben, vgl. Anm. 24 zu § 5.

A. 14. 3. **Übergabe.** Die bewegliche Sache (Ware, wie es im § 8 heißt), die den Gegenstand des Vertrages bildet, muß dem Käufer übergeben worden sein. Dies ist nicht bloß für den Abzahlungskauf wesentlich, sondern für alle Verträge, die als Abzahlungsgeschäfte im Sinne der §§ 1—6 des Gesetzes gelten sollen. Die Bestimmung des § 7 Abs. II, wonach es keinen Unterschied machen soll, ob die Übergabe eines gegen Teilzahlungen veräußerten Lotterieloses oder eines sonstigen Papiers der im § 7 genannten Art vor oder nach der Zahlung des Preises erfolgt, hat nur für die Anwendung der im § 7 vorgesehenen Strafbestimmung Bedeutung (vgl. Anm. 53 zu § 7).

A. 15. Der Zweck der Übergabe ist normalerweise, dem Erwerber sofort oder später das Eigentum auf Grund des Vertrages zu verschaffen. Dies ist jedoch (vgl. § 6) nicht wesentliche Voraussetzung für die Übergabe.

A. 16. Die Übergabe der auf Abzahlung gekauften Sache vom Verkäufer auf den Käufer erfolgt in der Regel durch die körperliche Hingabe der gekauften Sache (§ 929 BGB.), sog. traditio. Sie kann dem Abschluß des Abzahlungsvertrages jedoch auch schon vorangegangen sein, so z. B. bei einem Kauf mit gestundetem Kaufpreis, bei dem später Ratenzahlungen auf den Kaufpreis vereinbart werden. In diesem Falle würde im Gegensatz zum Normalfalle die Übergabe nicht in Ausführung der Absicht des Verkäufers auf Erfüllung eines Abzahlungsgeschäftes erfolgt sein. Gl. M. Aubele Anm. 14 zu § 1; a. M. Lazarus S. 112, dem sich Schmidt S. 10 anschließt. Lazarus' Ansicht kann nicht beigetreten werden. Ob die Parteien vertragsmäßig die Stundung in eine Ratenzahlung umwandeln, ohne dabei gleichzeitig die Sache dem Verkäufer zurückzuübertragen, der sie dann sofort von neuem überträgt, oder nicht, kann nicht von Einfluß auf die rechtliche Beurteilung sein.

A. 17. Der Abzahlungskäufer kann auch schon aus anderen Gründen vor dem Abschluß des Abzahlungsgeschäftes im Besitze der Sache sein. Dann genügt die Einigung über den Übergang des Eigentums oder über das ungestörte Innehaben der übergebenen Sache. In diesem Falle liegt eine sog. brevi manu traditio des § 929 Satz 2 BGB. vor.

Im Falle der traditio erlangt der Käufer — wenn kein Eigentumsvorbehalt vereinbart ist — den unmittelbaren Eigenbesitz an der gekauften Sache, der Erwerber behält keinen Besitz. Bei der brevi manu traditio wird aus dem unmittelbaren Fremdbesitz der unmittelbare Eigenbesitz, während der Verkäufer den mittelbaren Besitz behält, der aber zum Fremdbesitz wird. A. 18.

Ist dagegen — wie meistens — beim Abzahlungsgeschäft dem Verkäufer das Eigentum vorbehalten, so erlangt der Käufer bei der traditio einen unmittelbaren Besitz. Dieser unmittelbare Besitz ist aber ein Fremdbesitz, der Verkäufer bleibt mittelbarer Eigenbesitzer der Sache, bis der Eigentumsvorbehalt fortfällt. „Wenn beim Kaufe unter Eigentumsvorbehalt die Übergabe der Sache den Käufer auch nicht zum Eigenbesitzer macht, ihm nicht die volle rechtliche Herrschaft über die Sache gewährt, nicht zwecks gegenwärtiger, sondern zwecks künftiger Erfüllung des Kaufvertrages geschieht, so tritt doch immerhin der Käufer schon in rechtliche und wirtschaftliche Beziehung zu der ihm übergebenen Sache. Er wird ihr Verwalter und Verwahrer." (RGZ. 64, 337; 74, 129.) A. 19.

Bei der brevi manu traditio unter Eigentumsvorbehalt bleibt der Käufer unmittelbarer Fremdbesitzer, während der Verkäufer mittelbarer Eigenbesitzer wird.

Die anderen Surrogate, die das BGB. für die „Übergabe" in den §§ 930, 931 kennt, sind bei dem Abzahlungsgeschäft nicht zulässig (gl. M. Samter Anm. 4d zu § 1; Lazarus S. 38; Hörle, Gruchot 55, 179; Schmidt S. 10 und offenbar RGZ. 67, 386; a. M. Aubele Anm. 14 zu § 1; vermittelnd Vollrath S. 33). „Übergabe" im Sinne des Abzahlungsgeschäftes bedeutet nicht lediglich eine Leistung des Verkäufers, durch die er dem Käufer den unmittelbaren oder mittelbaren Besitz an der auf Abzahlung gekauften Sache verschafft (so Aubele Anm. 14 zu § 1 im Gegensatz zu Anm. 5 zu § 1). Aus der mit dem Wortlaut des A. 20.

§ 1 übereinstimmenden Begründung ergibt sich vielmehr, daß das Gesetz nur die Fälle treffen will, in denen die abgezahlten Sachen dem Erwerber zur körperlichen Benutzung überlassen sind.

A. 21. Die Übergabe im Sinne des AbzGes. kann daher nicht gleichbedeutend sein mit dem Begriff der Übergabe im Sinne des § 930 BGB. (gl. Ans. das gesamte übrige Schrifttum). Die in der jüngsten Praxis leider nicht mehr zu den Seltenheiten gehörenden Verträge, in denen der Verkäufer eine Sache auf Abzahlung zum Zwecke späterer Eigentumsübertragung unter Eigentumsvorbehalt verkauft, sich aber vorerst den Besitz daran vorbehält, fallen daher nicht unter das Abzahlungsgesetz. Die Not unseres Wirtschaftslebens, die zum Kauf auf Abzahlung führt, läßt die Verkäufer zu dieser Maßnahme, die gekaufte Sache zu behalten, dann greifen, wenn die Anzahlung zu klein ist. Hier liegt eine „Übergabe" der gekauften Sache auch dann nicht vor, wenn der Verkäufer die Sache aussondert und mit dem Käufer vereinbart, daß er — der Verkäufer — die Sache für den Käufer verwahren wolle. Es handelt sich hier lediglich um einen Kaufvertrag, bei dem der Käufer dem Verkäufer die Verpflichtung zur Übergabe der gekauften Sache gestundet hat, bis die Ratenzahlungen eine bestimmte Höhe erreicht haben (gl. M. Samter S. 8 zu § 1).

Solche Verträge bedürfen auch des besonderen Schutzes des Abzahlungsgesetzes nicht. Gegen eine übermäßige Vertragsstrafe ist der Käufer schon durch § 343 BGB. geschützt. Auf eine Verfall- oder sofortige Fälligkeitsklausel aber wird sich der Käufer in solchen Fällen nicht einlassen, da er an dem Abschluß dieses Vertrages ohne die sofortige Übergabe der Sache kein so dringendes Interesse hat, daß er sich deshalb jeder auch noch so drückenden Bedingung unterwerfen müßte. Andererseits wird auch der Verkäufer auf solche Klauseln hier kein Gewicht legen, da sie ja vorzugsweise Interessen schützen sollen, die hier nicht gefährdet sind. Nötigenfalls würden auch die Bestimmungen des § 138 BGB. genügenden Schutz gewähren.

Sobald der Verkäufer nach genügender Anzahlung dem Käufer die Sache zum Gebrauch überläßt, wandelt sich der bisherige

Kreditkauf ohne weiteres in ein Abzahlungsgeschäft um. Die Rechtslage ist dann so anzusehen, als wenn der Verkäufer auf Grund des Vertrages sofort den unmittelbaren Besitz übertragen hätte (gl. M. Gillmann-Jonas S. 34).

Bei der Vindikationszession (§ 931 BGB.) unter Eigentumsvorbehalt wird der Käufer mittelbarer Fremdbesitzer, der Verkäufer verliert sein mittelbares Besitzrecht und der Dritte wird unmittelbarer Fremdbesitzer. Der Verkäufer tritt in diesem Falle dem Käufer seinen schuldrechtlichen Anspruch (z. B. aus Miete, Leihe usw.) gegen den Dritten an den Käufer ab, behält aber den Anspruch gegen den Dritten auf Herausgabe aus seinem Eigentum, das ihm vorbehalten blieb. Daß im § 931 BGB. für die Abtretung eines Herausgabeanspruches auch die Abtretung eines schuldrechtlichen Anspruchs genügt, ist nicht unbestritten (wie hier RGZ. 69, 42; a. M. Planck S. 373). Der Verkäufer verliert aber seinen mittelbaren Besitz, weil zwischen ihm und dem besitzenden Dritten kein Besitzmittlungsverhältnis im Sinne des § 868 BGB. mehr besteht, da er seine Ansprüche hieraus an den Käufer abgetreten hat. A. 22.

Ein Abzahlungsgeschäft kommt daher auch hier erst zustande, wenn der Erwerber den unmittelbaren Besitz erlangt.

4. **„Teilzahlungen"** im Sinne des Gesetzes liegen dann vor, wenn der Kaufpreis vereinbarungsgemäß in Teilbeträgen zu entrichten ist, d. h. es muß vereinbart sein, daß der Käufer berechtigt sein soll, seine Kaufpreiszahlungsverpflichtungen in Teilen, zwischen denen ein Zeitraum liegen darf, zu erfüllen. Gleichgültig ist es, ob der Käufer nach Abschluß dieser Vereinbarung seine Zahlungsverpflichtung doch auf einmal erfüllt; es kommt lediglich darauf an, ob er berechtigt ist, in Raten zu zahlen, und ob der Verkäufer berechtigt sein soll, nur Ratenzahlungen zu verlangen (Soergel 07, 945). A. 23.

Der Kauf auf Abzahlung ist daher eine besondere Art des Kreditkaufs, nämlich ein Kreditkauf, bei dem die Zahlung des Kaufpreises in Teilzahlungen verabredet und die einzelne Teilzahlung nur bis zu dem Termin, an welchem sie verabredetermaßen zu zahlen ist, kreditiert wird. Im Gegensatz zum Kredit- A. 24.

kauf steht einerseits der Barkauf, bei dem der Kaufpreis mit der Überlieferung der Ware gleichzeitig bezahlt wird, andererseits der Pränumerationskauf, bei dem Zahlung des Preises vor Lieferung der Ware erfolgt.

A. 25. Der Abzahlungskauf ist nicht ein Kauf mit Stundung, sondern ein Kauf mit befristeten Teilzahlungsterminen (a. M. Rühl S. 263; Vollrath S. 38). Der Unterschied zwischen einer Stundung und einer Befristung liegt darin, daß die Stundung die Vereinbarung ist, eine fällige Leistung einstweilen nicht zu verlangen, während die Befristung den Eintritt der Fälligkeit hinausschiebt (so Planck Anm. 3 g zu § 163). Eine praktische Bedeutung hat dieser Unterschied für die Verjährung (vgl. Anm. 73).

A. 26. Die Vergünstigung für den Käufer, seine Zahlungsverpflichtung in Raten zu erfüllen, kann selbstverständlich auch stillschweigend vereinbart, aus den Umständen zu entnehmen sein. Maßgebend dafür, ob eine Vereinbarung aus den Umständen entnommen werden kann, ist nach §§ 157, 242 BGB. die Verkehrssitte. Die Vereinbarung muß aber wirklich getroffen sein. Dadurch, daß ein Käufer einen als fest vereinbarten Kaufpreis nachher in Raten zahlt und der Verkäufer solche Ratenzahlungen annimmt, wird das Geschäft noch nicht zum Abzahlungsgeschäft. Hier liegt höchstens eine Stundung des Kaufpreises vor. Es ist aber nicht erforderlich, daß die Vereinbarung in erster Linie die Zahlung des Kaufpreises in Raten bestimmt, sie kann auch derart getroffen werden, daß der Käufer alternativ neben Zahlung des Kaufpreises auf einmal berechtigt sein soll, in Raten zu zahlen. Das geschieht in der Praxis derart, daß bestimmt wird: „Der Käufer kann auch in Raten zahlen." Zahlt der Käufer in diesem Falle tatsächlich in Raten, so liegt ein Abzahlungsgeschäft vor, das dem vorliegenden Gesetz unterfällt. (Ebenso Aubele Anm. 30 zu § 1; a. A. Schmitt Anm. 6 b zu § 1.)

A. 27. Die Bestimmung der Höhe und der Zeit der Teilzahlungen kann in das Belieben des Käufers gestellt werden. Die Überlassung dieser Bestimmung in die Wahl des Käufers hält sich innerhalb solcher Grenzen, daß das Schuldverhältnis genügend bestimmbar bleibt (gl. M. Planck zu § 315;

Aubele Anm. 21 zu § 1; JW. 23, 691). Die Festsetzung bestimmter, regelmäßig wiederkehrender Zahlungstermine ist ebensowenig erforderlich.

Die Vereinbarung der Berechtigung für den Käufer, seine Verpflichtung in Raten zu entrichten, muß den Kaufpreis selbst betreffen, nicht irgendwelche Nebenverpflichtungen. Der Käufer muß das Recht haben, diejenige Vergütung in Raten zu zahlen, die er als Gegenleistung für die Verschaffung des Eigentums zu entrichten hat. Liegt nur eine Berechtigung vor, Spesen, Provisionen, Zinsen in Raten zu begleichen, so liegt kein Abzahlungsgeschäft vor, es handelt sich vielmehr in diesem Falle um Stundung von Nebenverpflichtungen (Seuff. Bl. 73, 366). A. 28.

Die Vereinbarung der Ratenzahlung braucht nicht sofort bei dem Vertragsabschluß vorgenommen zu sein. Auch wenn die Gegenstände erst verkauft und übergeben und erst nachträglich eine Ratenzahlung vereinbart wird, liegt ein Abzahlungsgeschäft im Sinne des Gesetzes vor. Ob die Sache auf Grund des Kaufvertrages oder von vornherein auf Grund eines Abzahlungsvertrages übergeben war, ist gleichgültig (gl. M. wohl Aubele Anm. 19 zu § 1; a. M. Lazarus S. 112 § 102; Weiße S. 18; Schmitt S. 10). Werden Ratenzahlungen vereinbart, die zum Teil vor der „Übergabe", zum Teil nach der „Übergabe" zu zahlen sind, so liegt erst nach der Übergabe der Sache ein Abzahlungsgeschäft im Sinne des Gesetzes vor (so Samter Anm. 1 zu § 1). Als Kaufpreis im Sinne des § 4 Abs. II AbzGes. ist nicht nur die Summe der nach der Übergabe zu leistenden Ratenzahlungen, sondern der gesamte Kaufpreis einschließlich der Anzahlung anzusehen. A. 29.

Über die als Voraussetzung für die Anwendbarkeit des Gesetzes notwendige Zahl der Teilzahlungen ist die Ansicht in Wissenschaft und Praxis stark geteilt. A. 30.

Die eine Meinung (so Samter Anm. 1 zu § 1 im Einklang mit dem OLG. Stuttgart [1905 Seuff. Arch. 62, 264] und dem OLG. Kiel vom 13. Juli 1909 in OLGR. 22 S. 221) geht davon aus, „daß ein Abzahlungsgeschäft nur dann vorliegt, wenn der Kaufpreis in einer Reihe von Teilzahlungen, die mindestens drei betragen muß, berichtigt werden soll". Die andere Meinung (so **Hausmann** Anm. 8b zu § 1; Voigt S. 12; Stenglein Anm. 6 zu § 7; Aubele Anm. 1 zu § 1; Rautmann S. 20 und Rühl S. 218 im Einklang mit dem RG. vom 17. Okt. 1907 in Recht 07 Nr. 3612 S. 1416) erklärt: „Zum Begriff der Veräußerung gegen Teilzahlungen genügt die Zerlegung des Kaufpreises in mindestens zwei nacheinander zu entrichtende Beträge. Eine größere Zahl von Teilbeträgen ist begrifflich ebensowenig erforderlich wie die Festsetzung bestimmter, regelmäßig wiederkehrender Zahlungszeiten. Das Verhältnis der einzelnen Beträge zueinander ist gleichfalls ohne Belang. Die Befugnis des Käufers, den vollen Kaufpreis auf einmal zu entrichten, steht der Annahme eines Abzahlungsgeschäftes nicht entgegen."

Der Wortlaut des § 1 spricht für die zuletzt angeführte Meinung. Allein bei schärferer Nachprüfung ist der zuerst angeführten Ansicht der Vorzug zu geben. Zunächst setzt die Vorschrift des § 4 Abs. II begrifflich das Vorliegen von mehr als zwei Teilzahlungen, also mindestens drei, voraus. Dann aber dürfte der wirtschaftliche Zweck, dessen Erstrebung zu dem vorliegenden Gesetz führte, auch das Vorliegen von mindestens drei Teilzahlungen erforderlich erscheinen lassen. Der wirtschaftliche Zweck des vorliegenden Gesetzes ist nämlich — wie die Verhandlungen der Reichstagskommission (Drucks. des Reichstages 1892/93 S. 69) ergeben —, diejenigen Personen zu schützen, die sich einmal mit Hilfe von längeren Ratenzahlungen Sachen, namentlich wertvollere Bedarfsgegenstände oder Betriebsmittel, deren Anschaffung ihnen sonst nur auf Grund von Darlehnsaufnahme möglich wäre, anschaffen wollen. Derartige Geschäfte werden stets unter Vereinbarung von mindestens drei Ratenzahlungen vorgenommen.

A. 31. B. **Nicht wesentliche Begriffsmerkmale** sind alle übrigen in der Regel nebenher getroffenen Abmachungen. Insbesondere sind weder die Rücktrittsklausel noch die Eigentumsvorbehaltsklausel wesentlich, wie sich aus der Fassung der §§ 1 und 2 und der Begründung ergibt (gl. M. Samter S. 3; Rühl S. 217; a. M. hinsichtlich des Eigentumsvorbehalts Hirsch S. 249). § 1 gilt daher nur für die Abzahlungsgeschäfte, bei denen eine

Rücktritts- oder Eigentumsvorbehaltsklausel ausdrücklich vorbehalten ist oder der Verkäufer auf Grund der allgemeinen Bestimmungen zurücktreten kann. Ein allgemeines Rücktrittsrecht, wie vielfach angenommen wird, gewährt der § 1 dagegen nicht. Weitere Ausführungen siehe zu § 5.

Für den Abzahlungsvertrag als eine Unterart des Kauf- A. 32.
vertrages ist ebensowenig eine Form vorgeschrieben wie für diesen. Er kann also formlos mündlich abgeschlossen werden.

Die Praxis bedient sich allerdings in der Regel der Schriftform. Aber auch hier ist für den Inhalt des Vertrages und insbesondere die Frage, ob ein Abzahlungsgeschäft vorliegt, der zugrunde liegende übereinstimmende Parteiwillen selbst da maßgebend, wo er in der schriftlichen Aufzeichnung in abweichender Gestalt in die Erscheinung getreten ist (Seuff. Bl. 73, 367; DJZ. 09, 15 Spruchs. S. 117). Die Beweislast für die abweichende mündliche Vereinbarung liegt natürlich demjenigen ob, der sich auf sie beruft (vgl. RGZ. 52, 256).

Das gleiche gilt in verstärktem Maße von den in der Praxis A. 33.
ebenfalls sehr gebräuchlichen Vordrucken (siehe Anhang II), in denen der Käufer — meist in Form einer Bestellung — einseitig seine Verpflichtungen aus dem Vertrage anerkennt. Diese einseitigen Erklärungen können nur als Beweisurkunden für den Inhalt des mündlichen Vertrages in Betracht kommen (KG. I S. 566/09, ohne Quellenangabe zitiert bei Aubele S. 30). Sie werden in der Praxis nur vorgezogen, um durch die Umgehung der Form des Kaufvertrags den Vertragsstempel zu ersparen. Darüber, inwieweit ein solcher Versuch zum Ziele führen kann, vgl. Loeck-Eiffler Anm. 50—53 zu Tarifstelle 7 und die Entscheidungen des Reichsgerichts vom 13. Mai 1927 — VI 65/27 — (RGZ. 117, 89), vom 31. Mai 1929 — VII 542/28 — (Jahreskurse für juristische Fortbildung 1929 S. 367 f.) und vom 11. Nov. 1930 — VII 204/29 — (zitiert von Glatzer, DStBl. 1930 Sp. 1122). Danach sind nur solche Urkunden stempelsteuerfrei, die nicht einen Beweis für einen bereits mündlich abgeschlossenen Vertrag darstellen sollen, sondern wirklich ein Vertragsangebot an den Verkäufer enthalten, über dessen Annahme oder Ablehnung

dieser noch freie Entscheidung hat, und dessen Annahme nach dem Parteiwillen stillschweigend geschehen kann (sog. Pattbergsches Muster). Danach werden die Vordrucke über Abzahlungsgeschäfte, auch wenn sie nur die Ausdrücke „bestellen" oder „bestätigen" gebrauchen und nur vom Käufer unterschrieben sind, in der Regel stempelsteuerpflichtig sein.

## II. Die Vertragsverpflichtungen.

### A. Im allgemeinen.

#### 1. Des Verkäufers.

A. 34. a) Im allgemeinen. Die Hauptverpflichtung des Verkäufers, dem Käufer das Eigentum der verkauften Sachen zu verschaffen, kann sich der Verkäufer bis zur völligen Bezahlung des Kaufpreises vorbehalten. Über die Folgen dieses Eigentumsvorbehalts vgl. § 5 Anm. 18 ff. Er muß also — ob alsbald nach Vertragsschluß oder erst nach Vollzahlung des Preises, ist gleichgültig — dem Käufer die Kaufsache einschließlich des Zubehörs, auf das sich der Kauf erstreckt, frei von Rechten Dritter verschaffen und haftet wegen Mangels im Recht, sofern nicht der Käufer darauf verzichtet oder beim Vertragsabschluß den Mangel im Recht kannte (§§ 433 I, 443, 429 BGB.). Der Käufer kann daher wegen des Rechtes eines Dritten, das zum Besitz der Sache berechtigt, Ersatz verlangen, wenn er die Sache dem Dritten herausgegeben hat, wenn er die Sache dem Verkäufer zurückgewährt oder wenn die Sache untergegangen ist (§§ 440 f. BGB.). Die Beweislast für das Bestehen eines Mangels im Recht trifft in allen Fällen den Käufer (§ 442 BGB.).

A. 35. Der Verkäufer hat ferner die verkauften Sachen zu übergeben, und zwar in dem Zustande, in dem sich diese zur Zeit des Vertragsabschlusses befanden. Er hat kein Recht, Schäden, die die Sachen nach dem Vertragsabschluß auf dem Lager erlitten, in allen Fällen nachträglich nach der Übergabe zu beseitigen. Wenn es sich hierbei nicht um ganz unbeachtliche Schäden handelt, ist der Käufer in einem solchen Falle vielmehr berechtigt, die Annahme der Sache abzulehnen und die Zahlung des Kaufpreises zu verweigern (RGZ. 53, 73; 61, 92).

Ebenso hat der Verkäufer die Verpflichtung, die zusammengehörenden Sachen vollzählig zu übergeben. Die Annahme nicht vollzählig angebotener Sachen kann der Käufer gemäß § 469 BGB. ablehnen, sofern es bei den fehlenden Sachen sich nicht nur um verhältnismäßig unbedeutende Teile, z. B. Gardinenstangen bei dem Verkauf einer Einrichtung, handelt. In einem solchen Falle würde die Annahmeverweigerung der übrigen Sachen gegen Treu und Glauben verstoßen und daher rechtlich unzulässig sein (§ 120 II BGB.; RGZ. 53, 73; 57, 399). A. 36.

b) Gewährleistungspflicht. Der Verkäufer haftet gemäß §§ 459 ff. BGB. für die Sachmängel. Darunter sind sowohl die Fehler der Sache als auch das Fehlen einer zugesicherten Eigenschaft zu verstehen. Ist die Sache zur Zeit des Gefahrüberganges mit einem „Fehler", d. h. einer für den Käufer ungünstigen Abweichung von der normalen Beschaffenheit der Sache, behaftet, der den Wert oder die Tauglichkeit zu dem gewöhnlichen oder dem nach dem Vertrage vorausgesetzten Gebrauche aufhebt, oder nicht unerheblich mindert, oder fehlt zur Zeit des Gefahrüberganges eine dem Käufer vom Verkäufer zugesicherte Eigenschaft, so ist der Käufer berechtigt, verschiedene Rechtsbehelfe geltend zu machen. A. 37.

α) Der Käufer kann Wandlung verlangen. Der Wandlungsanspruch geht auf „Rückgängigmachung des Kaufes" (Crisolli, ZHR. 93, 239 ff.) und vollzieht sich ausschließlich unter der Voraussetzung der §§ 346—348, 350—354, 467 BGB., auf die hier nicht eingegangen werden kann. A. 38.

Sind von mehreren Abzahlungssachen nur einzelne mangelhaft, so kann, wenn es sich nicht um eine Sachgesamtheit (vgl. oben Anm. 8) handelt oder die Sachen als zusammenhängend verkauft sind (§ 469 BGB.), nur hinsichtlich der mangelhaften Sachen gewandelt werden. Bei einer Sachgesamtheit kann nur im ganzen gewandelt werden, bei den als zusammenhängend gekauften Sachen kann jeder Teil verlangen, daß die Wandlung auf alle Sachen erstreckt wird, wenn die mangelhaften Sachen nicht ohne Nachteil für ihn von den übrigen getrennt werden können (gl. M. — jedoch ohne Eingehen auf die Sachgesamtheit — Samter S. 9;

a. M. Hörle, Gruchot 55, 188, der wohl infolge eines Mißverständnisses nur eine Wandlung des ganzen Kaufvertrages für zulässig hält).

A. 39. β) Ferner kann der Käufer mindern. Hierbei wird der Kaufpreis in dem Verhältnis herabgesetzt, in dem der wirkliche Wert der Sache zur Zeit des Verkaufs zu demjenigen Werte stand, den die Sache in mangelfreiem Zustande gehabt hätte (§§ 462, 472 BGB.). Die Verminderung betrifft den gesamten Kaufpreis. Auf Grund der Minderung werden daher — sofern die Parteien nicht etwas anderes vereinbart haben — nicht alle Raten verhältnismäßig gekürzt. Die Kürzung trifft vielmehr nur die letzten Raten (gl. M. Lazarus S. 71). Das gleiche wird für die infolge einer Teilwandlung gekürzten Raten zu gelten haben. Ein Recht, die Minderung gegen die gerade fälligen Raten aufzurechnen, kann dem Käufer dagegen nicht zugesprochen werden (a. M. Samter S. 10). Wenn der Kaufpreis ermäßigt wird, ändert sich nur die Höhe der Gesamtschuld, die vertragliche Verpflichtung zur Zahlung der ausgemachten Raten in der vereinbarten Höhe und an den vereinbarten Terminen wird hiervon im Zweifelsfalle jedoch nicht berührt.

A. 40. γ) Der Käufer kann statt der Wandlung oder Minderung Schadensersatz wegen Nichterfüllung verlangen, wenn die zugesicherte (beim Gefahrübergang nicht vorhandene) Eigenschaft schon beim Vertragsschluß fehlte, oder wenn der Verkäufer den (beim Gefahrübergang noch vorhandenen) Fehler arglistig verschwiegen hat (§ 463 BGB.), oder wenn der Verkäufer nicht die Abwesenheit eines Fehlers, sondern das Vorhandensein einer anderen Eigenschaft arglistig vorgespiegelt hat (RGZ. 66, 336).

A. 41. δ) Neben der Wandlung oder Minderung kann der Käufer Schadensersatz gemäß §§ 276 (278), 280, 286 BGB. verlangen, wenn der Mangel erst nach dem Kaufabschluß (aber vor dem Gefahrübergang) durch Verschulden oder Verzug des Verkäufers verursacht ist (RGZ. 52, 19; 53, 200 ff.; 56, 169).

Im Gegensatz zur Minderung und Teilwandlung verringert der Schadensersatzanspruch nicht die Gesamtkaufschuld, sondern geht unmittelbar auf Geldzahlung. Mit dieser Forderung kann daher — soweit die Aufrechnung nicht, wie in der Praxis häufig, vertraglich ausgeschlossen ist — gegen einzelne Raten aufgerechnet werden.

ε) Nachbesserung kann der Käufer nur verlangen, wenn er zum Schadenersatze berechtigt ist (§ 249 BGB.). A. 42.

Andererseits ist der Käufer nach Treu und Glauben verpflichtet, dem Verkäufer die Nachbesserung zu gestatten, wenn dies mit keinerlei Nachteilen für ihn verbunden ist (vgl. Enneccerus II § 335[3] und die dort angeführten Entscheidungen). Eine wiederholte Nachbesserung kann der Verkäufer jedoch nicht verlangen (RGZ. 61, 92; 87, 355).

ζ) Bei einem Werklieferungsvertrage nicht vertretbarer Sachen (§ 651 Abs. 1 Satz 2 BGB.) steht dem Besteller das Recht auf Beseitigung des Mangels dagegen in erster Linie zu (§ 633 BGB.). In diesem Falle kann der Besteller nur unter den Voraussetzungen des § 634 BGB. Wandlung und Minderung verlangen. Bis zur Nachbesserung kann der Besteller — wenn nichts anderes vereinbart ist — gemäß § 320 BGB. die Ratenzahlung mit der Maßgabe verweigern, daß die Raten erst von dem nächsten auf die Nachbesserung folgenden Termin zu laufen beginnen. Die Annahme, daß der Besteller verpflichtet sei, die inzwischen aufgelaufenen Zinsen sofort in einer Summe nachzuzahlen, würde dem Wesen des Abzahlungsgeschäftes widersprechen, das ja gerade darin besteht, daß der Besteller nur in einzelnen Raten zahlen soll. Doch ist natürlich auch insoweit eine anderweite Vereinbarung der Parteien zulässig. A. 43.

η) Die Lieferung anderer mangelfreier Sachen kann der Käufer gemäß § 480 BGB. beim Kauf von Gattungssachen und beim Werklieferungsvertrage vertretbarer Sachen (RGKomm. 3 zu § 651) neben der Wandlung und Minderung und gegebenenfalls neben dem Schadensersatze verlangen. A. 44.

Der Verkäufer kann den Umtausch in eine mangelfreie Sache seinerseits nur unter den gleichen Voraussetzungen verlangen, unter denen er in den Fällen zu ε) Nachbesserung verlangen darf (RGZ. 91, 112).

A. 45. ϑ) Die Geltendmachung der Gewährleistungsansprüche erfolgt durch formlose Mängelrüge, die gemäß § 130 BGB. dem Verkäufer zugehen muß. Bei einem beiderseitigen Handelsgeschäft ist § 377 HGB. zu beachten, für die Abzahlungsgeschäfte vgl. aber § 8. In der Praxis der Abzahlungsgeschäfte wird meist eine Frist vereinbart, innerhalb deren die Mängelanzeige erfolgt oder abgesandt sein muß. Rechtliche Bedenken bestehen hiergegen nicht.

Die Mängelanzeige kann auch an Handlungsreisende erfolgen (§ 86 Abs. II HGB.). Der mit der Einziehung der Raten beauftragte Kassierer ist kein Handelsagent im Sinne dieser Bestimmung, wenn er nicht besonders zur Entgegennahme solcher Erklärungen bevollmächtigt ist. Die von ihm angenommene und an den Verkäufer weitergeleitete Anzeige ist jedoch wirksam. Den Käufer trifft aber in diesem Falle die Beweislast für die erfolgte Weiterleitung.

A. 46. ι) Gerichtsstand ist, falls nichts anderes vereinbart ist,

für Wandlungsklagen der Ort, wo sich die Sache dem Vertrage gemäß befindet (RGZ. 55, 111; 57, 12; Recht 1918 Nr. 980);

für Klagen auf Rückzahlung des Kaufpreises gilt das gleiche (so Recht 1920 Nr. 3045; OLG. Hamburg in OLGR. 40, 279; a. M. OLG. München in LZ. 17, 1283; OLGR. 36, 42). Im Falle der Wandlung ist der Käufer nicht verpflichtet, die Sache zurückzubringen. Der Verkäufer hat sie vielmehr zurückzuholen und Zug um Zug die bereits empfangenen Kaufpreisraten zurückzuzahlen; sowie die vom Käufer auf den Vertrag gemachten Aufwendungen — z. B. Stempelkosten — zu erstatten;

für Minderungsklagen der Wohnsitz des Verkäufers (Gruchot 47, 1150);

für Schadensersatzklagen wegen Leistungsverzug des Verkäufers der Erfüllungsort (JW. 1910, 23; RGZ. 73, 379).

**c) Ausschluß der Gewährleistungsansprüche.**

A. 47. α) Kraft Gesetzes sind sämtliche Gewährleistungsansprüche ausgeschlossen, wenn der Käufer beim Abschluß des Vertrages den Sachmangel kannte (§ 460 Satz 1 BGB.), und zwar auch dann, wenn der Verkäufer den Mangel arglistig verschwiegen hatte (RGZ. 55, 214; 102, 395). Das gleiche gilt, wenn der Käufer die Sache trotz Kenntnis von dem Mangel ohne Vorbehalt angenommen (§ 464 BGB.) oder trotz Vorbehalts in Gebrauch genommen hat, wenn dies nicht wesentlich im Interesse des Verkäufers geschehen (JW. 04, 290) oder durch besondere Umstände zu entschuldigen ist, z. B. Unmöglichkeit der Aufbewahrung unentbehrlicher Sachen außerhalb der Wohnräume ohne gleichzeitige Benutzung (JW. 09, 685). Unkenntnis bei Abschluß des Vertrages infolge grober Fahrlässigkeit schließt die Haftung nur aus, wenn der Verkäufer die Abwesenheit des Fehlers zugesichert oder den Fehler arglistig verschwiegen hat (§ 460 Satz 2 BGB.); grobfahrlässige Unkenntnis bei Annahme schließt die Haftung überhaupt nicht aus (Warn. 1918 Nr. 185).

Der Wandlungsanspruch insbesondere ist aus- A. 48.
geschlossen, wenn der Käufer vor dem Rücktritt eine wesentliche Verschlechterung, den Untergang oder die anderweite Unmöglichkeit der Rückgabe der Sachen verschuldet hat (§§ 350, 351 BGB.). Als eine wesentliche Verschlechterung ist auch eine Ingebrauchnahme der Sachen anzusehen, wenn der Verkäufer diese infolge der Benutzung nicht mehr anderweit als „neu" verkaufen kann.

β) Kraft Vertrages. Die Bestimmungen über die A. 49.
Mängelhaftung sind nachgiebigen Rechtes. Die Parteien können die Haftung daher ganz oder teilweise, z. B. hinsichtlich der Rügefrist, ausschließen. Eine solche Vereinbarung ist nur dann nichtig, wenn darin ein Ausschluß der Haftung für Vorsatz liegt (§ 276 II BGB.), der Verkäufer den Mangel arglistig verschweigt (§ 476 BGB.), oder wenn sie gegen die guten Sitten (§ 138 BGB.) verstößt. Dies wird in der Praxis wohl nur dann der Fall sein, wenn der Verkäufer seine Monopolstellung oder den Ausschluß einer Konkurrenzmöglichkeit ausgenutzt hat (RGZ. 20, 117; 62, 266; 99, 107; 102, 82, 386; 110, 429; 115, 127, 218; JW. 25, 1395; München OLGR. 28, 172). Den vertraglichen Ausschluß der Mängelhaftung wird man dagegen ohne solche besonderen Umstände nicht als sittenwidrig ansehen dürfen, da ihn das BGB. im § 476 ja mit der dargestellten Einschränkung ausdrücklich gebilligt hat.

A. 50. Samter S. 10 und 13 hält eine Abrede des Inhalts, daß der Käufer wegen angeblicher Minderwertigkeit oder Schadhaftigkeit der Waren die Zahlung nicht einstellen, seine vermeintlichen Ansprüche vielmehr auf besonderem Klagewege zu verfolgen habe, für unverbindlich. Dieser Ansicht kann nicht beigetreten werden (gl. M. Rühl S. 246; auch Hein S. 107, dem Samter die Klausel entnommen hat, scheint sie für zulässig zu erachten). Samter führt selbst mit Recht aus, daß dem Käufer durch die Abrede der Wandlungsanspruch nicht genommen wird, und daß eine erfolgreiche Wandlungsklage, da sie ex tunc wirkt, einen Rücktritt des Verkäufers wegen unterlassener Zahlung unmöglich macht. Das ist aber auch gar nicht der Zweck der Abrede. Diese soll den — nicht immer zahlungsbereiten — Käufer verhindern, die Zahlung einzelner Raten zu verweigern und Einreden wegen angeblicher Mängel geltend zu machen und damit die Prozesse zu verschleppen. Die Abrede enthält somit keine Erlassung der Haftung wegen Vorsatzes, sie läßt vielmehr die materiellen Gewährleistungsansprüche ganz unberührt und bedeutet nur einen Verzicht auf das Zurückbehaltungs- und Einrederecht. Ein solcher Verzicht auf das Zurückbehaltungsrecht und dessen prozessuale Geltendmachung dient einem berechtigten und schutzwürdigen Interesse des Verkäufers und ist rechtlich zulässig (RGZ. 110, 418; LZ. 1926 S. 326). Daß er gerade beim Abzahlungsgeschäft „eine für die Ausbeutung zu weiten Spielraum lassende Abrede" bedeute, hat Samter nicht dargetan. Sein von Rühl S. 246 gebilligter Hinweis darauf, daß eine Abrede unsittlich sei, „die von vornherein ohne Rücksicht darauf, ob auch die für den unentbehrlichen Gebrauch erworbenen Sachen brauchbar oder unbrauchbar sind, den regelmäßig schwachen Käufer zu Zahlungen verpflichtet, die nur in Rücksicht auf die Gebrauchsmöglichkeit der Sachen versprochen", geht fehl, da der Käufer niemals mindern, sondern stets sofort wandeln wird, wenn er die unentbehrlichen Sachen nicht gebrauchen kann. Wenn er aber nur mindert, so kommen nach den Ausführungen (vgl. Anm. 39 zu § 1) nur die letzten Raten in Fortfall, so daß der Käufer auch ohne die Abrede die Zahlung der ersten Raten nicht verweigern dürfte. Die von Samter zum Belege angezogenen Reichsgerichtsentscheidungen (RGZ. 63, 390; JW. 10, 142) betreffen die streitige Frage nicht; anscheinend ist Samter bei dem Zitat ein Versehen unterlaufen.

Im übrigen sei noch darauf hingewiesen, daß der Verzicht auf das Zurückbehaltungsrecht auch einen Verzicht auf die Widerklage in sich schließt (Busch, HdR. Bd. VI, 908), und daß darin auch ein Verzicht auf eine Aufrechnung zu erblicken ist (gl. M. RGZ. 60, 357 und Rühl S. 246).

γ) Die Verjährung der Gewährleistungsansprüche tritt nach §§ 477—479 BGB. nach sechs Monaten und, wenn der Mangel arglistig verschwiegen war, nach 30 Jahren seit der Ablieferung ein. Auch nach der Vollendung der Verjährung kann der Käufer im Wege der Einrede — soweit eine solche nicht überhaupt ausgeschlossen worden ist — die Zahlung insoweit verweigern, als er auf Grund der Wandlung oder Minderung dazu berechtigt sein würde, wenn er vor Ablauf der Verjährungsfrist oder der vereinbarten oder gesetzlichen Rügefrist dem Verkäufer den Mangel angezeigt oder die Mängelanzeige abgesandt oder gerichtliche Beweisaufnahme zur Sicherung des Beweises beantragt hat (§ 478 BGB.). A. 51.

Die Verjährung beginnt ohne Rücksicht darauf, wann der Käufer den Mangel entdeckt hat, mit der Ablieferung, d. h. sobald der Käufer die Sache tatsächlich erhalten hat oder er wenigstens in der Lage ist, sie sich allein durch eigene Handlung zu verschaffen. Sie wird unterbrochen, wenn der Verkäufer dem Käufer gegenüber den Mangel in irgendeiner Weise anerkennt (§ 208 BGB.). Hierzu genügt es, wenn der Verkäufer den angezeigten Mangel, soweit er begründet sei, ohne Anerkennung des Umfanges anerkennt (RGZ. 63, 389).

### 2. Die Verpflichtungen des Abzahlungskäufers.

a) Im **allgemeinen** bestehen diese Verpflichtungen in der Abnahme der gekauften Sache und der Zahlung des Kaufpreises. A. 52.

b) **Daneben** werden dem Käufer in den **in der Praxis üblichen** Abzahlungsverträgen vielfach noch folgende **Verpflichtungen** auferlegt: A. 53.

jede Veränderung des Wohnsitzes oder der Wohnung dem Verkäufer sofort anzuzeigen,

dem Verkäufer eine Pfändung der Abzahlungssachen durch einen Dritten sofort anzuzeigen,

die Sachen sorgfältig zu benutzen,

sie gegen Feuer, Einbruch, Diebstahl und ähnliche Gefahren zu versichern,

dem Verkäufer oder seinen Beauftragten jederzeit den Zutritt in die Wohnung zwecks Besichtigung der Sachen (insbesondere beim Möbelkauf üblich) zu gestatten,

dem Verkäufer oder seinen Angestellten oder Beauftragten jederzeit ohne vorgängiges Urteil die Fortschaffung der Sachen zu gestatten.

A. 54. Die letzte Bedingung ist nichtig (gl. M. Hörle, Gruchot 55 S. 184, 185; Samter S. 96, 97; Rautmann S. 41; a. M. Mot., s. Einleitung S. 22; Lazarus S. 115). Samter und Rautmann rechtfertigen die Nichtigkeit mit dem Hinweise darauf, daß die Klausel dem Verkäufer eine Selbsthilfe außerhalb der Voraussetzungen der §§ 229, 230 BGB. gewähren wolle, was nicht zulässig sei. Dies dürfte die Rechtslage nicht erschöpfen. Das dem Verkäufer im Vertrage zugebilligte obligatorische Wegnahmerecht bedeutet keinen Verzicht auf die Strafbestimmungen über Hausfriedensbruch und die Schutzvorschriften des BGB. gegenüber verbotener Eigenmacht, — ein solcher Verzicht wäre allerdings nichtig. Die Abrede enthält vielmehr nur eine von vornherein erklärte Einwilligung zu einem selbständigen Vorgehen, die der Wegnahme den Charakter der Rechtswidrigkeit nimmt, solange der Käufer nicht — was jederzeit zulässig ist — eine Änderung seines Willens äußerlich betätigt hat (gl. M. RG. in Seuff. Arch. 66, 16; Rühl S. 103). Die Abmachung hat nur den Sinn der Einräumung eines Anspruchs auf Duldung der Selbsthilfehandlung, dessen Geltendmachung jedoch den allgemeinen Grundsätzen untersteht. (Gl. M. RGZ. 131, 222.) Sie berechtigt den Verkäufer also, falls der Käufer der eingegangenen Verpflichtung zuwider die Wegnahme nachher nicht gestattet, nicht zu einem eigenmächtigen Vorgehen, sondern begründet nur einen Anspruch auf Ersatz des etwa durch die Weigerung des Käufers entstandenen Schadens. Man wird die Abrede deshalb auch nicht mit RGZ. 128, 256 f. (= JW. 1929, 1380) stets für sittenwidrig ansehen können. (Gl. M. Rühl S. 103 f.). Die Abrede ist vielmehr deshalb nichtig, weil sie dem Verkäufer entgegen den Bestimmungen der §§ 1 und 5 des Gesetzes die Möglichkeit geben soll, seine Leistung zurückzufordern, ohne Zug um Zug dem Käufer die empfangenen Leistungen zurückzugewähren.

Samter S. 62, 63 ist ferner der Ansicht, daß auch eine Vereinbarung nichtig sei, durch die der Käufer verpflichtet wird, die Abzahlungssache gegen Feuersgefahr und ähnliche Gefahren zu versichern. Hierin kann ihm nicht gefolgt werden. Der Käufer trägt, wie unten (vgl. Anm. 78 ff.) darzulegen ist, die Gefahr des zufälligen Unterganges der Sache, und zwar gleichgültig, ob der Verkauf mit oder ohne Eigentumsvorbehalt abgeschlossen ist. Er hat ein wesentliches Interesse daran, daß bei Untergang oder Beschädigung der Sache durch die Leistung der Versicherungsgesellschaft seine rechtlich bestehenbleibende Zahlungsverbindlichkeit ganz oder zum Teil erfüllt wird. Ohne die Versicherung würde er verpflichtet sein, seine Zahlungen fortzusetzen, obwohl er den Gegenwert verloren hat. Wenn beim Kaufe unter Eigentumsvorbehalt die Übergabe der Sache den Käufer auch nicht zum Eigenbesitzer macht, ihm noch nicht die volle rechtliche Herrschaft über die Sache gewährt, sie auch nicht zwecks gegenwärtiger, sondern zwecks künftiger Erfüllung des Kaufvertrages geschieht, so tritt der Käufer doch immerhin schon in rechtliche und wirtschaftliche Beziehung zu der ihm übergebenen Sache. Er wird ihr Verwalter und Verwahrer (RGZ. 64, 337). Auch als solcher hat der Käufer im Regelfalle ein Interesse an der Versicherung der ihm bereits übergebenen Sachen; denn er schließt den Kaufvertrag in der Absicht, den Eigentumsvorbehalt des Verkäufers durch dessen Befriedigung zu beseitigen und Eigentum an den gekauften Sachen zu erwerben. Er hat also schon ein eventuelles Eigentumsinteresse (RGZ. 74, 126; Recht 1910 Nr. 2908; JW. 1910, 835). A. 55.

Andererseits hat auch der Verkäufer ein berechtigtes Interesse an der Versicherung. Bei vorbehaltenem Eigentum trägt er das periculum rei (vgl. Anm. 80) und verliert er die für erforderlich gehaltene Sicherung seines Ratenzahlungsanspruchs. In jedem Falle aber muß er befürchten, daß der ohnehin zahlungsschwache und durch den Untergang oder die Beschädigung der Sache weiter geschädigte Käufer nicht mehr in der Lage, vielleicht sogar überhaupt nicht mehr willens sein wird, seinen Verpflichtungen nachzukommen. Die Versicherungsklausel ist daher rechtsgültig (gl. M. für die Fälle des Vorbehaltskaufes Rühl S. 202 ff. unter eingehender Widerlegung der Ausführungen Samters; Korsch in JW. 12, 230 ff.; Josef im Recht 1912, 398 ff.; Berlak-Felix S. 45; zweifelhaft Fuld, Gruchot 54, 570; a. M. Samter a. a. O.; vermittelnd Hörle, Gruchot 55, 184).

A. 56. c) Bei dem unter dem § 1 des Gesetzes zu betrachtenden unverhüllten Abzahlungsgeschäft (vgl. oben Vorbem. 9) ist der **Kaufpreis** stets in barem Gelde zu zahlen. Bei den übrigen Abzahlungsgeschäften, die unter § 6 fallen, kann die vom Erwerber zu entrichtende Leistung auch in anderem bestehen.

A. 57. α) Der Käufer hat seine Ratenzahlungsverpflichtung an dem richtigen Ort zu erfüllen. Der Zahlungsort ist nach §§ 269, 270 BGB. der Wohnsitz des Käufers, falls nichts anderes ausdrücklich oder stillschweigend vereinbart ist.

A. 58. Die Zahlungsverpflichtung des Käufers ist, falls nichts anderes ausdrücklich vereinbart ist oder sich aus den Umständen ergibt, eine sog. Bringschuld, sogar nach § 270 BGB. genauer ausgedrückt eine Schickschuld. Der Käufer hat also die einzelnen Kaufpreisraten an den Ort der gewerblichen Niederlassung des Verkäufers auf seine Gefahr und Kosten zu übersenden. Zu betonen ist, daß den Käufer die Verantwortung des Eintreffens des von ihm abgesandten Geldes trifft, auch wenn er sich zur Beförderung der Post bedient.

A. 59. Eine stillschweigende vereinbarungsmäßige Abänderung dieser dispositiven Gesetzesbestimmung über die Zahlungsverpflichtung des Käufers als Schickschuld wird sich bei den Abzahlungsgeschäften oft in der Art finden, daß ausdrücklich oder stillschweigend vereinbart wird, daß der Kassierer des Verkäufers die Raten kassieren kommt. Eine derartige stillschweigende Abmachung wird man schon dann als vorliegend ansehen müssen, wenn der Kassierer im Auftrage des Verkäufers die erste Rate ohne Vorbehalt abholt und der Käufer sie an ihn zahlt (gl. M. Samter S. 6; a. M. Rühl S. 250; Lazarus S. 69). Die Parteien können aber — und das ist nach den Formularen das Übliche — vereinbaren, daß sich an dem Charakter der Zahlungsverpflichtung als Schickschuld auch dann nichts ändert, wenn der Verkäufer die Raten durch seinen Kassierer abholen läßt.

Ist das nicht ausgemacht, so wird bei Abholung der Raten durch den Kassierer aus der Schickschuld des Käufers eine Holschuld, d. h. der Käufer braucht nur auf Abholung der Raten zu zahlen und der Transport des Geldes geht auf Gefahr des Verkäufers, sobald der von ihm zur Einkassierung des Geldes ausgesandte Kassierer das Geld empfangen hat. Hierdurch wird aber nicht etwa die Beweislast der Zahlung geändert. Diese hat unverändert der Beklagte. Er hat zu beweisen, daß er das Geld einer vom Verkäufer zur Einkassierung gesandten Person gegeben hat.

In den Fällen, in denen eine Abholung durch den Kassierer vereinbart ist, hat der Käufer dafür zu sorgen, daß der Kassierer an dem vereinbarten Zahlungstage jemand in seiner Wohnung antrifft, der ihm das Geld auszahlt. Trifft der Kassierer niemand an, so kann der Käufer nicht erwarten, daß der Kassierer noch einmal kommt. Er hat seine Vertragsverpflichtung bereits verletzt und muß daher umgehend das Geld dem Verkäufer übersenden, wenn er nicht Gefahr laufen will, daß dieser von den ihm für diesen Fall zustehenden Rechten Gebrauch macht.

Erscheint der Kassierer an diesem Tage nicht, so wird man dem Käufer dagegen nicht zumuten können, daß er nun tagelang auf ihn wartet. Er wird dann erwarten dürfen, daß der Verkäufer ihm den Tag anzeigt, an dem der Kassierer das Geld einkassieren wird. Geschieht dies nicht, so wird der Käufer dadurch nicht von seiner Leistung frei. Er hat jedoch gemäß §§ 296, 300 BGB. in diesem Falle nur Vorsatz und grobe Fahrlässigkeit zu vertreten, wenn er das geschuldete Geld ausgesondert hat (RG. JW. 25, 474). Hat er also das Geld abgezählt in einem besonderen Briefumschlag in seinem Schreibtisch verschlossen, so wird er frei, wenn es ihm gestohlen wird.

Läßt der Verkäufer trotz vereinbarter Schickschuld die Raten abholen, so ändert dies an dem Charakter der Schickschuld nichts. Der Käufer hat in einem solchen Falle die verzögerte Zahlung aber nicht zu vertreten, wenn der Verkäufer eine Rate verspätet oder gar nicht abholen läßt und der Käufer im letzteren Falle das Geld in angemessener Frist absendet (gl. M. Rühl S. 250).

Falls die Abholung der Raten vereinbart ist, hat der Käufer ferner, auch wenn dies im Vertrage nicht ohnehin bestimmt ist, die Verpflichtung, dem Verkäufer eine etwaige Wohnungsänderung derart früh mitzuteilen, daß die nächstfällige Rate ohne Schwierigkeiten von der neuen Wohnung abgeholt werden kann. Sobald der Käufer seine Wohnung derart verändert, daß dem Verkäufer nach Treu und Glauben nicht mehr zugemutet werden kann, daß er den Kassierer zur Abholung schickt, oder sobald der Käufer mit einer Ratenzahlung im Verzuge ist, verändert sich die Holschuld wieder in eine Schickschuld zurück, d. h. der Käufer hat in diesen Fällen das Geld auf seine Kosten und Gefahr an den Verkäufer zu senden.

A. 60. β) **Verzug.** Der Käufer hat die Raten bei Fälligkeit zu erfüllen. Wann die einzelnen Raten fällig werden, wird im Abzahlungsvertrage wohl stets genau geregelt. Leistet der Käufer die fällig gewordene Rate nicht, so gerät er nach § 284 BGB. durch eine Mahnung des Verkäufers in Verzug. Die Mahnung ist eine formlose einseitige Erklärung des Verkäufers, die dem Käufer nach Fälligkeit seiner Verpflichtung zugegangen sein muß.

A. 61. Die Mahnung des Verkäufers ist aber nach dem im § 284 II BGB. niedergelegten alten Rechtssatze „dies interpellat pro homine“ dann nicht notwendig, wenn die Zeit der Leistung nach dem Kalender bestimmt ist. In diesem Falle kommt der Verkäufer also allein dadurch, daß er die kalendermäßig bestimmte Zeit fruchtlos verstreichen läßt, ohne weiteres in Verzug. „Nach dem Kalender bestimmt ist aber die Zeit nicht nur dann, wenn ein Datum angegeben ist, sondern auch, wenn sie sich ohne Kalender nach dem Inhalt der Vereinbarung kalendermäßig bestimmen läßt" (so Planck S. 270). Deshalb sind vertragliche Vereinbarungen wie „am Ende jeder Woche", „Mitte des Monats", „spätestens zum Ende des Monats" Vereinbarungen einer kalendermäßig bestimmten Zeit (a. A. Samter S. 4/5). Die von Samter zum Beleg seiner Ansicht angeführte Reichsgerichtsentscheidung in RGZ. 60, 84 dürfte von ihm nicht richtig ausgelegt sein. RGZ. 60, 84 betrifft nämlich nicht die Vereinbarung „am Ende jeder Woche", es behandelt vielmehr den Fall, daß vereinbart war zum Ende „jeder Empfangswoche". Hier erklärt das Reichsgericht richtig, daß die Vereinbarung einen kalendermäßig bestimmten Zeitpunkt nicht enthalte, „weil sie einen bestimmten, an sich nach dem Kalender zu berechnenden Tag nicht ergibt, vielmehr noch von dem Eintritt eines sonstigen Ereignisses" — gemeint ist der Empfang — „abhängig ist".

Kalendermäßig ist aber eine Zeit dann niemals bestimmt, A. 62. wenn es sich um die Bestimmung eines Zeitpunktes der Fälligkeit handelt, dessen Eintritt sich nicht aus dem Kalender ergibt oder gar noch ungewiß ist. Ist der Eintritt des Zeitpunktes überhaupt unbestimmt, so liegt in Wirklichkeit gar keine Fristbestimmung, sondern die Vereinbarung einer Bedingung vor. Deshalb sind Vereinbarungen wie „bei Eintritt der Volljährigkeit", „spätestens bei Verheiratung" niemals Vereinbarungen von kalendermäßig bestimmten Zeitpunkten.

Erwähnt sei, daß, wenn z. B. ein nach dem Datum bestimmter A. 63. Tag auf einen Sonntag oder einen gesetzlichen Feiertag fällt, die an diesem Tage fällige Rate erst an dem diesem Tage oder — bei zwei Feiertagen — dem den Feiertagen folgenden Werktage fällig wird (§ 193 BGB.). Anders aber liegen die Verhältnisse, wenn — was bei Abzahlungskäufen mitunter vorkommt — ausdrücklich vereinbart wird, daß die Raten an jedem Sonntag zu zahlen sind. Hier werden die Zahlungen an jedem Sonntag fällig (RG. in JW. 07, 705).

Der Verzug des Käufers ist dann ausgeschlossen, d. h. der A. 64. Verkäufer kann in diesem Falle nicht zurücktreten, wenn eine vom Käufer nicht zu vertretende Unmöglichkeit zur Leistung der

Teilzahlungen vorliegt (§ 285 BGB.). Eine solche muß der Käufer aber beweisen (§ 282 BGB.). Hervorgehoben aber muß werden — was dauernd von den Abzahlungskäufern vorgebracht wird —, daß die Nichtleistung von Ratenzahlungen durch den Käufer wegen eingetretener Krankheit oder Arbeitslosigkeit im allgemeinen keine von ihm nicht zu vertretende Unmöglichkeit zur Leistung ist. Hier ist es höchstens Sache eines milden Richters, im Wege von geschickt geführten Vergleichsverhandlungen den Verkäufer zur Milde, d. h. zur Vereinbarung von neuen Ratenzahlungen, zu bestimmen. Anders ist die Rechtslage nur, wenn — was allerdings höchst selten vorliegen wird und nur mit großer Vorsicht anzunehmen ist — ausdrücklich vereinbart ist oder sich nach Treu und Glauben aus den Verhältnissen des Einzelfalles ergibt, daß die Raten lediglich aus dem Einkommen des Käufers zu begleichen sind.

A. 65. γ) **Erfüllung.** Der Verzug des Käufers tritt nicht ein, wenn er seine Zahlungsverpflichtung richtig erfüllt. Die Erfüllung seiner Zahlungsverpflichtung kann nur in voller Bezahlung der Raten bestehen. Nach Treu und Glauben ist aber gemäß § 242 BGB. anzunehmen, daß auch geringe und wenig bedeutende Restbeträge, die der Schuldner auf einzelne Raten nicht leistete, die Verzugsfolgen, insbesondere ein Rücktrittsrecht des Verkäufers, nicht hervorrufen. Denn der Verkäufer ist in der Lage, nach § 266 BGB. Teilzahlungen auf die Raten, soweit es sich hierin nicht bloß um eine nach § 226 BGB. unzulässige Schikane handelt, abzulehnen, und ist dadurch in genügender Weise geschützt (vgl. RGZ. 82, 54; 86, 334).

A. 66. In welcher Weise die Ratenzahlungen zu verrechnen sind, wenn sie nicht zur völligen Befriedigung des Verkäufers ausreichen, unterliegt bei der Vertragsfreiheit des BGB. grundsätzlich der Vereinbarung der Parteien.

Die Frage, ob bei fehlender diesbezüglicher Parteiabrede durch Leistung eines Käufers stets die am längsten ausstehenden Raten als gedeckt anzusehen sind oder ob der Käufer gemäß § 366 BGB. eine andere Anrechnung seiner Leistungen bestimmen kann, ist unten bei Betrachtung des § 4 (vgl. Anm. 52 ff. zu § 4) behandelt.

Auch eine Abrede, die dem Verkäufer das Recht einräumt, auf welchen Vertrag er bei einem späteren Zukauf die Zahlungen verrechnen will, ist als gültig zu betrachten. Da die Verträge durch die Abrede miteinander verbunden sind und meist auch das Eigentum an allen Sachen bis zur völligen Bezahlung aller Sachen vorbehalten ist, spielt es für den Käufer keine Rolle, wie die Verrechnung erfolgt. Denn der Verkäufer kann, wenn er zurücktreten will, stets nur bezüglich aller Sachen zurücktreten. Hält man also die Zukaufsklausel für gültig, so wird man auch eine Verrechnungsklausel für zulässig halten müssen (a. M. Samter S. 69; Seelig S. 37, die beide zu übersehen scheinen, daß bei einer derartigen Klausel der Rücktritt nur bezüglich aller Verträge ausgeübt werden kann). A. 67.

Der Verkäufer ist gemäß § 267 II BGB. nur dann berechtigt, die Bezahlung von ausstehenden Raten durch einen Dritten abzulehnen, wenn dem der Käufer widerspricht. Dies ist für die Drittgläubiger des Käufers, die einen auf Abzahlung mit Eigentumsvorbehalt gekauften Gegenstand gepfändet haben, und deren Rechtsstellung weiter unten (vgl. Anm. 53 ff. zu § 5) näher betrachtet wird, besonders wichtig. A. 68.

Die Erfüllung seiner Schuld hat der Käufer zu beweisen. Da die etwaige Postsendung des Geldes auf seine Gefahr geschieht, muß er den Empfang des Geldes durch den Verkäufer beweisen, die Vorlegung eines Posteinlieferungsscheins genügt, falls der Empfang bestritten wird, nicht. A. 69.

δ) Neben der Barzahlung kann die Erfüllung auch in einer **Aufrechnung** mit Gegenforderungen bestehen, die der Käufer gegen den Verkäufer hat. Die Gegenforderungen müssen fällig sein, und die Aufrechnungserklärung muß dem Verkäufer gegenüber unbedingt abgegeben werden. Zu betonen ist aber, daß es nicht notwendig ist, daß die Aufrechnung sofort im Zeitpunkt der Fälligkeit der einzelnen Kaufpreisrate erklärt werden muß; es ist zum Erlöschen der Kaufpreisratenforderung des Verkäufers und damit zum Nichteintritt oder Fortfall des Verzuges nur erforderlich, daß die Gegenforderung in dem Zeitpunkt bereits fällig war. Kommt der Käufer also seiner Zahlungsverpflichtung bei einzelnen A. 70.

Raten nicht nach, hat er aber fällige Gegenforderungen gegen den Verkäufer, so kann er gegenüber dem ihn wegen seiner Nichtleistung der einzelnen Raten in Anspruch nehmenden Verkäufer die Aufrechnungserklärung abgeben und dadurch den Verzug für die Nichtzahlung der Raten beheben, da nach § 309 BGB. die Aufrechnungserklärung eine rückwirkende Kraft hat. Eine Aufrechnung mit Minderungsansprüchen ist aus den oben (Anm. 39 zu § 1) entwickelten Gründen jedoch nur gegen die letzten Raten möglich.

A. 71. ε) **Verjährung.** Der Anspruch des Verkäufers auf Zahlung der Raten endet schließlich durch Verjährung. Die Verjährung ist eine Einrede, sie muß als solche im Prozesse geltend gemacht werden. Ohne eine Geltendmachung im Prozesse ist die Verjährung unbeachtlich. Deshalb kann der Richter, trotz ihres Bestehens, ein Versäumnisurteil gegen den Beklagten erlassen. Auf die Verjährung kann sich aber nur derjenige Abzahlungskäufer berufen, der ihren Eintritt nicht durch Arglist herbeigeführt hat; so z. B. wenn ein Abzahlungskäufer, der in der Absicht, sich eine bald eintretende Verjährung zunutze zu machen, den Verkäufer von der Klageerhebung, die die Verjährung nach § 209 BGB. unterbricht, abgehalten hat. Einem derartig dolos handelnden Abzahlungskäufer steht, wenn er die Einrede der Verjährung erhebt, die replica doli entgegen (RGZ. 57, 376).

A. 72. Die Abzahlungsgeschäfte vereinbaren in ihren Formularen vielfach, daß der Käufer auf das Recht der Verjährung verzichte. Diese Vereinbarung ist gemäß § 225 BGB. nichtig. Da das Recht, die Leistung auf Grund der Verjährung zu verweigern, dem Käufer nicht nur in eigenem, sondern auch in öffentlichem Interesse eingeräumt ist, kann er darauf im voraus nicht verzichten. (Ebenso vgl. für die übrigen Planck Anm. 1 zu § 225.) Nur auf die Geltendmachung einer eingetretenen Verjährung kann man verzichten.

A. 73. Für jede Rate läuft eine besondere Verjährungsfrist, weil der Verkäufer nach den Vereinbarungen den Kaufpreis nur in zu verschiedenen Zeitpunkten fällig werdenden Raten verlangen kann. Zu Anm. 25 ist bereits ausgeführt, daß es sich bei dem

Abzahlungskauf nicht um einen Kauf handelt, bei dem der gesamte Kaufpreis in verschiedenen Abstufungen gestundet ist — hier würde die Verjährung an sich vom Abschluß des Vertrages an laufen oder gemäß § 202 BGB. gehemmt sein bis zum Ablauf der einzelnen Stundungsstufen —, sondern daß ein Kauf mit befristeten Zahlungsterminen vorliegt, bei dem die Ansprüche auf die einzelnen Raten erst mit dem Ablauf der Frist fällig werden. Da die Abzahlungsgeschäfte keine Stundungsgeschäfte sind, hat die von Aubele Anm. 25 zu § 1 zitierte Entscheidung des RG. in JW. 1910, 280 Nr. 10 mit den Abzahlungsgeschäften nichts zu tun.

Die Verjährung des Anspruchs des Verkäufers auf die einzelne A. 74.
Rate beginnt nach § 198 BGB. mit dem Augenblick, in dem die einzelne Rate fällig wird, und dauert nach § 195 BGB. 30 Jahre. Meist aber wird im Abzahlungsgeschäft die kürzere Verjährungsfrist des § 196 vorliegen. Verkauft nämlich ein Kaufmann — auch Minderkaufmann —, Fabrikant oder Handwerker einen Gegenstand auf Abzahlung, wie dies beim Abzahlungsgeschäft regelmäßig der Fall sein wird, so unterliegt die Verjährung dem § 196 Ziff. 1 BGB. „Vermietet“ oder „verleiht“ eine Person Mobilien auf Abzahlung und macht sich hieraus ein Gewerbe, d. h. bildet die „Vermietung“ usw. eine dauernde berufsmäßige Tätigkeit, die als dauernde Einnahmequelle dienen soll, so unterliegen diese Fälle — die sogenannten verhüllten Abzahlungsgeschäfte — dem § 196 Ziff. 6 BGB. In den Fällen des § 196 BGB. beträgt die Verjährung regelmäßig zwei Jahre, ist die Lieferung aber für den Gewerbebetrieb des Käufers erfolgt, so beträgt sie vier Jahre. Die zwei bezw. vier Jahre laufen aber nach § 201 BGB. erst vom Ende des Jahres an, in dem die einzelne Rate fällig war.

Wird durch die Nichtzahlung von zwei Raten die gesamte Restsumme unter Voraussetzung der Schutzvorschriften des § 4 II auf einmal fällig, so beginnt auch die Verjährung der gesamten Restsumme mit dem Zeitpunkt an zu laufen, in dem die Verjährung der zweiten Rate zu laufen beginnt. Die Verjährungsfristen für die gesamte Restsumme unterliegen denselben dargestellten Vorschriften der §§ 198, 195, 196 Ziff. 1 oder 6, 201 BGB.

Es kann also die höchst merkwürdige Rechtslage eintreten, daß der Anspruch auf Zahlung der gesamten Summe bei Nichtzahlung der Raten durch den Käufer früher verjährt ist, als der Verkäufer sie bei Zahlung der Raten verlangen konnte. Nimmt man z. B. an, der Kaufmann X verkauft am 1. Juli 1930 ohne Anzahlung unter Fälligkeitsklausel mit monatlichen Raten von 50 RM dem Y eine Möbeleinrichtung für 2400 RM und zahlt Y überhaupt keine Raten, so ist hier die August-, September-, Oktober-, November- und Dezemberrate am 31. Dezember 1932 verjährt. Die Fälligkeit der Gesamtforderung tritt dann ein, wenn der Käufer mit mindestens zwei aufeinanderfolgenden Raten im Betrage von einem Zehntel des Kaufpreises im Verzug ist. Dies liegt vor, wenn er fünf Raten = 250 RM nicht gezahlt hat. Also mit Fälligkeit der Dezemberrate 1930 beginnt die Verjährung der Hauptforderung und ist demnach am 31. Dezember 1932 verjährt. Hätte der Y seine Raten gezahlt, so würde der X die gesamte Forderung erst stufenweise nach vier Jahren, d. h. bis zum Juni 1934, verlangen können.

A. 75. Über die Frage, ob mit der Verjährung der Kaufpreisansprüche des Verkäufers auch seine etwaigen Ansprüche auf Herausgabe aus einem eventuell vereinbarten Eigentumsvorbehalt verjähren, vgl. die Ausführungen in Anm. 39 ff. zu § 5.

A. 76. **B.** Die Folgen des **Unmöglichwerdens** dieser Leistungen, des **Leistungsverzuges** und der **positiven Vertragsverletzung** ergeben sich, wenn nichts anderes vereinbart ist, aus den für die Schuldverhältnisse geltenden allgemeinen Grundsätzen, insbesondere den §§ 275—291, 323—327 BGB. Hierauf näher einzugehen, erübrigt sich, da die Folgen der Nichterfüllung bei den Abzahlungsgeschäften wohl stets vertraglich besonders festgesetzt zu werden pflegen und die wichtigsten für diesen Fall vereinbarten Rechte des Verkäufers im Abzahlungsgesetz besonders geregelt und daher im folgenden zu erörtern sind. Es handelt sich hierbei um das Rücktrittsrecht, die Fälligkeitsklausel und die Verfallklausel.

A. 77. Es sei nur kurz hervorgehoben, daß auch beim Abzahlungsgeschäft der Verkäufer bei einem Verzuge des Käufers gemäß § 326 BGB., nötigenfalls nach gehöriger Fristsetzung, Schadensersatz wegen Nichterfüllung verlangen kann. Der Verkäufer ist also nicht, wie in der Öffentlichkeit vielfach angenommen wird, auf die Rechte aus dem Abzahlungsgesetz beschränkt. Die für den Schadensersatz wegen Nichterfüllung geltenden allgemeinen Vorschriften werden durch das Abzahlungsgesetz nicht berührt.

**C. Gefahrtragung.** Die Vorschriften über den Gefahr- A. 78.
übergang der §§ 446 ff. BGB. finden auf den Abzahlungskauf Anwendung, soweit der Kaufvertrag bestehen bleibt. Dies ist wegen der Rücktrittsvorschriften des Gesetzes besonders wichtig. Über die Gefahrtragung im Falle des Rücktritts vgl. Anm. 40 zu § 2.

Da begriffliche Voraussetzung des Abzahlungskaufes ist, daß A. 79.
der Käufer den Besitz der Sache erlangt (vgl. oben Anm. 16 ff.) hat, ist ihm die Sache also im Sinne § 446 BGB. übergeben. Er trägt, wenn nichts anderes vereinbart ist, deshalb die Gefahr des zufälligen Untergangs der Sache, gleichgültig ob der Kauf unter Eigentumsvorbehalt (§§ 5 AbzGes.; 455 BGB.) abgeschlossen wurde oder ohne einen solchen. Daß bei dem Abzahlungskauf ohne Eigentumsvorbehalt die Gefahr mit der Übergabe auf den Käufer übergeht, ist nicht bestritten, wohl aber bei Vorliegen des Eigentumsvorbehalts. Die von der gegenteiligen Meinung, die die Gefahr erst bei Zahlung der letzten Rate übergehen lassen will, vorgebrachten Gründe dürfen angesichts der klaren Regelung des BGB. in § 446 nicht durchgreifen. (Der vorgetragenen Meinung sind: RGZ. 85, 321; JW. 15, 23; OLG. Celle in OLGR. 24, 322; 25, 2284; Richter S. 52; Rühl S. 197 ff.; RGKomm. Anm. 3 zu § 455; Staudinger Erl. 7 zu § 455; Ziegler in JW. 10, 798; jetzt auch Planck Anm. 2d zu § 455 und Staub Exkurs 67 zu § 382, beide mit eingehendem Literaturnachweis, auf den verwiesen wird; a. M. Fuld, Gruchot 39, 571; Aubele Anm. 16 zu § 1 S. 34; Samter S. 22, 43, 61, 62; OLG. Colmar in OLGR. 24, 321.) Hervorgehoben sei, daß die herrschende Lehre der tatsächlichen Übergabe der Sache das bereits oben in Anm. 18 f. näher betrachtete, für das Abzahlungsgeschäft allein in Betracht kommende (vgl. oben Anm. 19) Übergabesurrogat der brevi manu traditio gleichsetzt (vgl. Dernburg § 174 III; Oertmann Bem. 1a zu § 446, Cosack § 122 Anm. 16; Crome § 213, 1a; RGKomm. Anm. 4 zu § 446; Staudinger Anm. 2c zu § 446 und Planck Anm. 3 zu § 446).

A. 80. Unter der Gefahr im Sinne der vorstehenden Ausführungen ist nur die Frage zu verstehen, ob der Käufer trotz Unterganges der Sache verpflichtet ist, den Kaufpreis zu zahlen. Mit diesem periculum obligationis, „Vergütungsgefahr" (Wüstendörfer, Hans. Rechtszeitschr. I Sp. 334 ff.) oder „Gefahr des Kaufpreises" (v. Tuhr, Schweiz. Obligationenrecht S. 50), darf nicht die Gefahr des Eigentums an der Sache, des periculum rei, verwechselt werden. Die Tragung dieser Gefahr ist verschieden, je nachdem ob der Abzahlungskauf unter Eigentumsvorbehalt abgeschlossen ist oder nicht. Die erstere Gefahr trägt dagegen, wie dargelegt, stets der Käufer.

A. 81. Daraus ergibt sich, daß der **zufällige Untergang der Abzahlungssache vor dem Rücktritt** den Käufer von seiner Zahlungspflicht nicht befreit. Kommt dieser mit der Zahlung in Verzug, so kann der Verkäufer die ihm zustehenden Rechte geltend machen. (A. M. für den Fall des Vorbehaltskaufs Samter S. 43.) Über den Einfluß des unverschuldeten Unterganges auf die gegenseitige Rückgewähr nach dem Rücktritt vgl. Anm. 42 zu § 2.

A. 82. D. **Nutzungen, Früchte und Lasten** gehen mit der Übergabe auf den Käufer über. Für den Kauf ohne Eigentumsvorbehalt ist dies selbstverständlich. Beim Vorbehaltskauf ergibt es sich aus dem Wesen des Vertrages, der dem Käufer schon vor dem Eigentumsübergang die Benutzung und Nutzung der Sache und damit auch die Fruchtziehung ermöglichen will, andererseits aber den Käufer zur sorgfältigen Erhaltung der zur Sicherung des Verkäufers dienenden Sache verpflichtet. Die Früchte fallen jedoch gemäß § 953 BGB. unter den Eigentumsvorbehalt an der Muttersache, sofern nicht etwas anderes vereinbart ist (§ 956 BGB.; gl. M. Rühl S. 57, 202).

## III. Der Rücktritt des Verkäufers.

### A. Begriff.

A. 83. Das **Rücktrittsrecht** des Verkäufers ist das Recht, die Gesamtwirkung eines Schuldverhältnisses (obligatorischen Vertrages) durch einseitige Erklärung derart zu beseitigen, als hätte es niemals bestanden. Es ist also ein Gestaltungsrecht (Seckel, Festschrift für Koch 1903 S. 205 ff.) und unterliegt als solches nicht der Verjährung.

Streng davon zu unterscheiden ist die Ausübung des Rücktrittsrechts, der Rücktritt. **Rücktritt** ist die Erklärung an den Gegner, daß der Vertrag wieder aufgehoben werde. A. 84.

## B. Voraussetzungen.

1. **Im allgemeinen.** Der Abzahlungsvertrag als solcher gibt dem Verkäufer kein Rücktrittsrecht. Der Verkäufer kann daher nur dann zurücktreten, wenn er sich ein Recht hierzu im Vertrage vorbehalten hat oder wenn ihm ein solches kraft Gesetzes zusteht. Über die gesetzlichen Rücktrittsrechte siehe unten Anm. 119 ff. A. 85.

Vertragsmäßig kann das Rücktrittsrecht ganz allgemein (vgl. Anm. 88; a. A. anscheinend Samter S. 15) oder für bestimmte Fälle vorbehalten werden.

In allen Fällen richten sich die Folgen des Rücktritts von einem Abzahlungskaufe nach den Vorschriften des Abzahlungsgesetzes. § 1 Abs. 1 erwähnt zwar nur den Vorbehalt des Rücktrittsrechtes wegen Nichterfüllung der dem Käufer obliegenden Verpflichtungen. Daraus darf jedoch nicht geschlossen werden, daß auch das unter dem Vorbehalt des Rücktrittsrechtes für andere Fälle abgeschlossene Geschäft des Abzahlungsgesetzes nicht anwendbar sein sollte. Die Bestimmungen des § 1 Abs. II und namentlich des § 5 lassen eindeutig erkennen, daß das Gesetz dem Abzahlungskäufer im Falle des Rücktritts des Verkäufers unter allen Umständen den besonderen Schutz des Gesetzes zukommen lassen will. Damit würde es nicht nur in einem unverständlichen Widerspruch stehen, wenn zwar der wegen Schuldnerverzuges zurücktretende Gläubiger an die strengen Vorschriften des Abzahlungsgesetzes gebunden wäre, für das Rücktrittsrecht aus anderen Gründen aber nur die nachgiebigen Vorschriften des BGB. gelten sollten. Es wäre damit einer Umgehung des ganzen Abzahlungsgesetzes Tür und Tor geöffnet. Die Parteien brauchten nur dem Verkäufer das Recht jederzeitigen Rücktritts vorzubehalten und könnten für den Fall des Rücktritts beinahe alles vereinbaren, was das Abzahlungsgesetz verbietet. Man könnte solche Verträge noch nicht einmal generell wegen Sittenwidrigkeit als nichtig ansehen, da folgerichtig aus A. 86.

den eingeschränkt ausgelegten Bestimmungen des Abzahlungsgesetzes entnommen werden müßte, daß das Gesetz sie allgemein nicht verbieten wollte. Da das der Sinn des Abzahlungsgesetzes nicht sein kann, kann der (in den folgenden Paragraphen wiederkehrende) irreführende Wortlaut des Gesetzes nur auf die Entstehungsgeschichte zurückgeführt werden. Es muß angenommen werden, daß bei der Abfassung (1892—1894) versehentlich nur der zu enge Begriff der lex commissoria des Gemeinen Rechtes berücksichtigt worden ist. Das Abzahlungsgesetz gilt daher auch für die Fälle, in denen das Rücktrittsrecht an andere Voraussetzungen als die Nichterfüllung der dem Käufer obliegenden Verpflichtungen geknüpft ist. (A. M. Aubele Anm. 26 zu § 1 S. 38; Vollrath S. 39, 40; Schmidt S. 13; Gillmann-Jonas S. 39; Michaelis HdR. I S. 51 und wohl auch Samter S. 15.)

A. 87. In der Praxis der Abzahlungsverträge wird das Rücktrittsrecht meist für folgende Fälle vereinbart:

1. falls ungünstige Auskünfte über den Käufer einlaufen,
2. falls sich herausstellt, daß dieser kreditunwürdig sei,
3. falls der Käufer unwahre Angaben über die seine Kreditwürdigkeit bedingenden Verhältnisse gemacht hat,
4. falls er seine Verpflichtungen nicht erfüllt.

Die Zulässigkeit der Abmachungen zu 2 bis 4 unterliegt keinen Bedenken. (Gl. M. Rühl S. 266; Berlak-Felix S. 46 f.). Die Bestimmung zu 1 erscheint dagegen als bedenklich. Es ist zwar anzuerkennen, daß der Verkäufer ein Interesse daran haben muß, von einem Vertrage mit einem Unbekannten zurückzutreten, wenn er später Auskünfte über ihn erhält, die ihn von dem Vertragsabschluß abgehalten hätten, wenn er sie früher gekannt hätte. Andererseits wird bei der Erteilung von Auskünften erfahrungsgemäß nicht immer mit der erforderlichen Sorgfalt, Gewissenhaftigkeit, Kenntnis und Objektivität verfahren. Es erscheint daher als eine zu starke Beeinträchtigung der wirtschaftlichen Interessen des Käufers, wenn dieser die ganze Vertragsdauer über befürchten muß, daß der Verkäufer auf Grund einer für ihn nicht nachprüfbaren, vielleicht auf irrigen Voraussetzungen beruhenden ungünstigen Auskunft zurücktreten kann. An einer solchen Ausdehnung hat auch der

Verkäufer kein Interesse. Man wird diese Abrede daher nur insoweit für verbindlich erachten dürfen, als sie auf eine angemessene Zeit nach Vertragsschluß befristet ist.

Ebenso wird man auch eine — im Abzahlungsgeschäft übrigens auch kaum übliche — Abmachung eines unumschränkten Rücktrittsrechts des Verkäufers zu beurteilen haben. Es würde eine zu weit gehende Einschränkung der wirtschaftlichen Interessen des Käufers bedeuten, wenn trotz peinlicher Erfüllung aller Vertragsvorschriften dauernd das Damoklesschwert des Rücktritts seitens des Verkäufers über ihm hinge, er insbesondere bei einer etwa nach dem Kaufabschluß eintretenden Preiserhöhung mit einem solchen rechnen müßte. Das würde dem Wesen des Abzahlungsgeschäftes zuwiderlaufen. Dieses beruht darin, daß der Käufer wirtschaftlich bereits vor der völligen Bezahlung des Kaufpreises in die Lage versetzt werden soll, in der er sich rechtlich erst nachher befinden kann. Der Abzahlungsvertrag geht dahin dem Käufer das Eigentum an der Sache zu verschaffen, wenn, er seine Verpflichtungen erfüllt. Mit diesem Wesen des Vertrages ist es unvereinbar, wenn es bis zur letzten Rate im Belieben des Verkäufers stehen soll, ob der Vertragszweck erreicht wird. Der Käufer muß sich vielmehr darauf einrichten können, daß er die Sachen erlangt, wenn er nur seinerseits den Vertrag erfüllt. Ein bedingungsloses Rücktrittsrecht kann daher im allgemeinen nur für eine angemessene Zeit nach Vertragsschluß wirksam vereinbart werden. Eine darüber hinausgehende Vereinbarung würde dagegen mit dem Wesen des Abzahlungsgeschäftes unvereinbar sein und der rechtlichen Wirksamkeit entbehren. (A. M. Samter S. 15.) A. 88.

**2. Die Voraussetzungen des Rücktritts wegen Nichterfüllung.**

Die Ausübung des Rücktrittsrechts des Verkäufers wegen Nichterfüllung der dem Käufer obliegenden Verpflichtungen setzt im Zweifelsfalle ein Verschulden des Käufers voraus (RGZ. 121, 51; JW. 23, 47; 29, 1384[16]; LZ. 26, 533; 29, 717; Recht 1926, 237). Die Abrede kann aber auch so gemeint sein, daß allein die Tatsache des Unterbleibens der Leistung das Rücktrittsrecht begründet. (Gl. M. RGZ. 92, 391; Seuff. Arch. 80, 107; Recht A. 89.

1918, 844; Rühl S. 266; Vollrath S. 41; a. M. Samter S. 5, 15; Hörle, Gruchot 55, 187 und Gillmann-Jonas S. 39; vermittelnd Lazarus S. 49.)

A. 90. Die Voraussetzungen des Rücktritts wegen Nichterfüllung sind gegeben, wenn der Käufer mit einer Rate in Verzug kommt bezw. eine Rate nicht zahlt. Für den Rücktritt sind die Voraussetzungen des § 4 Abs. II AbzGes. nicht erforderlich, was von den Abzahlungskäufern vielfach übersehen wird.

A. 91. Wenn der Vertrag dahin auszulegen ist, daß schon die bloße Tatsache der Nichterfüllung zum Rücktritt berechtigt, so kann der Verkäufer auch dann zurücktreten, wenn der Käufer nur eine Nebenverpflichtung nicht erfüllt. (Gl. M. Rühl S. 266; Aubele Anm. 29 zu § 1 und Hörle, Gruchot 55, 187.) Der entgegengesetzten Ansicht von Lazarus (S. 49) kann nicht beigetreten werden. Das Rücktrittsrecht ist nicht „als Nachteil für den Erwerber gedacht", sondern dient der Sicherung des Verkäufers. Wenn dieser glaubt, sich auch für den Fall einer unverschuldeten Nichterfüllung einer Nebenverpflichtung das Recht zum Rücktritt vorbehalten zu müssen, und der Käufer dem zustimmt, so werden dagegen keine begründeten Einwendungen zu erheben sein. (Gl. M. Samter S. 25.)

### C. Ausschluß und Erlöschen des Rücktrittsrechts.

A. 92. Der Verkäufer darf nicht in jedem Falle von dem Rücktrittsrecht Gebrauch machen. Die Ausübung des Rücktrittsrechtes ist vielmehr mit Rücksicht auf Treu und Glauben ausgeschlossen, wenn es sich im Einzelfalle um eine verhältnismäßig unerhebliche Vertragsverletzung von ganz geringer Tragweite handelt (RGZ. 68, 22; gl. M. Samter S. 15) oder der Käufer nur noch mit einem geringfügigen Rest des Kaufpreises im Rückstand bleibt. Rühl (S. 88) nimmt in einem solchen Falle an, daß der Verkäufer nur hinsichtlich einzelner Sachen zurücktreten könne. Dem kann nicht zugestimmt werden, soweit dem Verkäufer damit die freie Wahl zustände, hinsichtlich welcher Sachen er zurücktreten will.

A. 93. **Der Rücktritt ist selbstverständlich nicht mehr möglich, wenn im Vertrage eine bestimmte Frist dafür vereinbart ist — was bei den Abzahlungsgeschäften allerdings kaum der Fall ist** (gl. M. Rühl S. 266) — und der Verkäufer diese Frist hat verstreichen lassen.

Wenn eine solche Frist nicht vereinbart ist, so ist der Verkäufer an keine Frist gebunden, solange das Rücktrittsrecht nicht aus anderen Gründen erloschen ist. Der — nicht das Abzahlungsgeschäft betreffenden und auch nicht ganz uneingeschränkt ausgesprochenen („jedenfalls im kaufmännischen Geschäftsleben") — Rechtsprechung des Reichsgerichtes (RGZ. 88, 143; 91, 108; 107, 109; ebenso RGKomm. Bem. zu § 349; 1 zu 360; Samter S. 30), daß der Rücktrittsberechtigte nur innerhalb angemessener Frist zurücktreten könne, weil er nach Treu und Glauben den Gegner nicht allzulange im ungewissen lassen dürfe, ob er ihn am Vertrag festhalten wolle oder nicht, kann nicht beigetreten werden. Das BGB. hat das Rücktrittsrecht im Gegensatz zu dem ersten Entwurfe (E. I § 432) nicht gesetzlich befristet, sondern dem Vertragsgegner dafür im § 355 BGB. die Möglichkeit gegeben, im Bedarfsfalle von sich aus einseitig eine angemessene Frist für den Rücktritt zu bestimmen. Angesichts dieser klaren und den Interessen des Rücktrittsgegners nach dem Willen des Gesetzes genügenden Regelung geht die Rechtsprechung des Reichsgerichts daher zu weit (gl. M. Rühl S. 267). A. 94.

Das Rücktrittsrecht erlischt, abgesehen von den für das Abzahlungsgeschäft nicht in Frage kommenden Fällen der §§ 351 bis 353, 359 BGB., durch Verzicht, der auch stillschweigend erklärt, aus den Umständen des Einzelfalles entnommen werden kann. Als ein solcher stillschweigender Verzicht ist die **vorbehaltlose Annahme** der verspäteten Leistung oder einer Abschlagszahlung anzusehen. (Gl. M. Enneccerus I 2 § 264 I 4; Rühl S. 267; Lazarus S. 53.) Samter (S. 17) scheint das Rücktrittsrecht auch dann erlöschen lassen zu wollen, wenn im Vertrag ausdrücklich bestimmt ist, daß alle Zahlungen stets nur unter Vorbehalt aller Rechte angenommen werden. Dem kann nicht zugestimmt werden. Einmal ist nicht einzusehen, wieso der Schwebezustand nach der Zahlung für den Käufer lästiger sein soll, wenn der Käufer eine Abschlagszahlung geleistet hat, als vorher. Ferner scheint Samter bei seinen Ausführungen A. 95.

nicht mit genügender Klarheit zwischen dem Rücktrittsrecht und der Ausübung desselben, dem Rücktritt, zu unterscheiden. Endlich dürfte ein Vorbehalt des Rücktrittsrechtes auch für den Fall einer Abschlagszahlung nicht, wie Samter annimmt, den Käufer um die nachträglich geleisteten Zahlungen bringen. Tritt der Verkäufer auf Grund des Vorbehaltes nach der Abschlagszahlung zurück — hieran kann er ein durchaus berechtigtes Interesse haben, z. B. wenn der Käufer die versprochenen weiteren Abschlagszahlungen nicht leistet —, so ist die Abschlagszahlung als Teil der empfangenen Leistungen zurückzugewähren. Ein Vorbehalt des Rücktrittsrechts bei der Annahme verspäteter Leistungen ist daher gültig. (Gl. M. Rühl S. 267.) In der Leistung einer Abschlagszahlung oder der Nachholung einer versäumten Zahlung wird man aber gleichzeitig die stillschweigende Setzung einer angemessenen Frist zur Rücktrittserklärung im Sinne des § 355 BGB. seitens des Käufers zu erblicken haben, so daß der Rücktritt in diesem Falle nach einer angemessenen Frist ausgeschlossen ist. (Gl. M. im Ergebnis RG. in JW. 08, 234; Planck II 1 Bem. zu § 355.)

### D. Form der Rücktrittserklärung.

A. 96. Sie erfolgt durch einseitige empfangsbedürftige Willenserklärung an den Käufer (§ 349). Sie kann auch durch Zustellung der Klage (RGZ. 71, 277) oder durch Geltendmachung des Rücktrittsrechts im Konkurse des Käufers erfolgen (Seuff. Arch. 58, 175) und im Prozesse durch den Prozeßbevollmächtigten dem Prozeßbevollmächtigten der Gegenpartei erklärt werden (RGZ. 50, 138; 53, 148). Als Ausübung des Rücktrittsrechts gilt es endlich nach § 5 AbzGes., wenn der Verkäufer die verkaufte Sache auf Grund des ihm vorbehaltenen Eigentums wieder an sich genommen hat. (Näheres hierzu vgl. Anm. 79 ff. zu § 5.)

### E. Die Wirksamkeit des Rücktritts.

A. 97. Sie ist weder von einer Annahme durch den Käufer noch von dem gleichzeitigen Angebot abhängig, die empfangenen Leistungen zurückzugewähren (RGZ. 49, 40). Im Einzelfalle kann dagegen nach Treu und Glauben eine vorherige Androhung notwendig sein (RG. in Gruchot 62, 773; Warn. 1928, S. 203). Das wird man beim Abzahlungsgeschäft z. B. annehmen müssen, wenn der Verkäufer längere Zeit eine Verspätung der Ratenzahlungen um wenige Tage stillschweigend geduldet hat. In einem solchen Falle wird der Verkäufer nach Treu und Glauben den Schuldner vorher darauf aufmerksam machen müssen, wenn er in Zukunft wegen einer solchen Verspätung zurücktreten will. (Gl. M. RG. in JW. 1912, 385; DJZ. 1912, 633; Gruchot 56, 889; Soergel Anm. 2 zu § 360.)

Der Rücktritt ist unwiderruflich. Daraus ergibt sich, A. 98. daß er auch nicht unter einer auflösenden Bedingung erklärt werden kann. (Gl. M. Planck zu § 349.) Als „einseitige empfangsbedürftige Willenserklärung, die in fremde Vermögensverhältnisse eingreift", kann die Rücktrittserklärung nur von solchen aufschiebenden Bedingungen abhängig gemacht werden, durch die nicht berechtigte Interessen des anderen Teiles verletzt werden. (Gl. M. Enneccerus I § 182 II 2, § 263 I 2; Planck zu § 349. Bestritten; die herrschende Meinung — vgl. Soergel Bem. 2 zu § 349; RGKomm. Vorbem. 5 zu § 158; Samter S. 18; Cohn, Recht 1908, 34; Hörle, Gruchot 55, 188 — lehnt jede Bedingung ab, andere — vgl. Staudinger Anm. 2 zu § 349 — halten jede Bedingung für zulässig, deren Eintritt ausschließlich vom Willen des Schuldners abhängt.) Als eine solche zulässige Bedingung kann der für den Fall des Unvermögens des Schuldners oder der Fruchtlosigkeit der Zwangsvollstreckung ausgesprochene Rücktritt jedenfalls nicht angesehen werden. (Gl. M. Soergel Anm. 2 zu § 349; Rühl S. 271; Hörle, Gruchot 55, 196; Samter S. 18; Aubele S. 81 Anm. 21; Crisolli, ZHR. 95 S. 279 und die dort Angeführten; a. M. Lazarus S. 51 und wohl auch Vollrath S. 44.) Näheres vgl. Anm. 14 zu § 3.

Der Rücktritt kann gemäß § 356 BGB. nur gegen alle als A. 99. Käufer an dem Vertrage Beteiligten, z. B. Ehegatten, erklärt werden.

Dagegen braucht der Verkäufer nicht hinsichtlich aller Abzahlungssachen zurückzutreten, wenn es sich nicht um eine Sachgesamtheit (vgl. oben Anm. 8) handelt oder der Vertrag sonst als ein untrennbares Ganzes anzusehen ist. Bei zufällig zusammengekauften Sachen (vgl. oben Anm. 10) wird der Verkäufer daher hinsichtlich der Sachen zurücktreten dürfen, hinsichtlich deren der Käufer seiner Verpflichtung nicht nachgekommen ist, die er z. B. beschädigt oder nicht versichert hat. Die entgegengesetzte, von Samter S. 16 vertretene Ansicht kann nicht anerkannt werden. Gewiß kann der Verkäufer nur von dem ganzen Vertrage zurücktreten. Bei zufällig zusammengekauften Sachen setzt sich der „Abzahlungsvertrag" jedoch gerade aus einer Summe von einzelnen Geschäften zusammen, die unbedenklich jedes als ein Ganzes angesehen werden können. (Gl. M. Planck Vorbem. 1 b $\gamma$ vor § 346; Rühl S. 79 ff., 88; a. M. Hörle, Gruchot 55, 188.) Ein solcher Teilrücktritt ist daher nur in den Fällen unzulässig, in denen der Verkäufer die Sachen, hinsichtlich deren er zurücktreten will, nach seinem Ermessen auswählen kann, z. B. wenn der Käufer nur einen Teil der fälligen Rate zahlt, ohne Angabe, auf welche Sachen der Betrag verrechnet werden soll. In einem solchen Falle würde der Käufer in einer nicht zu billigenden Weise der Willkür des Verkäufers ausgeliefert sein. (A. M. Rühl S. 79 ff., 88.)

## F. Aufhebung der Rücktrittsfolgen.

A. 100. Durch Rücktritt wird der Vertrag wieder aufgehoben (vgl. unten Anm. 102 ff.). Diese Folge kann mit einer Ausnahme nicht wieder beseitigt werden. Diese gerade für das Abzahlungsgeschäft sehr wichtige Ausnahme ist dann gegeben, wenn der Verkäufer mit der Rückgewähr der empfangenen Ratenzahlungen oder eines erheblichen Teiles derselben im Verzug gewesen ist, d. h. schuldhaft die Raten nicht zurückgezahlt hat, obwohl ihn der Käufer an die Rückzahlung der Raten (abzüglich der von dem Käufer nach § 2 zu tragenden Beträge) gegen die gleichzeitige Rückgabe der gekauften Sachen gemahnt hat. Dann kann ihm der Käufer eine angemessene Frist mit der Erklärung bestimmen, daß er die Annahme nach dem Ablauf der Frist ablehne. Läßt der Verkäufer auch diese Frist verstreichen, so werden die Wirkungen des Rücktritts kraft Gesetzes wieder aufgehoben (§ 354 BGB.). Der ursprüngliche Vertrag tritt damit von selbst wieder in Kraft, wie wenn der Rücktritt überhaupt nicht erklärt worden wäre. Die Rechtslage hat sich nur insoweit geändert, als ein erneuter Rücktritt des Verkäufers wegen der Voraussetzungen ausgeschlossen ist, die den beseitigten Rücktritt rechtfertigten. Der Verkäufer wird daher erst eine angemessene Zeit verstreichen lassen oder (soweit dies nach dem Inhalt des Rücktrittsvorbehaltes erforderlich ist) den Käufer erneut in Verzug bringen müssen, ehe er von neuem zurücktreten kann.

Im übrigen können die Wirkungen des Rücktritts durch ein- A.101.
seitigen Verzicht des Verkäufers nicht beseitigt werden. Die Parteien können dies jedoch miteinander vereinbaren. Ob diese Wirkung nur durch den Abschluß eines neuen Vertrages hervorgebracht werden kann (so RGZ. 66, 430; JW. 07 S. 826[2]; 08 S. 479[6] und die herrschende Lehre: vgl. Enneccerus I § 263 I; RGKomm. Anm. 1 zu § 349; Staudinger Anm. 3 zu § 349; Vollrath S. 47 und wohl auch Samter S. 17) oder ob hierzu eine Einigung über die Wiederherstellung des alten Vertrages genügt (so Rühl S. 269, Heilbrun S. 52), ist nur für formbedürftige Verträge von sachlicher Bedeutung. Für die Abzahlungsgeschäfte genügt jedenfalls eine formlose Einigung, deren rechtliche Konstruktion als solche praktisch gleichgültig ist. Die Einigung kann auch stillschweigend, z. B. dadurch zustande kommen, daß der Verkäufer trotz erklärtem Rücktritt vorbehaltlos Abschlagszahlungen des Käufers annimmt. (Gl. M. Rühl S. 267). Der weitergehenden Ansicht Samters (S. 17), daß die Annahme einer Abschlagszahlung auch unter Vorbehalt aller Rechte die Wirkung der Rücktrittserklärung beseitigt, kann nicht gefolgt werden. Der Verkäufer kann ein berechtigtes Interesse daran haben, die Entscheidung über die Wiederinkraftsetzung des alten Vertrages so lange hinauszuschieben, bis er die Gewißheit hat, daß der Käufer es mit der weiteren Erfüllung ernst meint. Samter übersieht bei seinen Ausführungen auch, daß der Käufer die nach dem Rücktritt geleisteten Zahlungen auch dann nicht verliert, wenn der Verkäufer auf Grund seines Vorbehaltes die Zustimmung zu der Vereinbarung auf Beseitigung der Rücktrittsfolgen nachträglich verweigert. Er kann sie zwar nicht auf Grund des § 2 AbzGes. verlangen, er hat aber gemäß § 812 BGB. einen Rückforderungsanspruch (condictio causa data causa non secuta). Der Verkäufer kann sich daher die Rechte aus dem Rücktritt bei der Annahme von

Abschlagszahlungen wirksam vorbehalten. Die Zustimmung zur Beseitigung der Rücktrittswirkungen wird jedoch trotz des Vorbehalts nicht mehr als zulässig angesehen werden können, wenn der Käufer nur noch mit einem nicht mehr erheblichen Betrage im Rückstande ist. In einem solchen Falle ist die Zustimmung nach Treu und Glauben als stillschweigend erklärt anzusehen. Die Abschlagszahlung bedeutet eine Offerte zu der Rückgängigmachung der Rücktrittswirkungen, zu deren Annahme oder Ablehnung dem Verkäufer eine unbegrenzte Frist bewilligt ist. Wenn dieser sich nun längere Zeit hindurch stillschweigend weitere Abschlags- und vielleicht auch weitere Ratenzahlungen gefallen läßt, würde eine Geltendmachung des Vorbehaltes gegen Treu und Glauben verstoßen. (Gl. M. für den Fall eines Vergleichs unter Vorbehalt RG. in LZ. 1923, 313; vgl. auch RG. in JR. 1926 Nr. 791.)

Für den Fall einer Annahme der Abschlags- und Ratenzahlungen nach Zustellung einer Klage oder nach Erlaß des Urteils gilt das vorstehend Ausgeführte. (Gl. M. Rühl S. 267; Samter S. 17.)

### G. Die Wirkungen des Rücktritts.

A. 102. **1. Im allgemeinen.** Der Rücktritt beseitigt den Abzahlungsvertrag mit rückwirkender Kraft, gewährt also nicht nur eine Einrede, sondern ist eine rechtsvernichtende Tatsache (Soergel Bem. 1 zu § 346). Er stellt jedoch nicht mit dinglicher Wirkung den Zustand wieder her, wie er vor dem Vertragsschluß bestanden hat, sondern er begründet unter den Parteien ein neues, auf Rückgewähr gerichtetes Rechtsverhältnis, das Rücktrittsverhältnis, für das die besonderen hierfür gegebenen Vorschriften maßgebend sind (Staudinger Vorbem. IV vor § 346). Daraus folgt, daß keiner der beiden Teile mehr einen Anspruch auf Erfüllung des Vertrages oder auf Schadensersatz wegen Nichterfüllung hat oder die Rechte aus § 323 BGB. geltend machen kann, da der Abzahlungsvertrag ja beseitigt ist. Jede der beiden Parteien hat vielmehr nur einen auf dem Rücktrittsverhältnis beruhenden schuldrechtlichen Anspruch gegen die andere auf Rückgewähr der empfangenen Leistungen. Die Ansprüche auf Erfüllung und auf Rückgewähr der empfangenen Leistungen schließen einander also derart aus, daß vor dem Rücktritt nur ein Anspruch auf Erfüllung, nachher nur ein Anspruch auf Rückgewähr besteht.

**2. Die Rücktrittswirkungen auf den Abzahlungsvertrag.**

a) Im allgemeinen. Welche Rechte den Parteien auf A.103.
Grund des Rücktritts des Verkäufers zustehen, regelt das Abzahlungsgesetz für Abzahlungsgeschäfte abschließend, wie sich aus der Entstehungsgeschichte (vgl. Einleitung und die eingehende Darstellung bei Lazarus S. 80—87) und dem Zweck des Abzahlungsgesetzes ergibt. Dieses will die Auswüchse beseitigen, die sich in der Praxis der Abzahlungsgeschäfte gebildet haben, und den Käufer vor Vereinbarungen für den Fall des Rücktrittes des Verkäufers sichern, deren Tragweite der Käufer nicht übersehen kann. Es hat daher in den §§ 1—3 genau und ausschließlich die Pflichten geregelt, die den Parteien auf Grund der Rücktrittserklärung des Verkäufers obliegen. (Gl. M. Enneccerus I § 341[5]; wohl auch Soergel Vorbem. 5 vor § 346; Rühl S. 268; Samter S. 36, 56, 59, 61; Lazarus a. a. O., wozu jedoch S. 102 in einem Widerspruch zu stehen scheint; Vollrath S. 49 ff. und die dort Angeführten; a. M. Aubele S. 41 Nr. 39.)

Die Bestimmung des § 347 BGB. findet daher auf das Ab- A.104.
zahlungsgeschäft nur insoweit Anwendung, als den Parteien darin keine Pflichten auferlegt werden, die über die ihnen nach §§ 1—3 AbzGes. obliegenden hinausgehen. Der zurückgetretene Verkäufer kann daher von dem Käufer weder Schadensersatz wegen Nichterfüllung noch den entgangenen Gewinn fordern (gl. M. Beilak-Felix S. 47) und auch die bis zum Rücktritt gezogenen Früchte und sonstigen Nutzungen der Sache nicht verlangen; hierfür wird er gemäß § 2 besonders entschädigt. (Gl. M. Rühl S. 107, 202; Samter S. 57; a. M. Aubele Anm. 39 zu § 1.) Andererseits hat er dem Käufer die zurückzugewährenden Raten nicht zu verzinsen (gl. M. Rühl S. 268; Samter S. 59) und ihm auch seine Verwendungen nicht zu ersetzen. (Gl. M. Rühl S. 108; a. M. Samter S. 59; Aubele Anm. 6 zu § 2.) Diese Pflichten ergeben sich nicht aus den den Parteien in den §§ 1—3 AbzGes. auferlegten Verpflichtungen, sondern beruhen auf besonderer gesetzlicher Vorschrift des BGB.

A.105. Diese Einschränkungen gelten jedoch nur für die Zeit bis zum Wirksamwerden der Rücktrittserklärung. Nach diesem Zeitpunkt regeln sich die Beziehungen zwischen den Parteien ausschließlich nach den Bestimmungen des BGB. (Gl. M. Hörle, Gruchot 55, 198.) Diese gelten daher insbesondere für die Verzinsung, für Haftung und Schadensersatz. Die Parteien können auch nach dem Rücktritt rechtswirksam solche Vereinbarungen über die Regelung und Abwicklung des Rücktrittsverhältnisses treffen, die vor dem Rücktritt nicht zulässig sind. Näheres hierzu siehe unten Anm. 73 ff. zu § 2.

b) Gegenseitige Rückgewähr.

A.106. α) Der Käufer hat (außer der zu § 2 zu besprechenden Ersatzleistung) die auf Abzahlung gekauften Sachen zurückzugeben. Erfüllungsort (Gerichtsstand) für die Rückgabe kann von den Parteien vereinbart sein oder werden. Als ein solcher für die Rückgewähr vereinbarter Erfüllungsort ist jedoch der für die Erfüllung der Verpflichtungen aus dem Abzahlungsvertrage vereinbarte Leistungsort nicht anzunehmen, da es sich ja nicht mehr um eine Leistung auf Grund des Vertrages, sondern um eine solche auf Grund des Rücktrittsverhältnisses handelt. (Gl. M. Staudinger Anm. 10 zu § 455; Samter S. 21.)

A.107. Welcher Ort als Leistungsort anzusehen ist, falls die Parteien keine Vereinbarung getroffen haben, ist bestritten. Planck (Bem. 1 zu § 348), Staudinger (Anm. 8 zu § 348) sowie Soergel (Bem. 3 zu § 269), RGKomm. (Anm. 3 zu 346), Warneyer (Anm. IV zu § 346 und Anm. zu § 348) und Hörle (Gruchot 55, 198) sehen als Erfüllungsort den Ort an, an dem sich die Sache dem Vertrage gemäß befindet, weil der Käufer nur an diesem Orte zurückgewähren könne. Dieser Ansicht ist das Reichsgericht (RGZ. 55, 112 und 57, 12) für die Wandlung beigetreten. Samter (S. 20 f.) und Vollrath (S. 50, 51) wenden zu Unrecht dagegen ein, daß der Käufer verpflichtet sei, den Besitz des Verkäufers wiederherzustellen. Das Reichsgericht hat hierzu (RGZ. 55, 112) überzeugend folgendes ausgeführt: „Es wird zwar das Wandelungsrecht von dem allgemeinen Grundsatze beherrscht, daß durch die Vollziehung der Wandelung die gegenseitige Verpflichtung der Parteien entsteht, einander in den Stand zurückzuversetzen, wie wenn der Kauf nicht geschlossen wäre; soweit es sich aber hierbei um die Rückgabe der gekauften Sache handelt, ist aus diesem Grundsatze nicht die Verpflichtung des Käufers herzuleiten, die Sache auf seine Kosten an den Ort zurückzubringen, an dem der Verkäufer sie ihm übergeben hat; denn zunächst würde damit dem Käufer eine Mehrleistung aufgebürdet, die über den Rahmen der in § 346 BGB. bestimmten Rückgewährpflicht hinausgeht. Diese Pflicht des Käufers begreift nämlich schon nach dem Wortlaute des Gesetzes, das nur von einem Zurückgewähren der empfangenen Leistungen spricht, nur solche Handlungen in sich, durch welche derselbe sich des Kaufgegenstandes entäußert und zugleich den Verkäufer in die Lage versetzt, darüber zu verfügen. Diesen Erfordernissen wird aber durch die Rückgabe der Sache an dem Orte, an dem sie sich dem Vertrage gemäß befindet, genügt. Wollte man ... den die Wandelung verlangenden Käufer für verpflichtet halten, die Sache dorthin verbringen zu lassen, wo er sie empfangen hat, und sie dort zurückzugeben, so würde wegen der für ihn damit verbundenen Kosten in der Regel seine Lage eine weit ungünstigere sein, als wenn er den Kauf nicht geschlossen hätte. Dies kann aber nicht die Absicht des Gesetzes sein, da ja nicht der Käufer, sondern der Verkäufer durch Lieferung einer mangelhaften Sache die Wandelung verschuldet hat und somit auch dem letzteren die durch den Abschluß und die Wandelung des Vertrages entstandenen Kosten zur Last fallen müssen."

Diese Ausführungen treffen auch auf das Rücktrittsverhältnis beim Abzahlungsgeschäft zu. Es ist zwar richtig, wenn Samter (S. 36) ausführt, daß der Rücktritt in der Regel von dem Käufer verursacht ist, während die Wandelung vom Verkäufer verschuldet ist. Das ist aber nicht entscheidend. Der Zweck des Abzahlungsgesetzes geht dahin, die Lage des Käufers nicht ungünstiger zu gestalten, als wenn er den Abzahlungsvertrag nicht geschlossen hätte. Auch der weitere Einwand Samters, daß der Verkäufer ohne vorherige Ablehnung der Herausgabe nicht zur Zwangsvollstreckung auf Kosten des Käufers befugt sei, kann nicht durchschlagen. Es ist nicht einzusehen, weshalb diese Folgerung aus der herrschenden Ansicht nicht dem Willen des Gesetzes entsprechen soll. Im Gegenteil entspricht es gerade der inneren Gerechtigkeit, daß der Käufer nicht durch übereilte Zwangsvollstreckung Kosten erleidet, obwohl noch nicht feststeht, daß er dem Urteil des Gerichtes nicht freiwillig Folge leistet. Endlich entspricht die von Samter vertretene Lösung jedenfalls dem Gesetze nicht. Wollte man auch seiner Ansicht zustimmen, daß der Leistungsort nicht aus der Natur des Schuldverhältnisses oder sonstigen Umständen zu entnehmen sei, so käme nach § 269 BGB. keinesfalls der Wohnsitz des Schuldners zur Zeit des Kaufabschlusses in Frage. Unter dem Schuldverhältnis im Sinne des § 269 BGB. kann nicht der durch den Rücktritt aufgelöste Abzahlungskauf, sondern nur das durch den Rücktritt begründete Rücktrittsverhältnis verstanden werden (RGZ. 55, 112). Danach könnte also als Leistungsort höchstens der Wohnsitz des Käufers zur Zeit des Rücktritts angesehen werden. Dieser Ort wird übrigens bei den Abzahlungsgeschäften wohl so gut wie immer mit dem Ort zusammenfallen, an dem sich die Sache dem Vertrage gemäß befindet.

A.108. Nach dem Rücktritt regeln sich die Verpflichtungen des Käufers nach den allgemeinen Vorschriften des BGB. Insbesondere gelten für die Zeit nach dem Rücktritt bis zur tatsächlichen Zurückgabe die Bestimmungen der §§ 347, 987 ff. BGB. Der Käufer hat daher insbesondere die nach dem Rücktritt gezogenen Nutzungen und Früchte herauszugeben und ist für jeden Schaden ersatzpflichtig, den er durch schuldhafte Verzögerung der Herausgabe verursacht. (Gl. M. Samter S. 55, 56; Hörle, Gruchot 55, 198, 199.)

A.109. β) Der Verkäufer hat dem Käufer die empfangenen Leistungen (abzüglich des unten zu besprechenden Ersatzes gemäß § 2) zurückzuzahlen, und zwar, wie oben (vgl. Anm. 104) ausgeführt ist, ohne eine Verzinsung. (Gl. M. Enneccerus I § 341[6]; Rühl S. 268; Samter S. 59, 60; Lazarus S. 103; Schmidt S. 18; Vollrath S. 51.) Die Ansicht von Lazarus (S. 104), Vollrath (a. a. O.) und Schmidt (a. a. O.), daß es den Parteien freistünde, eine Verzinsungspflicht zu vereinbaren, wird trotz des zwingenden Charakters der Vorschriften des Abzahlungsgesetzes zu teilen sein, da eine solche Vereinbarung — falls sie jemals praktisch werden sollte — dem vom Gesetze bezweckten Schutze des Käufers nicht nur nicht zuwiderlaufen, sondern einen Vorteil über das Gesetz hinaus für ihn bedeuten würde.

Was unter „Leistungen" im Sinne dieser Bestimmung A.110. zu verstehen ist, ist bestritten. Die Motive (S. 725) sowie Rühl (S. 268), Samter (S. 77 f.), Schmidt (S. 17 f.), Gillmann-Jonas (S. 50) wollen darunter nur die Anzahlung und die bereits entrichteten Raten verstanden wissen. Gleicher Ansicht ist wohl auch Hörle, Gruchot 55, 183 f. Lazarus (S. 106 f.), Hausmann (Anm. 8 zu § 4), Schmitt (Anm. 6 zu § 4), Aubele (JW. 1914, 179) und Vollrath (S. 75) sind dagegen der Ansicht, daß auch die bereits früher entrichteten Vertragsstrafen im Falle des Rücktritts zurückzugewähren sind.

Keiner der beiden Ansichten kann beigetreten werden. Den Motiven kann ein ausschlaggebendes Gewicht nicht zuerkannt werden, wie auch Schmidt S. 17 zugibt. (A. M. Samter S. 78.) Sie bedeuten nur die Auffassung der Schöpfer des Entwurfes und binden daher die Auslegung des aus sich selbst zu verstehenden Gesetzes nicht (vgl. Enneccerus § 50 I). Wenn man die strittige Frage entscheiden will, wird man von dem Zwecke des Abzahlungsgesetzes und dem Wesen der Vertragsstrafe ausgehen müssen. Das Abzahlungsgesetz hat, wie aus der Einleitung hervorgeht, den Zweck, bestimmte Auswüchse des Abzahlungswesens zu verbieten und insbesondere im Falle des Rücktritts den Käufer nicht schlechter zu stellen, als er sich ohne Abschluß des Vertrages stehen würde. Die Vertragsstrafe andererseits hat eine doppelte Aufgabe, sie soll die Erfüllung der Hauptverbindlichkeit sichern und in vielen Fällen den Beweis des Schadens und seiner Höhe im Falle der Nichterfüllung oder nicht gehörigen Erfüllung entbehrlich machen (Enneccerus § 263 I 1). Demgemäß kann der Gläubiger je nach dem Sinne des Strafversprechens bei Verfall der Strafe entweder die Strafe und die Erfüllung oder nur die Strafe an Stelle der Erfüllung fordern. Dementsprechend ist bezüglich der Rückgewähr gezahlter Vertragsstrafen bei späterem

Rücktritt des Verkäufers vom Abzahlungsvertrage zu unterscheiden, welche Bedeutung der einzelnen Strafzahlung zukommt. Hat der Käufer eine Strafe neben der Rate gezahlt, z. B. wegen verspäteter Ratenzahlung oder wegen Nichtanzeige des Wohnungswechsels und dergl., so handelt es sich um eine Leistung, die der Käufer nicht unmittelbar zur Erfüllung seiner Käuferverbindlichkeit, sondern nebenher wegen nicht gehöriger Erfüllung seiner Verbindlichkeit geleistet hat. Diese herauszugeben, wird dem Verkäufer nach dem Sinne der Abrede daher um so weniger zugemutet werden können, als die Vertragsstrafe hier offenbar den berechtigten Zweck hat, ihm den mutmaßlich durch die nicht gehörige Erfüllung entstandenen Schaden zu ersetzen. Hat der Käufer die Strafe dagegen an Stelle einer nicht gezahlten Rate entrichten müssen (§ 340 Abs. I Satz 1 BGB.), so ist die Strafe bis zur Höhe der Rate an deren Stelle getreten. Wirtschaftlich und praktisch ist die Lage also ebenso, wie wenn der Käufer die Rate in voller Höhe geleistet und daneben eine Strafe in Höhe des Unterschiedsbetrages zwischen der vereinbarten Rate und dem gezahlten Betrage entrichtet hätte. Es entspricht daher dem oben entwickelten Gedanken, daß man ihm für diesen überschießenden Betrag keinen Rückforderungsanspruch zugesteht.

Die strittige Frage ist somit dahin zu lösen, daß der Verkäufer die erhaltenen Vertragsstrafen nicht zu erstatten hat, soweit sie neben den jeweiligen Raten oder über diese hinaus gezahlt sind.

A.111. **Erfüllungsort** für die Rückzahlungspflicht des Verkäufers kann, wenn nichts anderes vereinbart ist, regelmäßig nur der Ort sein, an dem der Käufer seiner Rückgewähr zu genügen hat. Da die beiderseitigen Leistungen Zug um Zug zurückzugewähren sind, ist der Verkäufer genötigt, die Raten Zug um Zug an dem Orte zu erstatten, an dem der Käufer ihm die Sache zurückzugewähren hat (RGZ. 55, 112). Der Verkäufer hat daher die Zahlung an dem Orte vorzunehmen, an dem sich die Sachen zur Zeit des Rücktritts dem Vertrage gemäß befinden oder an dem der Käufer zur Zeit des Rücktrittes seinen Wohnsitz oder seine gewerbliche Niederlassung hat. (Gl. M. RGZ. 55, 112; Königsberg Recht 1920 Nr. 3045; OLGR. 40, 279; a. M. München LZ. 1917, 1283; OLGR. 36, 42; Samter S. 21.)

Gerät der Verkäufer mit der Rückzahlung in Verzug, d. h. zahlt er nicht, obwohl ihm der Käufer die Rückgabe der Sachen angeboten und ihn vergeblich gemahnt hat, so hat er gemäß § 288 BGB. vom Eintritt des Verzuges ab die Schuld zu verzinsen und unter Umständen Schadensersatz zu leisten. (Gl. M. Samter S. 60.)

γ) Die Verpflichtung zur Rückgewähr der beiderseits empfangenen Leistungen entfällt, wenn die Voraussetzungen der §§ 138 und 817 BGB. vorliegen. Wenn also der unmittelbare Zweck einer Leistung gegen die guten Sitten oder ein gesetzliches Verbot verstößt und dem anderen Teile dabei ein gleicher Verstoß zur Last fällt, so ist keine der beiden Parteien zur Herausgabe der empfangenen Leistung verpflichtet. (Gl. M. RGZ. 63, 346; Recht 06, 1088[2543]; Soergel in Recht 06, 832; JW. 06, 454; Aubele Anm. 40 zu § 1.) A.112.

## IV. Ausschluß entgegenstehender Vereinbarungen.

### A. Bedeutung des Ausschlusses.

Eine Vereinbarung, die die gegenseitige Rückgewähr der empfangenen Leistungen im Falle des Rücktritts ausschließt, ist nichtig. Das Abzahlungsgesetz schließt also — soweit nicht §§ 2 und 3 eingreifen — nicht jede Möglichkeit einer selbständigen Regelung des Rücktrittsverhältnisses aus, sondern erklärt nur eine Vereinbarung für nichtig, die eine Verpflichtung zur gegenseitigen Rückgewähr ausschließt. (Gl. M. Rühl S. 269.) Die Ansicht Lazarus' (S. 79 f.), alle Vorschriften, die beim Rücktritt vom Abzahlungsgeschäft zur Anwendung kommen, seien ohne Rücksicht darauf, ob sie dem Abzahlungsgesetz oder dem allgemeinen Privatrecht entstammen, zugunsten des Käufers zwingendes Recht, kann nicht geteilt werden. Sie läßt sich mit der das Bürgerliche Recht beherrschenden grundsätzlichen Vertragsfreiheit nicht vereinbaren und widerspricht auch den in der Einleitung mitgeteilten Motiven des Gesetzes, die den Zweck des Gesetzes ausdrücklich dahin beschränken, bestimmten Abreden die Wirksamkeit zu versagen. § 1 Abs. I Satz 2 ist daher nicht ausdehnend auszulegen. A.113.

### B. Ausschluß der Verwirkungsklausel.

A.114. Abs. I Satz 2 betrifft in der Hauptsache das Verbot der früher bei den Abzahlungsgeschäften sehr häufigen Verwirkungsklausel, kraft deren bei dem Rücktritt des Verkäufers diesem die bereits gezahlten Raten ganz oder zum Teil verfallen sollen, während er zur Zurückforderung der verkauften Sachen berechtigt sein soll. Eine solche Abrede kann daher nicht wirksamer Bestandteil eines Abzahlungsgeschäftes sein.

A.115. Der Unterschied des § 1 Abs. I Satz 2 AbzGes. von dem § 360 BGB. besteht darin, daß § 360 BGB. nur eine Auslegungsregel gibt, wie die Abrede einer Verwirkungsklausel im Zweifelsfalle zu verstehen sei. (Gl. M. RGKomm. Anm. 1 zu § 360; Staudinger Anm. 4 zu § 360; Soergel Bem. 1 zu § 360; a. M. Rühl S. 254; Aubele Anm. 42 zu § 1.) Außerhalb des Abzahlungsgeschäftes können die Parteien daher eine ausdrückliche Verwirkungsabrede treffen. Für das Abzahlungsgeschäft ist eine solche Abrede jedoch nichtig.

### C. Ausschluß einer Vertragsstrafe.

A.116. Neben der Verwirkungsklausel verbietet § 1 Abs. I Satz 2 auch die — mit ihr wesensverwandte — Abrede einer Vertragsstrafe. Der Verkäufer kann sich außer dem Rücktrittsrecht nicht noch eine Vertragsstrafe ausbedingen, die neben der Rückgewähr der gekauften Sachen vom Käufer zu entrichten wäre. Der Verkäufer kann vielmehr nur entweder Erfüllung und u. U. Vertragsstrafe (vgl. Anm. 21 ff. zu § 4) oder gegenseitige Rückgewähr der empfangenen Leistungen verlangen. (Gl. M. Motive zu § 4 S. 725; Gillmann-Jonas S. 50.)

### D. Bedeutung der Nichtigkeit.

A.117. Die Nichtigkeit einer solchen Klausel ergreift nur diese selbst, läßt aber den übrigen Teil des Vertrages unberührt. (Gl. M. Rühl S. 247 f.; Samter S. 33; Hörle, Gruchot 55, 182; RGZ. 64, 93; a. M. Aubele Anm. 41 zu § 1; Fuld, Gruchot 39, 570.) Die Anwendung des § 139 BGB. ist auf den Abzahlungsvertrag bezüglich der Nichtigkeit dieser Klauseln im Zweifel als ausgeschlossen anzusehen. Der sozialpolitische Zweck des Gesetzes geht dahin, dem Abzahlungsvertrage einen bestimmten Inhalt zu geben. Damit wäre es unvereinbar, wenn es zulassen wollte, daß die Nichtigkeit einer Teilabrede die Nichtigkeit des ganzen Vertrages im Gefolge hätte. Die nichtige Abrede gilt vielmehr als nicht vereinbart. Eine etwaige Lücke ist durch die gesetzlichen Vorschriften auszufüllen. (Gl. M. Rühl S. 248 f., 296; Samter S. 33; Hörle, Gruchot 55, 182; Graf Brockdorff, Eger 1928, 33 ff.) Eine Ausnahme von diesem Grundsatze wird nur für die Fälle gelten, in denen aus besonderen Gründen anzunehmen ist, daß die Parteien den Vertrag ohne die unzulässige Klausel nicht abgeschlossen haben würden.

Die Nichtigkeit einer die beiderseitige Rückgewährpflicht aus- A.118.
schließenden Abrede ist — wie jede andere Nichtigkeit — im Rechtsstreit von Amts wegen zu berücksichtigen (RG. in Gruchot 70, 546). Ein vor dem Rücktritt erklärter Verzicht des Käufers auf die Geltendmachung der Nichtigkeit ist selbstverständlich wirkungslos. Ein bewußter nachträglicher Verzicht des Käufers auf die ihm bekannte Nichtigkeit wird jedoch als wirksam angesehen werden müssen. (A. M. Samter S. 33.) Die von Samter angezogene Entscheidung des Reichsgerichts (RGZ. 61, 267) stützt seine Ansicht nicht. Dort handelt es sich um einen wegen mangelnder Beurkundung nichtigen Vertrag, dessen Nichtigkeit das Reichsgericht wegen mangelnder materieller Betätigung nicht als geheilt angesehen hat. Bei einem vom Verkäufer gebilligten Verzicht des Käufers auf die Nichtigkeit liegt eine solche materielle Bestätigung jedoch vor. Diese muß als gültig angesehen werden, da das Abzahlungsgesetz nur den Schutz des Käufers bei Abschluß des Vertrages im Auge hat. Ihn nach dem Rücktritt des Verkäufers gegen sich selber zu schützen, liegt nicht im Sinne des Gesetzes.

## V. Die gesetzlichen Rücktrittsrechte.

### A. Bedeutung der Vorschrift des § 1 Abs. II.

§ 1 Abs. II bestimmt, daß auf das Rücktrittsverhältnis nach A.119.
einem auf Grund eines gesetzlichen Rücktrittsrechtes erklärten Rücktritt des Verkäufers die Vorschriften der §§ 1 Abs. I, 2 und 3 des AbzGes. Anwendung zu finden haben (vgl. oben Anm. 86).

§ 1 Abs. II bezog sich ursprünglich auf die in den Gebieten des französischen Rechts geltenden Bestimmungen der Art. 1183 und 1654 des Code civil und die inhaltlich gleichen Art. 1184 und 1654 des Badischen Landrechts, nach denen bei allen gegenseitigen Verträgen, insbesondere Kaufverträgen, dem Verkäufer von Gesetzes wegen das Rücktrittsrecht zustand, wenn der Käufer seiner Verpflichtung (außer in ganz unwesentlichen Punkten, RGZ. 1, 217) nicht nachkam, insbesondere den Kaufpreis nicht zahlte.

**B. Die in Frage kommenden gesetzlichen Rücktrittsrechte.**

A.120. Seit dem Inkrafttreten des BGB. ist ein gesetzlicher Rücktritt in folgenden Fällen zulässig:

1. gemäß § 326 BGB., wenn der Verkäufer dem in Verzug befindlichen Käufer eine angemessene Frist gesetzt hat, mit der Erklärung, daß er die Annahme der Leistung nach dem Ablaufe der Frist ablehne, und der Käufer die Frist hat verstreichen lassen. (Gl. M. Staudinger Anm. 4 a δ, 6 zu § 454; Soergel Bem. 4 zu § 454; Lazarus S. 78; Gillmann-Jonas S. 41; Aubele Anm. 28 zu § 1; a. M. Enneccerus § 341[5]; Rühl S. 263 f.; Samter S. 34; unklar Hörle, Gruchot 55, 187.) Der entgegengesetzten Ansicht, wonach das Rücktrittsrecht aus § 326 durch § 454 BGB. ausgeschlossen sei, kann nicht beigetreten werden. Der Abzahlungsvertrag ist kein Kauf mit Stundung des Kaufpreises, sondern ein Kaufvertrag sui generis (vgl. oben Anm. 25). Die Streitfrage ist übrigens kaum von praktischer Bedeutung, da der Verkäufer sich vertraglich entweder das Rücktrittsrecht oder das Eigentum vorbehalten wird;
2. im Zweifel gemäß § 455 BGB., wenn der Verkäufer sich das Eigentum bis zur Bezahlung des Kaufpreises vorbehalten hat und der Käufer mit der Zahlung in Verzug kommt;
3. gemäß § 242 BGB., wenn infolge durchgreifender Veränderungen der wirtschaftlichen Lage, wie sie z. B. durch den Krieg und die Inflation hervorgerufen worden sind, „die geschuldete Leistung wirtschaftlich eine ganz andere

geworden ist, als sie ursprünglich von den Parteien gedacht und gewollt war, der Erfüllungszwang also gegen Treu und Glauben verstoßen würde" (Enneccerus § 264 a II). A. M. Hörle (Gruchot 55, 200), der bei einem Rücktritt wegen veränderter Umstände im Zweifel nicht eine rückwirkende Auflösung, sondern nur eine Aufhebung ohne Rückwirkung annehmen will. Hörle scheint hierbei jedoch weniger an einen wirklichen Rücktritt als an eine vertragsmäßige Aufhebung gedacht zu haben.

### C. Die Voraussetzung des gesetzlichen Rücktritts.

Sie ist stets ein Verzug des Käufers, und zwar nach der ständigen A. 121.
Rechtsprechung des Reichsgerichts (RGZ. 50, 161; 57, 112; 69, 107; 101, 431; 120, 194) ein Verzug mit der Hauptleistung. Im Falle des § 326 Abs. I BGB. ist sogar noch eine weitere Fristsetzung seitens des Verkäufers erforderlich.

## § 2.

Der Käufer hat im Falle des Rücktritts dem Verkäufer für die in Folge des Vertrages gemachten Aufwendungen, sowie für solche Beschädigungen der Sache Ersatz zu leisten, welche durch ein Verschulden des Käufers oder durch einen sonstigen von ihm zu vertretenden Umstand verursacht sind. Für die Ueberlassung des Gebrauchs oder der Benutzung ist deren Werth zu vergüten, wobei auf die inzwischen eingetretene Werthminderung der Sache Rücksicht zu nehmen ist. Eine entgegenstehende Vereinbarung, insbesondere die vor Ausübung des Rücktrittsrechts erfolgte vertragsmäßige Festsetzung einer höheren Vergütung, ist nichtig.

Auf die Festsetzung der Höhe der Vergütung finden die Vorschriften des § 260 Absatz 1 *(jetzt § 287)* der Civilprozeßordnung entsprechende Anwendung.

## I. Grundgedanken.

Nach § 1 haben die Parteien einander die empfangenen Leistungen zurückzugewähren. Diese Bestimmung allein genügt zur Regelung der durch den Rücktritt geschaffenen Lage nicht. Es wäre höchst unbillig, wenn der Verkäufer genötigt wäre, die in der Zwischenzeit vom Käufer abgenutzten und vielleicht sogar beschädigten Sachen ohne jede Entschädigung zurückzunehmen. Deshalb muß der Verkäufer einen Entschädigungsanspruch erhalten. A. 1.

Bei der Regelung dieses Entschädigungsanspruches hat das Gesetz die Interessen des Verkäufers und des Käufers im besonderen Hinblick auf seinen sozialpolitischen Zweck sorgsam gegeneinander abgewogen. Es hat es deshalb abgelehnt, dem Verkäufer einen Anspruch auf den Ersatz sowohl des positiven Schadens wie auf

Ersatz des negativen Vertragsinteresses zu geben. In bewußter Abweichung von dem damals schon vorliegenden Entwurf des BGB. hat es vielmehr durch eine zwingende Vorschrift den Verkäufer auf drei bestimmte Ersatzansprüche beschränkt.

A. 2. Die Bestimmungen des § 2 stellen also einmal eine im Interesse des Abzahlungskäufers getroffene Beschränkung des an sich berechtigten Entschädigungsinteresses des Verkäufers dar. Das Gesetz will unter allen Umständen verhindern, daß der Verkäufer sich mehr Rechte für den Rücktrittsfall ausbedingt, als es ihm im Interesse des Käufers zubilligen zu dürfen geglaubt hat.

Andererseits hat das Gesetz berücksichtigen müssen, daß dem Verkäufer in der Praxis bei Nichtzahlung in der Regel nichts anderes übrigbleibt, als zurückzutreten, da eine Klage auf Erfüllung oder auf Schadensersatz wegen Nichterfüllung dem zahlungsschwachen Käufer gegenüber nichts nützen würde. Deshalb hat es die Entschädigungspflicht des Käufers im Interesse des Verkäufers in zwei Punkten (Verwendungsersatz und Berücksichtigung der Wertminderung) verschärft, um den Verkäufer wegen Nichterfüllung wenigstens vor einem unmittelbaren Schaden zu bewahren.

A. 3. Zum Verständnis des § 2 ist deshalb davon auszugehen, daß dieser einen Interessenausgleich zwischen dem Käufer und dem Verkäufer darstellt, seinem Wesen nach aber eine Schutzbestimmung zugunsten des Käufers ist und deshalb eine abschließende Regelung der Entschädigungsansprüche des Verkäufers enthält. Nur die nicht geregelte Frage, wann ein Verschulden des Käufers vorliegt, ist aus den allgemeinen Vorschriften des BGB. zu entscheiden.

A. 4. Die von Samter (S. 36) aus den Motiven herausgelesenen drei miteinander verbundenen Gesichtspunkte finden im Gesetz und wohl auch in den Motiven (vgl. Lazarus S. 84 letzter Absatz bis 85) keine Stütze. Es ist jedenfalls nicht richtig, daß das Gesetz davon ausgeht, daß die Rückgewährungspflicht durch ein Verschulden des Käufers entstanden sei. Wie oben (Anm. 89 zu § 1) dargestellt, setzt der Rücktritt nicht notwendig ein Verschulden des Käufers voraus.

## II. Die Entschädigungsforderungen im einzelnen.

### A. Allgemeines.

Die drei Ansprüche, die § 2 dem Verkäufer gewährt, stehen ihm gleichzeitig neben dem Rückgewähranspruch zu, soweit ihre Voraussetzungen vorliegen. Die Geltendmachung eines der vier Ansprüche schließt also die Geltendmachung keines der anderen aus. A. 5.

Die Bestimmungen, die der § 2 über den Umfang der dem Käufer obliegenden Entschädigungspflicht gibt, stellen nur die Ansprüche auf Grund des Rücktrittsverhältnisses fest. Der Abzahlungskäufer darf sich nicht dem verhängnisvollen Irrtum hingeben, daß er niemals mehr zu leisten hat, als was ihm im § 2 auferlegt ist. Nach dem Rücktritt unterliegen die Rechtsbeziehungen zwischen den Parteien den allgemeinen Regeln des BGB. über Verzug, Unmöglichkeit usw. Der Verkäufer kann daher wegen seines Verhaltens nach dem Rücktritt in erheblich weitergehendem Umfange haftbar gemacht werden. A. 6.

Dieser Rechtszustand nach dem Rücktritt wird des besseren Verständnisses halber nach der Erörterung der drei Entschädigungspflichten den Ansprüchen auf Grund des Rücktrittsverhältnisses im Zusammenhange gegenübergestellt werden.

### B. Aufwendungen.

#### 1. Allgemeines.

Aufwendung im Sinne des BGB. ist die auf freiem Willen beruhende Auslage und Aufopferung von Vermögenswerten zur Erreichung eines bestimmten Zweckes (RGKomm. Anm. 1 zu § 256). Dieser Begriff ist für das Abzahlungsgesetz zu eng. Nach dem Sinn und Zweck des § 2 müssen darunter vielmehr dem allgemeinen Wortsinne entsprechend auch solche Ausgaben verstanden werden, zu denen der Verkäufer auf Grund des Vertrages dem Käufer gegenüber verpflichtet war. § 2 will gerade den Verkäufer im Gegensatz zu dem vertragsmäßigen Rücktrittsrecht vor einem effektiven Schaden bewahren. Solche Aufwendungen hat der Käufer zu ersetzen, sofern der Verkäufer sie „**infolge des Vertrages**“ gemacht hat. A. 7.

A. 8. Der Verkäufer muß also zu den Aufwendungen mit Rücksicht auf den abgeschlossenen Vertrag veranlaßt sein. Es scheiden daher alle diejenigen Ausgaben aus, die in keinem ursächlichen Zusammenhange mit dem Abschluß gerade dieses Vertrages und den dem Verkäufer daraus erwachsenen Verpflichtungen entstehen. Der Käufer hat also mit anderen Worten alle die Aufwendungen zu ersetzen, die ohne den Abschluß des Vertrages nicht entstanden wären, von dem der Verkäufer zurückgetreten ist.

A. 9. Die von Hein (S. 111) und Samter (S. 37) vorgenommene Unterscheidung zwischen den Kosten infolge des Vertrags und den Aufwendungen behufs Abschlusses des Vertrages ist nicht ganz berechtigt. Auch die letzteren können erstattungsfähig sein, wenn es sich um Ausgaben handelt, die ohne den Vertrag nicht entstanden wären; z. B. der Käufer hat eine Sache bestellt, die sich der Verkäufer unter besonderen Unkosten nur deshalb besorgt hat, um den Vertrag abschließen zu können.

A. 10. Es kommt nicht darauf an, ob es sich um Ausgaben handelt, die in den Kaufpreis einkalkuliert worden sind (so Hörle, Gruchot 55, 201; Schmidt S. 22; Samter S. 38), da der Verkäufer den Kaufpreis ja nicht erhält. Wenn durch solche Ausgaben der Anfangswert der Sache erhöht worden ist, handelt es sich um keine Aufwendung; in diesem Falle sind die Ausgaben aus diesem Grunde nicht zu erstatten. Für sie wird der Verkäufer durch die Rückgabe der Sache zuzüglich des Ersatzes für Wertminderung entschädigt. Erhöhen die Ausgaben dagegen den Anfangswert der Sache nicht, so handelt es sich um erstattungsfähige Aufwendungen, da alsdann der Verkäufer bei einem späteren Verkaufe der Sache an einen anderen Käufer mit dem neuen Preise die in den ersten Preis einkalkuliert gewesenen Unkosten nicht miterhält und die Ausgabe durch den Ersatz für Wertminderung nicht mit abgegolten ist.

A. 11. Ferner ist es ohne Bedeutung, ob der Verkäufer zu den Aufwendungen nach dem Vertrage verpflichtet war oder nicht, wenn die Aufwendungen nur in einem ursächlichen Zusammenhange mit dem Abschluß des Vertrages stehen. Weder aus dem Gesetze noch aus dem Begriffe der Aufwendungen kann eine Beschränkung auf solche Aufwendungen entnommen werden, zu denen der Verkäufer verpflichtet war.

Endlich wird man, wenn das Gesetz auch nicht ausdrücklich A. 12. vorschreibt, daß der Käufer nur notwendige Aufwendungen zu erstatten habe, gleichwohl annehmen müssen, daß es ihn nicht verpflichten will, unangemessene Aufwendungen zu erstatten. Der vom Gesetz bezweckte Ausgleich zwischen den beiderseitigen Interessen zwingt dazu, dem Verkäufer nur einen Anspruch auf Erstattung solcher Ausgaben zuzugestehen, die er nach Treu und Glauben im Hinblick auf die dem Käufer unter Umständen erwachsende Verpflichtung zur Entschädigung für angemessen halten durfte. Man wird den Sinn der Vorschrift daher dahin zu verstehen haben, daß dem Verkäufer ein Erstattungsanspruch wegen aller der Auslagen zusteht, die in einem ursächlichen Zusammenhange mit dem Vertrage stehen, die der Verkäufer ohne den durch Rücktritt aufgelösten Vertrag nicht gehabt hätte und die er als ordentlicher Geschäftsmann zu dem jeweiligen Zwecke aufwenden durfte.

**2. Regelmäßig nicht erstattungsfähige Aufwendungen.**

Von diesen Gesichtspunkten aus sind folgende Aufwendungen als nicht erstattungsfähig anzusehen:

a) Die Aufwendungen zur Beschaffung, Herstellung, Änderung A. 13. oder Aufbesserung der verkauften Sache, also die allgemeinen Produktionskosten, da der Verkäufer die Sache unter Entschädigung für die Wertminderung zurückerhält. (Gl. M. Lazarus S. 87 f. und im Ergebnis Samter S. 37.)

Eine Ausnahme von dieser Regel gilt nur für die Kosten solcher A. 14. Änderungen, die nur auf besonderen Wunsch des Käufers vorgenommen sind und durch die der Wert der Sachen nicht erhöht worden ist. (Gl. M. Hörle, Gruchot 55, 201.) Ob die Leistungen auf den Kaufpreis aufgeschlagen sind oder nicht (a. M. Hörle a. a. O.), ist, wie in Anm. 10 ausgeführt, gleichgültig. Es kommt nur darauf an, ob der Verkäufer auch von einem späteren Käufer den Kaufpreis erhalten kann, der dem ursprünglichen Preise plus Aufwendungen minus Wertminderung entspricht. Ist das nicht der Fall, so liegen Aufwendungen infolge des Vertrages vor.

A. 15. b) Aufwendungen, die zu den **allgemeinen Geschäftsunkosten** gehören. (Gl. M. Hörle, Gruchot 55, 201; Schmidt S. 22 f.; Samter S. 38; Berlak-Felix S. 47.) Solche Ausgaben werden nicht mit Rücksicht auf den einzelnen Vertrag gemacht. Hierunter fallen Reklamekosten, Kosten der Kontoreinrichtung, Steuern (mit Ausnahme der Umsatzsteuer), Gehälter, Ladenmiete und dergl.

A. 16. c) Die dem Verkäufer nicht ersetzten **Kosten eines Interventionsprozesses** (bei Eigentumsvorbehalt) stehen in keinem ursächlichen Zusammenhange mit dem Abschluß des Vertrages, sondern beruhen auf der Verletzung des Eigentums des Verkäufers und dessen Wunsche nach möglichster Sicherung **seiner** Forderung gegen den Käufer. Dies zeigt sich ohne weiteres, wenn der Verkäufer auch ohne die gepfändeten Stücke an den übrigen Sachen genügende Sicherheit hat. Dann wird er regelmäßig nicht daran denken, sich nur im Interesse des Käufers auf einen unsicheren Interventionsprozeß einzulassen. Die Intervention erfolgt also im **eigenen** Interesse des Käufers. Die hierfür aufgewendeten Kosten gehören daher zu den allgemeinen Geschäftsunkosten des Verkäufers. Sie sind deshalb in der Regel nicht erstattungsfähig. (Gl. M. Samter S. 39 f.; Hörle, Gruchot 55, 202; a. M. Rühl S. 273; Hausmann S. 72; Schmidt S. 23.) Nur in dem Falle, daß der Verkäufer nach dem Abzahlungsvertrage dem Käufer gegenüber verpflichtet war, besteht ein ursächlicher Zusammenhang mit dem Vertrage, so daß der Verkäufer Erstattung der Kosten verlangen kann.

A. 17. Die Ansicht Samters (S. 40), daß der Verkäufer für nicht nach § 2 zu erstattende Interventionskosten einen Schadensersatzanspruch gegen den Käufer habe, wenn der Prozeß durch ein Mitverschulden des Käufers veranlaßt sei, kann nicht geteilt werden. Die Rechte, die den Parteien nach dem Rücktritt gegen einander zustehen, sind in den §§ 1 und 2 des AbzGes. abschließend geregelt. Zu einem Schadensersatzanspruch wegen positiver Vertragsverletzung ist daher kein Raum. Ein Anspruch aus unerlaubter Handlung kann allerdings unter Umständen in Frage kommen. Der Geltendmachung eines solchen wird es aber in der Regel nicht bedürfen, da der Käufer für eine von ihm verschuldete Unmöglichkeit der Rückgabe haftet.

**3. Bedingt erstattungsfähige Aufwendungen.**

Aus den oben entwickelten Grundsätzen ergibt sich die Entscheidung der im Schrifttum hauptsächlich deshalb stark umstrittenen Einzelfragen, weil bisher nicht versucht worden ist, sie zunächst vom allgemeinen Standpunkt aus zu betrachten.

a) Die Beförderungskosten sind nur insoweit A. 18. erstattungsfähig, als sie dem Verkäufer ohne den Abschluß des Vertrages nicht entstanden wären. Wann dies zutrifft, kann nur im Einzelfalle entschieden werden. Es ist nicht richtig, die Kosten eines mit fremden Beförderungsmitteln ausgeführten Transports stets für erstattungsfähig zu erachten. Wenn der Verkäufer mit einer Speditionsfirma einen Vertrag geschlossen hat, nach dem diese die Beförderung der vom Verkäufer zur Versendung gelangenden Sachen gegen eine feste Pauschvergütung übernommen hat, so ist auch der rechnerisch auf die Beförderung einzelner Sachen entfallende Bruchteil nicht infolge des Vertrages aufgewandt. Der Verkäufer hätte nicht weniger aufzuwenden gehabt, wenn der Verkauf nicht abgeschlossen worden wäre.

Andererseits ist es ebensowenig richtig, die Kosten für eine A. 19. Beförderung mit eigenen Fahrzeugen und Hilfskräften immer für erstattungsfähig zu halten. Nur solche Ausgaben sind erstattungsfähig, die nur durch gerade diesen Transport entstanden sind. Bei einer Benutzung von Lastkraftwagen wäre z. B. der zur Fahrt benötigte Brennstoff ohne den Verkauf nicht aufgewendet worden. Das gleiche gilt von Tagegeldern, die der Verkäufer seinen Leuten bei einer Lieferung nach außerhalb etwa über den festen Wochen- oder Monatslohn gezahlt hat. Auch für die durch die Beförderung verursachte Abnutzung der Fahrzeuge, insbesondere der Kraftwagenbereifung, wird man dem Verkäufer einen Anspruch auf eine angemessene Entschädigung zugestehen müssen. (A. M. einerseits Hein S. 111; Samter S. 37; Schmidt S. 22; andererseits Lazarus S. 88; Rühl S. 267; wieder anders Hörle, Gruchot 55, 201; Vollrath S. 55; Gillmann-Jonas S. 41.)

A. 20. b) Ebenso sind Verpackungs- und Aufstellungskosten zu beurteilen. Auch hier muß es sich um besondere, gerade für den Einzelfall aufgewendete Auslagen handeln, die nicht auch ohne den Abschluß des Vertrages hätten bezahlt werden müssen. (Gl. M. Samter S. 38.)

A. 21. c) Das gleiche gilt für die Einziehungsgebühren. Diese sind nur insoweit erstattungsfähig, als sie besonders für die Einziehung der zurückzugewährenden Raten aufgewendet sind, wie z. B. bei Einziehung der Rate durch die Post auf Kosten des Verkäufers oder durch einen für die Einziehung besonders bezahlten Boten. Bei Abholung durch einen festangestellten Kassierer ist nur eine etwaige Inkassoprovision, nicht aber auch ein Bruchteil seines festen Gehaltes zu erstatten.

A. 22. Dabei ist es — wie oben in Anm. 11 dargelegt — ohne Bedeutung, ob der Verkäufer zur Einziehung verpflichtet war oder nicht. Der Verkäufer hat die Raten freiwillig mit Rücksicht auf das Weiterbestehen des Vertrages abgeholt und hätte dies natürlich unterlassen, wenn er mit der Notwendigkeit eines Rücktritts gerechnet hätte. Die Abholung steht also in ursächlichem Zusammenhange mit dem Vertrage. Die Versagung des Erstattungsanspruches wäre hier besonders ungerechtfertigt, da es sich hier um Kosten handelt, die der Käufer eigentlich von vornherein hätte tragen müssen. Auch die Kosten einer freiwilligen Einziehung der Raten sind daher ebenso wie die der pflichtmäßigen Einziehung erstattungsfähig, soweit es sich um besondere Aufwendungen handelt, die ohne den Vertrag nicht erwachsen wären, und soweit sie nicht in einem unangemessenen Verhältnis zu den Beträgen stehen, die der Käufer seinerseits für die Zahlung hätte aufwenden müssen. (A. M., fast sämtlich untereinander verschieden: Hörle, Gruchot 55, 201; Hein S. 112; Schmidt S. 23; Lazarus S. 88; Samter S. 38 f.; Rühl S. 217.) Der Einwand Heins (a. a. O.), daß die Kassierer für die Provision noch andere gewerbliche Dienste zu leisten haben, betrifft nicht den Kern der Frage. Maßgebend bleibt, daß der Verkäufer die Provision nicht gezahlt haben würde, wenn der Vertrag nicht zustande gekommen wäre.

A. 23. d) Die Provision der Vermittlungs- und Abschlußagenten und Handlungsreisenden ist nach dem auseinandergesetzten

Grunde eine Ausgabe, die dem Verkäufer ohne den Abschluß des Vertrages nicht entstanden wäre. Nach § 88 HGB. ist die Provision erst verdient, wenn das Geschäft durch die Tätigkeit des Agenten zustande gekommen und der Kaufpreis ganz oder zum Teil bezahlt ist. Der Kausalzusammenhang zwischen dem Abzahlungsvertrage und der gezahlten Provision ist also gegeben. Die Provision ist also in der Regel zu erstatten. (Gl. M. Lazarus S. 88; Hausmann 2c zu § 2; a. M. Hein S. 111 f.; Samter S. 37; Hörle, Gruchot 55 S. 202; Schmidt S. 22 f.; Gillmann-Jonas S. 41.) Eine Ausnahme hiervon gilt nur für den praktisch höchst seltenen Fall, daß der Rücktritt des Verkäufers schon vor der ersten Ratenzahlung und demgemäß auch vor der Provisionszahlung aus einem Grunde in der Person des Käufers veranlaßt ist, da in diesem Falle der Verkäufer gemäß § 88 II HGB. von der Pflicht zur Provisionszahlung frei wird.

e) Die Rückbeförderungskosten entstehen zwar A. 24.
dem Verkäufer infolge des Rücktritts. Gleichwohl geht die Begründung von Lazarus (S. 88): „Der Unterschied von anderen Aufwendungen, für die gleichfalls bei Bestehen des Vertrages keine besondere Vergütung gewährt wird, ist der, daß diese in der Erwartung vorgenommen werden, im Kaufpreis eine Ausgleichung dafür zu erhalten, während die Rücktransportkosten erst aufgewendet werden, wenn schon feststeht, daß es zur Kaufpreisbezahlung nicht kommen wird", fehl. Bei Abschluß des Vertrages hat der Verkäufer angenommen, daß es zu einem Rücktritt nicht kommen würde und daß es deshalb einer Ausgleichung im Kaufpreise nicht bedürfe. Die Tatsache, daß die Sachen sich jetzt an anderer Stelle befinden und nun nach dem Rücktritt wieder zurückbefördert werden müssen, steht in einem ursächlichen Zusammenhange mit dem Abschluß des Vertrages, falls der Verkäufer zum Rücktransport verpflichtet ist. Die für die Rückbeförderung erforderlichen Kosten sind daher, wenn der Verkäufer zu ihr verpflichtet war, unter den gleichen Voraussetzungen erstattungsfähig wie die Kosten der Hinbeförderung (vgl. oben Anm. 18). (Gl. M. Hausmann 2a zu § 2; OLG. Jena Recht 1913 Nr. 569 und mit abweichender Begründung Vollrath S. 56; a. M. Samter S. 37 f.; Lazarus S. 88 f.; Hein S. 111; Hörle, Gruchot 55, 201.)

Der Hinweis Heins, daß ungewiß sei, ob die Kosten entstehen, da der Käufer die Sachen seinerseits zurückschaffen könne, berührt die Frage nicht, da der Käufer nur zum Ersatz verpflichtet ist, wenn der Verkäufer zurückbefördern muß.

Will der Verkäufer ohne eine Verpflichtung hierzu die Sachen zurückschaffen, so geschieht das ohne ersichtlichen Zusammenhang mit dem Abschluß des Vertrages. Er kann daher einen Ersatz hierzu vom Käufer nicht verlangen. Will er die freiwillige Zurückbeförderung nur gegen eine Entschädigung des Käufers vornehmen, so müssen die Parteien sich hierüber einigen.

**4. Stets erstattungsfähige Aufwendungen.**

A. 25. Die **Vertragskosten**, d. h. die Kosten für die im Einzelfalle verwendeten Vertrags- und Quittungsvordrucke, Zahlbücher (sog. Kontrabücher), Vertragsstempelkosten, Zölle, Porti und dergl., sind stets erstattungsfähig. (Gl. M. Rühl S. 273; Samter S. 38.)

**5. Umfang des Aufwendungsersatzes.**

A. 26. a) **Zinspflicht.** Nach § 256 BGB. sind Aufwendungen oder der als Werterſatz zu zahlende Betrag vom Zeitpunkte der Aufwendung an zu verzinsen. Diese Bestimmung wird auch für das Abzahlungsgesetz Gültigkeit haben. Aus dem Unterschiede zwischen dem § 2 AbzGes. von dem § 347 BGB. ist über diese Frage nichts zu entnehmen. Da § 347 BGB. in dieser Hinsicht keine ausdrückliche Bestimmung trifft, kann aus dem Schweigen des Abzahlungsgesetzes nicht — wie bezüglich der Verzinsung der zurückzugewährenden Kaufpreisraten (vgl. oben Anm. 104 und 109 zu § 1) — gefolgert werden, daß das Abzahlungsgesetz eine Zinspflicht ausschließen wolle. Aus seinem Schweigen muß vielmehr entnommen werden, daß das Gesetz die allgemeinen Vorschriften gelten lassen wolle. Diese unterschiedliche Behandlung mag vielleicht de lege ferenda nicht als berechtigt erscheinen. Sie wird jedoch verständlich, wenn man den Charakter des § 2 als eines Interessenausgleichs zwischen den Parteien berücksichtigt. Danach ist es nicht unberechtigt, dem Verkäufer in der Verzinsung eine Entschädigung für die nutzlosen Aufwendungen baren Geldes zu gewähren, dem Käufer jedoch eine solche für die Raten zu versagen, da dieser regelmäßig den Rücktritt des Verkäufers durch pünktliche Erfüllung hätte verhindern können. (Gl. M. Aubele S. 46.)

b) Auf diese Zinsen braucht der Verkäufer sich die A. 27.
Nutzungen und Früchte nicht anrechnen zu lassen, die er aus den Ratenzahlungen des Käufers gezogen hat oder hätte ziehen können. Der Hinweis Aubeles (S. 46) auf § 987 BGB. geht fehl. Der Verkäufer ist dem Käufer zur Rückgewähr der Raten nicht auf Grund des Eigentümerherausgabeanspruchs (rei vindicatio), sondern auf Grund des obligatorischen Rücktrittsverhältnisses verpflichtet. Er braucht nach den Ausführungen zu § 1 (vgl. Anm. 109 zu § 1) die Ratenzahlungen nicht zu verzinsen.

c) Hat der Verkäufer die Aufwendungen noch nicht gemacht, A. 28.
ist er jedoch eine Verbindlichkeit eingegangen, nach deren Erfüllung ihm ein Entschädigungsanspruch zustehen würde, so geht die Entschädigungspflicht des Käufers gemäß § 257 BGB. auf Befreiung von dieser Verbindlichkeit.

### C. Ersatz für Beschädigungen.

#### 1. Allgemeines.

Die Bestimmung über den Umfang der Schadensersatzpflicht, A. 29.
die der § 2 gibt, bezieht sich nur auf solche Beschädigungen, die bis zum Rücktritt entstanden sind. Für sie haftet der Abzahlungskäufer in einem erheblich eingeschränkteren Umfange als der Rückgabeverpflichtete nach §§ 347, 989 BGB. Die im übrigen bestehende Wesensgleichheit rechtfertigt daher eine Ergänzung des § 2 AbzGes. aus den allgemeinen Bestimmungen nur, soweit es sich nicht um eine bewußte Abweichung handelt.

#### 2. Voraussetzungen der Ersatzpflicht.

a) Beschädigung der Sache. Darunter ist nicht nur A. 30.
eine Verschlechterung der Sache, sei es durch unmittelbaren Eingriff in ihre Substanz oder durch übermäßige Inanspruchnahme (gl. M. Rühl S. 272), sondern nach den Motiven auch ihr völliger Untergang zu verstehen. (Gl. M. Hausmann S. 44; Samter S. 41; Hörle, Gruchot 55, 202; Vollrath S. 56; Schmidt S. 23.)

Darüber hinaus wird man in Anlehnung an § 989 BGB. eine A. 31.
Ersatzpflicht nicht nur für den Fall eines körperlichen Unterganges,

sondern auch für den Fall einer aus anderen Gründen verursachten Unmöglichkeit der Rückgabe anerkennen müssen. Ebenso wird eine Beschädigung im Sinne des Gesetzes auch bei einer Belastung der Sache mit einem Rechte, z. B. in einer Verpfändung, zu erblicken sein. (Gl. M. Lazarus S. 90, Aubele Anm. 8 zu § 2.)

A. 32. Ob eine Beschädigung vorliegt, kann nur im Einzelfalle entschieden werden. Eine solche liegt jedenfalls niemals vor, wenn es sich um eine durch den vertragsmäßigen Gebrauch verursachte Abnutzung handelt. Die Abgrenzung zwischen bloßer Abnutzung und einer Beschädigung wird in der Praxis allerdings nicht immer leicht sein.

A. 33. b) Verschulden des Käufers. Die Worte „oder durch einen sonstigen von ihm zu vertretenden Umstand" sind für den heutigen Rechtszustand bedeutungslos. Sie hatten nur für den vor Inkrafttreten des BGB. bestehenden Zustand den Sinn, einen verschiedenartigen Umfang der Haftung nach den einzelnen Landesrechten auszuschließen. Unter der Geltung des BGB. ist der Begriff des Verschuldens aus dessen Vorschriften zu entnehmen.

A. 34. Der Schuldner haftet danach gemäß § 276 BGB. für Vorsatz und Fahrlässigkeit, d. h. für die Vornahme einer rechtswidrigen Handlung im Bewußtsein ihrer Rechtswidrigkeit (HRR. 25 Nr. 308) und für Außerachtlassung der im Verkehr erforderlichen Sorgfalt. Der Käufer muß mit der Möglichkeit eines Rücktritts rechnen und hat daher die — übrigens meist auch noch vertraglich besonders ausbedungene — Pflicht, die Sachen so zu behandeln, daß er sie im gehörigen Zustande zurückgeben kann. Er ist deshalb schadensersatzpflichtig, wenn er die Sachen bewußt beschädigt oder vernichtet, oder wenn die Beschädigung oder Vernichtung bei Anwendung der im Verkehr erforderlichen Sorgfalt nicht eingetreten wäre.

A. 35. Nach § 278 BGB. haftet der Käufer ferner für ein Verschulden seines gesetzlichen Vertreters und der Personen, deren er sich zur Erfüllung seiner Verbindlichkeit bedient, wie für eigenes Verschulden.

Der Käufer schuldet dem Verkäufer im Falle des Rücktritts die unbeschädigte Rückgabe der Sachen. Da er mit der Möglichkeit des Eintritts dieser Verpflichtung von vornherein rechnen muß und zur Erfüllung das gesamte dem Schuldner kraft seiner Verpflichtung obliegende Verhalten gehört (Enneccerus § 267 II 3), sind Erfüllungsgehilfen des Käufers alle Personen, die mit seinem Willen zu einer Einwirkung auf die Sachen in der Lage sind. Er haftet deshalb für ein Verschulden seiner deliktsfähigen (§§ 276, 827, 828 BGB.) Hausgenossen, wenn sich die Sachen in seinem Haushalt befinden, oder seiner Arbeiter und Angestellten, wenn sich die Sachen in seinem Betriebe befinden. Der theoretisch denkbare Fall, daß der Erfüllungsgehilfe nur bei Gelegenheit der Hilfeleistung vorsätzlich eine Beschädigung begeht (Aubele Anm. 11 zu § 2), wird bei den besonderen Verhältnissen des Abzahlungskaufs kaum möglich sein, da die Erfüllung ja gerade in der pfleglichen Behandlung der Abzahlungssache besteht.

Eine Beschädigung der Sachen durch einen Dritten, ein un- A. 36.
mündiges Kind oder ein zum Haushalt gehöriges Tier hat der Käufer als eigenes Verschulden zu vertreten, wenn „schon die Gewährung der Einwirkungsmöglichkeit ein vertretbares Verschulden darstellt" (Neumann S. 245 § 278 Anm. 6). Die Bestimmungen der §§ 831, 832, 833 BGB. kommen in diesem Zusammenhange nicht in Betracht, da der Verkäufer auf sie nur einen außervertraglichen Anspruch stützen kann.

Wann ein Verschulden im Einzelfalle vorliegt, ist Tatfrage. A. 37.
Es ist stets anzunehmen, wenn der Käufer eine vertraglich übernommene besondere Anweisung zur Behandlung oder Aufbewahrung der Sache verletzt hat.

c) Ursächlicher Zusammenhang zwischen der A. 38.
Beschädigung und dem Verschulden. Der Käufer haftet trotz einer vertragswidrigen Benutzung der Sache nicht, wenn der Schaden auch ohne diese eingetreten wäre oder wenn der nur mittelbar (durch Vermittlung anderer Ereignisse) eingetretene Schaden nur in einem so losen oder entfernten Zusammenhange mit der Handlung des Käufers steht, daß diese nach der Auffassung des Lebens vernünftigerweise nicht mehr in Betracht gezogen werden kann (RGKomm. Vorbem. 3 vor § 248).

### 3. Der Umfang der Schadensersatzpflicht.

A. 39. Er ist im § 2 nicht geregelt und daher aus den allgemeinen Bestimmungen der §§ 249 ff. und 280 ff. BGB. zu entnehmen. Der Käufer ist danach grundsätzlich zur Herstellung des Zustandes verpflichtet, der bestehen würde, wenn die Sache nicht beschädigt worden wäre. Er ist also nicht verpflichtet, die Sache in den Zustand zu versetzen, den sie beim Vertragsabschluß gehabt hat. An Stelle der Naturalrestitution kann der Verkäufer auch den dazu erforderlichen Geldbetrag verlangen. Falls die Herstellung nicht möglich oder nur mit unverhältnismäßigen Kosten möglich ist, braucht der Käufer die Entschädigung nur in Geld zu leisten.

Die Höhe des Schadensersatzes ist also auf die Herstellung des ohne die Beschädigung bestehenden Zustandes beschränkt.

A. 40. Neben diesem positiven Schadensersatz ist dem Verkäufer — aber nur bei der Schadensersatzverpflichtung — auch der **entgangene Gewinn** zu ersetzen. (Gl. M. Lazarus S. 90; a. M. Samter S. 42.) Samter lehnt dies ab, weil das Gesetz den Verkäufer auf die drei Schadensersatzansprüche des § 2 beschränke, die als solche entgangenen Gewinn nicht mitumfassen. Dabei unterscheidet Samter jedoch nicht scharf genug *zwischen dem Gewinn, der dem Verkäufer durch die Rückgängigmachung des Vertrages entgeht, und dem Gewinn, der ihm durch die Beschädigung der Sache entgeht.* Den ersten kann der Verkäufer nicht verlangen, da er auf die Ansprüche aus den §§ 1 und 2 beschränkt ist. Daraus ergibt sich jedoch noch nicht, daß ihm nicht *auf Grund des* § 2 der zweite Anspruch zusteht. Das ist im Gegenteil der Fall. Der hier erörterte Schadensersatzanspruch wegen Beschädigung dient nicht wie die beiden anderen Ansprüche des § 2 einer Regelung der normalen Beziehungen aus dem Rücktrittsverhältnis, sondern ist eine echte Schadensersatzbestimmung für den vom Standpunkt des Gesetzes nicht mehr normalen Fall, daß der Käufer seiner Verpflichtung zur Rückgewähr der unbeschädigten Sache schuldhaft nicht mehr genügen kann. Wenn der Käufer die Sache unbeschädigt zurückgeben kann, kommt dieser Schadensersatz nicht in Frage. Dann hat der Verkäufer außer der zurückerhaltenen Sache noch die Möglichkeit, sie mit Gewinn anderweit zu verkaufen. Diese Möglichkeit wird ihm durch die Beschädigung ganz oder teilweise genommen. Der Verkäufer ist also durch den bloßen Ersatz des Wertes, der aus seinem Vermögen verschwunden ist, stärker geschädigt, als er bei normaler Abwicklung des Rücktrittsverhältnisses wäre. Diesen Zustand kann das Gesetz nicht gewollt haben. Deshalb muß auch die Bestimmung des § 252 BGB. zur Anwendung gelangen.

**4. Zufällige Beschädigung.**

Negativ ist aus der erörterten Bestimmung zu entnehmen, A. 41.
daß der Käufer für eine unverschuldete, zufällige Beschädigung nicht haftet. Daraus ergibt sich, daß der Verkäufer die empfangenen Raten zurückzahlen muß und seinerseits sich mit der Rückgabe der beschädigten Sache und den beiden anderen Entschädigungsforderungen begnügen muß. Hat der Käufer auf Grund der Beschädigung einen Ersatz oder einen Ersatzanspruch erlangt, z. B. auf Grund einer Versicherung, so kann der Verkäufer auch die Herausgabe des Ersatzes oder die Abtretung des Ersatzanspruches verlangen (§ 281 BGB).

Diese für eine Beschädigung im Wortsinne nirgends an- A. 42.
gezweifelte Rechtslage gilt auch für den Fall des *zufälligen Unterganges*. (Gl. M. Michaelis, HdR. I S. 47; a. M. Samter S. 43.) Die Untersuchung ist nicht müßig. Auch in einem solchen Falle kann der Verkäufer ein Interesse am Rücktritt haben. Dies ist der Fall, wenn der Käufer einen wertvollen Ersatzanspruch besitzt; sonst wird der Verkäufer allerdings vernünftigerweise nicht zurücktreten. Samter (a. a. O.) nimmt an, daß der Verkäufer kein Recht zum Rücktritt habe, weil § 350 BGB. hier nicht zur Anwendung gelange. Das kann nicht richtig sein. § 350 BGB. stellt nur ausdrücklich klar, daß der Rücktrittsberechtigte auch zurücktreten darf, wenn die von ihm zurückzugebende Sache zufällig untergegangen ist. Der damit zum Ausdruck gelangte Grundsatz muß natürlich erst recht gelten, wenn die Sache bei dem Rücktrittsgegner untergegangen ist. Dies im Gesetze noch besonders zum Ausdruck zu bringen, lag kein Anlaß vor. Aus § 350 BGB. darf daher kein Umkehrschluß

gezogen werden. Auch aus der Regelung der Gefahrtragung (siehe oben Anm. 78—81 zu § 1) kann ein Gegengrund nicht entnommen werden. Daß der Käufer die Gefahr des Kaufpreises trägt, zwingt noch nicht dazu, ihn auch für den Fall des Rücktritts die Gefahr der Rückgabe tragen zu lassen. Diese ist vielmehr im § 2 AbzGes. abweichend zugunsten des Käufers geregelt. Daß der Verkäufer hierdurch schlechter gestellt wird als bei bestehendem Vertrage, kann ebenfalls nicht von Einfluß sein, da er ja nicht gezwungen ist, zurückzutreten, sondern den Kaufpreis verlangen kann. Die Rechtslage ist also, richtig betrachtet, ebenso wie bei der zufälligen Wertminderung, für die Samter selbst (S. 54) zu dem gleichen Ergebnis gelangt.

Auch bei einem vom Käufer nicht verschuldeten Untergange der Abzahlungssache kann der Verkäufer mithin zurücktreten. Er verliert dann seinen Anspruch auf Rückgewähr der Sache und hat gegen den Käufer nur einen Anspruch auf Ersatz seiner Aufwendungen, auf die Gebrauchsvergütung und auf Abtretung des Ersatzanspruches, den der Käufer wegen des Unterganges der Sache erlangt hat. Die Frage der Gefahrtragung ist nach dem Rücktritt also unbeachtlich, da sie nur die Frage regelt, wer bei bestehendem Vertrage die „Gefahr des Kaufpreises" zu tragen hat. Übrigens trägt nach den Ausführungen zu § 1 (oben Anm. 81 zu § 1) der Käufer diese Gefahr. Der Einfluß des zufälligen Unterganges bei bestehendem Vertrage ist schon oben erörtert worden.

### D. Die Gebrauchsvergütung.

#### 1. Allgemeines.

A. 43. Das Gesetz bestimmt, daß der Käufer den Wert des Gebrauchs oder der Benutzung unter Berücksichtigung der inzwischen eingetretenen Wertminderung zu vergüten habe. Im ersten Entwurf war nur eine „angemessene Vergütung für die dem Käufer überlassene Nutzung" vorgesehen. Der zweite Entwurf paßte sich dem Wortlaut des § 298 Abs. 1 Entw. II BGB. an, der seinerseits in der heutigen Fassung als § 346 BGB. Gesetz geworden ist. In der zweiten Lesung hat der Reichstag dem § 2 noch die Bestimmung zugefügt, daß die inzwischen eingetretene Wertminderung bei der Vergütung des Überlassungswertes zu berücksichtigen sei.

Aus dieser Entstehungsgeschichte ergibt sich zwingend, daß zwischen dem Gebrauch und der Benutzung im Sinne des § 2 kein begrifflicher Unterschied besteht, also § 2 insoweit vielmehr inhaltlich mit § 346 BGB. übereinstimmt. (Gl. M. Rühl S. 274; Lazarus S. 91; Schmidt S. 26; a. M. Samter S. 44.) Auf die abweichende Ansicht Samters braucht jedoch nicht eingegangen zu werden, da nicht zu erkennen ist, inwiefern die Frage überhaupt praktische Bedeutung für das Abzahlungsgeschäft hat. Die Polemik Samters (a. a. O.) gegen Lazarus (S. 45) beruht jedenfalls auf einem Mißverständnis.

Der Zusatz „wobei auf die inzwischen eingetretene Wert- A. 44.
minderung . . . Rücksicht zu nehmen ist", ergibt rein grammatikalisch im Hinblick auf die Worte „Für die Überlassung . . . ist deren Wert zu vergüten" keinen Sinn. Gemeint ist nach den Motiven „wobei bei der Feststellung dieses Wertes auf die . . . Wertminderung . . . Rücksicht zu nehmen ist".

Die Bemessung der Gebrauchsvergütung setzt also zwei Über- A. 45.
legungen voraus: die Bewertung der reinen Gebrauchsüberlassung und die Prüfung, um welchen Betrag dieser Wert mit Rücksicht auf die Wertminderung zu erhöhen ist. Der Verkäufer hat nicht etwa einen Anspruch auf Gebrauchsvergütung **und** Ersatz für Wertminderung. (Im Schrifttum unbestritten, in der Praxis nicht immer mit genügender Schärfe beachtet.) Gleichwohl muß es als zu weitgehend angesehen werden, wenn Samter (S. 45) eine getrennte Feststellung je einer Summe für Gebrauch und Wertminderung als gesetzwidrig bezeichnet. Ob die beiden Posten, aus denen sich die Überlassungsvergütung im Sinne des Gesetzes zusammensetzt, einzeln oder in einer Summe zugesprochen werden, ist gleichgültig. Maßgebend ist nur, ob die Posten selbst zutreffen.

### 2. Die **Überlassungsvergütung** im engeren Sinne.

#### a) Allgemeines.

Nach dem Gesetze ist nicht der Wert des Gebrauches oder der A. 46.
Benutzung maßgebend, sondern **der Wert der Über-**

lassung des Gebrauches. Der Käufer hat deshalb nicht den Wert zu vergüten, den der nach dem Vertrage vorausgesetzte oder gar der tatsächliche Gebrauch für ihn im Einzelfalle gehabt hat. Das Gesetz setzt vielmehr an die Stelle dieses subjektiven Wertes den objektiven Wert, den die Gebrauchsüberlassung besitzt. Der Käufer soll also alles, aber auch nur das herausgeben, was er objektiv hätte aufwenden müssen, wenn er von vornherein nicht einen Abzahlungsvertrag, sondern die Überlassung des Gebrauchs vereinbart hätte. Würde er weniger zu zahlen haben, so würde er auf Kosten des Abzahlungsverkäufers bereichert sein. Gerade diese Bereicherung soll er dem Verkäufer erstatten. Maßgebend ist also der objektive Wert, den die Gebrauchsüberlassung für den Käufer besitzt. Die Motive bemerken hierzu: „Diejenige Entschädigung ist zu gewähren, die unter entsprechenden Verhältnissen für den gemeingewöhnlichen Gebrauch derartiger Gegenstände im allgemeinen üblich ist."

A. 47. b) Dieser Wert ist für die Sachen, für die ein üblicher Mietzins besteht, mit diesem gleichbedeutend. Denn welchen Nutzen der Käufer auch tatsächlich gezogen haben mag, hätte er hierfür regelmäßig nicht mehr aufzuwenden brauchen, da er die Sachen für diesen Preis ja hätte mieten können.

A. 48. c) Soweit ein Mietzins nicht verkehrsüblich ist, muß der Überlassungswert im Einzelfalle festgestellt werden. In welcher Weise dies zu geschehen hat, ist streitig.

Lazarus (S. 93 f.) schlägt eine Unterscheidung vor zwischen den Fällen, in denen an sich das geschäftsmäßige Vermieten möglich wäre und in der Praxis nur aus irgendwelchen Gründen unterbleibt, und solchen, in denen ein geschäftsmäßiges Vermieten praktisch ausgeschlossen ist, weil selbst ein für den Vermieter äußersten Falles noch rentabler Mietzins so hoch sein müßte, daß niemand die Sache mieten würde. In ersterem Falle sieht Lazarus als Wert im Sinne des § 2 den Preis an, zu dem die Sache vermietet werden könnte, im zweiten den Preis, zu dem sie unter gewöhnlichen Umständen gemietet werden würde. Diese Theorie besagt nur, daß als Überlassungswert der Mietzins anzusehen ist, der gemeingewöhnlich wäre, wenn über die Abzahlungssache gemeingewöhnliche Mietverträge abgeschlossen würden. Sie ersetzt also eine Unbekannte durch eine andere und ist daher praktisch wertlos.

Samter (S. 46) will dagegen nur den Ersatz für Wertminderung zubilligen. Auch dieser Ansicht kann nicht zugestimmt werden. Die Folge wäre, daß hier der Käufer besser stünde als bei dem Kaufe einer Sache mit verkehrsüblichem Mietzins. Zu diesem auch innerlich nicht gerechtfertigten Schlusse bietet das Gesetz keine Handhabe. Schwierigkeiten, die der praktischen Anwendung des Gesetzes entgegenstehen, können es niemals rechtfertigen, das Gesetz überhaupt nicht anzuwenden.

Bei fehlendem verkehrsüblichem Mietzinse muß der Wert der Überlassung daher im Einzelfalle so gut als möglich ermittelt werden, wenn sich die Parteien nicht (nach dem Rücktritt!) einigen. Hierbei können die Mietzinsen für andere Sachen zum Vergleiche herangezogen werden. Hein (S. 48), Hörle (Gruchot 55, 207), Aubele (Anm. 16 zu § 2) wollen den Wert an Hand der Faktoren ermitteln, aus denen sich der verkehrsübliche Mietzins in der Regel zusammensetzt: Verzinsung der Anschaffungskosten, Anteil an den allgemeinen Geschäftsunkosten, Entgelt für gewöhnliche Abnutzung und Verminderung, Entgelt für die dem Verkäufer entzogene Sachnutzung und ein mäßiger Reingewinn. Diese Berechnung ergibt den Mietzins, zu dem der Verkäufer abschließen müßte, um auf seine Kosten zu kommen. Diesen Wert soll ihm der Käufer jedoch nicht erstatten. Wie oben dargelegt, soll vielmehr nur der Wert erstattet werden, um den der Käufer objektiv bereichert ist. Bei Sachen, die keinen gemeingewöhnlichen Mietzins besitzen, kann man daher den Preis, zu dem der Verkäufer äußerstenfalls vermieten könnte, nicht mit dem Werte gleichsetzen, den die Überlassung für jeden Käufer hat. Hier muß daher von dem reinen Nutzen ausgegangen werden, den der Gebrauch der Sache unter gemeingewöhnlichen Verhältnissen gewährt. Läßt sich dieser Wert nicht feststellen, so sind die Kosten zu ermitteln, die der Käufer unter gemeingewöhnlichen Verhältnissen hätte aufwenden müssen, um die Nutzung zu erhalten. Dieser Wert wird durch Gegenüberstellung des Kaufpreises zu ermitteln sein,

A. 49.

den der Käufer bei barem Kaufe für den Erwerb der Sache zur Zeit des Vertragsabschlusses hätte anlegen müssen, und den er bei einem Verkaufe zur Zeit des Rücktrittes erhalten hätte. Der Unterschied zwischen den beiden Preisen stellt unter Zuschlag des Betrages, den der fiktive Barkaufpreis bis zum Rücktritt an Zinsen erbracht hätte, den Wert des Gebrauches dar.

Danach ist der Wert der Überlassung im Gegensatz zu Samter stets höher als die bloße Wertminderung, und es wird danach auch in den von Lazarus (S. 95 f.) angeführten Beispielen regelmäßig ein Gebrauchswert festzustellen sein.

**3. Die Wertminderung.**

a) Die Berücksichtigung der Wertminderung.

A. 50. α) Allgemeines. Die Wertminderung ist in das Gesetz durch einen in der zweiten Lesung angenommenen Antrag des Reichstagsabgeordneten Dr. Enneccerus aufgenommen worden. Aus den Verhandlungen (Sten. Ber. IX. Leg.Per. II. Sess. Bd. 3 S. 2031 ff.) ergibt sich, daß über die Bedeutung dieses Zusatzes bei der Beratung keine völlige Klarheit bestand. Fest steht danach nur, daß der Reichstag den Zusatz nicht dahin verstanden hat, daß jede Wertminderung berücksichtigt werden solle. Es sollte vielmehr nur die Wertminderung getroffen werden, die durch die Abnutzung beim Gebrauch und durch die Inanspruchnahme neuer Sachen in der Anschauung der Wirtschaft auch ohne eine Abnutzung eintritt. Diese Anschauung wird jetzt in der Wissenschaft übereinstimmend vertreten (vgl. Samter S. 44; Lazarus S. 96 ff.; Hörle, Gruchot 55, 207; Aubele Anm. 17 zu § 2; Volkmar, KGBl. 1919, 46; Michaelis, HdR. I S. 48).

A. 51. β) Danach scheiden für die Berücksichtigung alle zufälligen Wertminderungen, insbesondere solche infolge von Konjunkturschwankungen, aus. Die entgegengesetzte, von Hausmann (5 D zu § 2), Fuld (Gruchot 39, 568) und in den früheren, von Hoffmann-Wilke besorgten Auflagen dieses Kommentars in Anm. 4 zu § 2 vertretene Anschauung steht nicht nur mit der Entstehungsgeschichte im Widerspruch, sondern ist auch mit dem übrigen Inhalt des Gesetzes nicht in Einklang zu bringen. Es wäre unverständlich, wenn der Käufer für Wertminderung infolge von Sachbeschädigungen nur haften sollte, wenn er sie verschuldet hat (vgl. Anm. 52), daß er aber alle Wertminderungen tragen müsse, die nicht auf einer Substanzveränderung beruhen. Daß der Käufer im Falle eines Preissturzes diese Rechtslage unter Umständen auf Kosten des Verkäufers zu seinen Gunsten ausnutzen kann, läßt sich nicht vermeiden, ist auch, wie Samter (S. 54 f.) mit Recht ausführt, nicht nur beim Abzahlungskauf möglich.

γ) Ferner scheiden für die Berücksichtigung bei der Bemessung der Gebrauchsvergütung aus die Wertminderungen, die durch eine Beschädigung der Sache verursacht sind, da für diese im Falle eines Verschuldens ein besonderer Ersatzanspruch gegeben ist. Deshalb ist für eine Wertminderung infolge vertragswidrigen Gebrauches der Abzahlungssache, z. B. häufiges Tragen des Sonntagsanzuges auch an Werktagen und dergl., schon nach Satz 1 Ersatz zu leisten. (Gl. M. Rühl S. 272; a. M. Samter S. 48.) A. 52.

δ) Das gleiche gilt für eine Wertminderung infolge Verletzung der Sorgfaltspflicht, z. B. mangelnde Bewahrung kostbar eingebundener Bücher vor der Einwirkung von Staub und Sonnenstrahlen. (A. M. Samter S. 47.) A. 53.

Andererseits kann die nach Satz 1 für eine unverschuldete Beschädigung abgelehnte Ersatzpflicht nicht nach Satz 2 wegen Wertminderung vorgeschrieben sein. Deshalb ist eine Ersatzpflicht in den obigen Fällen nicht gegeben, wenn den Käufer kein Verschulden trifft; z. B. die Benutzung des Sonntagsanzuges an Werktagen war gerechtfertigt, weil sich der Käufer auf der Stellungssuche befand, oder ein Freund hat das Buch ohne Wissen des Käufers aus dem Bücherschrank genommen und auf dem Schreibtisch liegenlassen, wo es der Käufer erst nach der Rückkehr von einem mehrtägigen Ausfluge gefunden hat, oder ein Dritter hat dem Käufer in der Straßenbahn ein Loch in den Anzug gebrannt. (Teilweise a. M. Samter S. 47 α.) In solchen Fällen wäre es unbillig, dem Käufer die Haftung für die unverschuldete Wertminderung aufzubürden, zumal in der Praxis vielfach keine Unterscheidung zwischen einer Beschädigung im Sinne des Satzes 2 möglich sein wird. Schließlich setzt in solchen Fällen die Wertminderung regelmäßig eine irgendwie geartete Verschlechterung voraus, und wirtschaftlich ist es gleichgültig, worauf diese beruht, ob z. B. der Käufer sich ein Loch in den Anzug gerissen hat oder ob er den Anzug eingetragen hat. Die Gerechtigkeit und das praktische Bedürfnis gebieten, alle Fälle einer über die vertragsmäßig vorausgesetzte Abnutzung hinausgehenden Wertminderung gleichmäßig zu behandeln und den Käufer für sie gemäß Satz 1 nur im Falle eines Verschuldens haften zu lassen.

A. 54. e) Als nach Satz 2 bei der Gebrauchsvergütung zu berücksichtigende Wertminderung bleibt daher — wie der Regierungsvertreter schon bei der Beratung hervorgehoben hat (Sten. Ber. IX Leg.Per. II. Sess. S. 2037) — nur die Wertminderung übrig, die durch die vertragsmäßige Benutzung an sich erfolgt, insbesondere also die Minderung durch den Verlust der Neuheit. (Gl. M. Lazarus S. 96.) Bei dieser Wertminderung ist zu unterscheiden zwischen den Sachen, für die ein verkehrsüblicher Mietzins vorhanden ist, und solchen, bei denen dies nicht der Fall ist.

A. 55. In dem verkehrsüblichen Mietzins ist bereits ein Ausgleich für die Wertminderung durch die Benutzung enthalten. Dies ist im Schrifttum nicht mehr bestritten, wird aber in der Praxis immer wieder übersehen. Hier kommt daher eine besondere Berücksichtigung der Wertminderung durch einen Zuschlag zum verkehrsüblichen Mietzinse nur noch in solchen Fällen in Betracht, in denen die nach dem Abzahlungsvertrage vorausgesetzte Benutzung eine stärkere Abnutzung bedingt, als bei der Berechnung des verkehrsüblichen Mietzinses vorausgesetzt ist. Dies wird vor allem dort zutreffen, wo der Mietzins auf eine längere Mietdauer berechnet ist, der Wertverlust, den die Sache durch den Verlust der Neuheit erleidet, also gleichmäßig auf die einzelnen Zinsraten verteilt ist, der Wertverlust bei einer kürzeren Dauer aber ebenso hoch oder jedenfalls nur unverhältnismäßig geringer ist als der Wertverlust bei der gesamten Mietzeit. (Gl. M. Samter S. 48.)

Hieraus folgt, daß neben dem üblichen Mietzinse nur noch diese ausnahmsweise Wertminderung besonders zu berücksichtigen ist.

Anders liegt es bei den Sachen, für die kein verkehrsüblicher Mietzins besteht. Hier muß die ganze Wertminderung, soweit sie überhaupt zu berücksichtigen ist, dem Nutzen zugerechnet werden, den der Gebrauch der Sache dem Käufer regelmäßig gewährt, da sie ja bei der Feststellung des Gebrauchswertes noch nicht mit berücksichtigt ist. Daß die volle Wertminderung zu berücksichtigen ist, wenn der Überlassungswert durch Ermittlung der Kosten festgestellt wird, die der Käufer gemeingewöhnlich hätte aufwenden müssen, um den Gebrauch der Sache zu erlangen, ist schon oben (Anm. 48, 49) ausgeführt. A. 56.

b) Feststellung der Wertminderung.

Bei ihr ist nicht von dem Abzahlungspreise, sondern von dem verkehrsüblichen Verkaufspreise, dem sogenannten gemeinen Werte der Sache, auszugehen (unbestritten), und zwar zur Zeit der Übergabe, nicht zur Zeit des Vertragsschlusses. (So Rühl S. 275 und Samter S. 51.) Zwischen Vertragsschluß und Übergabe kann bereits eine Wertminderung eingetreten sein. Diese hat der Käufer nicht zu tragen, da ihm zu dieser Zeit der Gebrauch der Sache ja noch nicht überlassen war. A. 57.

Bei den Sachen ohne verkehrsüblichen Mietzins ist dem gemeinen Wert der Sache zur Zeit der Übergabe der gemeine Durchschnittswert der Sache zur Zeit des Rücktritts gegenüberzustellen. Der gemeine Durchschnittswert zur Zeit des Rücktritts ist nicht gleichbedeutend mit dem gemeinen Wert, den die Sache zur Zeit des Rücktritts tatsächlich hat. Es müssen vielmehr alle Wertminderungen außer Betracht bleiben, die durch vertragswidrige Benutzung, Beschädigung oder Preissturz während der Besitzzeit eingetreten sind. Der gemeine Durchschnittswert zur Zeit des Rücktritts ist also der gemeine Wert, den die Sachen zur Zeit des Rücktritts unter der Voraussetzung der abzahlungsvertragsmäßigen Benutzung und unter Außerachtlassung eines etwaigen zwischenzeitlichen Preissturzes (vgl. oben Anm. 51) oder zwischenzeitlicher Beschädigung (vgl. oben Anm. 52) gehabt haben bezw. gehabt haben würden. Da der Käufer für eine über den gemeinen Durchschnittswert zur Zeit des Rücktritts hinausgehende Wertminderung nur haftet, wenn er sie verschuldet hat A. 58.

(vgl. oben Anm. 53), kommt eine Feststellung des tatsächlichen gemeinen Wertes der Sache zur Zeit des Rücktritts daher unter dem Gesichtspunkte der Wertminderung nicht in Frage. (A. M. Samter S. 51.) Die Wertminderung ist also zu berechnen nach der Formel $x = a - b$, wobei a den gemeinen Wert der Sache zur Zeit der Übergabe und b den gemeinen Durchschnittswert der Sache zur Zeit des Rücktritts bedeutet.

A. 59. Bei den Sachen mit verkehrsüblichem Mietzinse ist, wie oben (Anm. 55) dargelegt, nur der Teil der Wertminderung besonders zu vergüten, der nicht schon in dem Mietzinse enthalten ist und deshalb in der Gebrauchsvergütung mit abgegolten wird. Ob die Wertminderung höher ist als der im verkehrsüblichen Mietzinse enthaltene Wertminderungsausgleich, hängt davon ab, ob der nach dem Abzahlungsvertrage vorausgesetzte Gebrauch unter entsprechenden Verhältnissen erfolgt wie bei dem verkehrsüblichen Mietvertrage. Ist dies der Fall, so ist neben der Gebrauchsvergütung keine Vergütung für Wertminderung zu leisten.

Das wird jedoch nicht immer der Fall sein. Einmal wird der Abzahlungskäufer im Hinblick auf sein künftiges Eigentum berechtigt sein, die Sache weniger schonend zu behandeln als ein Mieter, z. B. das auf Abzahlung gekaufte Buch mit Bleistiftstrichen versehen dürfen. Andererseits wird der Mietvertrag vielfach eine längere Dauer voraussetzen, als die Spanne zwischen Übergabe der Abzahlungssache und Rücktritt beträgt. Dann wird der prozentual in der Quote des Mietzinses enthaltene Wertminderungsausgleich selten der wahren Wertminderung entsprechen. In diesem Falle ist die Wertminderung festzustellen, die über den im verkehrsüblichen Mietzins enthaltenen Ausgleich hinausgeht. Das kann nicht auf dem von Samter (S. 49, 51) vorgeschlagenen Wege geschehen. Danach ist es nicht möglich, festzustellen, um welchen Betrag der Mietzins deshalb zu niedrig ist, weil der Wertverlust in dem Anteil des auf längere Vertragsdauer berechneten Mietzinses nicht in voller Höhe abgegolten ist.

Der Betrag des im Mietzinse für die Zeit zwischen der Übergabe und dem Rücktritt enthaltenen Wertminderungsausgleichs kann nur durch eine Zerlegung des Mietzinses selbst gefunden werden. Dieser Betrag, der mit c bezeichnet werden soll, ist von der tatsächlichen Wertminderung abzuziehen, da er ja bereits in der Gebrauchsvergütung erstattet wird. Die gesamte Wertminderung ist nach den Ausführungen in Anm. 58 auf Grund der Formel $x = a - b$ festzustellen, wobei a den gemeinen Wert der Sache zur Zeit der Übergabe und b den gemeinen Durchschnittswert der Sache zur Zeit des Rücktritts bedeutet. Der zu erstattende Betrag der Wertminderung ist also zu berechnen nach der Formel $x = a - b - c$.

**4. Die gesamte Gebrauchsvergütung.**

Sie wird hiernach bei den Sachen, für die ein verkehrsüblicher Mietzins vorhanden ist, in der überwiegenden Mehrzahl der Fälle nur aus diesem Mietzinse bestehen. Nur in Ausnahmefällen wird der nach der Formel $x = a - b - c$ (Anm. 59) zu berechnende Zuschlag wegen Wertminderung zu machen sein. Es ist also — wie wegen der außerordentlichen Bedeutung der Frage nochmals hervorgehoben sei — unzulässig, in jedem Falle den Mietzins noch um einen nach der Formel $x = a - b$ (!) errechneten Wertminderungsausgleich zu erhöhen. A. 60.

Die Gebrauchsvergütung bei den übrigen Sachen ergibt sich aus dem Werte der Nutzungen (Anm. 49) und der nach der Formel $x = a - b$ zu berechnenden Wertminderung (Anm. 58.)

**5. Die Vergütungssätze des Einzelfalles.**

Welche Vergütungssätze im Einzelfalle angemessen sind, kann hiernach theoretisch nicht angegeben werden, da die Bemessung von Faktoren auszugehen hat, die von der jeweiligen Wirtschaftslage und den Objekten des Abzahlungsgeschäftes abhängig sind. Zur Illustrierung seien jedoch im nachstehenden folgende Entschließungen mitgeteilt: A. 61.

Die Industrie- und Handelskammer Berlin bezeichnet (Mitt. der Ind.- u. Handelsk. Berlin 1930, 851; JW. 1930, 2765) in einem Gutachten als handelsübliche Wertminderung im ersten Jahre 25 v. H., im zweiten Jahre 20 v. H. des Kaufpreises (!), bei Nähmaschinen 3 RM wöchentlich.

In der Prozeßrichterbesprechung des AG. Stuttgart I vom 26. Mai 1930 (JW. 1930, 2765) sind dagegen für die Bemessung der Vergütung für Gebrauch oder Benutzung unter Berücksichtigung der Wertminderung als Richtsätze folgende Höchstbeträge angenommen worden:

I. Warengruppe: Kleidungsstücke;
II. Warengruppe: Bettstücke, Vorhänge und dergl.
III. Warengruppe: Möbel, Nähmaschinen, Fahrräder und dergl.

| bei Rückforderung nach | I. | II. | III. |
|---|---|---|---|
| ¼ Jahr . . . . | 30 v. H. | 20 v. H. | 15 v. H. |
| ½ Jahr . . . . | 50 v. H. | 40 v. H. | 25 v. H. |
| 1 Jahr . . . . | 80 v. H. | 60 v. H. | 40 v. H. |
| 1½ Jahren . . . | 100 v. H. | 75 v. H. | 50 v. H. |
| 2 Jahren . . . | | 90 v. H. | 60 v. H. |
| 2½ Jahren . . . | | 100 v. H. | 70 v. H. |
| 3 Jahren . . . | | | 75 v. H. |

### E. Beweislast.

A. 62. Die Beweislast für das Bestehen und die Höhe der nach § 2 dem Verkäufer zustehenden Rechte trägt im allgemeinen der Verkäufer. Dieser muß also z. B. beweisen, daß er die Aufwendungen infolge des Vertrages gehabt hat. Doch wird sie durch die Vorschrift des § 2, II AbzGes. (vgl. unten Anm. 69 ff.) gemildert. Den Käufer trifft nur die Beweislast dafür, daß die Beschädigung der Sache, für die der Verkäufer Ersatz verlangt, nicht auf einem von ihm zu vertretenden Umstande beruht. (Gl. M. RG. in JW. 1908, 478; Rühl S. 273; Samter S. 42.)

## III. Ausschluß entgegenstehender Vereinbarungen.

### A. Ausgeschlossene Vereinbarungen.

A. 63. § 2 Abs. I Satz 3 erklärt höhere oder andere Entschädigungen, als sie in den vorhergehenden Sätzen bestimmt sind, für nichtig, soweit sie vor dem Rücktritt abgeschlossen sind (vgl. Anm. 74 ff.). Dabei ist es ohne Bedeutung, ob die dem Gesetze widersprechenden Abreden gleichzeitig mit dem Abschluß des Abzahlungsvertrages oder erst während des Vertragsverhältnisses getroffen sind.

Entsprechend dem sozialpolitischen Zwecke des Gesetzes wird man den Sinn der Bestimmung dahin zu verstehen haben, daß die Nichtigkeit nur dann eintreten soll, wenn hierdurch dem Käufer mehr Pflichten auferlegt werden sollen, als ihm das Gesetz auferlegt. (Gl. M. Rühl S. 276; Aubele Anm. 20 zu § 2.) Eine Vereinbarung, nach der z. B. der Käufer von der Verpflichtung zur Entschädigung wegen der Wertminderung entbunden würde, wäre deshalb als rechtswirksam anzusehen. A. 64.

Danach sind insbesondere folgende in der Praxis immer noch anzutreffende Abreden nichtig: A. 65.

1. Vereinbarungen, durch die dem Käufer eine Ersatzpflicht für solche Verwendungen auferlegt wird, die nach den obigen Ausführungen aus dem Gesetze nicht zu entnehmen ist;
2. Vereinbarungen über eine Ersatzpflicht für unverschuldete Beschädigungen oder bei zufälligem Untergange;
3. insbesondere Vereinbarungen über die Höhe des Ersatzes für gewisse Aufwendungen, für den Gebrauch und die Wertminderung. (Gl. M. Rühl S. 276 und bezüglich einer Vereinbarung von Prozentsätzen zur Vergütung der Wertminderung Berlak-Felix S. 47.) Berlak-Felix (a. a. O.) halten dagegen eine im Vertrage getroffene Festsetzung der im Falle des Rücktritts zu entrichtenden Gebühren wenigstens in der Form eines von der Dauer der Benutzung abhängigen Prozentsatzes vom Verkaufspreise für zulässig. Dem kann nicht zugestimmt werden. Der § 2 bestimmt als Gebrauchsvergütung den objektiven Wert der Gebrauchsüberlassung. Eine vertragsmäßige Abänderung dieser Bestimmung ist vor dem Rücktritt gemäß Satz 3 nicht zulässig. Derartige Abreden dürfen auch nicht — wie es in der Praxis leider vielfach noch geschieht — als Schätzungsunterlage für einen angemessenen Wert angesehen werden, da hierdurch der vom Gesetze erstrebte Erfolg vereitelt würde (gl. M. Rühl S. 276);
4. eine Verpflichtung des Käufers zur Herausgabe der gezogenen Früchte in Natur.

A. 66. Bezüglich der Bedeutung der Nichtigkeit einer solchen Klausel für den ganzen Vertrag und der Verpflichtung des Richters, sie von Amts wegen zu berücksichtigen, gilt das zu § 1 Abs. II Ausgeführte (vgl. oben Anm. 117 f. zu § 1).

### B. Nichtausgeschlossene Vereinbarungen.

A. 67. Abreden, die dem Käufer nicht mehr als die gesetzlichen Pflichten auferlegen, sowie Abreden, die nicht die Vergütungsansprüche des Verkäufers im Falle des Rücktritts betreffen, fallen nicht unter das Verbot des § 2 Satz 3.

A. 68. Deshalb ist die Vereinbarung, die dem Verkäufer eine Entschädigung dafür zubilligt, daß er sein Rücktrittsrecht nicht ausübt, nach § 2 Satz 3 nicht verboten, weil § 2 nur die Pflichten des Käufers im Rücktrittsfalle regelt. (Dies übersieht Samter S. 65.) Gleichwohl wird man eine solche Vereinbarung nicht unumschränkt für zulässig ansehen dürfen. Der wirtschaftlich unterlegene Käufer wird sich hierzu vielfach bereit finden müssen, nur um die Abzahlungssachen nicht herausgeben zu müssen. Eine solche Vereinbarung wird daher unter Umständen geeignet sein, die Bestimmungen des Abzahlungsgesetzes illusorisch zu machen. Sie ist deshalb mit dem Abzahlungsgesetz unvereinbar. Dies ergibt sich aus § 4 Abs. I AbzGes. Die von dem Verkäufer verlangte Vergütung für die Nichtausübung des Rücktritts ist wirtschaftlich das gleiche wie eine von vornherein vereinbarte Vertragsstrafe für den Fall der Nichterfüllung. Die Vorschrift des § 4 Abs. I wird daher auf diesen rechtsähnlichen Fall analog anzuwenden sein. Die völlige Nichtigkeit einer solchen Vereinbarung anzunehmen, würde dagegen zu weit gehen, da der Verkäufer sich ja eine angemessene Vertragsstrafe für diesen Fall von vornherein hätte vorbehalten dürfen. (Gl. M. Lazarus S. 110; a. M. Samter S. 65.)

## IV. Die Wertfestsetzung nach § 2, II.

A. 69. Abs. II ordnet die entsprechende Anwendung der Vorschriften des § 287 Abs. I ZPO. auf die Festsetzung der Höhe der Vergütung an. § 287 Abs. I ZPO. lautet: „Ist unter den Parteien streitig, ob ein Schaden entstanden sei, und wie hoch sich der

Schaden oder ein zu ersetzendes Interesse belaufe, so entscheidet hierüber das Gericht unter Würdigung aller Umstände nach freier Überzeugung. Ob und inwieweit eine beantragte Beweisaufnahme oder von Amts wegen die Begutachtung durch Sachverständige anzuordnen sei, bleibt dem Ermessen des Gerichts überlassen. Das Gericht kann anordnen, daß der Beweisführer den Schaden oder das Interesse eidlich schätze. In diesem Falle hat das Gericht zugleich den Betrag zu bestimmen, welchen die eidliche Schätzung nicht übersteigen darf."

Danach wird es im Streitfalle der freien richterlichen Überzeugung überlassen, ob eine Beschädigung der Sache vorliegt und welche Vergütung für jeden der drei Ansprüche des § 2 zu gewähren ist. Der Verkäufer ist hiernach der genauen Angabe der Tatsachen enthoben, die einen zwingenden Schluß auf die Höhe seiner Verwendungen, des durch die Beschädigung eingetretenen Schadens und des Überlassungswertes zulassen (RGZ. 68, 35; 76, 211; 77, 206; JW. 06, 471; 09, 141). Es genügt, daß der Richter in den Fällen, in denen eine genauere Ermittlung nicht möglich ist, im allgemeinen die Überzeugung gewinnt, daß dem Verkäufer ein Ersatzanspruch zusteht, und daß er die Höhe der ihm zu gewährenden Vergütung nach freiem Ermessen schätzt (RG. in JW. 02, 544; 09, 415, 692; 10, 292). Er darf deshalb nicht mangels genügender Substantiierung eines bestimmten Betrages den ganzen Anspruch abweisen, sondern hat von Amts wegen Schritte zur Beschaffung der erforderlichen Grundlagen für die Schätzung der Höhe zu tun (RGZ. 9, 418; 10, 78, 405; 25, 78; 76, 211; 77, 206; 79, 61; JW. 01, 206; 04, 156[35]) oder durch Ausübung des Fragerechtes (§ 139 ZPO.) auf die erforderliche Substantiierung hinzuwirken (RG. 59, 360; 62, 385; 63, 288; 77, 206; JW. 04, 141; 10, 827; Gruchot 59, 1078). Erklärt aber die Partei selbst, daß sie zur Substantiierung des Interesses außerstande sei, so braucht das Gericht nicht seinerseits (etwa durch Vernehmung eines Sachverständigen) an Stelle der Partei die Substantiierung zu beschaffen (JW. 98, 60[8]). A. 70.

Der Richter kann dabei auch solche ihm bekannten Umstände berücksichtigen, die nicht Gegenstand der Verhandlungen und A. 71.

Beweisaufnahme gewesen sind (RGZ. 9, 418; 10, 405; JW. 93, 15; 00, 839; 06, 471; 09, 141; Gruchot 60, 698). Es ist seinem Ermessen überlassen, ob er den Beweisanträgen nachgehen will (RGZ. 76, 175; JW. 99, 32; Gruchot 60, 698); er kann sie ablehnen und ohne jegliche Beweisaufnahme nach seinem Ermessen, wenn auch innerhalb der Parteianträge, entscheiden (RGZ. 68, 35) oder die eidliche Schätzung durch den Beweisführer anordnen.

A. 72. Der Eid ist nicht in der Wahrheitsnorm zu leisten, sondern hat dahin zu lauten, daß der Verkäufer den Wert der Beschädigung, der Gebrauchsüberlassung usw. bis zu dem von ihm angegebenen Betrage schätze, oder auch dahin, daß der Wert nach seiner Überzeugung sich auf den von ihm angegebenen Betrag belaufe. Über die Folgen der Leistung des Eides oder der Verweigerung der Eidesleistung vgl. §§ 463 ff. ZPO.

## V. Rechtsverhältnisse nach dem Rücktritt.

### A. Allgemeines.

A. 73. Nach dem Rücktritt unterliegen die zwischen den Parteien bestehenden Rechtsverhältnisse, von der Vorschrift des § 3 abgesehen, ausschließlich den allgemeinen Vorschriften. Damit fallen alle einschränkenden Bestimmungen des Abzahlungsgesetzes nunmehr fort.

### B. Keine Beschränkung der Vertragsfreiheit.

A. 74. Die Parteien unterliegen keinen Beschränkungen der Vertragsfreiheit mehr. Sie können daher nunmehr über den Umfang des Schadensersatzes, die Ersatzleistung für zufällige Beschädigung während des Vertrages usw. Vereinbarungen treffen, die über die Ersatzpflicht des Käufers nach § 2 hinausgehen.

A. 75. Unzulässig ist lediglich eine Abrede, durch die der alte Vertrag rückwirkend wieder in Kraft gesetzt, gleichzeitig aber dem Gesetz widersprechende Vergütungsabreden für die Vergangenheit oder die Zukunft getroffen werden. Durch die rückwirkende Beseitigung des Rücktritts wird dieser selbst mitsamt seinen Folgen beseitigt. Der Käufer hat in einem solchen Falle daher überhaupt keine Entschädigung nach § 2 zu leisten, da für diese ja die Ausübung des Rücktrittsrechtes Voraussetzung ist und für die Zukunft das Verbot des § 2 Abs. I Satz 3 einschlägt. (Gl. M. Samter S. 65.)

Dagegen wird man dem Verkäufer in gewissem Umfange auch hier wie während des Vertrages das Recht zubilligen müssen, seine Zustimmung zu einer solchen rückwirkenden Aufhebung des Rücktritts von einer Gegenleistung des Käufers abhängig zu machen. Die Entschädigung, die der Käufer aus diesem Grunde zubilligt, darf nur nicht unangemessen hoch sein. Sonst wird auch hier § 4 Abs. I AbzGes. analog anzuwenden sein. (Gl. M. Lazarus S. 110; a. M. anscheinend Samter S. 65.)

Bei einer Neuvereinbarung des Abzahlungsvertrages liegt rechtlich an sich ein neuer, von den Vereinbarungen über die gegenseitigen Ansprüche aus dem Rücktritt von dem früheren unabhängiger Vertrag vor. Trotzdem muß auch hier das gleiche gelten, wie wenn der neue Vertrag gleichzeitig mit den nachträglichen Vergütungsabreden geschlossen würde. Die beiden Verträge sind nur scheinbar nach außen hin voneinander unabhängig. Tatsächlich ist der Abschluß des Vertrages jedoch davon abhängig, daß der Käufer auch in die nachträglichen Vergütungsabreden einwilligt. Die Rechtslage muß daher trotz der abweichenden rechtlichen Konstruktion ebenso wie im Falle der rückwirkenden Aufhebung der Rücktrittswirkungen betrachtet werden. (Gl. M. Lazarus S. 110; a. M. Samter S. 65.)

Die gleiche Rechtslage besteht bei einem gerichtlichen Vergleich. A. 76. Auch hier darf nichts vereinbart werden, was mit dem Abzahlungsgesetz in Widerspruch steht. Deshalb ist ein Vergleich des von Samter (S. 66) geschilderten Inhalts unzulässig, wonach der Verkäufer bei „neubestätigtem Abzahlungsvertrage" beim Ausbleiben einer Rate der Nachzahlungen nicht verpflichtet sein soll, die seit Vergleichsschluß gezahlten Raten Zug um Zug gegen die Rückforderung der Sachen zurückzuzahlen. Solche Vergleiche, die mit dem Abzahlungsgesetz im Widerspruch stehen, sind vom Richter von der Protokollierung zurückzuweisen. (Gl. M. Hein S. 86; Lazarus S. 110; Crisolli ZHR. 95, 275.) Etwa gleichwohl aufgenommene Vergleiche können mit der Zwangsvollstreckungsgegenklage nach § 767 ZPO. angegriffen werden. (Gl. M. RGZ. 37, 419; Crisolli a. a. O.)

## C. Ansprüche.

A. 77. Die Ansprüche aus der Zeit nach dem Rücktritt sind im Abzahlungsgesetz nicht geregelt. Wegen der inneren Verwandtschaft müssen auf sie die für das vertragsmäßige Rücktrittsrecht nach dem BGB. geltenden Bestimmungen Anwendung finden.

A. 78. Der Käufer haftet demgemäß dem Verkäufer nunmehr gemäß § 347 BGB. nach Maßgabe der §§ 987 ff. BGB. Er hat daher über die Verpflichtungen aus dem Abzahlungsgesetz hinaus dem Verkäufer die Nutzungen, die er nach dem Rücktritt gezogen hat, herauszugeben und bei Unmöglichkeit der Herausgabe zu ihrem vollen Werte zu ersetzen sowie für die Nutzungen Ersatz zu leisten, die er schuldhafterweise nicht gezogen hat. Andererseits kann er gemäß § 102 BGB. Ersatz für die auf diese Nutzungen gemachten Aufwendungen verlangen.

A. 79. Diese Rechtslage ändert sich auch bei einem Verzuge des Käufers mit der Rückgabe gemäß § 990 BGB. dann, wenn der Käufer erfahren hat, daß er zum Besitze nicht berechtigt ist. Der Ansicht Samters (S. 55), daß der zur Rückgewähr verpflichtete Käufer infolge Empfangs der Rücktrittserklärung in Anbetracht des nunmehrigen Sachbesitzes stets schlechtgläubig sei, kann nicht zugestimmt werden. Der Käufer hat zwar nach dem Rücktritt kein Recht zum Besitze mehr auf Grund des Abzahlungsvertrages, wohl aber ist er nach § 3 AbzGes. nicht verpflichtet, die Sachen herauszugeben, solange ihm der Verkäufer nicht gleichzeitig die ihm gebührende Leistung anbietet. Er ist mithin zur Zurückbehaltung und damit auch zum Besitze berechtigt. (Gl. M. RGKomm. Anm. 2 zu § 990.) Bei einem Streit über die Höhe der ihm gebührenden Leistungen kann der Käufer durch das niedrigere Angebot des Verkäufers zwar in Verzug kommen — wenn der Richter das Angebot nachträglich für angemessen ansieht —, daraus folgt aber nicht ohne weiteres auch ein schlechter Glaube des Käufers. „Auch die Kenntnis von Tatsachen, aus denen der Mangel seines Rechtes zum Besitze sich ergibt, schließt beim Besitzer guten Glauben nicht aus, wenn es sich um eine nicht ohne weiteres zu entscheidende Rechtsfrage handelt." (Planck Anm. 2b zu § 990; RG. Warn. 12, 35.) Ein schlechter Glaube des Käufers wird daher nur dann anzunehmen sein, wenn der Käufer die Herausgabe trotz offenbar ausreichenden Angebots des Verkäufers verweigert.

Gerät der Käufer in Verzug, so hat er gemäß § 287 BGB. auch die während des Verzuges durch Zufall eintretende Unmöglichkeit der Rückgabe, d. h. auch den zufälligen Untergang und die zufällige Wertminderung, zu vertreten und dem Verkäufer allen durch den Verzug entstehenden Schaden zu ersetzen, es sei denn, daß der Schaden auch bei rechtzeitiger Leistung eingetreten wäre. Auch hat er seine Geldschulden während des Verzuges zu verzinsen.

Dagegen hat er für die Zeit nach dem Rücktritt keine Gebrauchsvergütung zu leisten. Der Verkäufer kann ihn ja in Verzug setzen und hat dann Anspruch auf vollen Schadensersatz. (Gl. M. Samter S. 67; a. M. Lazarus S. 104; Jastrow, Arch. f. soz. Ges. 7, 287, für den Fall eines — von ihnen als zulässig angesehenen — bedingten Rücktritts.)

## § 3.

**Die nach den Bestimmungen der §§. 1, 2 begründeten gegenseitigen Verpflichtungen sind Zug um Zug zu erfüllen.**

## I. Bedeutung des § 3.

### A. Sein sozialpolitischer Zweck.

A. 1. § 3 bezweckt, dem in der Regel geschäftsungewandten Abzahlungskäufer die Notwendigkeit mehrerer Prozesse zu ersparen und ihn insbesondere davor zu bewahren, daß er auf die Klage des Verkäufers die Abzahlungssachen herausgeben muß und darauf angewiesen ist, seine Gegenansprüche seinerseits einzuklagen. Der Verkäufer soll vielmehr die Abzahlungssachen nur dann herausverlangen können, wenn er den Käufer gleichzeitig wegen seiner Gegenansprüche befriedigt. Der Käufer soll also die gekaufte Sache nur herauszugeben brauchen gegen Rückzahlung der von ihm gezahlten Raten, von denen auch nur die in § 2 bestimmten Beträge abzuziehen sind. Aus diesem Zwecke des Gesetzes sind die im Prozesse — d. h. falls die Parteien sich nicht nach dem Rücktritt über die Höhe ihrer Ansprüche einigen — sich ergebenden Fragen zu beantworten.

### B. Beschränkung der Rückgewähransprüche.

A. 2. Im Gegensatz zu § 348 BGB. ordnet der § 3 AbzGes. nicht die entsprechende Anwendung der §§ 320, 322 BGB. an. Aus diesem bewußten Gegensatze ergibt sich, daß § 3 beiden Parteien bezüglich der Leistung des anderen Teils nicht nur das Leistungsverweigerungsrecht des § 320 BGB. und die Einrede des nicht erfüllten

Vertrages des § 322 BGB. gewährt, sondern daß jeder Partei nur ein Rückgewähranspruch gegen gleichzeitige Rückgewähr der von der anderen Partei geschuldeten Leistungen zusteht. Im Prozeß braucht der Käufer daher die Einrede des § 320 BGB. nicht zu erheben. Der Verkäufer hat vielmehr von vornherein nur einen Anspruch auf Rückgabe der Sachen Zug um Zug gegen die Erfüllung seiner Verpflichtungen. (A. M. Aubele Anm. 2 zu § 3; Schmidt S. 34; Vollrath S. 64; gl. M. Samter S. 70; Hörle, Gruchot 55, 220; Crisolli ZHR. 95, 273.)

Der Richter muß die Bestimmung des § 3 daher von Amts wegen beachten. Eine nur auf Herausgabe gerichtete Klage ist nicht schlüssig. Die Bestimmung des § 3 hat daher in einem solchen Falle nicht nur die Wirkung des § 322 BGB., „daß der andere Teil zur Erfüllung Zug um Zug zu verurteilen ist", sondern daß die Klage in vollem Umfange abzuweisen ist, wenn die Gegenansprüche des Käufers nicht so vorgetragen sind, daß der Richter sie bei Verurteilung Zug um Zug berücksichtigen kann. Daher darf insbesondere in einem solchen Falle kein Versäumnisurteil erlassen werden. (Gl. M. Hörle, Gruchot 55, 219 ff., unter eingehender Darstellung der klagebegründenden Voraussetzungen, und Prozeßrichtervereinigung Groß-Berlin vom 11. Februar 1929, JW. 29, 3142; a. M. Beschl. des AG. Stuttgart I aus der Prozeßrichterbesprechung vom 26. Mai 1930, JW. 30, 2765.) A. 3.

In jedem Rechtsstreit, dessen Antrag auf Herausgabe einer auf Abzahlung gekauften Sache geht, hat demnach der Richter, bevor er die Verpflichtung zur Herausgabe ausspricht, sich unter allen Umständen angeben zu lassen, wieviel Reichsmark der Käufer bereits abgezahlt hat; von dieser Summe sind nur die in § 2 AbzGes. angegebenen Beträge abzuziehen. Ergibt der Abzug noch einen überschießenden Betrag der Ratensumme, so darf die Herausgabe nur Zug um Zug gegen Herausgabe dieses Betrages ausgesprochen werden. A. 4.

Aus der dargestellten gesetzlichen Beschränkung der beiderseitigen Rückgewähransprüche ergibt sich, daß auch § 273 Abs. III BGB. keine Anwendung findet. Dies wäre schon dann aus- A. 5.

geschlossen, wenn § 320 BGB. Anwendung zu finden hätte. Es muß daher erst recht gelten, wo jeder der beiden Teile nur einen kraft Gesetzes von der gleichzeitigen Erfüllung seiner Verbindlichkeit abhängigen Anspruch hat. Die Verpflichtung zur Erfüllung Zug um Zug kann daher nicht durch Sicherheitsleistung abgewendet werden. (Gl. M. Hörle, Gruchot 55, 197; a. M. Samter S. 71.)

## C. Praktische Auswirkungen.

A. 6. Erfüllung Zug um Zug bedeutet, daß jeder Teil nur zur Leistung gegen Empfang der ihm gebührenden Leistung verpflichtet ist (§ 274 BGB.). Der Käufer braucht die Sachen also nur gegen Rückzahlung der geleisteten Ratenzahlungen herauszugeben. Andererseits braucht der Verkäufer, der die Sachen herausverlangt, die Ratenzahlungen nicht in voller Höhe zurückzuzahlen, sondern kann davon die ihm nach § 2 gebührenden Beträge absetzen. Einigen sich die Parteien über deren Höhe nicht, so ist der Käufer berechtigt, die Herausgabe der Sachen zu verweigern. Er kommt daher durch das Angebot der gleichzeitigen Zurückzahlung der um einen seiner Ansicht nach zu hohen Betrag für Aufwendungen usw. gekürzten Ratenzahlung mit nachfolgender Fristsetzung nicht in Verzug, wenn die von dem Verkäufer angebotene Summe objektiv der Höhe seiner Schuld nicht genau entsprach. Wird das im Prozesse vom Gericht festgestellt, so befindet sich der Käufer im Verzuge. Ein zu niedriges Angebot kann diesen Erfolg jedoch nicht herbeiführen, da die Leistung so angeboten werden muß, wie sie geschuldet wird. Dies muß auch dann gelten, wenn der zwischen den Parteien strittige Betrag verhältnismäßig unerheblich ist. Bei der erheblichen schwächeren Stellung des Käufers würde dessen Verhältnis zum Verkäufer in einer gegen den Zweck des § 3 hinausgehenden Weise gefährdet werden, wenn man ihn für verpflichtet halten wollte, die Sachen herauszugeben, wenn er nicht volle Befriedigung erhält. Es wird daher kaum ein Fall möglich sein, in dem man den Käufer nach Treu und Glauben für verpflichtet halten muß, bei geringfügigem Rückstande der Zahlungen des Käufers die Sachen herauszugeben.

Will der Käufer die angebotene Leistung des Verkäufers als nicht genügend nicht annehmen, so kann er hierdurch nur in Verzug kommen, wenn das Angebot des Verkäufers angemessen war, er also die Annahme zu Unrecht verweigert hat. In diesem Falle hat der Verkäufer Zinsen von der geschuldeten Summe gemäß § 301 BGB. nicht zu entrichten. Über die Wirkung des Schuldnerverzuges des Käufers vgl. Anm. 79 zu § 2.

## II. Die Klageanträge des Verkäufers.

### A. Im allgemeinen.

Der Klageantrag des Verkäufers kann nach dem Vorher- A. 7.
gesagten nur auf Rückgabe der Abzahlungssachen Zug um Zug gegen Rückzahlung des dem Käufer zustehenden Betrages gehen. Die Herausgabe der Sachen setzt den Rücktritt des Verkäufers vom Vertrage voraus. Ohne Rücktritt kann der Verkäufer nur Erfüllung verlangen. Da der Rücktritt nicht bedingt erklärt werden kann (vgl. Anm. 98 zu § 1), kann der Verkäufer nicht Erfüllung, für den Fall der Nichterfüllung aber eventuell die Herausgabe verlangen. Er muß sich entscheiden, ob er Erfüllung verlangen oder zurücktreten will. Tritt er zurück, so verliert er den Anspruch auf Erfüllung. Er kann daher nach dem Rücktritt nur noch auf Herausgabe Zug um Zug gegen Erfüllung seiner Verbindlichkeit klagen.

### B. Der Antrag auf Herausgabe schlechthin.

Er ist nach den Ausführungen der Darlegung zu I (Anm. 2 ff.) A. 8.
nicht schlüssig. Gleichwohl wird die Klage nicht abzuweisen sein. Der Richter hat vielmehr auf Grund der mündlichen Verhandlung nur den Beklagten zur Herausgabe Zug um Zug gegen die Zurückzahlung der ihm zustehenden Forderung zu verurteilen. Das gleiche gilt für das Versäumnisverfahren. Nur soweit der Anspruch nach dem vom Beklagten als zugestanden anzusehenden Klagevorbringen nicht schlüssig begründet ist, z. B. weil der Kläger nicht angegeben hat, wieviel der Beklagte gezahlt hat, muß die Abweisung durch Streiturteil erfolgen. (Gl. M. Samter S. 71; a. M. Aubele Anm. 2 zu § 3.)

### C. Die Anträge auf Herausgabe der Sachen und Zahlung.

A. 9. Sie sind nach der Darlegung in Anm. 7 unzulässig, weil sie auf verschiedenen, einander ausschließenden Klagegründen beruhen. Die Rechtslage ist auch nicht anders, wenn der Verkäufer den Zahlungsantrag auf Abzahlungsvertrag, den Herausgabeanspruch aber auf das ihm vorbehaltene Eigentum gründet. Nach § 5 AbzGes. gilt es als Ausübung des Rücktrittsrechts, wenn der Verkäufer die auf Abzahlung verkaufte Sache auf Grund eines Eigentumsvorbehaltes wieder an sich nimmt. Unter Ansichnehmen ist auch schon die gerichtliche Geltendmachung des Herausgabeanspruches zu verstehen. (Gl. M. Hörle, Gruchot 55, 193; Enneccerus I, 2, § 341 II 1 b; Lazarus S. 51; Aubele Anm. 23 zu § 5; Seuff. Arch. 58, 175; Crisolli ZHR. 95, 273.)

A. 10. Wenn der Abzahlungsverkäufer die auf Abzahlung gekaufte Sache auf Grund des ihm bis zur Zahlung der letzten Rate vielleicht ausbedungenen Eigentumsvorbehaltes herausverlangt, so liegt darin zugleich der ihn zur Rückzahlung von Raten verpflichtende Rücktritt vom Vertrage. Hieraus folgt, daß die Entscheidung des Reichsgerichts vom 22. März 1907 in JW. 07, 315 nicht — wie dies in der Praxis mitunter geschieht — zur Stützung eines Herausgabeantrages des Verkäufers bei gleichzeitigem Zahlungsverlangen herangezogen werden kann. Das Reichsgericht spricht dort aus, daß die Geltendmachung eines Eigentumsvorbehaltes des Verkäufers nach § 455 BGB. im Konkurse des Käufers den Rücktritt des Verkäufers vom Vertrage nicht enthalte, so daß der Verkäufer bei Geltendmachung des Aussonderungsrechtes nach § 43 KO. empfangene „Abschlagszahlungen" nicht herauszuzahlen brauche, sondern daß die Masse nur einen Anspruch aus ungerechtfertigter Bereicherung gegen ihn habe. Der vom Reichsgericht entschiedene Fall unterfällt — das geht wohl aus dem Wort „Abschlagszahlungen" mit genügender Deutlichkeit hervor — nicht dem Abzahlungsgesetz, sondern es handelt sich bei dem vom Reichsgericht entschiedenen Fall nur um einen Fall des § 455 BGB. Unterfiele der Fall dem Abzahlungsgesetz, so hätte das Reichsgericht den § 5 AbzGes. übersehen und sich mit der allgemein herrschenden Ansicht in Rechtsprechung und Schrifttum in Widerspruch gesetzt, nach der auch in der Geltendmachung des Aussonderungsrechts nach § 43 KO. durch den Abzahlungsverkäufer im Konkurse des Abzahlungskäufers nach § 5 AbzGes. ein Rücktritt des Verkäufers vom Vertrage zu sehen ist (vgl. Hörle, Gruchot 55, 193; Enneccerus I, 2, § 341 II 1; Lazarus S. 51; Aubele Anm. 23 zu § 5; Crisolli ZHR. 95, 274; Warn. Jahrb. 04, 427; 08, 462; Seuff. Arch. 58, 175).

### D. Die Anträge „auf Zahlung, im Unvermögensfalle — im Nichtbeitreibungsfalle — im Falle der Fruchtlosigkeit — auf Herausgabe".

Sie sind ebenfalls unzulässig. Es handelt sich nicht um Eventual- A. 11.
anträge, wie sie in der Praxis oft genannt werden. Eventualanträge sind solche, bei denen das Gericht über den ersten Antrag und nur im Abweisungsfalle des ersten über den zweiten erkennen soll. Dies trifft hier nicht zu, denn der Kläger begehrt Verurteilung zu den beiden Anträgen, nur soll die Zwangsvollstreckung entweder auf das eine (Zahlung) oder auf das zweite (Herausgabe) gehen. Ihre Zulässigkeit wird in dreifacher Weise begründet:

Seelig erblickt (S. 45) in dem Antrage „im Unvermögens- A. 12.
falle" — übrigens in einem nicht ganz verständlichen Gegensatz zu dem Antrage „im Nichtbeitreibungsfalle" (S. 41) — keinen berechtigten Rücktritt. Der Kläger mache hier vielmehr seinen Rückgewährungsanspruch aus dem ihm vorbehaltenen Eigentum geltend. Dies sei auch nach § 5 AbzGes. „nicht unzulässig". Diese Ansicht Seeligs ist irrig, denn wie oben ausgeführt, liegt bereits in der gerichtlichen Geltendmachung des Herausgabeanspruches ein Ansichnehmen im Sinne des § 5 AbzGes., d. h. eine Rücktrittserklärung.

Irrig ist ferner die Ansicht Pählers (DJZ. 08, 191), nach der A. 13.
solche Anträge einen zweiten Klageanspruch neben dem Zahlungsanspruch enthalten. Pähler erblickt hierin eine unbedingte Klage für den Fall, daß die Zahlung nicht beigetrieben und darauf der Rücktritt erklärt werde. Er verkennt hierbei, daß der Anspruch auf Rückgabe der verkauften Sache durch die Erklärung des Rück-

tritts nicht nur fällig wird, sondern daß er überhaupt erst durch diese Erklärung entsteht. Der Rücktritt gehört zu den klagebegründenden Tatsachen des Herausgabeanspruches und muß zur Zeit der Erhebung der Klage erklärt, zum mindesten bedingt erklärt sein. Beim Fehlen dieses Klagefundaments kann daher nicht unter der Voraussetzung oder unter der Bedingung „des zukünftigen ungewissen Eintritts der Voraussetzung für die Entstehung dieses Anspruches verurteilt werden" (Breme in JW. 1914, 579).

A. 14. In dritter Linie wird die Zulässigkeit mit einem für den Unvermögensfall usw. bedingt erklärten Rücktritt des Verkäufers begründet. (So Lazarus S. 51 f.; Seelig S. 41; Seligsohn im KGBl. 1912, 2.) Diese Begründung wäre anzuerkennen, wenn ein für den Unvermögensfall usw. bedingter Rücktritt zulässig wäre. Das ist jedoch nicht der Fall. Selbst wenn man über die oben (vgl. Anm. 98 zu § 1) vertretene Meinung hinaus der weitestgehenden Ansicht folgt und annimmt, daß der Rücktritt unter solchen Bedingungen zulässig sei, deren Eintritt lediglich vom Willen des Schuldners abhängt (sog. Potestativbedingungen des Schuldners), und man außerdem die Bedingung der Zahlungsfähigkeit für eine nur vom Willen des Käufers abhängige, also für eine echte Potestativbedingung hielte, so kann doch wegen der Besonderheiten des Abzahlungsgeschäftes ein bedingter Rücktritt des Abzahlungsverkäufers nicht für zulässig gehalten werden. Es ist davon auszugehen, daß Bedingungen bei solchen einseitigen Willenserklärungen wie dem Rücktritt deshalb für unzulässig gelten, weil sie die Rechtslage in einer für den Schuldner ungünstigen Weise ins Ungewisse verschieben. Die Ausnahme für die Potestativbedingungen konnte deshalb gemacht werden, weil bei ihnen der Schuldner von sich aus ohne weiteres den Eintritt oder Nichteintritt der Bedingung bestimmen und damit seiner Rechtslage die erforderliche bestimmte Klarheit geben kann. Diese Erwägungen, die sonst allgemein zutreffend sein mögen, sind jedoch auf Abzahlungsgeschäfte unanwendbar, weil hier durch den Eintritt der Bedingung des „Unvermögens" usw. des Käufers die erforderliche Klarheit der Rechtslage keineswegs eintritt, vielmehr die Rückzahlungsverpflichtung des Verkäufers für den Teil der Raten (§ 1 AbzGes.), der nicht durch die in § 2 zugebilligten Kosten usw. verbraucht ist, völlig unklar bleibt. Dies trifft vor allem dann zu, wenn in der Zwangsvollstreckung zunächst noch einige Raten gezahlt worden sind. Ferner ist allzuoft unklar, welche Anforderungen an die Feststellung des tatsächlichen „Unvermögens" usw. des Käufers gestellt werden sollen, ob ein erfolgloser Vollstreckungsversuch genügen oder ob der Offenbarungseid gefordert werden soll. Auch insoweit könnte man sagen, daß die Feststellung des Eintritts der Bedingung hier nicht lediglich in den Willen des Schuldners gelegt ist.

Es ergibt sich also, daß man in Abzahlungssachen einen bedingt A. 15.
erklärten Rücktritt des Verkäufers dann nicht zulassen kann, wenn die Bedingung das „Unvermögen" usw. des Käufers ist. Demnach sind Klageanträge „auf Zahlung oder bei Nichtzahlung — im Unvermögensfalle usw. — auf Herausgabe" wegen der in ihnen enthaltenen bedingten Rücktrittserklärung des Verkäufers nicht zulässig, und zwar aus Gründen des materiellen Rechtes. (Gl. M. Samter S. 18; Aubele S. 81 Anm. 27; Breme in JW. 1914, 579; Hörle, Gruchot 55, 212; Cohn in Recht 1908 S. 35; Mertens in Recht 1906, 1433; Hein S. 21; Rühl S. 271; LG. I Berlin vom 2. Dezember 1910 in KGBl. 1911, 124 und Zeitschr. f. Rechtsanw. u. Not.Beamte 1913 Heft 3; Prozeßrichtervereinigung Groß-Berlin, Beschl. vom 13. Januar 1930 Nr. 74 a in JW. 1930, 2765 und JR. 1930, 57; Staudinger Anm. 6 zu § 346; Soergel Bem. 2 zu § 349; Hermann bei Holdheim 1916 S. 63; Crisolli ZHR. 95, 277 ff.; a. M. Lazarus S. 51/52; Seelig S. 41; Seligsohn in KGBl. 1912, 2; Beschl. des AG. Stuttgart I aus der Prozeßrichterbesprechung vom 26. Mai 1930 in JW. 1930, 2765.)

Diese Anträge sind ferner aus verfahrensrechtlichen A. 16.
Gründen unzulässig, da sie den nach der Zivilprozeßordnung zulässigen Klagen nicht entsprechen. Es ist zwar richtig, daß § 259 ZPO. auch auf suspensiv bedingte Klagen angewendet wird; es fehlt jedoch an der Rechtfertigung der Besorgnis, daß der Schuldner sich der rechtzeitigen Leistung entziehen werde.

Abwegig ist die Ansicht Pählers (DJZ. 08, 191), der sich Seelig S. 149 und Lazarus in DJZ. 08, 302 anschließen, daß diese Besorgnis einfach deshalb gegeben sei, weil der Beklagte, der es zu einer fruchtlosen Zwangsvollstreckung kommen lasse, damit seine „Böswilligkeit" zeige. Diese Ansicht ist auch aus wirtschaftlichen Gesichtspunkten unhaltbar. Denn regelmäßig wird es der beklagte Abzahlungskäufer, wie auch die tägliche Praxis zeigt, aus wirtschaftlicher Bedrängung, z. B. weil er durch Arbeitslosigkeit oder Krankheit zahlungsunfähig geworden ist, zum Prozeß kommen lassen, so daß von einer „Böswilligkeit" keine Rede sein kann. Außerdem müßte die Besorgnis im Sinne des § 259 ZPO. schon bei der Urteilsverkündung vorliegen, der Kläger müßte sie mindestens behauptet haben. In den Fällen der zur Erörterung stehenden Anträge behauptet der Abzahlungsverkäufer aber keineswegs, daß die Zwangsvollstreckung auf Zahlung fruchtlos oder voraussichtlich fruchtlos sein werde. Er will vielmehr die Zwangsvollstreckung auf Zahlung zunächst, in der Hoffnung auf einen Erfolg, betreiben können und will deshalb den Anspruch auf Zahlung bestätigt wissen. Auch würde nach der herrschenden Lehre die erwähnte Behauptung allein, ohne nähere begründende Tatsachen, nicht ausreichen, um die Besorgnis im Sinne des § 259 ZPO. zu rechtfertigen (vgl. OLGR. 5, 55; 5, 165; 9, 99; 20, 312; SeuffArch. 70, 297; 71, 337; Elf. Z. 37, 16; Hans.GZ. 31, 15; 37, 19; Hellwig „Anspruch" S. 386; Stein „Voraussetzung des Rechtsschutzes" S. 76 f.; Petersen Nr. 6 zu § 259; Gaupp-Stein-Jonas Anm. II zu § 259; a. M. Seuffert Nr. I a zu § 259; Moes S. 57).

A. 17. Anträge „auf Zahlung oder bei Nichtzahlung — im Unvermögensfalle — im Nichtbeitreibungsfalle — bei Fruchtlosigkeit — zur Herausgabe" sind daher, soweit sie auf dem bedingt erklärten Rücktritt beruhen und auf Herausgabe gehen, unzulässig und insoweit abzuweisen. Dagegen ist dem Zahlungsantrage, der ja nicht mit dem Rücktritt zusammenhängt, stattzugeben. (Ebenso Prozeßrichtervereinigung Groß-Berlin im Beschl. Nr. 64 vom 11. Februar 1929 in JW. 29, 3142; Rühl S. 271; Crisolli ZHR. 95, 282; a. M. LG. I Berlin vom 2. Dezember 1910 in

KGBl. 1911, 124 und Zeitschr. f. Rechtsanw. u. Not.Beamte 1913 Heft 3; Samter S. 18, die anscheinend die ganze Klage als unbegründet abweisen wollen.)

## E. Der Antrag „auf Zahlung oder nach Wahl des Klägers auf Herausgabe".

Er ist ein Alternativantrag, setzt also eine Alternativobligation voraus. Im Abzahlungsgeschäft schwebt jedoch, wie ausgeführt, zwischen den Parteien keine Alternativobligation, auf Grund welcher dem Verkäufer als Gläubiger eine Mehrheit von Ansprüchen — die Zahlung oder die Herausgabe — derart zustände, daß er jede dieser Leistungen fordern könnte. Er hat nur den Anspruch auf Zahlung und er kann den Rücktritt erklären, so daß er dann den Anspruch auf Herausgabe, aber nicht mehr den auf Zahlung hat. Er hat also nur eine mehrfache Möglichkeit der Rechtsausübung (elektive Konkurrenz), nicht eine Mehrheit von Ansprüchen nebeneinander, wie es das Wesen der Alternativobligation ist. Dies führt Hermann in Holdheim 1916 S. 63 mit aller Deutlichkeit aus und betont dabei, daß die Alternativanträge leider „ein unausrottbares, durch Übung vieler Gerichte gepflegtes Dasein" führen. A. 18.

Eine solche Alternativverpflichtung ist auch nicht vertraglich vereinbar. Eine Verpflichtung des Käufers, bei unpünktlichen Ratenzahlungen entweder den auf einmal fälligen Kaufpreis zu zahlen oder die gekaufte Sache herauszugeben (diese Form ist in den Abzahlungsformularen einzelner Berliner Abzahlungsgeschäfte eingeführt), ist nichtig. Sie enthält in gesetzwidriger Umgehung (a. M. ohne Begründung Seligsohn in KGBl. 1912, 2) des § 1 letzter Satz AbzGes. die Vereinbarung einer Herausgabepflicht, ohne daß der Rücktritt des Verkäufers die Rechtsfolge etwaiger Herauszahlung von Raten hat. A. 19.

Dieser Rechtslage müssen die Anträge und auch die Urteile entsprechen. Hat der Verkäufer den Rücktritt nicht erklärt, so ist nur ein Anspruch auf Zahlung begründet, und auf einen Alternativantrag ist, unter Abweisung des Herausgabeantrages, auf Zahlung zu erkennen. Ist der Rücktritt erklärt, so ist unter Abweisung des A. 20.

Zahlungsantrages auf Herausgabe zu erkennen. Lediglich in der Stellung eines Alternativantrages kann eine Rücktrittserklärung nicht gesehen werden (gl. M. Pachler DJZ. 08, 190; Crisolli ZHR. 95, 283), so daß jedenfalls ein Erkenntnis „nach Wahl des Klägers" unzulässig ist. (Gl. M. einstimmig auch die Prozeßrichtervereinigung Groß-Berlin im Beschl. vom 13. Januar 1930 in JR. 1930, 57; JW. 1930, 2765; Beschl. des AG. Stuttgart I aus der Prozeßrichterbesprechung vom 26. Mai 1930, JW. 1930, 2765; Hermann bei Holdheim 1916 S. 63; Staudinger Anm. 6 zu § 346; Crisolli ZHR. 95, 282 f.)

**F. Die Anträge „auf Zahlung oder Herausgabe" und „auf Zahlung oder nach Wahl des Beklagten auf Herausgabe".**

A. 21. Sie sind gleichfalls Anträge, denen eine Alternativobligation zugrunde liegen müßte. Beide Antragsformen bedeuten rechtlich dasselbe, da bei einer Wahlschuld, wenn nichts anderes bestimmt ist, dem Schuldner nach § 262 BGB. die Wahl zusteht.

A. 22. Die Ansicht Thiesings (Recht 07, 119), solche Anträge seien keine Alternativanträge, sondern Anträge auf Zahlung mit einer facultas alternativa für den verurteilten Beklagten, sich durch Zahlung von der Herausgabe zu befreien, ist nicht haltbar. Der Antrag „nach Wahl des Beklagten" muß unbedingt seinem Wortlaut entsprechend verstanden werden, denn das danach ergehende Urteil wird auch seinem Wortlaut entsprechend vollstreckt. Wahlschuld und Wahlbefugnis mit dem bekannten Unterschied duae res in obligatione, una res in solutione und umgekehrt scheinen von Thiesing gleichgestellt zu sein. Dies ist aber irrig. Die Wahl**befugnis** des Schuldners geht durch den Beginn der Zwangsvollstreckung nicht auf den Gläubiger über und geht auch nicht unter. Das Wahlrecht des Schuldners aus einer Wahl**schuld** geht dagegen (§ 263 BGB.) mit dem Beginn der Zwangsvollstreckung auf den Gläubiger über; bis zu deren Beendigung hat der Schuldner nur noch die Wahlbefugnis, die vom Gläubiger auf die eine Leistung gewählte Zwangsvollstreckung durch die andere Leistung abzuwenden.

A. 23. Der Unterschied zeigt sich am schärfsten bei der Durchführung der Zwangsvollstreckung, wenn unpfändbare Sachen (z. B.

Betten) auf Abzahlung gekauft sind. Aus einem Urteil auf Zahlung mit Wahlbefugnis des Beklagten ist die Leistung, die der Gläubiger allein fordern kann, die Zahlung. Für deren Beitreibung gelten die Regeln über die Unpfändbarkeit, so daß der Gerichtsvollzieher dem Beklagten unpfändbare Sachen (z. B. die Betten) nicht wegnehmen kann. Aus einem Alternativurteil kann der Gerichtsvollzieher, wenn der Beklagte nicht sofort die Zahlung wählt, im Namen des Gläubigers die Herausgabe wählen. Diese wird nach § 883 ZPO. vollstreckt, so daß die Regeln über die Unpfändbarkeit nicht gelten; der Gerichtsvollzieher kann also dem Beklagten sonst nicht pfändbare Sachen (z. B. die Betten) wegnehmen. Oft fällt übrigens der Beginn der Zwangsvollstreckung mit der Zustellung des Urteils zusammen. Dann müßte der Beklagte sofort nach Kenntnisnahme des Urteils die Zahlung wählen, um der Wegnahme auch unpfändbarer Sachen zu entgehen, die sonst nach Wahl des Klägers sofort vollstreckt werden kann. Da er das Urteil nur in den seltensten Fällen in seiner Tragweite verstehen und niemals den Verlust des Wahlrechts bei Beginn der Zwangsvollstreckung kennen wird, kommen Urteile „nach Wahl des Beklagten" daher praktisch auf dasselbe hinaus wie solche „nach Wahl des Klägers". Es ist daher unverständlich, warum die Prozeßrichtervereinigung Groß-Berlin (Beschl. vom 13. Januar 1930; vgl. JR. 1930, 57; JW. 30, 2765) einstimmig Anträge „nach Wahl des Klägers" ablehnte, aber solche „nach Wahl des Beklagten" mit Zweidrittelmehrheit für zulässig hielt. Worauf die „Schlüssigkeit" solcher Anträge zu gründen sei, wurde nicht angegeben.

Es findet sich die Ansicht vertreten (Mertens in Recht 08, 1483 und Lazarus in DJZ. 08, 300), Anträge „nach Wahl" seien als „unechte Eventualanträge" anzusehen in dem Sinne wie die Anträge oben zu D (vgl. Anm. 11 ff.). Diese Ansicht ist irrig (gl. M. Thiesing in Recht 07, 119); denn beide Arten von Anträgen sind ihrem Wortlaut wie ihrer Konstruktion nach völlig verschieden. Wenn auf Befragen des Gerichts der Kläger eine dementsprechende Erläuterung gäbe, so würde, wie Stölzel (Schulung usw. Bd. 2 S. 21) richtig ausführt, ein entsprechendes Urteil ein ultra petitum bedeuten. A. 24.

A. 25. Solche Alternativanträge „nach Wahl des Beklagten", trotzdem eine Alternativobligation nicht besteht und nicht bestehen kann, können auch nicht ohne jeden Rechtsgrund einfach deswegen zugelassen werden, weil sie ein Minus gegenüber dem Herausgabeanspruch darstellen. Das Minus sieht z. B. Thiesing (Recht 07, 119; ebenso Lazarus in DJZ. 08, 300; vgl. auch Aubele Anm. 28 S. 82) darin, daß der Käufer von der „härtesten Verpflichtung" entbunden würde, da ihm ja Zahlung freigestellt würde. Diese Begründung ist selbst vom rein wirtschaftlichen Standpunkt aus falsch. In vielen Fällen wird der Käufer froh sein, wenn er die Sache zurückgeben darf und von seiner Zahlungspflicht entbunden wird. Aber auch vom rechtlichen Standpunkt muß hier darauf hingewiesen werden, daß bei Zulassung solcher Anträge die Gefahr besteht, daß Abzahlungsverkäufer die Urteile als Druckmittel benutzen und dann zwangsweise beigetriebene Raten später bei der Vollstreckung der Herausgabe dem Gesetz zuwider dem Käufer nicht zurückgezahlt werden. (Gl. M. Aubele Anm. 28 S. 82.)

A. 26. Ein Antrag „nach Wahl des Beklagten" kann endlich auch nicht als eine Klage mit nicht erklärtem Rücktritt des Klägers (Verkäufers) konstruiert werden, bei der dem Beklagten angeboten wird, seinerseits den Rücktritt zu erklären und dann die Herausgabe zu wählen. Es ist nicht Sache des Gerichts, in Urteile Angebote des Klägers aufzunehmen, da Urteile nur Leistungen oder Feststellungen auszusprechen haben (vgl. RGZ. 61, 256). Wenn die Parteien sich einigen wollen, so können sie es ja immer noch tun.

A. 27. Es ist daher unzulässig, auf eine Alternativverurteilung zu erkennen, bei der die Wahl in das Belieben des Beklagten gestellt ist. (Gl. M. Samter S. 18; Aubele Anm. 28 zu § 5; Cohn, Recht 08, 34; Mertens, Recht 06, 1433; Pähler, DJZ. 08, 191; Karlsruhe OLGR. 38, 123; Landgericht I Berlin vom 2. Dezember 1910, KGBl. 11, 124; Staudinger Anm. 6 zu § 346; Hermann bei Holdheim 196 S. 63; Crisolli ZHR. 95, 283 ff.; a. M. Thiesing, Recht 07, 119; Lazarus, DJZ. 08, 300; Prozeßrichtervereinigung Groß-Berlin, JR. 1930, 57; JW. 30, 2765; unverständlich Beschl. des AG. Stuttgart I aus der Prozeßrichterbesprechung vom

26. Mai 1930, JW. 1930, 2765.) Je nach der Erklärung oder Nichterklärung des Rücktritts ist vielmehr unter Abweisung des einen Antrages auf den anderen Antrag zu erkennen.

Aus den entwickelten Gründen kann die Unzulässigkeit der Alternativklage auch nicht durch eine in der Praxis mitunter auftauchende Abrede folgenden Inhalts beseitigt werden: A. 28.

„Ist indessen der Besteller nach Lieferung nur im Zahlungsverzug und tritt deshalb der Gläubiger vom Vertrage zurück, so soll vertraglich der Besteller zu seinen Gunsten trotzdem durch eine alternative Klage des Gläubigers noch bis zum Beginn der Zwangsvollstreckung mit Urteil wahlweise das Recht haben,

entweder

die Sachen unter Tragung des Betrages für Gebrauch, Abnutzung und Aufwendungen usw. dem Gläubiger herauszugeben,

oder

durch Zahlung der rückständigen Raten bezw. fälligen Forderung den Rücktritt des Gläubigers aufzuheben, wodurch der vorher bestandene Vertragszustand bezüglich der Sachen wiederhergestellt werden soll."

Eine solche Abrede gewährt dem Käufer nur scheinbar ein Wahlrecht, während in Wahrheit dem Verkäufer das Recht gegeben werden soll, trotz des Rücktritts auch auf Erfüllung zu klagen.

## G. Der Antrag „auf Herausgabe oder auf Zahlung".

Er ist gleichfalls ein Alternativantrag, überdies ein solcher, der die Rückzahlungspflicht des Verkäufers unberücksichtigt läßt, so daß er gleichfalls unzulässig ist. (Gl. M. Crisolli ZHR. 95, 287 f.) Da der Rücktritt stets erklärt sein wird, ist unter Abweisung des Zahlungsantrages auf Herausgabe zu erkennen. A. 29.

Aubele (Anm. 30 zu § 5) hält einen solchen Antrag für unbedenklich, „wenn der Kläger es ins Belieben des Beklagten stellen will, eine andere Leistung zu machen, als zu welcher er verpflichtet ist; es droht dabei keine Umgehung einer Gesetzesbestimmung". Zunächst kann die Voraussetzung, unter der Aubele A. 30.

den Antrag für zulässig erachten will, nicht eintreten. Mit dem einem solchen Antrage stattgebenden Urteile wird dem Beklagten nicht die Befugnis eingeräumt, eine andere Leistung zu machen als die, zu welcher er verurteilt ist; er erhält keine facultas alternativa, sondern er wird alternativ zu beiden Leistungen verurteilt. Das ist jedoch aus den oben (Anm. 22 ff.) entwickelten materiellen und prozessualen Gründen unzulässig.

A. 31. Selbst wenn man aber in solchem Antrage ein Angebot des Klägers sehen wollte, dem Beklagten eine ihm nach dem Vertrage nicht zustehende facultas alternativa einzuräumen, so wäre, wie bereits in Anm. 26 ausgeführt, die Aufnahme eines solchen Angebots in das Urteil unzulässig.

A. 32. Dieser Ansicht steht die Entscheidung des OLG. Hamm (vom 29. November 1906, Recht 07 S. 59 Nr. 47) nicht entgegen. Dort hatte der Ehemann der Beklagten von der Klägerin unter deren Eigentumsvorbehalt auf Abzahlung Maschinen gekauft und diese, trotz Nichtzahlung der Raten, der Beklagten übereignet. Die Klägerin verlangte Herausgabe der Maschinen oder Wertersatz; das Urteil erkannte auf Herausgabe oder auf Zahlung. Die Entscheidung beruht auf §§ 985, 989 BGB., 259 ZPO.; da nach der Übereignung der Maschinen, die als „Verschiebung" bezeichnet werden kann, eine begründete Besorgnis für den Erfolg der Zwangsvollstreckung bestand, könnte die Klägerin sofort für diesen Fall Verurteilung zur Zahlung des Wertersatzes verlangen. Ein Anspruch der Beklagten auf Rückzahlung von Raten nach §§ 1, 2 AbzGes. kam nicht in Frage. Die Entscheidung hat mit dem Abzahlungsgesetz nichts zu tun.

### H. Der Antrag, „den Beklagten zur Herausgabe zu verurteilen, ihm aber freizustellen, die Herausgabe durch Zahlung abzuwenden".

A. 33. Er ist aus dem oben in Anm. 26 auseinandergesetzten Grunde unzulässig, da es nicht Sache des Gerichts ist, in das Urteil Angebote des Verkäufers aufzunehmen. (Gl. M. Breme, JW. 1914, 579; Prozeßrichtervereinigung Groß-Berlin, JW. 30, 2765 und JR. 30, 57; Crisolli ZHR. 95, 288; a. M. Beschl. des

AG. Stuttgart I aus der Prozeßrichterbesprechung, JW. 30, 2765, der einen solchen Antrag als „begründet" bezeichnet.)

Hier ist stets auf Herausgabe zu erkennen, da der Antrag stets eine Ausübung des Rücktrittsrechts voraussetzt. Der weitere Antrag ist abzuweisen.

## III. Der Streitwert.

(Der Streitwert der Klagen mit den besprochenen Anträgen hat erhebliche Meinungsverschiedenheiten hervorgerufen.)

### A. Bei Anträgen „auf Zahlung, für den Fall der Nichtzahlung auf Herausgabe".

Wie oben in Anm. 11 ausgeführt, handelt es sich hier nicht A. 34. um einen Eventualantrag. Der Kläger begehrt vielmehr eine Entscheidung sowohl über den Haupt- wie über den Eventualantrag, so daß in Wirklichkeit mehrere Anträge in einer Klage geltend gemacht werden. Das Gericht hat sich hier stets mit beiden Anträgen zu befassen, während es sich bei den Eventualanträgen mit dem Eventualantrag nur **dann** zu befassen hat, wenn es zur Abweisung des Hauptantrages gekommen ist. Ferner wird der Kläger im Falle des Obsiegens bei den Eventualanträgen stets nur für einen seiner Anträge zur Zwangsvollstreckung berechtigt, während hier im Falle der Vereinbarung beide Anträge in die Zwangsvollstreckung übergehen können. Der Streitwert ist daher gemäß § 9 GKG. und § 5 ZPO. durch Zusammenrechnung der Werte beider Anträge zu ermitteln. Dabei ist für die Bewertung des Herausgabeanspruches gemäß §§ 9 und 6 ZPO. der Neuwert der herausverlangten Sache maßgebend, von dem nur ein Abzug wegen des Gebrauchs der Sache zu machen ist. (Gl. M. Landgericht I Berlin vom 27. März 1929 — 29 T 220/29 —, JW. 30, 2765; Prozeßrichtervereinigung Groß-Berlin vom 13. Januar 1930, JW. 1930, 2765; Crisolli ZHR. 95, 289 ff.; a. M. KG. vom 22. April 1929 — 23 W 3429/29 — und Beschl. des AG. Stuttgart I aus der Prozeßrichterbesprechung vom 26. Mai 1930, JW. 1930, 2765, die beide den Streitwert nur nach dem Zahlungsantrage festsetzen.)

### B. Bei Anträgen „auf Zahlung oder nach Wahl des Beklagten auf Herausgabe".

A. 35. Bei ihnen ist der Wert des jeweils höheren Antrages maßgebend.

Nach der ständigen Rechtsprechung des Reichsgerichts (vgl. Sydow-Busch Anm. 1 zu § 3) ist bei Alternativanträgen die niedrigere Alternative maßgebend, wenn dem Beklagten das Wahlrecht zusteht. Es mag hier unerörtert bleiben, ob dieser Ansicht grundsätzlich beigetreten werden kann. Für das Gebiet der Abzahlungsklagen muß jedenfalls ein anderer Standpunkt eingenommen werden. Die Rechtsprechung des Reichsgerichts setzt einen an sich zulässigen Alternativantrag voraus, dem ein entsprechendes Urteil folgen kann. Da hier der Beklagte in der Regel die geringerwertige Leistung wählen wird, mag es richtig sein, den Streitwert nach dem Werte dieser Leistung zu berechnen. Die Alternativklagen des Abzahlungsverkäufers sind dagegen als solche, wie oben dargelegt, von vornherein unzulässig. Hier ist nicht wie bei den wirklichen Alternativanträgen dem Klageantrage als solchem im ganzen stattzugeben oder nicht stattzugeben, sondern hier ist der alternative Antrag als solcher von vornherein abzuweisen. Deshalb ist es gerechtfertigt, hier den Wert des höheren Antrages als Streitwert anzusehen, da hier der höhere Wert niemals alternativ neben dem niedrigeren Werte zugesprochen werden kann. (Gl. M. Landgericht I Berlin vom 23. Mai 1929 — 29 T 399/29 — und vom 17. Februar 1930 — 29 T 201/30 —; Prozeßrichtervereinigung Groß-Berlin vom 19. Januar 1930, JW. 30, 2765; Crisolli ZHR. 95, 291.)

## IV. Vollstreckungsklausel und Zwangsvollstreckung aus einem auf Verurteilung zur Leistung Zug um Zug lautenden Urteil.

### A. Vollstreckungsklausel.

A. 36. Bei einem auf Herausgabe der Sachen Zug um Zug gegen die Rückzahlung der Raten lautenden Urteil ist die Vollstreckungsklausel gemäß § 726 Abs. II ZPO. ohne urkundlichen Nachweis der Befriedigung oder des Annahmeverzuges des Käufers zu erteilen.

Das Urteil unterscheidet sich in keiner Weise von anderen Zug um Zug gegen eine Sachleistung verurteilenden Urteilen. (Gl. M. im Ergebnis Samter S. 72.)

## B. Zwangsvollstreckung.

Die Zwangsvollstreckung aus einem die Herausgabe der Sachen Zug um Zug gegen die Rückgewähr der Raten aussprechenden Urteile erfolgt nach Maßgabe des § 756 ZPO. Danach ist Voraussetzung für den Beginn der Zwangsvollstreckung, daß entweder der Gerichtsvollzieher dem Käufer die diesem gebührende Leistung in einer den Annahmeverzug begründenden Weise angeboten hat, oder daß der Verkäufer ihm durch öffentliche oder öffentlich beglaubigte Urkunden (z. B. eine notariell beglaubigte Quittung oder ein Gerichtsvollzieherprotokoll) nachweist, daß der Schuldner befriedigt oder im Annahmeverzuge ist, und eine Abschrift dieser Urkunden bereits zugestellt ist oder gleichzeitig zugestellt wird. A. 37.

Samter will (S. 72) über die Bestimmung des § 756 ZPO. hinaus eine Zwangsvollstreckung nur dann zulassen, wenn der Annahmeverzug nach der Urteilsverkündung eingetreten ist und der Verkäufer die zurückzugewährende Summe hinterlegt hat. Er folgert dies aus dem Gegensatz der §§ 1, 2 AbzGes. zu den §§ 322 Abs. III und 274 Abs. II BGB. und der amtlichen Begründung zu § 3 AbzGes. Diese Ansicht dürfte zu weit gehen. Das Abzahlungsgesetz regelt nur die materiellen Ansprüche der Parteien im Falle des Rücktritts. Der Gegensatz des § 3 zu den entsprechenden Vorschriften des BGB. erschöpft sich darin, daß die Verpflichtung zur Zug-um-Zug-Leistung von Gesetzes wegen begründet ist und nicht erst durch Einrede geltend gemacht werden muß. Die Wirkung des eine Zug-um-Zug-Leistung aussprechenden Urteils wird hierdurch nicht berührt. Auch aus dem offenbar nur den Umfang der materiellen Ansprüche umschreibenden Satze der Begründung, den Samter anführt, kann nicht geschlossen werden, daß das Abzahlungsgesetz unter Erfüllung Zug um Zug etwas anderes versteht als das BGB. und die ZPO. Wäre dies der Fall, so hätte das Abzahlungsgesetz im § 3 darüber Bestimmung treffen müssen, in welcher Weise die Erfüllung A. 38.

Zug um Zug zu vollstrecken sei. Aus dem Schweigen des Gesetzes muß daher geschlossen werden, daß insoweit die allgemeinen Bestimmungen Anwendung finden sollen.

Zu einer abweichenden Regelung hätte auch kein Anlaß vorgelegen. Für die Frage der Vollstreckung ist es gleichgültig, ob der Verurteilung zu einer Zug-um-Zug-Leistung ein Abzahlungsgeschäft oder ein anderes Rechtsverhältnis zugrunde liegt. Der Schuldner ist durch die Verurteilung Zug um Zug, die die Höhe seines Gegenanspruches zahlenmäßig feststellt, schon genügend geschützt. Ob der Verzug vor oder nach dem Urteil eingetreten ist, kann keinen Unterschied machen. Wenn der Schuldner sich im Verzuge befindet, so hat er sich die Folgen desselben selbst zuzuschreiben. Deshalb kann nicht verlangt werden, daß der Gläubiger die ihm gebührende Leistung hinterlegt.

Somit ist § 756 ZPO. auf die Zwangsvollstreckung eines Urteils, das die Herausgabe von Abzahlungssachen Zug um Zug gegen die Rückzahlung eines bestimmten Betrages ausspricht, ohne Einschränkung anzuwenden. Wenn z. B. der Verzug schon vor dem Urteil eingetreten ist und dies z. B. im Urteil festgestellt ist, so kann nach der Zustellung des Urteils zur Zwangsvollstreckung geschritten werden.

## § 4.

**Eine wegen Nichterfüllung der dem Käufer obliegenden Verpflichtungen verwirkte Vertragsstrafe kann, wenn sie unverhältnismäßig hoch ist, auf Antrag des Käufers durch Urtheil auf den angemessenen Betrag herabgesetzt werden. Die Herabsetzung einer entrichteten Strafe ist ausgeschlossen.**

**Die Abrede, daß die Nichterfüllung der dem Käufer obliegenden Verpflichtungen die Fälligkeit der Restschuld zur Folge haben solle, kann rechtsgültig nur für den Fall getroffen werden, daß der Käufer mit mindestens zwei auf einander folgenden Theilzahlungen ganz oder theilweise im Verzug ist und der Betrag,**

mit dessen Zahlung er im Verzug ist, mindestens dem zehnten Theile des Kaufpreises der übergebenen Sache gleichkommt.

I. Vertragsstrafe:

## I. Vertragsstrafe.

### A. Allgemeines.

A. 1. **1. Verhältnis von § 4 Abs. I zu § 343 BGB.** § 4 Abs. I entspricht inhaltlich vollständig dem § 343 Abs. I Satz 1 und 3 BGB. Er enthält nur eine Vorwegnahme dieses bei der Schaffung des Abzahlungsgesetzes bereits in den Entwurf des BGB. aufgenommenen Rechtsgedankens. § 4 Abs. I bezweckt also keinen stärkeren Schutz des Abzahlungskäufers, als ihn heute jeder Strafversprechende nach dem BGB. genießt. Deshalb ist es gerechtfertigt, ihn in der gleichen Weise wie den § 343 BGB. auszulegen und zur Entscheidung der bei seiner Anwendung auftauchenden Zweifelsfragen die zur Ausführung des beiden Vorschriften gemeinsamen Rechtsgedankens getroffenen Vorschriften der §§ 339—345 BGB. heranzuziehen.

Ebenso hat die Vorschrift des § 343 Abs. I Satz 2 Anwendung zu finden. Sie bedeutet nur eine gesetzliche Interpretation des Begriffes der Angemessenheit. Aus der Tatsache, daß eine ihr entsprechende Vorschrift nicht in das Abzahlungsgesetz aufgenommen worden ist, ist nicht der Schluß zu ziehen, daß das Abzahlungsgeschäft von einem anderen Begriffe der Angemessenheit ausginge. A. 2.

Die Einschränkung Samters (S. 73), die §§ 339—345 BGB. könnten nur Anwendung finden, „soweit die zwingenden Vorschriften der §§ 1 und 2 des Reichsgesetzes nicht eingreifen" — die übrigens, soweit zu ersehen, praktisch zu keinen anderen Ergebnissen führt —, ist nicht gerechtfertigt. Die Vorschriften der §§ 1—3 haben mit der Vorschrift des § 4 des Gesetzes nichts zu tun. Eine Vertragsstrafe kann einmal auch bei einem Abzahlungsgeschäft ausbedungen sein, bei dem sich der Verkäufer kein Rücktrittsrecht vorbehalten hat. Andererseits schließen Rücktritt und das Verlangen nach Entrichtung der Vertragsstrafe einander aus, weil auf Grund des Rücktritts gemäß § 1 keine Vertragsstrafe mehr verlangt werden kann (vgl. Anm. 116 zu § 1). Die §§ 1—3 regeln die Rechtsbeziehungen unter den Parteien für den Fall eines Rücktritts, § 4 Abs. I schreibt die Ermäßigung einer Vertragsstrafe vor, hat also mit den vorhergehenden Vorschriften nichts zu tun. A. 3.

Gleichwohl ist die Vorschrift des § 4 Abs. I des Gesetzes durch § 343 BGB. sachlich nicht vollkommen überflüssig geworden. Es ist nicht richtig, daß dem Abzahlungskäufer die gleichen Rechte bereits ohne das Spezialgesetz nach dem allgemeinen Bürgerlichen Rechte zustehen. (So Vollrath S. 70, Lieske S. 57 und wohl auch Rühl S. 255.) Aus dem Gegensatze des § 8 AbzGes. zu den §§ 348, 351 HGB. ergibt A. 4.

sich, daß in einem Falle die Entscheidung anders ausfallen müßte, wenn § 4 durch das BGB. außer Kraft gesetzt wäre. Das ist das Versprechen einer Vertragsstrafe durch einen nicht eingetragenen Vollkaufmann bei einem Abzahlungskaufe im Betriebe seines Handelsgewerbes. Auf seine Rechtsgeschäfte findet, wie in Anm. 9 ff. zu § 8 dargelegt ist, das Abzahlungsgesetz Anwendung. Bei seinen Rechtsgeschäften ist aber gemäß § 348 HGB. eine Herabsetzung auf Grund der Vorschriften des § 343 BGB. ausgeschlossen. Da § 348 HGB. aber nur diese Vorschrift für unanwendbar erklärt, fallen Ermäßigungsrechte, die in anderen Gesetzen gegeben sind, nicht fort. In dem angeführten Falle hat der nicht eingetragene Vollkaufmann daher trotz der Nichtanwendbarkeit des § 343 BGB. ein Ermäßigungsrecht auf Grund des § 4 Abs. I AbzGes. (Gl. M. Staub Anm. 32 zu § 348; Lazarus S. 106; Schmidt S. 37; Voigt S. 28; Gillmann-Jonas S. 49; Wolf in DJZ. 01, 554 f.)

A. 5. 2. **Nur eine vom Käufer** versprochene Vertragsstrafe wird in § 4 Abs. I behandelt. Eine vom Verkäufer versprochene Vertragsstrafe unterliegt den allgemeinen Vorschriften des BGB. Diese werden nicht etwa durch das Schweigen des Abzahlungsgesetzes ausgeschlossen. Entsprechend seinem sozialpolitischen Zwecke, den Käufer vor einer Ausbeutung zu schützen, hatte es keine Veranlassung, eine Schutzbestimmung für den Verkäufer in das Gesetz aufzunehmen.

## B. Begriff der Vertragsstrafe.

A. 6. Die Vertragsstrafe ist eine von der Hauptleistung verschiedene, neben diese tretende Leistung. Der Strafvertrag enthält das Versprechen des Schuldners, dem Gläubiger für den Fall der Nichterfüllung oder der nicht gehörigen Erfüllung seiner Verbindlichkeit eine Geldsumme zu zahlen oder eine andere Leistung zu machen.

A. 7. Der Strafvertrag setzt eine zwischen dem Gläubiger und dem Versprechenden bestehende Hauptverbindlichkeit voraus. Ein zwischen dem Abzahlungsverkäufer und einem Dritten abgeschlossener Vertrag ist also kein Strafvertrag im

Sinne des § 4 Abs. I. Daraus darf aber nicht gefolgert werden, daß etwa eine Strafe, die eine Ehefrau für den Fall verspricht, daß der Ehemann seine Verpflichtungen aus dem Abzahlungsvertrage nicht erfüllt, nicht herabgesetzt werden dürfe. Soweit ein solches Strafversprechen nicht überhaupt wegen der damit versuchten Umgehung des § 4 Abs. I AbzGes. als unsittlich und deshalb als nichtig angesehen werden muß, hat die Bestimmung des § 4 Abs. I auf diesen Fall analoge Anwendung zu finden. (Gl. M. Staudinger Anm. 6 zu § 343.)

### C. Charakter und Gegenstand des Strafversprechens.

#### 1. Der Charakter des Strafvertrages.

a) Das Strafversprechen setzt regelmäßig eine Haupt- A. 8.
verbindlichkeit voraus, hat also akzessorischen Charakter. Es soll deren Erfüllung sichern und in vielen Fällen den Beweis des Schadens und seiner Höhe bei Nichterfüllung ersparen. Das Strafversprechen ist daher von dem Bestehen der Hauptverbindlichkeit abhängig. Besteht diese nicht, z. B. weil der ganze Abzahlungsvertrag gegen die guten Sitten verstößt, oder wird sie wirksam angefochten, so ist auch das Strafversprechen unwirksam (§ 344 BGB.). Dies ist auch dann der Fall, wenn die Parteien die Unwirksamkeit der Hauptverpflichtung gekannt haben. Ebenso ist ein Strafversprechen unwirksam, das für den Fall der Nichterfüllung einer nach dem Abzahlungsgesetz nichtigen Vertragsabrede vereinbart worden ist. (Gl. M. Aubele Anm. 8 zu § 4). Wird der Abzahlungsvertrag aufgehoben oder die Leistung des Abzahlungskäufers ohne sein Verschulden unmöglich, so erlischt auch der Strafvertrag, da die Strafe ja nur für den Fall versprochen ist, daß der Käufer die ihm obliegenden Verpflichtungen nicht erfüllt.

b) Der Strafvertrag kann auch aus selbständigen A. 9.
Gründen nichtig sein. Der Strafvertrag kann gegen die guten Sitten verstoßen, während der Hauptvertrag allein nicht sittenwidrig zu sein braucht, z. B. wegen der Natur der zur Strafe versprochenen Leistung oder wegen der außerordentlichen Höhe der versprochenen Geldstrafe (vgl. RGZ. 68,

229). Ob in einem solchen Falle nur das Strafversprechen oder der ganze Abzahlungsvertrag nichtig ist, hängt gemäß § 139 BGB. davon ab, ob derjenige, der sich auf die Gültigkeit des übrigen Vertrages beruft, beweisen kann, ob der Vertrag auch ohne die Strafabrede in gleicher Weise abgeschlossen worden wäre (RGZ. 57, 165; 61, 285; 73, 18).

A. 10. c) Eine Vertragsstrafe kann grundsätzlich für den Fall der Nichterfüllung oder Schlechterfüllung jeder Vertragsverpflichtung des Käufers vereinbart werden. Eine Ausnahme wird jedoch entsprechend dem Zwecke des Abzahlungsgesetzes einerseits und den Zwecken der Vertragsstrafe andererseits für solche Verpflichtungen zu machen sein, die nicht den Hauptanspruch des Verkäufers — die Zahlung des Kaufpreises oder die etwaige Rückgewähr der Sache — sichern oder ihn für den Fall der Nichterfüllung der betreffenden Nebenverbindlichkeiten von dem Beweise des erlittenen Schadens befreien sollen. Deshalb sind die Vertragsstrafen grundsätzlich zulässig für den Fall der unpünktlichen Zahlung oder des Unterlassens der Anzeige von einer Wohnungsänderung oder der Pfändung durch einen Dritten oder der Unterlassung einer Feuer- oder Einbruchsdiebstahlsversicherung. Unzulässig sind dagegen grundsätzlich Vertragsstrafen für den Fall einer Beschädigung oder zu starken Abnutzung der Sachen. Der Anspruch des Verkäufers auf Zahlung oder auf Rückgewähr im Falle seines Rücktritts wird durch eine schlechte Behandlung der Sachen nicht gefährdet. Solange der Käufer die Raten zahlt, erleidet der Verkäufer durch sie keinen Schaden. Eine Sicherung des möglicherweise im Falle eines Rücktritts eintretenden Schadens kann der Verkäufer aber bei währendem Vertrage nicht verlangen. Die Schadensansprüche, die er im Falle der Rückgabe einer beschädigten Sache nach dem Rücktritt gegen den Käufer hat, sind im § 2 des AbzGes. ausschließlich geregelt. Eine Vertragsstrafe wegen Beschädigung der Sache würde den Verkäufer, der später zurücktritt, also besser stellen, als er sich nach dem Gesetze stehen darf. Solange der Vertrag besteht, hat der Verkäufer grundsätzlich kein Interesse daran, wie der Käufer mit der von ihm gekauften Sache verfährt. Das könnte nur unter ganz besonderen, von dem Abzahlungsvertrage als solchen unabhängigen Voraussetzungen der Fall sein, etwa wenn der Verkäufer im Hinblick auf den Kunstwert der verkauften Sache ein gerade auf deren pflegliche Behandlung gerichtetes, von seinem Interesse als Abzahlungsverkäufer verschiedenes Interesse hat.

2. **Der Gegenstand des Strafversprechens** braucht auch beim Abzahlungsgeschäft nicht nur die Zahlung einer Geldsumme zu sein, sondern kann in jeder anderen erlaubten Leistung bestehen (§ 343 BGB.). A. 11.

Die Höhe der Geldsumme, die für den Fall der Verwirkung gezahlt werden soll, braucht im Vertrage nicht ausdrücklich bestimmt zu sein. In diesem Falle greift die Bestimmung des § 315 BGB. ein. Außerdem ist der Käufer gerade durch die Möglichkeit der Herabsetzung der Strafe vor einer Willkür des Verkäufers geschützt. A. 12.

## D. Die Strafverwirkung.

### 1. Voraussetzungen.

a) § 4 Abs. I spricht nur von einer Vertragsstrafe, die wegen Nichterfüllung der dem Käufer obliegenden Verpflichtungen verwirkt wird. Die Bestimmung gilt jedoch auch für den Fall der nicht gehörigen Erfüllung. Selbst wenn man den § 4 Abs. I wörtlich auslegen zu müssen glaubt, würde sich dies aus den subsidiär geltenden Vorschriften des BGB. ergeben. Auch wegen nicht gehöriger Erfüllung kann daher eine Vertragsstrafe ausbedungen, verwirkt und herabgesetzt werden. (Gl. M. Samter S. 74; Aubele Anm. 3 zu § 4.) A. 13.

b) Verzug des Käufers.

α) Für die Fälle der Nichterfüllung oder Schlechterfüllung von Verpflichtungen positiver Art verlangt § 339 Satz 1 BGB. ausdrücklich einen Verzug des Käufers (vgl. Anm. 60 ff. zu § 1). Die Leistung muß trotz erfolgter Mahnung oder Ablauf eines bestimmten Kalendertages aus einem Umstande unterblieben sein, den der Käufer zu vertreten hat (§§ 284, 285 BGB.; vgl. RGZ. 95, 199). Wenn § 339 BGB. auch einen A. 14.

Verzug verlangt, so begründet doch schon eine bloße schuldhafte Nichterfüllung ohne Mahnung in den Fällen eine Verwirkung der Strafe, in denen für eine Mahnung überhaupt kein Raum ist (gl. M. Staub Anm. 11 zu § 348); wenn z. B. der Käufer sich bei Vermeidung einer Vertragsstrafe verpflichtet hat, jeden Wohnungswechsel binnen drei Tagen nach dem Umzuge anzuzeigen. Hier ist die Vertragsstrafe bei verschuldeter Unterlassung der Anzeige verwirkt.

A. 15. β) Ob ein Verschulden auch dann erforderlich ist, wenn die geschuldete Leistung in einem Unterlassen besteht, ist bestritten. Die früher herrschende Meinung (jetzt auch vertreten von Soergel Bem. 5 zu § 339; RGKomm. Anm. 2 zu § 339; Staub Anm. 9 zu § 348; RGZ. 55, 78 und für das Abzahlungsgesetz Samter S. 59; Gillmann-Jonas S. 51; Vollrath S. 71; Schmidt S. 36) will aus den Motiven und dem Gegensatz zwischen den beiden Sätzen des § 339 folgern, daß die Strafe grundsätzlich mit der Zuwiderhandlung verwirkt sei ohne Rücksicht darauf, ob den Schuldner ein Verschulden trifft oder nicht. Demgegenüber vertreten Titze (Unmöglichkeit der Leistung S. 103), Staudinger (Anm. 4 zu § 339), Kuhlenbeck (Anm. 2 zu § 339), Lehmann (Unterlassungspflicht in Fischers Abhandlungen zum Privatrecht und Zivilprozeß Bd. 15 Heft 1 S. 299), Enneccerus (§ 261 II 2) und jetzt auch Planck (Anm. 2b zu § 339) die Auffassung, daß auch bei Unterlassungsverpflichtungen die Verwirkung nur eintritt, wenn der Schuldner die Zuwiderhandlung zu vertreten hat. Dieser Ansicht, der jetzt auch das Reichsgericht zuzuneigen scheint (vgl. RGZ. 63, 116; 79, 39; aber auch JW. 1905, 444), ist beizutreten. Ein näheres Eingehen auf diese Frage würde über den Rahmen dieses Kommentars hinausgehen.

A. 16. γ) Die Bestimmungen des § 339 BGB. sind jedoch, worauf ausdrücklich hinzuweisen ist, nachgiebigen Rechtes. Es wird daher im Einzelfalle stets auf eine Feststellung dessen ankommen, was die Parteien vereinbart haben. Eine Abrede, die die unbedingte Verwirkung der Strafe ohne Rücksicht auf ein Verschulden begründet, kann jedoch nach § 138 BGB. nichtig sein. (Gl. M. Samter S. 75; vgl. JW. 10, 142.)

**2. Ausschluß der Verwirkung.** Die Vertragsstrafe entfällt, wenn der Eintritt des Ereignisses, das an sich die Strafe fällig macht, durch Umstände bewirkt worden ist, die nach dem Wesen der Vertragsstrafe oder nach dem vermutlichen Parteiwillen außerhalb der Verantwortlichkeit des Schuldners lagen (RGZ. 26, 95; Recht 07, 55), oder wenn der Vertrag in der Hauptsache erfüllt ist, der Gläubiger also nur noch ein unbedeutendes Interesse hat (JW. 04, 139; OLG. Kolmar LZ. 09, 82). Ebenso wird die Vertragsstrafe durch eine unbedeutende Verspätung oder eine vereinzelte, nach Art und Umfang unerhebliche Verletzung nicht verwirkt, wenn die Verletzung wegen der Unerheblichkeit ihrer Folgen nach Treu und Glauben mit Rücksicht auf die Höhe der Strafe nach dem Parteiwillen als nicht unter die Strafabrede fallend anzusehen ist (RGZ. 40, 97; JW. 06, 34, 736; 07, 20; 09, 387). Eine um wenige Tage verspätete Ratenzahlung wird daher in der Regel eine Vertragsstrafe nicht auslösen. Dies wird jedenfalls dann anzunehmen sein, wenn der Verkäufer bereits in früheren Fällen eine Verspätung ohne Rüge oder Verwarnung des Käufers angenommen hat. Auch die Aufschiebung einer Anzeige der Wohnungsänderung bis zur nächsten Ratenzahlung wird im allgemeinen die Verwirkung der Vertragsstrafe nicht herbeiführen. A. 17.

**3. Erlöschen des Anspruchs auf die Vertragsstrafe.**

a) Bei der für den Fall der Nichterfüllung versprochenen Strafe erlischt der Anspruch auf die Vertragsstrafe, wenn nichts anderes vereinbart ist (vgl. Anm. 24), durch die Annahme der Leistung. Gemäß § 340 BGB. kann der Gläubiger die Strafe nur an Stelle der Erfüllung verlangen. Der Anspruch auf die Vertragsstrafe steht dem Verkäufer daher nicht mehr zu, wenn er die Leistung angenommen hat. Die Forderung der Erfüllung beseitigt den Anspruch auf die Vertragsstrafe jedoch nicht. Das gleiche gilt für den Fall der Annahme einer Teilleistung. (Gl. M. Staudinger II 1 zu § 340; Planck Anm. 1 a zu § 340; Soergel Bem. 2 zu § 340; Staub Anm. 18 zu § 348; a. M. Enneccerus § 261 III 1 a.) Es ist jedoch möglich, daß im Einzelfalle in der Annahme der Teilleistung ein Verzicht auf die Vertragsstrafe zu erblicken ist. A. 18.

A. 19. b) Bei der für den Fall der nicht gehörigen Erfüllung versprochenen Strafe erlischt der Anspruch auf die Vertragsstrafe, falls nichts anderes vereinbart (vgl. Anm. 24) ist, durch die vorbehaltlose Annahme der nicht gehörigen Erfüllung (§ 341 Abs. III BGB.). Der Anspruch auf die Vertragsstrafe kann in diesem Falle neben der Erfüllung verlangt werden, wenn der Gläubiger sich das Recht dazu bei der Annahme vorbehalten hat. Unter Annahme ist nicht nur eine Empfangnahme der Leistung zu verstehen. Es ist vielmehr erforderlich, daß der Verkäufer dem Käufer ausdrücklich oder stillschweigend zu erkennen gibt, daß er die Leistung als eine der Hauptsache nach vertragsmäßige Erfüllung gelten lasse (RGZ. 57, 337). Deshalb ist bei Zahlung in Abwesenheit des Gläubigers ein Vorbehalt als rechtzeitig anzusehen, der innerhalb des dem regelmäßigen Geschäftsverkehr entsprechenden Zeitraums erklärt wird. Beim Vorliegen besonderer, vom Verkäufer nachzuweisender Umstände ist dies auch nach dessen Ablauf anzunehmen (RG. Recht 07, 1315; Gruchot 52, 664).

A. 20. Die Vorschrift, daß der Vorbehalt bei der Annahme gemacht werden müsse, ist streng auszulegen. Daher genügt weder ein nachträglicher noch ein vor der Annahme erklärter Vorbehalt, selbst wenn dessen Fortwirken noch bei der Annahme unterstellt werden kann (RGZ. 57, 341; 59, 378; 61, 65; 73, 147; JW. 07, 171; Warn. 1910 Nr. 53; 1911 Nr. 227 und die herrschende Meinung; a. M. Enneccerus § 261[18]). Der Vorbehalt kann auch durch schlüssige Handlungen erklärt werden, es bedarf jedoch einer äußeren Kundgebung dem Verpflichteten gegenüber (RGZ. 61, 65). Wenn vor der Annahme bereits eine Vereinbarung über die verwirkte Strafe getroffen ist, bedarf es keines weiteren Vorbehaltes bei der Annahme (RGZ. 72, 170). Dabei ist jedoch zu beachten, daß bei Erfüllung einer einheitlichen Leistung in Teilzahlungen die Annahme der Restleistung der für die Erklärung des Vorbehaltes maßgebende Zeitpunkt ist (RG. Recht 07, 1315; Gruchot 52, 664). Zahlt der Käufer eine einzelne Rate in drei Teilen, so verliert der Verkäufer den Anspruch auf die Vertragsstrafe also erst bei der vorbehaltlosen Annahme der dritten Teilzahlung.

**4. Die Rechtsfolgen der Verwirkung der Vertragsstrafe.**

a) Bei einer Geldstrafe für Nichterfüllung verliert der Verkäufer durch das Verlangen der Strafe den Anspruch auf Erfüllung (§ 340 BGB.). Eine wegen Nichtzahlung einer Rate vereinbarte Geldstrafe kann also nicht neben der Rate verlangt werden. Der Anspruch auf die übrigen Raten bleibt hiervon unberührt. Die Vertragsstrafe bezieht sich nur auf die Nichterfüllung der Verpflichtung zur Zahlung gerade dieser Rate. Neben der Vertragsstrafe kann der Verkäufer den ihm etwa entstandenen weiteren Schaden geltend machen (§ 340 Abs. II BGB.). A. 21.

b) Bei einer Geldstrafe wegen nicht gehöriger, insbesondere nicht rechtzeitiger Erfüllung kann der Verkäufer neben der Strafe die Erfüllung und — wenn der durch die nicht gehörige Erfüllung entstandene Schaden den Betrag der Geldstrafe übersteigt — den Ersatz des weiteren Schadens verlangen (§ 341 BGB.). A. 22.

c) Bei dem Versprechen einer nicht in einer Geldzahlung bestehenden Leistung kann der Gläubiger abweichend von den Regeln zu a und b keinen Schadensersatz neben der Vertragsstrafe verlangen (§ 342 BGB.). A. 23.

**5. Anderweitige Parteivereinbarungen.** Die zu 3 und 4 erörterten Vorschriften sind nicht zwingender Natur. Die Parteien können daher etwas Abweichendes vereinbaren. Bei der Strafe wegen Nichterfüllung kann vereinbart werden, daß nur die Strafe und nicht die Erfüllung, oder umgekehrt, daß neben der Strafe auch die Erfüllung oder der volle Schadensersatz verlangt werden kann. Bei der Strafe wegen nicht gehöriger Erfüllung kann vereinbart werden, daß der Verkäufer nur die gehörige Erfüllung oder die Strafe zu wählen hat. Ferner ist — was gerade für den Abzahlungskauf von Bedeutung ist — eine Abmachung zulässig, wonach die Strafe mehrfach, also bei jeder einzelnen Vertragsverletzung, verwirkt sein soll. A. 24.

Schließlich kann auch die Vorschrift des § 341 Abs. III BGB. ausgeschlossen werden, nach der der Gläubiger bei Annahme der Erfüllung die Strafe nur verlangen kann, wenn er sich das Recht dazu bei der Annahme vorbehalten hat. Auch diese Bestimmung A. 25.

ist nachgiebigen Rechtes, wie das Reichsgericht (Warn. 1914 Nr. 329) überzeugend ausgeführt hat. (Gl. M. RG. Recht 1917 Nr. 1597; Soergel Anm. 3 zu § 341; Planck Anm. 2 zu § 341; RGKomm. Anm. 3 zu § 341; Staub Anm. 33 zu § 348; a. M. Samter S. 74.) Samter beruft sich auf das Reichsgericht, wobei er anscheinend die Entscheidung RGZ. 72, 169 im Auge hat. (Die Angabe EB. 52, 169 dürfte auf einem Druckfehler beruhen.) Diese Entscheidung betrifft jedoch einen Fall, in dem vor der Verwirkung ein Ausschluß der Vertragsstrafe nicht vereinbart war. Sie kann daher Samters Ansicht nicht stützen. Die in manchen Abzahlungsverträgen enthaltene Klausel, wonach die Annahme verspäteter Zahlungen „nur vorbehaltlich aller Rechte" erfolge, kann daher nicht beanstandet werden. Sie sichert dem Verkäufer das Recht auf die Vertragsstrafe, auch wenn er sich das Recht dazu im Einzelfalle bei der Annahme nicht besonders vorbehalten hat.

## E. Die Beweislast.

A. 26. 1. **Allgemeines.** Der Gläubiger hat stets das Bestehen des Vertrages und der Hauptverpflichtung zu beweisen. Im übrigen ist die Beweislast folgendermaßen geregelt.

A. 27. 2. Bei einer Vertragsstrafe **wegen Verletzung einer Unterlassungspflicht** hat der Gläubiger außerdem die vor der Klageerhebung erfolgte Zuwiderhandlung zu beweisen (§ 345 BGB.).

A. 28. 3. Bei einer Vertragsstrafe **wegen Verzuges** hat der Gläubiger nachzuweisen, daß er den Schuldner gemahnt hat, oder daß der Erfüllungstermin kalendermäßig festgesetzt ist, oder daß ein Fall vorliegt, in dem es sonst keiner Mahnung bedarf (vgl. oben Anm. 11). Dem Schuldner obliegt dagegen der Beweis, daß er erfüllt hat (§ 345 BGB.), oder daß die Leistung aus einem Grunde unterblieben ist, den er nicht zu vertreten hat (§ 285 BGB.).

A. 29. 4. Bei einer Vertragsstrafe **wegen nicht gehöriger Erfüllung** hat der Gläubiger die nicht gehörige Erfüllung und den rechtzeitigen Vorbehalt seines Strafanspruchs zu beweisen.

A. 30. 5. Handelt es sich um die **Unerheblichkeit** der Zuwiderhandlung der Vertragspflichten, so hat der Schuldner die Unerheblichkeit zu beweisen.

## F. Die Höhe der Vertragsstrafe.

**1. Allgemeines.** Grundsätzlich sind die Parteien in der Vereinbarung über die Höhe der Vertragsstrafe nicht beschränkt. Aus der übermäßigen Höhe der vereinbarten Strafe allein kann eine Nichtigkeit der Vereinbarung nicht hergeleitet werden. Hier schützt das Gesetz den Käufer durch die — zwingende — Vorschrift des § 4 Abs. I. Nichtigkeit kann daher nur beim Vorliegen weiterer Umstände in Frage kommen, die dem ganzen Vertrage den Charakter der Unsittlichkeit oder unzulässigen Zwanges und dergl. geben. A. 31.

Gegen eine verwirkte Strafe gibt das Gesetz dem Käufer das Recht auf richterliche Ermäßigung. Eine Herabsetzung ist nicht nur bei Geldstrafen zulässig, sondern auch bei Strafen, die in einer anderen Leistung bestehen. (Gl. M. RGKomm. Anm. 1 zu § 343; Samter S. 76.) A. 32.

**2. Die Ermäßigung.**

a) Voraussetzungen der Ermäßigung.

α) Die Strafe muß verwirkt sein. Der Käufer hat also nicht das Recht, eine Änderung der Strafabrede zu verlangen. Er kann vielmehr erst dann eine Herabsetzung der einzelnen Vertragsstrafe verlangen, wenn die Voraussetzungen für ihre Fälligkeit eingetreten sind. Vorher ist ein Antrag auf Ermäßigung auch nicht im Wege der Feststellungsklage zulässig (RG. JW. 1913, 604). A. 33.

β) Die Strafe muß unverhältnismäßig hoch sein. Ob das der Fall ist, kann nur nach den Umständen des einzelnen Falles beurteilt werden. Die Prüfung hat von dem Verhältnis zwischen dem Betrage der Strafe und den berechtigten Interessen des Verkäufers auszugehen. Dabei ist nicht nur sein Vermögensinteresse, sondern überhaupt jedes berechtigte Interesse an der Erfüllung oder gehörigen Erfüllung des Vertrages zu berücksichtigen. Maßgebend ist nicht nur die zur Zeit des Vertragsabschlusses bestehende Sachlage. Gegebenenfalls sind auch die Verhältnisse zur Zeit der Verwirkung, u. U. sogar zur Zeit der Urteilsfällung, in Betracht zu ziehen. Dabei ist auch die wirtschaftliche Lage des Schuldners, der Grad seines Verschuldens, die Gefahr einer Wiederholung der Zuwiderhandlung, das bisherige Verhalten des Käufers, die Möglichkeit eines Rückgriffs des A. 34.

Käufers gegen einen Dritten usw. in Betracht zu ziehen. Dagegen rechtfertigt die Tatsache, daß ein Schaden nicht oder nur in sehr geringer Höhe entstanden ist, allein eine Herabsetzung der Strafe nicht. (Näheres siehe RGKomm. Anm. 1 zu § 343.)

b) Die Geltendmachung des Anspruchs auf Ermäßigung.

A. 35. α) Die Herabsetzung der Vertragsstrafe kann im Wege der Klage oder Widerklage betrieben werden (BayObLG. Recht 1903, 153). Die Klage ist keine Feststellungsklage. Sie geht nicht auf die Feststellung des Nichtbestehens einer Verpflichtung des Käufers; sie setzt gerade die Verwirkung der Strafe an sich voraus. Sie geht vielmehr auf eine Umgestaltung der an sich bestehenden Verpflichtung. Der Richter soll auf die Klage nicht feststellen, ob eine Zahlungsverpflichtung des Käufers nicht oder nicht in der vereinbarten Höhe besteht, sondern er soll die verwirkte Strafe konstitutiv herabsetzen. Daher setzt die Klage kein rechtliches Interesse an der alsbaldigen Feststellung voraus. (Gl. M. Staub Anm. 27 zu § 348; Planck Anm. 1 zu § 343 und die herrschende Meinung, für das Abzahlungsgesetz Aubele Anm. 11 zu § 4; a. M. Samter S. 76.) Im Sinne des § 304 ZPO. handelt es sich bei dem Rechtsstreit über die Herabsetzung nicht um den Grund, sondern über den Betrag des Anspruchs (RG. Gruchot 59, 499).

A. 36. β) Der Herabsetzungsanspruch kann auch durch Einrede erhoben werden. Das Recht des Käufers ist zwar keine Einrede im Sinne des BGB., es schließt jedoch das Einrederecht als das Mindere in sich. (Herrschende Meinung; vgl. Planck Anm. 1 zu § 343; Soergel Bem. 3 zu § 343; Staudinger Anm. 4 zu § 343; RGKomm. Anm. 1 zu § 343; Staub Anm. 27 zu § 348; RG. JW. 03 Beilage 96; BayZ. 1, 368; Samter S. 76 f.; Aubele Anm. 11 zu § 4.)

A. 37. γ) Die Beweislast für die unverhältnismäßige Höhe trifft — sofern der Richter einen Beweis überhaupt für erforderlich erachtet und nicht nach freiem Ermessen entscheidet — den Käufer. (Gl. M. Staudinger Anm. 3 b zu § 343; Planck Anm. 3 zu § 343; Staub Anm. 27 zu § 348; Aubele Anm. 10 zu § 4.) Man wird in dieser Hinsicht jedoch keine zu hohen Anforderungen an den Käufer stellen dürfen. Es wird genügen, wenn dieser das Mißverhältnis der Strafe zu dem äußeren Tatbestande und zu seiner wirtschaftlichen Lage dartut. Dagegen wird es Sache des Verkäufers sein, darzulegen, daß die Strafe gleichwohl mit Rücksicht auf seine berechtigten Interessen nicht zu hoch bemessen ist.

**3. Angemessener Betrag.** Ist die Strafe unverhältnismäßig hoch, so hat sie der Richter auf den angemessenen Betrag herabzusetzen. Welcher Betrag der angemessene ist, muß der Richter aus den oben in Anm. 34 entwickelten Gesichtspunkten im Einzelfalle entscheiden. Dabei ist zu berücksichtigen, daß in erster Linie die Interessen des Gläubigers maßgebend sind. Deshalb hat die Herabsetzung stets auf den höchsten angemessenen Betrag zu erfolgen. (Gl. M. Soergel Bem. 1 zu § 343.) A. 38.

Die Herabsetzung erfolgt stets durch Endurteil. (Herrschende Ansicht; a. M. anscheinend nur Hausmann Anm. 6 zu § 4.) A. 39.

**4. Erlöschen des Herabsetzungsrechts.** Nach Entrichtung der Strafe ist die Herabsetzung ausgeschlossen. Unter Entrichtung ist nur eine freiwillige Leistung des Verpflichteten zu verstehen, die das Schuldverhältnis zum Erlöschen bringt. Es genügt daher nicht nur die Zahlung der geschuldeten Strafe oder eine vom Gläubiger an Zahlungs Statt angenommene Leistung, sondern auch eine berechtigte Hinterlegung oder die Aufrechnung durch den Schuldner, dagegen regelmäßig nicht schon die Hingabe eines Wechsels oder ein Schuldversprechen (§ 364 BGB.). A. 40.

Andererseits beseitigt selbstverständlich eine vom Verkäufer gegen den ausdrücklich oder stillschweigend erklärten Willen des Käufers vorgenommene Verrechnung einer Zahlung auf die Vertragsstrafe den Ermäßigungsanspruch nicht, da gemäß § 366 Abs. I BGB. der Käufer zu bestimmen hat, welche Schuld er mit seiner Leistung tilgen will. Trifft der Käufer keine Bestimmung, so ist die Zahlung gemäß § 366 Abs. II BGB. auf die dem Käufer lästigere Schuld zu verrechnen. Das wird in der Regel die Ratenschuld sein. (Gl. M. Samter S. 77.) Dies gilt auch dann, wenn dem Verkäufer nach dem Vertrage das Recht eingeräumt ist, die Zahlungen nach seinem Willen zu A. 41.

verrechnen, oder gar ausgemacht wäre, daß sämtliche Zahlungen zunächst auf verwirkte Strafen zu verrechnen sind. Eine solche Abmachung kann nur eine Verrechnung auf eine tatsächlich und rechtlich bestehende Schuld zum Gegenstand haben. Es würde wider Treu und Glauben verstoßen und den dem Käufer in der zwingenden Vorschrift des § 4 Abs. I eingeräumten Ermäßigungsanspruch wirkungslos machen, wenn der Verkäufer eine Zahlung, die der Käufer notgedrungen zur Erfüllung seiner übrigen Verpflichtungen leisten muß, auf die Vertragsstrafe verrechnen und so die Herabsetzung der Strafe vereiteln dürfte. Wenn der Käufer also die angemessene Höhe der Vertragsstrafe bestreitet, so kann der Verkäufer eine ihm zur Deckung einer anderen Schuld, z. B. der inzwischen fällig gewordenen Rate, angebotene Zahlung nur insoweit auf die Vertragsstrafe verrechnen, als diese vom Richter auf den angemessenen Betrag herabgesetzt wird. Der Käufer verliert durch eine Verrechnung daher seinen Herabsetzungsanspruch nicht.

A. 42. Hat der Käufer die Strafe nur zum Teil entrichtet, so wird sein Herabsetzungsanspruch auf den Unterschiedsbetrag zwischen der ganzen Vertragsstrafe und der entrichteten Summe beschränkt.

A. 43. Die Leistung auf Grund eines vollstreckbaren Urteils ist keine Entrichtung. Doch steht dem Herabsetzungsanspruch die Einrede der Rechtskraft entgegen.

A. 44. **5. Die Frage einer Anrechnung der Vertragsstrafe im Rücktrittsfalle** ist bereits oben in Anm. 110 zu § 1 erörtert worden.

## II. Der Gesamtverfall.

### A. Allgemeines.

A. 45. Der soziale Zweck des § 4 Abs. II geht dahin, den Käufer davor zu bewahren, daß der Verkäufer eine verhältnismäßig geringfügige Verletzung der Vertragsverpflichtungen dazu benutzen darf, die gesamte Restschuld auf einmal zu fordern. Eine sofortige Fälligkeit wäre u. U. geeignet, den in der Regel zahlungsschwachen Abzahlungskäufer wirtschaftlich zu vernichten. Hiervor mußte das Gesetz ihn um so mehr schützen, als der Verkäufer auf Grund der Fälligkeitsklausel „unter Entziehung der Kreditgewährung einen Preis fordern kann, der in dieser Höhe nur mit Rücksicht auf die Kreditgewährung normiert ist" (Motive zu § 4 Abs. II). § 4 Abs. II bestimmt daher erschöpfend die Voraussetzungen, unter denen allein die Fälligkeit der gesamten Restschuld ausbedungen werden kann.

### B. Nichtigkeit entgegenstehender Vereinbarungen.

1. **Allgemeines.** Alle Abreden, die bei Nichterfüllung irgend- A. 46.
einer der dem Käufer obliegenden Verpflichtungen die Fälligkeit der Restschuld von anderen als den im Gesetze bestimmten Voraussetzungen abhängig machen wollen, sind unwirksam. Nicht berührt von der Vorschrift des § 4 Abs. II werden dagegen Abreden, die die Fälligkeit der Restschuld nicht für den Fall der Nichterfüllung einer Verpflichtung des Käufers, sondern von anderen Voraussetzungen abhängig machen, z. B. für den Fall einer Wohnungsverlegung des Käufers in das Ausland oder der Aufgabe des Geschäftes durch den Verkäufer. Hier liegt ein besonders modifizierter Abzahlungskauf vor, gegen dessen Gültigkeit keine Bedenken bestehen können. Anders dagegen verhält es sich bei der Abrede, daß der Gesamtverfall eintreten soll, falls der Käufer eine Wohnungsänderung nicht binnen einer bestimmten Frist anzeigt. Diese Abrede ist nichtig, da sie den Gesamtverfall für einen Fall der Nichterfüllung einer Käuferverpflichtung vorsieht, der — wie dargelegt — den Voraussetzungen des § 4 Abs. II nicht entspricht.

Bei der von Samter (S. 80) angeführten Abrede, wonach ein gewisser Teil des Preises fällig werden soll, wenn ein diesem Preis entsprechender Teil der Ware geliefert worden ist, liegt dagegen überhaupt kein Abzahlungsgeschäft, sondern ein gewöhnlicher Sukzessivlieferungsvertrag vor. Diese Abrede ist daher gültig.

2. Die **Wirkung** der Nichtigkeit ist die gleiche, wie oben in A. 47.
Anm. 117, 118 zu § 1 dargestellt worden ist. Die entgegenstehende Vereinbarung ist daher nur insoweit ungültig, als sie die Grenzen des § 4 Abs. II überschreitet, dagegen mit der Beschränkung auf

den gesetzlichen Inhalt rechtswirksam. (Gl. M. RGZ. 64, 94; Rühl S. 251; Aubele Anm. 21 zu § 4; Lazarus S. 108; a. M. Samter S. 79.)

### C. Die Voraussetzungen des Gesamtverfalls.

A. 48. Die Voraussetzungen des Gesamtverfalls bestehen in dem Verzuge des Käufers mit mindestens zwei Ratenzahlungen in Höhe von mindestens dem zehnten Teile des Kaufpreises der ihm übergebenen Sachen. Diese Voraussetzungen, die im folgenden näher zu erörtern sind, müssen sämtlich vorliegen. Fehlt auch nur eine von ihnen, so wird die Restschuld nicht fällig.

A. 49. **1. Verletzung der Ratenzahlungspflicht.** Die Nichterfüllung anderer Vertragsverpflichtungen — seien sie auch noch so schwerwiegender Natur — kann, wie bereits in Anm. 46 ausgeführt, niemals als Voraussetzung für die Fälligkeit der Restschuld ausbedungen werden.

A. 50. **2. Verzug des Käufers.** Im Gegensatz zum Rücktrittsrecht kann der Ratenverfall rechtswirksam nicht für den Fall einer unverschuldeten Nichterfüllung ausbedungen werden. Der Ratenverfall kann nicht eintreten, wenn die Erfüllung aus einem Grunde unterblieben ist, den der Käufer nicht zu vertreten hat. Näheres über den Verzug des Käufers bei der Ratenzahlungsverpflichtung siehe oben in Anm. 60 ff. zu § 1.

**3. Völliger oder teilweiser Rückstand mit mindestens zwei aufeinanderfolgenden Raten.**

A. 51. a) Allgemeines. Der Käufer muß mindestens zwei aufeinanderfolgende Raten nicht oder nicht in voller Höhe entrichtet haben. Das ist auch der Fall, wenn der Käufer von jeder einzelnen Rate nur geringe Reste schuldig geblieben ist. Vor einer gegen Treu und Glauben verstoßenden Ausnutzung dieser geringfügigen Rückstände ist der Käufer dadurch geschützt, daß die Summe der Beträge, mit denen er im Verzuge ist, eine bestimmte Höhe erreicht haben muß. Der gegenteiligen Ansicht Samters (S. 78) kann nicht gefolgt werden. Auch wenn der Gläubiger mit Rücksicht auf Treu und Glauben im Geschäftsverkehr die Annahme einer Leistung gemäß § 266 BGB. nicht zurückweisen darf, weil der Rückstand ganz unerheblich ist, wird dadurch doch der Verzug des Schuldners mit dem Rückstande nicht ausgeschlossen. Das ist auch der Sinn der von Samter angezogenen Entscheidung RGZ. 68, 22. Aus dem gleichen Grunde genügt auch eine nur um wenige Tage verspätete Zahlung, wenn nicht im Einzelfalle aus dem Vertrage oder dem bisherigen Verhalten der Parteien etwas anderes zu entnehmen ist. Der Zweck der Fälligkeitsklausel ist gerade der, dem Verkäufer eine erhöhte Sicherung gegen Vertragsverletzungen zu bieten und den Käufer zu pünktlicher Erfüllung seiner Zahlungspflicht anzuhalten. (Gl. M. RG. JW. 29, 1384; Rühl S. 252; a. M. Hamburg HansRuGZ. 28 B S. 392.)

b) Die Voraussetzung, daß mindestens zwei aufeinanderfolgende Raten rückständig sein müssen, kann der A. 52.
Käufer nicht ohne weiteres dadurch umgehen, daß er stets nur mit der jeweils zweiten Rate im Rückstand bleibt. An sich ist es zwar richtig, daß die Bestimmung des § 366 BGB. auch auf die einzelnen Forderungen aus einem einheitlichen Rechtsgrunde Anwendung findet (gl. M. RGZ. 57, 97; Ring IV, 496; Soergel Anm. 1 zu § 366; Planck Anm. 1 zu § 366; Staudinger Anm. 1a zu § 366; Warneyer Anm. 1 zu § 366; Enneccerus § 285 I; Rühl S. 252; Samter S. 79; a. M. KG. OLGR. 22, 290; Aubele S. 63), und daß diese Voraussetzung auf die einzelnen Raten aus einem Abzahlungsgeschäft zutrifft (gl. M. Rühl S. 252; Samter S. 79; a. M. RGZ. 57, 97; Soergel Bem. 1 zu § 366). Diese Bestimmung ist jedoch nur dispositives Recht. Es ist den Parteien unbenommen, eine abweichende Regelung zu treffen und insbesondere das Bestimmungsrecht des Schuldners auszuschließen. Dies ist nicht bestritten (vgl. RGZ. 66, 57). Eine solche stillschweigende Vereinbarung wird jedoch gerade beim Abzahlungsgeschäft anzunehmen sein. Es liegt in dessen Wesen begründet, daß zunächst die älteren Raten getilgt werden müssen, und daß der Käufer deshalb kein Recht hat, bei der Zahlung eine abweichende Bestimmung zu treffen. (Gl. M. Rühl S. 252; Lazarus S. 108; Hein S. 44; Schmidt S. 39; Vollrath S. 77; Gillmann-Jonas S. 50; a. M. Michaelis HdR. Bd. I S. 51;

Samter S. 79; Hausmann S. 93; Fuld S. 39.) Übrigens wird eine entsprechende Vereinbarung vielfach auch ausdrücklich in die Abzahlungsverträge aufgenommen. Da hierdurch nur die ohnehin schon bestehende Rechtslage ausdrücklich klargestellt wird, bestehen gegen die Rechtsgültigkeit einer solchen Abrede selbstverständlich keine Bedenken.

A. 53. Hiernach ist anzunehmen, daß der Käufer nach dem Abzahlungsvertrage verpflichtet ist, sich die einzelnen Zahlungen stets auf die ältesten Raten anrechnen zu lassen. Die Raten sind also, falls der Käufer bei der Zahlung nicht ausdrücklich etwas anderes bestimmt, stets auf die jeweils älteste Rate zu verrechnen. Wie die Rechtslage bei einer vom Käufer einer ausdrücklichen oder stillschweigenden Vertragsbestimmung widersprechend vorgenommenen Bestimmung bei der Leistung zu beurteilen ist, ist strittig. Das Reichsgericht (RGZ. 55, 54 ff.) und die herrschende Meinung nimmt an, daß durch die Vereinbarung das Bestimmungsrecht beseitigt ist und die vertragswidrige Bestimmung keine rechtliche Wirkung hat. Demgegenüber vertreten Planck (Anm. 2 zu § 366), Staudinger (Anm. 2 zu § 366), RGKomm. (Anm. 1 zu § 366), Enneccerus ($285^3$) die Auffassung, daß der Schuldner durch eine solche Bestimmung zwar vertragswidrig handle, so daß er sich schadensersatzpflichtig mache, daß der Gläubiger die Leistung aber nicht einseitig auf eine andere als die von ihm bestimmte Schuld verrechnen dürfe. Welcher der beiden Ansichten beizutreten ist, kann hier dahingestellt bleiben. Für die Frage, ob der Ratenverfall eintritt, wenn der Käufer eine Zahlung vertragswidrig auf die jüngere Rate geleistet und alsdann mit der nächsten Rate in Verzug kommt, ist der Meinungsstreit ohne Bedeutung. Nach der Ansicht des Reichsgerichts und der herrschenden Meinung ist nur die älteste Rate bezahlt, der Käufer also mit zwei aufeinanderfolgenden Raten im Rückstande. Nach der gegenteiligen Ansicht steht nur die erste und die dritte Rate offen, liegt die Voraussetzung des § 4 Abs. II also direkt nicht vor. Der Käufer hat dem Verkäufer jedoch wegen der vertragswidrigen Zahlung Schadensersatz zu leisten. Dieser geht auf Herstellung des Zustandes, der ohne das schadenstiftende Ereignis bestanden hätte (§ 249 BGB.). Bei vertragstreuem Verhalten hätte der Käufer mit der geleisteten Zahlung die älteste rückständige Rate tilgen müssen. Er würde dann mit zwei aufeinanderfolgenden Raten im Rückstande sein. Daher muß er sich aus dem Gesichtspunkte des Schadensersatzes so behandeln lassen, als wenn dieser Fall eingetreten wäre. Beide Ansichten gelangen zu dem gleichen Ergebnis, das auch allein der Billigkeit entspricht. (A. M. Hein S. 45.)

Anders liegt die Sache natürlich, wenn der Verkäufer mit der vertragswidrigen Verrechnungsbestimmung des Käufers einverstanden ist. In diesem Falle liegt eine die ursprüngliche ausdrückliche oder stillschweigende Verrechnungsvereinbarung im Einzelfalle abändernde Übereinkunft der Parteien vor, daß die zweite Rate vor der ersten Rate abgedeckt werden soll. Ein solches Einverständnis wird man nach Treu und Glauben in einer vorbehaltlosen Annahme der vom Käufer vertragswidrig zur Deckung der späteren Rate angebotenen Zahlung zu erblicken haben (RG. in Warn. 1920 Nr. 192). Die Annahme unter Vorbehalt seiner Rechte aus der vertragswidrigen Verrechnung kann diese Wirkung jedoch nicht herbeiführen. Es würde selbst nach der von Planck usw. vertretenen Ansicht zu weit gehen, wenn man verlangen wollte, daß der Verkäufer in diesem Falle die Annahme überhaupt verweigern müßte. A. 54.

Verhindert die Rechtslage den Käufer also mit Recht, den Gesamtverfall trotz Verzuges mit jeder zweiten Rate zu verhindern, so ist sie im übrigen — worauf Gillmann-Jonas S. 51 mit Recht hinweisen — für ihn nur günstig. Da jede Zahlung auf die jeweils ältesten Raten zu verrechnen ist, können auf die Dauer keine kleinen Teilbeträge offenbleiben. Jede Zahlung beseitigt also, soweit sie reicht, zunächst den Verzug der ältesten Raten. Der Käufer bleibt immer nur mit den jüngsten Zahlungen im Verzug. Dadurch kann u. U. die für ihn günstige Folge eintreten, daß er zwar mit einem Zehntel des Kaufpreises, aber nur mit einer Rate im Verzug ist, so daß die Voraussetzungen des Gesamtverfalls nicht eintreten. Wenn z. B. bei einem in zehn Raten von je 100 RM zu zahlenden Kaufpreise von 1000 RM der Käufer an A. 55.

zwei hintereinanderfolgenden Terminen nur je 50 RM zahlt, ist er nicht mit zwei aufeinanderfolgenden Raten von zusammen 100 RM, sondern nur mit einer Rate zu 100 RM im Rückstand.

A. 56. **4. Im Betrage von mindestens dem zehnten Teile des Kaufpreises.** Der Ratenverfall tritt nicht schon beim ganzen oder teilweisen Verzuge mit zwei aufeinanderfolgenden Raten ein, sondern erst wenn die Summe der Rückstände mindestens ein Zehntel des Kaufpreises beträgt. Unter dem Kaufpreis ist nicht nur der in Raten abzuzahlende Betrag, sondern der gesamte Kaufpreis einschließlich der etwa vor der Übergabe der Sachen geleisteten Anzahlung zu verstehen. Es ist nicht notwendig, daß die aufeinanderfolgenden Raten allein in dieser Höhe rückständig sind. Der Voraussetzung des Gesetzes ist auch genügt, wenn aus früheren Ratenzahlungen einzelne Beträge rückständig sind, die zusammen mit rückständigen aufeinanderfolgenden Raten den Mindestbetrag erreichen. Dabei ist jedoch zu beachten, daß der Käufer auch hinsichtlich dieser Beträge im Verzuge sein muß. (A. M. anscheinend Aubele Anm. 24 zu § 4.) Wenn der Abzahlungskäufer also 4950 RM in monatlichen Raten von je 225 RM zu zahlen hat, so tritt der Gesamtverfall nicht ein, wenn er am 1. Januar oder 1. Februar mit Zustimmung des Verkäufers nur je 200 RM gezahlt hat und am 1. März und 1. April mit den vollen Ratenzahlungen in Verzug geraten ist.

A. 57. **5. Der übergebenen Sachen.** Das Wort „übergebenen" ist erst vom Reichstage eingefügt worden. Daraus ergibt sich, daß das Zehntel, mit dem der Käufer mindestens im Verzuge sein muß, bei einem Abzahlungskauf in Teillieferungen zu übergebender Sachen nicht nach dem Gesamtverkaufspreis, sondern nur nach dem Teil des Kaufpreises zu berechnen ist, der auf die bereits übergebenen Sachen entfällt. Diese Bestimmung ist namentlich für den Abzahlungskauf von Büchern, die in Lieferungen erscheinen (insbesondere von Konversationslexika), von Bedeutung.

A. 58. Andererseits ist das Zehntel beim Vorliegen einer Vereinbarung, daß im Falle des Zukaufes weiterer Sachen sämtliche, auch die früher gekauften Sachen bis zur völligen Bezahlung Eigentum des Verkäufers bleiben sollen, nach der Summe der

Kaufpreise der sämtlichen unter den Eigentumsvorbehalt fallenden Abzahlungskäufe zu berechnen. Die Vereinbarung des Eigentumsvorbehaltes zur Sicherung sämtlicher Kaufverträge macht diese zu Teilen eines einheitlichen Vertrages (vgl. Anm. 11 zu § 1). Deshalb muß als Kaufpreis im Sinne des § 4 Abs. II die Summe der Einzelpreise angesehen werden. (Gl. M. Rühl S. 253.)

### D. Der Eintritt des Gesamtverfalls.

1. **Im allgemeinen** hat der Verzug des Käufers mit zwei aufeinanderfolgenden Raten in Höhe von einem Zehntel des Kaufpreises der ihm übergebenen Sachen bei einer entsprechenden Vereinbarung ohne weiteres die sofortige Fälligkeit der gesamten Restschuld zur Folge. Bei Sukzessionslieferungsverträgen (vgl. Anm. 57), bei denen das Zehntel des Gesamtrückstandes nach dem Kaufpreise der übergebenen Sachen zu berechnen ist, entspricht es dagegen der Billigkeit, daß auch nur der restliche Kaufpreis der übergebenen Sachen sofort fällig wird. (Gl. M. Samter S. 80; Aubele Anm. 23 zu § 4.) A. 59.

2. Einer **auf den Gesamtverfall gerichteten Erklärung des Verkäufers** bedarf es nicht. (A. M. Lazarus S. 109; Vollrath S. 79; Schmidt S. 41.) Die Vertreter der entgegengesetzten Meinung wollen den Ratenverfall im Zweifel nicht von selbst mit dem Verzuge eintreten lassen, sondern von einer darauf gerichteten Erklärung des Verkäufers abhängig machen. Sie folgern daraus, daß eine vor der Erklärung des Verkäufers erfolgte Zahlung die Rechtsfolgen des Verzuges beseitige. Dieser Ansicht kann nicht gefolgt werden. Eine Abrede, „daß die Nichterfüllung der dem Käufer obliegenden Verpflichtungen die Fälligkeit der Restschuld zur Folge haben solle", macht die Fälligkeit der gesamten Restschuld von einer Bedingung abhängig. Mit dem Eintritt der Bedingung tritt daher die von ihr abhängig gemachte Wirkung ipso jure ein. Eine nachträgliche Zahlung kann die eingetretene Fälligkeit daher nicht mehr beseitigen. (Gl. M. RGZ. 64, 95; Staub Anhang zu § 382 Anm. 74 S. 1220.) Wenn der Verkäufer die ihm hiernach zustehende Restforderung jedoch nicht binnen einer angemessenen Frist geltend macht, insbesondere A. 60.

die von dem Käufer nachträglich angebotene Zahlung ohne Vorbehalt annimmt, so ist hierin möglicherweise ein Verzicht auf die Rechte aus dem Gesamtverfall zu erblicken. Das Reichsgericht (RGZ. 64, 95) ist allerdings der Auffassung, daß die Annahme eines Verzichtes nur unter besonderen, den Verzichtswillen des Gläubigers klarstellenden Umständen zu rechtfertigen sei. Solche besonderen Umstände wird man jedoch in den vorerwähnten Fällen zu erblicken haben, da hier der Käufer nach Treu und Glauben aus dem Verhalten des Verkäufers den Schluß ziehen darf, daß dieser aus dem Verzuge kein Recht herleiten wolle.

## § 5.

**Hat der Verkäufer auf Grund des ihm vorbehaltenen Eigenthums die verkaufte Sache wieder an sich genommen, so gilt dies als Ausübung des Rücktrittsrechts.**

## I. Allgemeines.

### A. Zweck und sozialpolitische Bedeutung des § 5.

A. 1. Die Bestimmung des § 5 soll eine Umgehung der Vorschriften der §§ 1—3 verhindern. Ohne diese Vorschrift würde es dem Verkäufer möglich sein, die Sache auf Grund seines Eigentums zurückzunehmen, ohne gleichzeitig vom Vertrage zurückzutreten. Der Käufer würde in diesem Falle die Sache und die gezahlten Raten so gut wie endgültig verlieren, wäre aber verpflichtet, die Ratenzahlungen weiterzuleisten. Die Wiedereinlösung der Sachen käme nur bei restloser Tilgung der gesamten Kaufpreisschuld nebst Verzugszinsen in Frage. Das wird dem in der Regel zahlungsschwachen Käufer jedoch vielfach nicht möglich sein. Deshalb hat das Gesetz bestimmt, daß „die Bestimmungen des § 2 auch dann Platz greifen, wenn ein Rücktrittsrecht zwar nicht bedungen, der Käufer aber in der Lage ist, auf Grund vorbehaltenen Eigentums die verkaufte Sache zurückzunehmen" (Motive zu § 5).

### B. Rechtliche Bedeutung des § 5.

A. 2. § 5 bestimmt, daß die Wiederansichnahme auf Grund des Eigentumsvorbehaltes als Rücktritt gilt. Diese Bestimmung enthält mit Rücksicht auf ihren Zweck zwingendes Recht. Im Gegensatz zum § 455 BGB. gibt das Abzahlungsgesetz also nicht eine — nur im Zweifel anwendbare — Auslegungsregel, sondern eine zwingende Bestimmung des Inhalts, daß die Wiederansichnahme die gleichen Rechtsfolgen nach sich zieht wie der Rücktritt des Verkäufers vom Vertrage. Der Vorwurf Samters (S. 81 f.), das Gesetz habe einen der Vorschrift des § 5 zur Grundlage dienenden Rechtssatz „neben das Gesetz" geschrieben, daß mit der Abrede des Eigentumsvorbehaltes zugleich die Abrede eines bedingten Rücktrittsrechts getroffen sei, ist somit unberechtigt. Das Gesetz unterstellt nicht, daß der Eigentumsvorbehalt dem Verkäufer ein Rücktrittsrecht einräume. Aus den Motiven ergibt sich vielmehr die richtige Auffassung, daß das Gesetz den rechtlichen Charakter des Eigentumsvorbehaltes nicht regelt, sondern bestimmt, daß für die Rechtsbeziehungen zwischen den Parteien nach der Geltendmachung des Eigentumsvorbehaltes die gleichen Rechtsbeziehungen bestehen sollen, wie sie bestehen würden, wenn der Verkäufer ein Recht zum Rücktritt gehabt und kraft dessen zurückgetreten wäre. Es handelt sich also nicht um eine gesetzliche Vermutung, sondern um eine in die Form einer Fiktion gekleidete Rechtsregel. (Gl. M. RGZ. 67, 387 f.; 96, 297; Michaelis HdR. I, 48.) Über die sich daraus ergebenden Unterschiede siehe unten in Anm. 81.

## II. Der Eigentumsvorbehalt.

### A. Begriff und Wesen des Eigentumsvorbehaltes.

#### 1. Eigentumsvorbehalt im engeren Sinne.

a) Im allgemeinen ist der Eigentumsvorbehalt im engeren Sinne die einem Kaufvertrage über bewegliche Sachen hinzugefügte Bedingung, daß das Eigentum an der dem Käufer bereits übergebenen Sache erst mit der vollständigen Bezahlung des Kaufpreises auf den Käufer übergehen soll oder bei Nichterfüllung der dem Käufer obliegenden Verpflichtungen an den Verkäufer zurückfallen soll. Nach § 455 BGB. ist im Zweifel das erstere anzunehmen. Das entspricht auch durchaus den Erfahrungen des täglichen Lebens und den wirtschaftlichen Interessen der Beteiligten. Der Fall einer auflösend bedingten Übereignung kann daher bei den nachfolgenden Erörterungen außer Betracht bleiben. A. 3.

b) Durch die aufschiebend bedingte Übereignung der Sache entsteht auf seiten des Käufers ein Anwartschafts- A. 4.

recht auf Anfall des Eigentums, das mit dem Eintritt der Bedingung zum Vollrecht, dem Eigentum, erstarkt. (Gl. M. Planck Anm. 2 a zu § 455; Enneccerus § 341, 2; Wolff § 66 I 3; Gaupp-Stein-Jonas Anm. II 9 zu § 857; Rühl S. 87; Brandis JW. 1931, 505; Schulz DJZ. 1908, 960; Orgler S. 145; Aubele Anm. 21 zu § 5; RGZ. 60, 73; 66, 349 und wohl auch 67, 21; a. M. RGZ. 64, 207; 95, 107; Soergel Bem. 3 zu § 455; Warneyer I zu § 455; RGKomm. Anm. 1, 3 zu § 455 im Widerspruch zu Anm. 6 zu § 455; Staub Anhang zu § 382 Anm. 63 b.) Der entgegengesetzten Ansicht kann im Hinblick auf § 158 BGB. nicht beigetreten werden. Dieses Recht ist nicht eine bloße Aussicht, sondern ein gegenwärtiges Vermögensrecht. Dieses Vermögensrecht ist vererblich und veräußerlich, es kann gepfändet werden und gehört zur Konkursmasse. (Gl. M. RGZ. 69, 421; 51, 253; RFH. 12, 90; KG. OLGR. 20, 350; 23, 319; KGBl. 1918, 88; Dresden OLGR. 35, 181; Soergel Vorbem. 7 zu § 158; Staudinger Vorbem. 8 vor § 158; RGKomm. Vorbem. 4 vor § 158; Enneccerus § 158 I 1; Flatau S. 23 ff.; Flechtheim RheinArch. 1908, 277; Kaufmann Gruchot 53, 335; Kupfer BayZ. 1928, 21; Hellwig II 315; Gaupp-Stein-Jonas Anm. II 9 zu § 857; Rühl S. 87.) Der Käufer muß deshalb im Offenbarungseide auch die unter Eigentumsvorbehalt des Verkäufers stehenden Sachen angeben. (Gl. M. Kupfer BayZ. 1928, 21.)

A. 5. c) Auf der anderen Seite ist das Eigentum des Verkäufers durch die Bezahlung des Kaufpreises auflösend bedingt. Der Eigentumsvorbehalt hat hiernach mit der Sicherungsübereignung und dem Pfandrecht das gemeinsame wirtschaftliche Ziel, den Verkäufer gegen die Nichterfüllung der dem Vertragsgegner obliegenden Verpflichtungen zu sichern. Gleichwohl wäre es unrichtig, ihn mit einem dieser beiden Rechtsinstitute gleichzusetzen. (Gl. M. Rühl S. 9 ff.; a. M. Hein S. 124; Samter S. 28.) Die Ansicht, daß der Verkäufer nach dem Willen der Parteien nur die materiellrechtliche Stellung eines Pfandgläubigers haben sollte, übersieht, daß ein Pfandrecht ohne unmittelbaren Besitz nicht zulässig ist. Der Eigentumsvorbehalt ist deshalb nicht ein verkapptes Pfandrecht, sondern eine echte Übereignung unter einer Bedingung. Das schließt nicht aus, daß in einzelnen Zweifelsfällen die für das Pfandrecht getroffenen Bestimmungen analoge Anwendung zu finden haben.

d) Der Eigentumsvorbehalt ist nur an beweglichen Sachen möglich, an diesen jedoch stets zulässig. A. 6. Für die Frage, ob ein Eigentumsvorbehalt an einem Sachinbegriff möglich ist, gilt das gleiche wie für die Frage, ob ein Sachinbegriff Gegenstand eines Abzahlungsgeschäftes sein kann (siehe oben Anm. 8 zu § 1). Allerdings ist hier mit der in Anm. 8 zu § 1 dargestellten herrschenden Meinung zu verlangen, daß die Parteien bezüglich jeder einzelnen Sache, wenn auch unter zusammenfassender Bezeichnung, den Eigentumsvorbehalt vereinbaren. Hier erscheint die in Anm. 8 zu § 1 abgelehnte herrschende Meinung richtig, weil es sich hier um eine Vereinbarung dinglicher Art handelt, bei der die Vertragsfreiheit der Parteien nicht herrscht. Bei allen Abzahlungsgeschäften kann das Eigentum vorbehalten werden, und zwar auch an verbrauchbaren Sachen (gl. M. RG. BankArch. 28, 185; Karlsruhe OLGR. 2, 343; Colmar OLGR. 15, 235; Stuttgart JW. 1931, 84; Rühl S. 36) und an Sachen, deren bestimmungsgemäßer Gebrauch in der Weiterveräußerung besteht (gl. M. RGZ. 115, 262; RGSt. 62, 31; KG. JW. 1929, 2164; München und Hamm OLGR. 33, 271; Naumburg JW. 1927, 1497; Hamburg VII 15/30, Kurznachrichten Karte Nr. 28/1931, Eildienst der DStZ. 1931 Nr. 2; Wassermann LZ. 1928, 803 und 1318; Rühl S. 36 ff. mit eingehender Begründung; a. M. LG. I Berlin in MittIndHandK. 1928 S. 165). Wenn der Verkäufer in diesen Fällen auch durch den Verbrauch oder die Weiterveräußerung sein Eigentum verliert, so schützt der Eigentumsvorbehalt den Verkäufer doch, solange dies noch nicht geschehen ist, vor dem Zugriff anderer Gläubiger und bei verbrauchten Sachen auch vor der Weiterveräußerung durch den Käufer.

e) Der Eigentumsvorbehalt erstreckt sich A. 7. auf die Bestandteile der Hauptsache. Nach der herrschenden, auch vom Reichsgericht geteilten (vgl. RGZ. 56, 52; 73, 415; 81, 143 und die bei Soergel Anm. 1 zu § 930 Zitierten) Ansicht ist auch die im Automobil-Abzahlungsgeschäft teilweise übliche

Klausel wirksam, wonach neue Teile, die der Verkäufer der Hauptsache hinzufügt, Eigentum des Verkäufers werden sollen. (Näheres Rühl S. 56 und Schalfejew S. 111 ff.) Endlich ergreift der Eigentumsvorbehalt auch die F r ü c h t e der auf Abzahlung verkauften Sache (§ 953 BGB.).

A. 8. 2. **Eigentumsvorbehalt** im **weiteren Sinne** ist eine Vereinbarung, nach der nicht der Eigentumsübergang, sondern nur eine Verpflichtung des Verkäufers zur Eigentumsübertragung bedingt sein soll. Das ist z. B. der Fall bei dem sogenannten Möbelleihvertrage (Näheres hierüber siehe Anm. 25 ff. zu § 6) und bei dem allerdings nicht unter das Abzahlungsgesetz fallenden Abzahlungskaufe von Grundstücken, da eine bedingte Eigentumsübertragung hier gemäß § 925 Abs. II BGB. nicht möglich ist. Eine solche Vereinbarung ist bei dem gewöhnlichen Abzahlungskaufe mit Eigentumsvorbehalt mit Rücksicht auf § 455 BGB. nicht anzunehmen. (Gl. M. Rühl S. 7.)

A. 9. 3. Der sogenannte **uneigentliche Eigentumsvorbehalt** ist eine Klausel, nach der die Verpfändung oder Sicherungsübereignung an einen Dritten vor endgültiger Bezahlung nur mit Zustimmung des Verkäufers erfolgen darf. Eine solche Abrede hat nur schuldrechtliche Wirksamkeit zwischen den Parteien. (Gl. M. Staub Anhang zu § 382 Anm. 68a; Bernstein BankArch. 1926, 62; Ziffer JW. 1930, 1358; Rühl S. 76.) Sie kommt daher für den Tatbestand des § 5 AbzGes. nicht in Frage.

### B. Die Begründung des Eigentumsvorbehalts.

A. 10. 1. **Die ursprüngliche Begründung** des Eigentumsvorbehaltes geschieht durch Übergabe der Sache oder Übergabesurrogat und formlose Einigung zwischen den Parteien, daß das Eigentum erst mit der Bezahlung übergehen soll. Der Eigentumsvorbehalt kann vor der Übergabe im Kaufvertrage (das wird bei den Abzahlungskäufen die Regel sein), bei der Übergabe und auch bei den Übergabesurrogaten ausbedungen werden. (Gl. M. Rühl S. 58; a. M. Stulz S. 258.) Auch eine stillschweigende Vereinbarung ist möglich (gl. M. Staub Anhang zu § 382 Anm. 63a; Rühl S. 61), wird aber bei den Abzahlungsgeschäften kaum praktisch werden können. Endlich kommt ein Eigentumsvorbehalt auch dadurch zustande, daß der Verkäufer bei der Lieferung der ohne Vorbehalt verkauften Sache sich das Eigentum durch einseitige Erklärung vorbehält, und zwar auch dann, wenn der Käufer sich mit dem Eigentumsvorbehalt nicht einverstanden erklärt, die Ware aber gleichwohl behält. (Gl. M. KG. JW. 1929, 2164; Rühl S. 61; Schalfejew a. a. O. S. 97.) Der obligatorische Anspruch des Käufers auf sofortige Übereignung wird hierdurch natürlich nicht berührt.

2. Eine **nachträgliche Vereinbarung des Eigentumsvorbehaltes** nach unbedingter Übereignung kann nicht durch die bloße Abrede begründet werden, daß der Verkäufer nun wieder bis zur Vollzahlung des Kaufpreises Eigentümer sein soll. Durch ein abstraktes Besitzkonstitut kann kein Eigentumsübergang bewirkt werden. (Gl. M. RGZ. 49, 172; 54, 396.) Der Eigentumsvorbehalt kann deshalb nur unter körperlicher Rück- und Wiederübertragung (so Düsseldorf, RheinArch. 108, 145) oder durch Vereinbarung eines konkret bestimmten Besitzrechts im Sinne des § 868 BGB. hergestellt werden. (Gl. M. RG. JW. 02, 10; 15, 445; Staub Anhang zu § 382 Anm. 13.) Flechtheim (JW. 1911, 345 ff.) und Simmet (JW. 1911, 705 ff.) wollen ein solches konkretes Besitzkonstitut bereits in der Vereinbarung des Eigentumsvorbehaltes selbst erblicken, weil der Käufer nunmehr nicht auf Grund seines Eigentums, sondern auf Grund der neuen Vereinbarung zum Besitze berechtigt sei. Dieser Meinung wird beizutreten sein. Der Kaufvertrag allein berechtigt vor der Bezahlung den Käufer noch nicht zum Besitze. Dieses Besitzrecht muß daher im Falle der Rückübereignung durch eine besondere darauf hinzielende Abrede begründet werden. Es ist deshalb nicht zu erkennen, warum es einen Unterschied bedeuten soll, ob das Besitzrecht des Käufers auf einen besonderen Leihvertrag oder auf die Abrede des Eigentumsvorbehaltes gegründet wird. Auch das Reichsgericht hat (JW. 15, 455) es zur wirksamen Begründung eines nachträglichen Eigentumsvorbehalts für ausreichend anerkannt, wenn die Parteien sich nach dem Rücktritt des Verkäufers darüber einig werden, daß der Kaufvertrag (unter Ermäßigung des Kaufpreises) bestehen bleiben und die verkaufte

A. 11.

Sache bis zur Zahlung des Kaufpreises Eigentum des Verkäufers sein solle. RG. (Warn. 1928 S. 244 Nr. 124) und Rühl (S. 72 ff.) fassen den nachträglichen Eigentumsvorbehalt dagegen als eine Sicherungsübereignung auf, die ohne Bedenken im Wege einer auflösend (durch Zahlung des Kaufpreises) bedingten Rückübereignung herbeigeführt werden kann. Dieser Ansicht ist entgegenzuhalten, daß es den Parteien in der Regel nicht auf die Begründung eines (nur fiduziarischen) Sicherungseigentums, sondern auf eine wirksame Rückübereignung ankommen wird. Der Verkäufer wird daher im Zweifel auch bei nachträglichem Eigentumsvorbehalt nicht nur fiduziarischer Eigentümer, sondern auf Grund des vorbehaltenen Eigentums zur Rückforderung berechtigt sein. Im Falle der Rückforderung wird daher auch § 5 des AbzGes. anzuwenden sein. Zu dem gleichen Ergebnis kommt auch das Urteil des Reichsgerichts Warn. 28, 245, wenn es ausführt: „Alle diese Verträge stehen in einem untrennbaren Zusammenhange, denn sie in ihrer Gesamtheit sollten dieselbe Rechtslage schaffen, als ob die Klägerin dem Beklagten zu 3 den Wagen unter Eigentumsvorbehalt verkauft hätte. Die Klägerin hätte dem Beklagten zu 3 den Wagen nicht verkauft und übergeben, wenn er ihr das Eigentum nicht sofort zurückübertragen hätte, und hätte dem Beklagten zu 3 den Wagen nicht geliehen, wenn sie ihn ihm nicht verkauft hätte."

A. 12. Liegt die Voraussetzung eines besonders bestimmten Besitzkonstituts nicht vor, so ist ein Eigentumsvorbehalt zwar nicht begründet, zwischen den Parteien besteht jedoch obligatorisch der „Rechtszustand, der zwischen ihnen im Falle rechtzeitiger Vereinbarung des Eigentumsvorbehaltes bestanden haben würde" (RG. JW. 1905, 18). Mit Rücksicht auf den Zweck des Gesetzes muß die Bestimmung des § 5 auch Anwendung finden, wenn der Verkäufer die Sache auf Grund seines obligatorischen Rechtes zurückfordert. Ob der „Eigentumsvorbehalt" des Verkäufers dinglich oder nur obligatorisch ist, kann keine Bedeutung haben, zumal der Verkäufer auch beim wirklichen Eigentumsvorbehalt obligatorisch verpflichtet ist, nur unter bestimmten Voraussetzungen von seinem Eigentumsrechte Gebrauch zu machen.

## C. Die Übertragung des Anwartschaftsrechts und des Vorbehaltseigentums.

**1. Die Übertragung des Anwartschaftsrechts** des Käufers auf einen Dritten hat die Wirkung, daß mit dem Eintritt der Bedingung das Eigentum unmittelbar dem Erwerber anfällt. (Gl. M. Enneccerus § 185 Anm. 1; v. Tuhr III § 81 S. 307; Jacobi JW. 1930 S. 332; Schanz JW. 1931 S. 508; Rühl S. 97; a. M. Brandis JW. 1931 S. 506; die Urteile KG. OLGR. 22, 163 und Breslau JW. 1929, 2359 sowie die Ausführungen zu letzterem von Rosenberg beschäftigen sich dagegen mit der hier behandelten Frage überhaupt nicht.) Der entgegengesetzten Ansicht Brandis ist entgegenzuhalten, daß nicht einzusehen ist, warum das aufschiebend bedingte Eigentumsrecht nicht übertragen werden kann, nachdem die Rechtsordnung ein solches überhaupt zugelassen hat. Kraft der Einigung und Übergabe erstarkt das Anwartschaftsrecht des Käufers bei Bedingungseintritt ohne weitere Erfüllungshandlung zum Vollrecht. Da dies zulässig ist, kann es nicht unzulässig sein, daß der Käufer sein Recht, bei Eintritt der Bedingung das Eigentum ipso jure zu erwerben (Enneccerus § 185 I 1 d), auf einen anderen überträgt. Daß hiermit der Kreis der dinglichen Rechte unzulässigerweise erweitert würde, kann nicht anerkannt werden. Brandis erkennt auch selbst für den Fall, daß der Verkäufer der Übertragung des Anwartschaftsrechts zugestimmt hat, eine dingliche Wirkung der Übertragung an. (Ebenso RGZ. 95, 105, Frankfurt HRR. 1930 Nr. 209 und Zeitschr. d. AnwKamm. i. OLGBez. Frankfurt a. M. 1931 S. 4.) A. 13.

Die Übertragung des Anwartschaftsrechts erfolgt wie die Begründung (s. o. in Anm. 10) durch Einigung und Übergabe oder Übergabesurrogat. (Gl. M. Hamburg OLGR. 36, 54; Rühl S. 97 f.) A. 14.

**2. Die Übertragung des vorbehaltenen Eigentums** erfolgt durch Einigung und Abtretung des Herausgabeanspruchs. Sie ist sowohl mit wie ohne die gesicherte Forderung möglich. Daß der Verkäufer das ihm noch zustehende (auflösend bedingte) Eigentum auf einen Dritten übertragen kann, ist nicht zu bestreiten. Ebenso kann auch die Forderung wie jede andere Forderung aus A. 15.

einem gegenseitigen Vertrage abgetreten werden. (Gl. M. RGZ. 51, 170; 55, 402.)

A. 16. Die Ansicht Samters (S. 30), daß ein Anspruch aus dem Eigentum wegen § 401 BGB. nur zusammen mit dem obligatorischen Anspruche abgetreten werden könne, ist irrig. Abgesehen davon, daß der Eigentumsvorbehalt kein Pfandrecht ist, § 401 BGB. daher höchstens analoge Anwendung finden kann, übersieht Samter, daß § 401 BGB. nicht zwingenden Rechtes ist (RG. LZ. 1917, 792; Recht 1917 Nr. 797; Warn. 1917, 223), und daß eine selbständige Übertragung der in § 401 BGB. aufgezählten Nebenrechte nur deshalb nicht möglich ist, weil sie selbständig nicht bestehen können (vgl. RG. JW. 1905, 428; Recht 1905, 617 Nr. 2532). Das ist jedoch bei dem bedingten Eigentum der Fall. Deshalb ist es selbständig übertragbar. (Gl. M. Rühl ohne Begründung S. 83 und für den Fall der Sicherungsübereignung RGZ. 89, 195; 91, 279.)

A. 17. Wird die Kaufpreisforderung ohne eine ausdrückliche Abrede abgetreten, daß auch das vorbehaltene Eigentum übergehen soll, so ist § 401 BGB. weder direkt noch analog anwendbar. (Gl. M. Soergel Bem. 2 zu § 401; Stuttgart im Recht 1913 Nr. 329.) Die direkte Anwendung verbietet das Wesen des Eigentumsvorbehalts. Eine analoge Anwendung ist deshalb nicht möglich, weil die Bestimmung des § 401 BGB. auf der streng akzessorischen Natur der aufgezählten Nebenrechte beruht. Das vorbehaltene Eigentum unterscheidet sich aber in diesem wesentlichen Punkte von den in § 401 BGB. geregelten Fällen. (Gl. M. im Ergebnis RGZ. 89, 195; 91, 277; Rühl S. 83.) Soergel (Bem. 1 zu § 401) und RGKomm. (Anm. 1 zu § 401) wollen daher mit RGZ. 89, 195; 91, 277 im Falle der Sicherungsübereignung den § 401 BGB. nur insoweit entsprechend anwenden, daß der Abtretende schuldrechtlich auch zu einer Übertragung des ihm sicherungshalber abgetretenen Rechtes verpflichtet ist. Rühl (S. 83) sieht dagegen im Wege einer ergänzenden Auslegung des Parteiwillens den Eigentumsübergang selbst als von den Parteien gewollt an, weil der Abtretende kein Interesse mehr daran hat, „nach Abtretung seiner aus dem Kaufvertrage fließenden Rechte noch das Eigentum zu behalten". Dieser Ansicht kann jedoch nicht der Vorzug gegeben werden. Die von Rühl versuchte Ergänzung des Parteiwillens dürfte zu weit gehen. Man wird beim Fehlen eines Anhaltspunktes aus dem Willen der Forderungsabtretung nicht eine Einigung über den Eigentumsübergang herauslesen dürfen. Deshalb wird der Ansicht des Reichsgerichts und der herrschenden Meinung auch für den Fall des Eigentumsvorbehalts beizutreten sein. Der Verkäufer, der die Kaufpreisforderung abtritt, ist mithin obligatorisch zur Übertragung des nicht ipso jure mit der Abtretung übergegangenen Vorbehaltseigentums verpflichtet.

## D. Die Rechtswirkungen des Eigentumsvorbehaltes.

**1. Im allgemeinen.** Auf Grund des Eigentumsvorbehaltes bleibt der Verkäufer Eigentümer. Nach der Übergabe wird er mittelbarer Besitzer im Sinne des § 868 BGB. und der Käufer unmittelbarer Besitzer, und zwar Fremdbesitzer, Verwalter oder Verwahrer, mit Eigentumsinteresse an der Sache. (Gl. M. RGZ. 54, 396; 69, 167; 74, 126; 91, 105; Soergel Bem. 3 zu § 455; RGKomm. Anm. 3 zu § 455; Staudinger III 2h zu § 868; Staub Anhang zu § 382 Anm. 63; a. M. Planck Anm. 2b zu § 868; Thiesing ArchBürgR. 20, 240.) A. 18.

2. Alle **Verfügungen des Käufers** über die Sachen sind, solange der Eigentumsvorbehalt dauert, Verfügungen eines Unberechtigten, weil nicht er, sondern der Verkäufer während dieser Zeit der verfügungsberechtigte Eigentümer ist. (Über Konvaleszenz vgl. unten Anm. 35.) A. 19.

Anders liegt es, wenn der Verkäufer den Verfügungen des Käufers ausdrücklich zugestimmt hat. Ob in dem Verkaufe zur Weiterveräußerung bestimmter Sachen eine stillschweigend erklärte Zustimmung zu erblicken ist, ist bestritten. Naumburg (JW. 1927, 1497) und Hamburg (Kurznachrichtenkarte Nr. 28/1931 im Eildienst der DStZ. 1931 Nr. 2) verneinen die Frage. RGZ. (115, 262), RGSt. (62, 31), KG. (JW. 1929, 2164), München (OLGR. 33, 271), Hamm (JW. 1927, 730) und Rühl (S. 36 ff.) bejahen sie. Dieser Ansicht ist für den Fall beizutreten, daß dem Verkäufer beim Kaufabschluß bekannt war, daß der Käufer die Sachen weiter- A. 20.

veräußern wollte. Der Sinn des Geschäftes kann in einem solchen Falle nicht dahin gehen, daß der Käufer erst zur Weiterveräußerung befugt sein soll, wenn er die Ware vollständig abgezahlt hat, da ihm der Abzahlungskauf dann nichts nützen würde. Daß der Verkäufer durch die Weiterveräußerung das Eigentum verliert, steht dem nicht entgegen. Der Eigentumsvorbehalt behält trotzdem seinen vernünftigen Sinn, da er den Verkäufer vor der Veräußerung vor dem Zugriff anderer Gläubiger schützt.

A. 21. 3. Ein **Dritter, der die Sache vom Käufer erwirbt** oder dem der Käufer sie verpfändet, erlangt daher gemäß §§ 932, 1207 BGB. nur dann das Eigentum oder ein Pfandrecht, wenn er gutgläubig ist.

A. 22. Das gleiche gilt gemäß §§ 366 Abs. III und 623 III HGB. für die handelsrechtlichen gesetzlichen Pfandrechte (des Kommissionärs, Spediteurs, Lagerhalters, Frachtführers und Verfrachters, vgl. Staub Anm. 62 zu § 366). Die übrigen gesetzlichen Pfandrechte erstrecken sich dagegen auch bei gutem Glauben des Drittgläubigers nicht auf die Vorbehaltssache.

Hinsichtlich der auf Sacheinbringung beruhenden Pfandrechte (des Vermieters und des Gastwirts) ist dies fast unbestritten. (A. M. wohl nur Schulz DJZ. 1908, 960.) Die Ansicht von Schulz (DJZ. 1908, 960), daß dem Vermieter schon vor Vollzahlung ein gegenwärtiges Pfandrecht an dem bedingten Eigentume zustände, kann nicht geteilt werden, da ein bedingtes gesetzliches Pfandrecht dem BGB. fremd und für den Vermieter auch praktisch wertlos ist. (Gl. M. KG. OLGR. 16, 429; Staudinger IV 2c zu § 559; Kirchner DJZ. 1909, 375.) Es bedarf dieser Konstruktion auch nicht, da die Sache im Augenblicke des Eigentumsüberganges auf den Käufer kraft Gesetzes von dem Vermieterpfandrechte ergriffen wird. (Gl. M. RGZ. 60, 73; RGKomm. Anm. 2 zu § 559; Soergel Bem. 5 zu § 559.)

Die Ansicht, daß die gesetzlichen Pfandrechte sich auch bei gutem Glauben des Drittgläubigers nicht auf die Vorbehaltssache erstrecken, wird für die auf einer Übergabe beruhenden gesetzlichen Pfandrechte (des Werkunternehmers und des Verpächters) von O. v. Gierke (II § 170 Anm. 30), J. v. Gierke (§ 53 II 1), M. Wolff (§ 163 III 2), Planck (Anm. 3a zu § 1257), Fuchs

(ArchBürgR. 34, 429) und Rühl (S. 123) abgelehnt, weil das gesetzliche Pfandrecht nach § 1257 BGB. dem rechtsgeschäftlichen gleichstehe. Ein Gläubiger eines gesetzlichen Pfandrechts könne daher in den genannten Fällen bei gutem Glauben auch dann Eigentum erwerben, wenn der Schuldner nicht Eigentümer sei. Dieser Ansicht kann jedoch nicht zugestimmt werden, weil § 1257 BGB. die gesetzlichen Pfandrechte den vertragsmäßigen nur hinsichtlich ihrer Wirkungen, nicht aber hinsichtlich ihrer Entstehung gleichstellt. (Gl. M. RGZ. 108, 165; KG. OLGR. 2, 80; Kolmar OLGR. 3, 28; Dresden OLGR. 4, 329; KG. OLGR. 14, 383; Soergel zu § 1257; RGKomm. Anm. 2 zu § 1257; Anm. 4 zu § 647; Staudinger II 1 a zu § 1257; 2 c zu § 647; Warneyer zu § 1257; Staub Anm. 60 zu § 366.)

Endlich wird an den im vorbehaltenen Eigentum des Verkäufers stehenden Sachen auch kein gültiges Pfändungspfandrecht begründet. (Näheres siehe unten Anm. 45 ff.) A. 23.

4. Der Käufer darf im Zweifel die Sache benutzen. Bei verbrauchbaren Sachen wird der Käufer in der Regel zum Verbrauche und bei zur Veräußerung bestimmten Sachen in der Regel — wie bereits oben in Anm. 20 dargelegt — zur Veräußerung berechtigt sein. Das in Anm. 20 für den Fall der Veräußerung Ausgeführte gilt in gleichem Maße für den Fall des Verbrauches. A. 24.

5. **Schadensersatzpflicht des Käufers.** Ohne die — ausdrückliche oder nach dem Vorhergesagten aus dem Vertrage zu entnehmende — Zustimmung des Verkäufers darf der Käufer über die Sache nicht verfügen, insbesondere sie nicht veräußern. Durch eine Zuwiderhandlung begeht der Käufer eine Unterschlagung (RGSt. 2, 132) und wird auch aus dem Vertrage gemäß § 276 BGB. schadensersatzpflichtig. Der Kaufvertrag wird hiervon nicht berührt. Der Käufer verliert nicht sein Recht, nachträglich durch Bezahlung des Kaufpreises das Eigentum an der Sache zu erwerben (RGZ. 67, 21), und bleibt andererseits zur Zahlung des Kaufpreises nach Maßgabe des Vertrages verpflichtet. Hierdurch erlangen die vorher von ihm über die Sache getroffenen Verfügungen gemäß §§ 158, 161 BGB. Rechtswirksamkeit (vgl. unten Anm. 35). A. 25.

A. 26. 6. Die Folgen einer **Weiterveräußerung an einen gutgläubigen Dritten** sowie einer Verbindung, Vermischung oder Verarbeitung ergeben sich aus den allgemeinen Bestimmungen des BGB. (Näheres siehe Staub Anhang zu § 382 Anm. 64 und Rühl §§ 26—34.) Hierdurch gehen das Eigentum des Verkäufers und das Anwartschaftsrecht des Käufers unter. Die dem Verkäufer aus der Rechtsausgleichung gemäß § 951 BGB. aus condictio oder unerlaubter Handlung entstehenden Ansprüche stehen auf Grund des untergegangenen Anwartschaftsrechts auch dem Käufer, aber unter der Bedingung der Vollzahlung, zu. Wenn er den Kaufpreis bezahlt hat, aber auch erst dann, kann er diese Ansprüche erheben. Mit der Vollzahlung des Kaufpreises wachsen die Ansprüche des Verkäufers dem Käufer zu, ohne daß es einer Abtretung bedarf.

A. 27. 7. Wegen des **Überganges der Gefahr** vgl. die Ausführungen oben in Anm. 78 ff. zu § 1. Hier sei nur noch für den Fall des Eigentumsvorbehaltes hinzugefügt, daß, falls dem Verkäufer aus der Beschädigung oder dem Untergang der Sache ein Entschädigungsanspruch gegen einen Dritten zusteht, dieser Anspruch dem Käufer ebenfalls, allerdings unter der Bedingung der Vollzahlung, zusteht (vgl. die Ausführungen in Anm. 26). Zu einem ähnlichen Ergebnis gelangt auch Rühl (S. 202 ff.) unter eingehender Stellungnahme zu anderen Ansichten.

A. 28. 8. Über die Rechtslage im Falle einer Zwangsvollstreckung gegen den Käufer vgl. die Ausführungen unten in Anm. 45 ff.

## E. Die Beendigung des Eigentumsvorbehaltes.

A. 29. 1. Durch **Eintritt der Bedingung**, d. h. in der Regel durch vollständige Zahlung des Kaufpreises, oder durch Leistung einer an die Stelle der Erfüllung tretenden Vertragsstrafe wegen Nichterfüllung (vgl. Anm. 21 zu § 4; gl. M. Aubele JW. 1914, 179), wird der Eigentumsvorbehalt beendet.

A. 30. Der Eintritt der Bedingung kann auch durch den Untergang der geschützten Forderung, z. B. Erlaß durch den Verkäufer, herbeigeführt werden. (Gl. M. Rühl S. 92.)

A. 31. Die teilweise Zahlung bewirkt nicht etwa einen teilweisen Eigentumsübergang, auch nicht bei mehreren Sachen.

Sämtliche Sachen bleiben vielmehr Eigentum des Verkäufers, bis der ganze Kaufpreis bezahlt ist. (Gl. M. RG. Recht 09, 650; Gruchot 53, 954; Soergel Bem. 3 zu § 455; Staub Anhang zu § 382 Anm. 72.)

Selbst wenn später andere Sachen hinzugekauft werden (vgl. Anm. 11 zu § 1), bleibt der Eigentumsvorbehalt auch nach Bezahlung der früher gekauften Sachen an diesen bestehen, wenn von vornherein oder bei dem Zukauf der anderen Sachen vereinbart worden ist, daß sämtliche Sachen bis zur Bezahlung des Gesamtpreises Eigentum des Verkäufers bleiben sollen. (Gl. M. Zweibrücken BayZ. 06, 66; Soergel Bem. 7 zu § 455; Rühl S. 81; a. M. Stuttgart OLGR. 8, 63; Samter S. 69 f.) Voraussetzung ist natürlich, daß die Abrede vor der völligen Bezahlung der erstgekauften Sachen erfolgt ist, da sonst das Eigentum bereits auf den Käufer übergegangen ist.

Sind mehrere Sachen zufällig zusammengekauft (vgl. Anm. 10 zu 1), was namentlich in mehreren voneinander unabhängigen Verträgen möglich ist, — z. B. beim Einkauf in verschiedenen Abteilungen eines Warenhauses zu Einzelpreisen —, so erlischt dagegen der Eigentumsvorbehalt im Zweifel für die Stücke jedes einzelnen Vertrages besonders, sobald der darin vereinbarte Einzelkaufpreis voll bezahlt ist. (Gl. M. Staub Anhang zu § 382 Anm. 72.)

2. Ferner beendet der **Verzicht des Verkäufers** den Eigen- A. 32.
tumsvorbehalt. Der Verzicht erfordert hier keinen Erlaßvertrag zwischen den Parteien. Daß der Verkäufer einseitig in der Lage sein müsse, auch auf den Eigentumsvorbehalt zu verzichten, weil dieser einseitig seinen Schutz bezwecke, dürfte allerdings nicht richtig sein. Der Käufer kann ein wesentliches Interesse daran haben, daß ihm die Sache nicht von dritter Seite weggepfändet wird, solange er auf sie noch abzahlen muß. Deshalb ist es möglich, daß er bei Vertragsabschluß auf den Eigentumsvorbehalt des Verkäufers Gewicht gelegt, diesen daher zur Erhebung der Widerspruchsklage im nötigen Falle verpflichtet hat. Gleichwohl kann dem Verkäufer dinglich nicht das Recht verwehrt werden, einseitig auf sein Eigentum zu verzichten.

A. 33. Der Verzicht auf das Eigentum bedarf nach der herrschenden Ansicht zu seiner Wirksamkeit nur der Kundgabe, nicht auch der Annahme des unmittelbaren Besitzers. Das gleiche muß auch für den Verzicht auf den Eigentumsvorbehalt, d. h. auf die Bedingung der dinglichen Übereignung, gelten. (Gl. M. RGZ. 66, 348; 79, 243; KG. KGBl. 1911, 47; v. Tuhr II 2 S. 310; O. v. Gierke II S. 524 Anm. 28; III S. 495 Anm. 30; Staudinger I c zu § 959; RGKomm. Anm. 4 zu § 455; Soergel Bem. 4 zu § 455; Staub Anhang zu § 382 Anm. 66; Flechtheim RheinArch. 1908, 286; Seelig S. 52 f.; Rühl S. 94 ff.; a. M. Wolff § 78 II 1 a; Planck Anm. 1 b zu § 397; Anm. 3 zu § 959; Hellwig System II S. 314 Anm. 2; Seuffert Anm. 2 c zu § 804; Kaufmann Gruchot 53, 338.)

A. 34. **3. Wirkung des Eintritts der Bedingung oder des Verzichts des Verkäufers.**

a) Mit dem Eintritt der Bedingung fällt das Eigentum unbeschränkt dem Käufer an, ohne daß es noch eines besonderen Übereignungsaktes bedarf. (Gl. M. RGZ. 66, 349; Soergel Bem. 4 zu § 455; Planck Anm. 2 a zu § 455; RGKomm. Anm. 6 zu § 455; Warneyer I zu § 455; Enneccerus 341 I 2; Wolff § 66 I 3; Gaupp-Stein-Jonas Anm. II 9 zu § 857; Rühl S. 87 f.; Brandis JW. 1931, 505; Schulz DJZ. 1908, 960; Orgler S. 45; Aubele Anm. 21 zu § 5; a. M. — wohl nur scheinbar — RGZ. 64, 207; 95, 107; sowie Staub Anhang zu § 382 Anm. 72.)

A. 35. b) Durch den Eigentumsanfall werden die Verfügungen, die der Käufer in der Zwischenzeit über die Sachen getroffen hat, in Analogie von § 185 Abs. II BGB. wirksam; eine direkte Anwendung von § 185 II BGB. erscheint nicht gegeben, da der Käufer mit Bedingungseintritt nicht das Eigentum „erwirbt", sondern nur das bereits vorher bedingt erworbene Recht zum Vollrecht erstarkt. In dem gleichen Zeitpunkte wird auch ein bisher nicht bestehendes gesetzliches Pfandrecht — in Betracht kommt hier namentlich das Vermieterpfandrecht — begründet. (Gl. M. Soergel Bem. 5 zu § 559; Planck Anm. 2 b zu § 559; RGKomm. Anm. 2 zu § 559; Staub

Anhang zu § 382 Anm. 62; Schulz DJZ. 1908, 960.) Ebenso wird mit dem Eintritt der Bedingung auch eine von einem Drittgläubiger vorgenommene Pfändung wirksam. (Gl. M. mit teilweise abweichender Begründung RGZ. 60, 72; Recht 1922 Nr. 1542; KG. OLGR. 22, 163; Soergel Bem. 5 zu § 559; RG.-Komm. Anm. 4 zu § 185; Gaupp-Stein-Jonas Anm. II 5 zu § 804; Wolff, Festgabe für Hübler, Sonderabdruck S. 6; Rühl S. 169.)

c) Die infolge des Eigentumsanfalls begründeten Pfandrechte (vertragsmäßige, gesetzliche oder Pfändungspfandrechte) entstehen gleichzeitig. Nach § 185 Abs. II BGB. hat die Konvaleszenz keine rückwirkende Kraft. (A. M., wohl nur infolge eines lapsus calami, Staub Anhang zu § 382 Anm. 66.) Da sämtliche Pfandrechte also zu gleicher Zeit begründet sind, haben sie gleichen Rang, sämtliche Gläubiger sind also nach dem Verhältnis der Höhe ihrer Forderungen zu befriedigen. (Gl. M. RGZ. 60, 73; JW. 1905, 168; KG. KGBl. 1911, 47; KG. OLGR. 22, 163; Soergel Bem. 2 β zu § 185; Flechtheim, RheinArch. 1908 S. 290; a. M. Wolff, Festgabe für Hübler, Sonderabdruck S. 16; v. Tuhr II 2 S. 309; Rühl S. 124, 169.) A. 36.

Wird durch den Eigentumsanfall gleichzeitig ein gesetzliches oder ein Pfändungspfandrecht und eine frühere Eigentumsübertragung wirksam, so geht das Pfandrecht vor, d. h. der Dritterwerber erhält nur ein mit dem Pfandrecht belastetes Eigentum (Soergel Bem. 5 zu § 559; KG. OLGR. 22, 163; Recht 1911, 1869; Breslau JW. 1929, 2958; a. M. Stuttgart SeuffArch. 82, 68; Jacobi JW. 1930, 332). Da das Eigentum und Pfandrecht gleichzeitig wirksam werden, ergibt sich aus der Natur beider Rechte, daß das Eigentum nur insoweit ausgeübt werden kann, als ihm das Pfandrecht nicht entgegensteht. A. 37.

Anders ist die Rechtslage jedoch, wenn der Käufer nicht die Sachen übereignete, sondern das Anwartschaftsrecht übertragen hat. Hier folgt aus dem Wesen der Übertragung (so oben Anm. 13), daß das Eigentum mit dem Eintritt der Bedingung in der Person des Dritterwerbers zum Vollrecht erstarkt. Ein Pfandrecht der Gläubiger des Käufers kommt daher in diesem Falle überhaupt nicht zur Entstehung. (Gl. M. Frankfurt HRR. 1930, 1209 und

Zeitschr. d. AnwKamm. im OLGBez. Frankfurt a. M. 1931 S. 4; Jacobi JW. 1930, 332; Schantz JW. 1931, 509 und für bestimmte Fälle Brandis JW. 1931, 506 f.)

Da man in der Übertragung der Sache in der Regel zugleich eine Übertragung des Anwartschaftsrechts zu erblicken haben wird (gl. M. Jacobi a. a. O.), dürfte der Fall praktisch kaum in Frage kommen, daß das Eigentum des Dritterwerbers mit einem Pfandrecht belastet wirksam wird.

A. 38. 4. Auch durch **Ausfall der Bedingung** endigt der Eigentumsvorbehalt. Mit dem Ausfall der Bedingung erlischt das Anwartschaftsrecht des Käufers, durch Zahlung ohne weiteres Eigentum zu erwerben. Sein schuldrechtlicher Anspruch auf Eigentumsverschaffung auf Grund des Kaufvertrages wird hiervon jedoch grundsätzlich nicht berührt. Wann dieser Ausfall im Zweifel eintritt, wenn die Frage nicht auf Grund der Auslegung des einzelnen Vertrages gelöst werden kann, ist bestritten. RGKomm. (Anm. 5 zu § 455), Planck (Anm. 2a zu § 455), Crome (II, 413 Anm. 66), Jaffé (S. 27), Staub (Anhang zu § 382 Anm. 64) sehen die Bedingung schon dann als ausgefallen an, wenn der Käufer seine Zahlungsverpflichtung nicht rechtzeitig erfüllt hat. Warneyer (V zu § 455) scheint den Ausfall nur im Falle eines Verzuges anzunehmen. Rühl (S. 92 ff.) verlangt Nichterfüllung und Rücktritt, Staub (Anhang zu § 382 Anm. 65) schließlich Zahlungsverzug und Rücktritt.

Allen diesen Ansichten kann für das Abzahlungsgeschäft nicht beigetreten werden. Der Eigentumsvorbehalt bezweckt die Sicherung des Verkäufers während der gesamten Dauer des Vertrages. Deshalb wird dem Ausbleiben einer einzelnen Rate im Zweifel nach dem zu vermutenden Parteiwillen nicht die Bedeutung zuzuschreiben sein, daß sie das Anwartschaftsrecht des Käufers zum Erlöschen bringen soll. Wenn der Verkäufer beim Ausbleiben einer Zahlung die Sache nicht zurückfordert, sondern die weiteren Ratenzahlungen annimmt, so ist daraus der beiderseitige übereinstimmende Wille der Parteien zu entnehmen, daß das Anwartschaftsrecht des Käufers erhalten bleiben solle. Ein entgegengesetzter Wille des Verkäufers würde auch dem Verhalten der Parteien gegenüber im Zweifel keine Bedeutung haben können, da aus diesem nicht entnommen werden könnte, daß der Käufer nunmehr auch nach vollständiger Bezahlung nur dann das Eigentum an der Sache erwerben sollte, wenn der Verkäufer es ihm noch besonders überträgt. Ein solcher Wille müßte zum mindesten dem Käufer gegenüber erklärt werden. Andererseits braucht der Verkäufer zu diesem Zwecke nicht unbedingt vom Vertrage zurückzutreten. Da das Eigentum zur Sicherung vorbehalten ist, muß der Verkäufer grundsätzlich von seinem Recht, bei Nichtzahlung den Ausfall der Bedingung zu erklären, auch dann Gebrauch machen können, wenn er den schuldrechtlichen Vertrag bestehen lassen will. Es muß deshalb als genügend angesehen werden, wenn er dem Käufer gegenüber bei Nichtzahlung den Ausfall der Bedingung geltend macht. Damit erlischt das Anwartschaftsrecht des Käufers, ohne daß gleichzeitig sein schuldrechtlicher Anspruch untergeht. Zwischen den Parteien besteht alsdann nicht mehr der Eigentumsvorbehalt im eigentlichen Sinne, sondern nur noch ein Eigentumsvorbehalt im weiteren Sinne (vgl. oben Anm. 8; a. A. Rühl S. 94).

Nimmt der Verkäufer bei einem gewöhnlichen Vorbehaltskauf nach § 455 BGB. die Sache auf Grund des Eigentumsvorbehalts zurück, so hat der Käufer nach Bezahlung des Kaufpreises nur den Anspruch aus § 433 Abs. I Satz 1 BGB. Das Eigentum muß dann auf ihn nach § 929 BGB. übertragen werden.

Die Ansicht, daß der Verkäufer bei Nichtzahlung den Ausfall der Bedingung erklären kann, ohne den Rücktritt vom Kaufvertrage zu erklären, wird im Geltungsbereiche des Abzahlungsgesetzes keine große praktische Bedeutung haben, da hier die hauptsächlichste Geltendmachung des Eigentumsvorbehalts, die Rückforderung, die gleiche Wirkung hat wie der Rücktritt. Immerhin ist es auch möglich, indem der Verkäufer dem Käufer z. B. erklärt, daß er die Sache zurückverlange, wenn der Käufer in Zukunft irgendeine, auch solche Vertragsbedingung nicht erfüllt, deren Verletzung an sich weder einen Rücktritt noch die Geltendmachung des Eigentumsvorbehalts begründen würde.

Die Bedingung ist deshalb im Zweifel dann als ausgefallen anzusehen, wenn der Käufer seine Zahlungsverpflichtungen nicht erfüllt und der Verkäufer deshalb sein unbeschränktes Eigentum geltend macht. Die Frage, ob der Eigentumsvorbehalt erloschen ist, darf andererseits nicht beliebig lange in der Schwebe bleiben. Deshalb muß die Bestimmung des § 355 BGB. (vgl. Anm. 94 zu § 1) auf diesen Fall analoge Anwendung finden.

A. 39. 5. Dagegen erlischt der Eigentumsvorbehalt **nicht durch Verjährung der Kaufpreisforderung.** (Die Frage ist heftig umstritten. Gl. M. LG. I Berlin KGBl. 1909, 10; Soergel Bem. 1 zu § 223; Oertmann JW. 1926, 725; Rühl S. 85 f.; Aubele Anm. 25 zu § 1; a. M. LG. Dresden JW. 1926, 725; Jacobi KGBl. 1915, 111; Hein S. 52 ff.; Seelig S. 24; Samter S. 28 ff.)

A. 40. In der Hauptsache ist wohl der Streit darauf zurückzuführen, daß von der gegnerischen Ansicht nicht mit genügender Schärfe zwischen dem Einfluß der Verjährung auf die Kaufpreisforderung und ihrem Einfluß auf den Herausgabeanspruch unterschieden wird. Diese Rechtslage verkennt insbesondere Hein, wenn er S. 53 ausführt: „Bisher hat noch niemand daran gezweifelt, daß die Klage des Verkäufers auf Rückgewähr der mit Eigentumsvorbehalt verkauften Sachen eine Klage aus dem Kaufgeschäft ist; muß der Verkäufer doch aus dem Kaufvertrage seine Befugnis zum Rücktritt darlegen und sich nach §§ 1—3 des AbzGes. zur Rückgabe des Kaufpreises erbieten." Gerade weil der Verkäufer auf Grund des Eigentumsvorbehaltes nach dem allgemeinen Rechte die Sache zurückfordern kann, ohne vom Vertrage zurückzutreten, war für das Abzahlungsgeschäft die Bestimmung des § 5 AbzGes. notwendig. Da dieser jedoch nur die Folgen der Wiederansichnahme auf Grund des vorbehaltenen Eigentums regelt, ist die weitere Ansicht Heins (S. 54) abzulehnen, daß es nicht zwei „Klagen", eine obligatorische und eine dingliche, gäbe, sondern nur eine „Kaufklage mit dinglichem Einschlag".

A. 41. Der Eigentumsanfall ist durch die Tilgung des gesamten Kaufpreises bedingt. Der Eigentumsvorbehalt dient der Sicherung der Forderung des Verkäufers und wird daher nur durch den Untergang der gesicherten Forderung berührt. Einen solchen Untergang des Forderungsrechtes führt die Verjährung jedoch nicht herbei. (A. M. Hein S. 55.) Das subjektive Recht des Verkäufers bleibt bestehen, es kann nach wie vor erfüllt, anerkannt und auch gesichert werden. Deshalb berührt die Verjährung der Kaufpreisforderung den Eigentumsvorbehalt und das Anwartschaftsrecht des Käufers nicht. Die Sache bleibt nach wie vor Eigentum des Verkäufers, der Käufer hat nach wie vor das Recht, durch Tilgung des Kaufpreises das Vollrecht an ihr zu erwerben.

Wenn das Landgericht Dresden demgegenüber ausführt (JW. 26, 725), daß mit der Verjährung des Anspruchs der Eigentumsvorbehalt nach dem dahin auszulegenden Parteiwillen seinen Zweck und seine Wirksamkeit ebenso verliert, wie wenn der Verkäufer die Forderung aus anderen Gründen, z. B. wegen seiner Befriedigung, nicht mehr geltend machen kann, so wird hier ein Parteiwille unterstellt, der den Parteien beim Vertragsabschlusse sicherlich ferngelegen hat. Im Gegenteil wird aus dem Sicherungszwecke des Eigentumsvorbehaltes der Wille des Verkäufers zu entnehmen sein, daß er solange Eigentümer bleiben will, bis der Kaufpreis tatsächlich gezahlt worden ist, nicht nur solange, wie er die Zahlung des Kaufpreises erzwingen kann. Solange das möglich ist, braucht er den Eigentumsvorbehalt dem Käufer gegenüber nicht, da er dann den für ihn doch vorteilhafteren Weg der Erfüllungsklage beschreiten wird.

Der Verkäufer kann mithin auch, solange nicht auch die A. 42.
(wesentlich längere) Verjährung des Herausgabeanspruchs eingetreten ist, die Sache „auf Grund des ihm vorbehaltenen Eigentums" zurückfordern. Die Ansicht des LG. II Berlin (KGBl. 1913, 27), daß der Verkäufer bei einer Mehrheit von Sachen nur „den nichtbezahlten Teil des Kaufobjekts" herausverlangen könne, ist nur bedingt richtig. Wie oben (Anm. 8 zu § 1) ausgeführt ist, bildet der Abzahlungsvertrag nach den Abreden der Parteien in der Regel ein unteilbares Ganzes. Die Wiederansichnahme eines Teils der Sachen ist daher nur in den Fällen möglich, in denen nicht das Eigentum an allen Sachen bis zur Bezahlung des gesamten Kaufpreises vorbehalten ist.

Die Einwendung Heins (S. 55), daß der Verkäufer nach der A. 43.
hier vertretenen Ansicht besser gestellt sei als vor der Verjährung,

beruht auf einer Verkennung des § 5. Auch nach der Verjährung der Kaufpreisforderung darf der Verkäufer die Sache nur nach Maßgabe der §§ 1—3 des AbzGes. herausverlangen. (A. M. anscheinend LG. II Berlin KGBl. 1913, 27.)

A. 44. Ebensowenig kann gegen den Herausgabeanspruch des Verkäufers eingewendet werden, daß der Käufer auf Grund des Kaufvertrages zum Besitze der Sache oder zur Zurückbehaltung berechtigt sei. Ein Zurückbehaltungsrecht ist nach § 273 BGB. nur unter ganz bestimmten Voraussetzungen gegeben, die hier nicht vorliegen. Der Kaufvertrag gewährt dem Käufer andererseits kein Recht zum Besitze, da dieses von der Zahlung des Kaufpreises, die der Käufer ja unter Berufung auf die Verjährung verweigert, bedingt ist. (Gl. M. Planck Anm. 2a zu § 455; a. M. Jacobi KGBl. 1915, 111.)

Daß dem Käufer gegen den Zahlungsanspruch die Einrede der Verjährung zusteht, kann nicht durchgreifen, wie sich aus der Analogie der Bestimmungen des § 223 BGB. ergibt. Die Ansicht Samters (S. 30), daß gerade die Analogie zu § 223 Abs. III BGB. die Unrichtigkeit der hier vertretenen Auffassung ergäbe, ist nicht begründet. Wiederkehrende Leistungen im Sinne der §§ 197, 223 Abs. III BGB. sind nur solche Beträge, die neben der Hauptleistung geschuldet werden, nicht aber auch Amortisationszahlungen. (Gl. M. Sachs JheringsJ. 58, 354; Soergel Bem. 2 zu § 197; Bem. 3 zu § 223; Staudinger Anm. 4 zu § 197; Anm. 7 zu § 223; Planck Anm. 2a zu § 197; RGKomm. Anm. 1 zu § 197; Rühl S. 86.) Gegen die analoge Anwendung kann auch nicht geltend gemacht werden, daß § 223 BGB. den unmittelbaren Besitz an der Sache voraussetze, der beim Eigentumsvorbehalt nicht vorhanden sei. (So LG. Dresden JW. 26, 127.) Diese Begründung trifft nur auf § 223 Abs. I BGB. zu. § 223 Abs. II BGB. setzt dagegen den unmittelbaren Besitz nicht voraus. Diese Bestimmung findet aber nach einhelliger Ansicht auch auf die Sicherungsübereignung Anwendung. Hier hat der Sicherungseigentümer die gleiche fiduziarische Rechtsstellung wie der Vorbehaltseigentümer. Deshalb rechtfertigt gerade die von dem LG. Dresden hervorgehobene fiduziarische Natur des

Eigentumsvorbehalts die analoge Anwendung des § 223 BGB. Was für die Sicherungsübereignung gilt, muß erst recht für den Eigentumsvorbehalt gelten. (Gl. M. Oertmann JW. 26, 725; Rühl S. 86; a. M. Weinschenk BayZ. 1926, 317 ff.)

### F. Der Eigentumsvorbehalt und die Zwangsvollstreckung.

#### 1. Interventionsrecht des Verkäufers.

a) Allgemeines. Auf Grund des Eigentumsvorbehalts bleibt der Verkäufer Eigentümer der Sache, bis die Bedingung für den Eigentumsübergang eingetreten ist. Durch die Pfändung seitens eines dritten Gläubigers entsteht daher trotz rechtmäßiger Pfändung kein Pfandrecht des Dritten, sondern nur eine Pfandverstrickung. (Gl. M. RGZ. 60, 72; 79, 244 f. und die herrschende Meinung: vgl. Goldschmidt S. 254; Rühl S. 168; Gaupp-Stein-Jonas Anm. II 3 zu § 804; Seuffert Anm. 2 zu § 804 und die dort Zitierten; a. M. Baumbach 2 C zu § 804; Kaufmann Gruchot 53, 327 ff.) A. 45.

Der Verkäufer besitzt als Eigentümer ein „die Veräußerung hinderndes Recht" an den Sachen. Er kann daher gemäß § 771 ZPO. gegen den Drittgläubiger, der die Sachen gepfändet hat, Widerspruchsklage erheben. A. 46.

Ist die Zwangsvollstreckung vor Erhebung der Widerspruchsklage durchgeführt worden, so tritt der Erlös gemäß § 1247 BGB. an die Stelle des Pfandes, der Verkäufer wird also Vorbehaltseigentümer des Erlöses. (Gl. M. Wolff § 166 VII; RGKomm. Anm. 3 zu § 816; Goldschmidt S. 237, 261; Rühl S. 165.) Er kann den Erlös daher vor der Vermischung mit anderem Gelde vindizieren, nach der Vermischung gemäß § 951 BGB. kondizieren. (Im Ergebnis ebenso mit abweichender rechtlicher Begründung — Anspruch aus § 812 oder § 816 BGB. — RG. JW. 1906, 15; Staudinger Anm. 2 zu § 816; Gaupp-Stein-Jonas Anm. VII 4 zu § 771 und die dort Zitierten.) A. 47.

Über die Wirkungen eines solchen Verlangens des Verkäufers aus ungerechtfertigter Bereicherung gegen andere Pfändungspfandgläubiger vgl. Anm. 86.

A. 48. b) Untergang des Interventionsrechtes. Das Interventionsrecht des Verkäufers oder seines etwaigen Rechtsnachfolgers entfällt, sobald der Verkäufer der Pfändung zustimmt (gl. M. KG. OLGR. 41, 184) oder das Eigentum auf den Drittgläubiger oder auf den Käufer übergegangen ist.

A. 49. α) Für den Fall der Zustimmung des Verkäufers zur Pfändung entsteht materiell gültiges Pfandrecht (vgl. KG. OLGR. 41, 184).

A. 50. β) Der Übergang des Eigentums auf den Drittgläubiger ist möglich durch Übertragung des Vorbehaltseigentums an den Drittgläubiger. Die Rechtslage ist dann die gleiche, wie wenn der Verkäufer selbst in die ihm noch gehörige Sache vollstreckt. Diese Rechtslage ist unten in Anm. 65 ff. untersucht.

A. 51. Durch die Übertragung kann sich der Verkäufer unter Umständen dem Käufer schadensersatzpflichtig machen, wenn ihm nach dem Vertrage die Übertragung verboten war und dem Käufer durch die vom Verkäufer ermöglichte sofortige Vollstreckung ein besonderer Schaden erwachsen ist. Dagegen kann ein Ersatzanspruch nicht darauf begründet werden, daß er seiner Verpflichtung zuwidergehandelt hat, alles zu unterlassen, was den Eigentumsübergang verhindern könnte. Denn durch die Übertragung wird das Anwartschaftsrecht des Käufers nicht berührt, und die Durchführung der Vollstreckung seitens des Drittgläubigers und nunmehrigen Vorbehaltseigentümers ist, wie unten in Anm. 67 ff., besonders 68, darzulegen ist, nur unter Verzicht auf das Vorbehaltseigentum möglich.

γ) Das Interventionsrecht des Verkäufers endet schließlich auch, wenn dem Käufer das Eigentum anfällt.

A. 52. αα) Der Eigentumsanfall an den Käufer tritt ein, wenn er die Raten voll bezahlt hat. Fällt dem Käufer auf diesem Wege das Eigentum an, solange die Pfändung noch besteht, so entsteht nachträglich ein Pfandrecht des Drittgläubigers. (Gl. M. mit untereinander abweichender Begründung RGZ. 60, 72; KG. OLGR. 22, 163; Gaupp-Stein-Jonas Anm. II zu § 804; Seuffert Anm. 2 b zu § 804; Rühl S. 168 f.; a. M. Kaufmann Gruchot 53, 334.)

ββ) Diesen Erfolg kann der Drittgläubiger gemäß § 267 BGB. herbeiführen, indem er seinerseits die Restzahlung des Kaufpreises an den Verkäufer bewirkt oder, falls dieser — ohne Widerspruch des Käufers (§ 267 Abs. II BGB.) — die Annahme verweigert, die geschuldete Summe hinterlegt. (Gl. M. KG. KGBl. 1910, 28; 1911, 95 f.; OLGR. 20, 349; 26, 57; Soergel Bem. 6 zu § 267 und wohl auch Rühl S. 90.) A. 53.

Dieser Weg wird praktisch aber wohl nur selten zum Ziele führen, da der Verkäufer regelmäßig gemäß § 267 Abs. II BGB. berechtigterweise die Leistung ablehnen wird — nach manchen Verträgen sogar ablehnen muß —, weil der Käufer widerspricht, was wohl stets der Fall sein wird. Dieser Widerspruch der Käufers und die darauf gegründete Ablehnung des Verkäufers können nicht unter Hinweis auf § 242 oder § 162 BGB. als wider Treu und Glauben verstoßend angesehen werden. (So LG. I Berlin KGBl. 1902, 48; 1904, 56; 1910, 88; Staudinger Anm. 7 zu § 267; v. Tuhr II 2 S. 309 Anm. 114; Flatau S. 1; Flechtheim RheinArch. 1908, 280 f.; anscheinend auch Samter S. 72 und mit anderer Begründung Kaufmann Gruchot 53, 336.) Der Käufer ist aus dem zwischen ihm und dem Dritten bestehenden Rechtsverhältnis nicht verpflichtet, diesem die Zwangsvollstreckung dadurch zu ermöglichen, daß er der Leistung an den Verkäufer nicht widerspricht. Zwischen dem Verkäufer und dem Drittgläubiger besteht andererseits überhaupt kein Rechtsverhältnis, kraft dessen der Dritte von dem Verkäufer eine Rücksichtnahme auf seine Interessen verlangen kann. Der Verkäufer kann an der Ablehnung der Leistung auch ein beachtliches Interesse haben, ja trotz mangelnden eigenen Interesses dem Käufer gegenüber hierzu sogar verpflichtet sein. (Gl. M. KG. KGBl. 1904, 39; 1911, 95; SeuffArch. 65, 37; OLGR. 20, 350; 23, 219; DJZ. 1914, 102; Fromherz ZZP. 38, 54; 39, 479, 486; Gaupp-Stein-Jonas II 9 Anm. 131 zu § 857; Rühl S. 91.) Nur in Ausnahmefällen, z. B. wenn der Käufer mit Billigung des Verkäufers längere Zeit hindurch nur noch einen verhältnismäßig und absolut geringen Restbetrag schuldig ist, um den Eigentums- A. 54.

übergang zu verhindern, kann in der Verweigerung der Annahme ein Verstoß gegen §§ 826, 226 BGB. erblickt werden (vgl. KG. OLGR. 14, 429.)

A. 55. Verweigert der Verkäufer also die Annahme der Leistung des Drittgläubigers, weil der Käufer widersprochen hat, so muß der Drittgläubiger zunächst das Widerspruchsrecht des Käufers beseitigen.

A. 56. Zu diesem Zwecke ist von einzelnen Schriftstellern eine Pfändung und Überweisung des dem Käufer auf Grund des Kaufvertrages zustehenden Anspruchs auf Verschaffung des Eigentums vorgeschlagen und auch in mehreren Entscheidungen anerkannt worden. (So Samter S. 31; Nußbaum KGBl. 1904, 53 f.; Bendix KGBl. 1906, 69; Bing Recht 1907, 1247 f.; Fromherz ZZP. 38, 51, 62; 39, 469 f.; KG. OLGR. 4, 366; Kiel SchlHolstAnz. 1912, 107; LG. I Berlin KGBl. 1902, 48; 1904, 56; 1908, 87.) Diese Ansicht ist nur für die Fälle des Eigentumsvorbehalts im weiteren Sinne (vgl. oben Anm. 8) zutreffend. Bei diesem besteht tatsächlich ein bedingter Anspruch des Käufers auf Übertragung des Eigentums, der nach § 847 ZPO. gepfändet werden kann. In den Fällen des Eigentumsvorbehalts im engeren Sinne (vgl. oben Anm. 3 ff.) ist dies dagegen nicht der Fall. Hier soll das Eigentum nicht erst durch ein neues Rechtsgeschäft übertragen werden, das Eigentum ist vielmehr bereits unter aufschiebender Bedingung übertragen worden. In diesen Fällen wäre eine Anordnung nach § 847 ZPO. an den Verkäufer gegenstandslos, da dieser nichts mehr herausgeben kann. (Gl. M. Gaupp-Stein-Jonas Anm. II 9 zu § 857; Rühl S. 168.)

A. 57. In den Fällen des Eigentumsvorbehalts im engeren Sinne muß daher eine Pfändung des Anwartschaftsrechts des Käufers (siehe oben Anm. 4) erfolgen. Dieses Recht ist — sofern die Sachen nicht etwa nach § 811 ZPO. unpfändbar sind — gemäß § 857 ZPO. pfändbar. (Gl. M. KG. SeuffArch. 65, 37; OLGR. 20, 350; 23, 219; Dresden OLGR. 35, 181; Gaupp-Stein-Jonas Anm. II 9 zu § 857; Hellwig II 315; Lazarus S. 122 f.; Langenbach BerlAnwBl. 1928, 4 ff.; Rühl S. 91, 167 ff.) Auf

Grund dieser Pfändung steht dem Käufer gegenüber dem Drittgläubiger das Widerspruchsrecht des § 267 Abs. II BGB. nicht mehr zu. Der Widerspruch würde eine nach der Pfändung gemäß § 829 ZPO. nicht mehr zulässige Verfügung über das gepfändete Recht zum Nachteil des Gläubigers bedeuten. Der Verkäufer ist daher, und zwar gemäß § 271 Abs. II BGB. sofort verpflichtet, die gesamte Restzahlung anzunehmen. Eine Verweigerung der Annahme würde gegen Treu und Glauben verstoßen und damit gemäß § 162 BGB. den Eintritt der Bedingung, d. h. den Eigentumsübergang, bewirken. (Gl. M. KG. OLGR. 20, 349; SeuffArch. 65, 37; Rühl S. 172; Langenbach BerlAnwBl. 1928, 4 ff.; Gaupp-Stein-Jonas Anm. II 9 zu § 857 und die dort Zitierten.) Der Verkäufer ist ferner gemäß § 840 ZPO. verpflichtet, dem Drittschuldner die Höhe seiner Restforderung mitzuteilen. (Gl. M. KG. KGBl. 1910, 28.)

Die Pfändung des Anwartschaftsrechts allein führt jedoch A. 58. noch nicht zur Befriedigung des Drittgläubigers. Da § 847 ZPO. keine Anwendung findet (vgl. oben Anm. 56), ist es nicht zulässig, im Überweisungsbeschlusse anzuordnen, daß die Sache nach Eintritt der Bedingung des Eigentumserwerbs dem Käufer durch einen Gerichtsvollzieher wegzunehmen sei. (So Seuffert Anm. 6 zu § 847; Fromherz JW. 1913, 576.) Auch analog § 1287 BGB. entsteht durch den Eigentumsübergang infolge der Zahlung des Kaufpreises kein Pfandrecht an der Sache (so Nußbaum KGBl. 1904 S. 53), da § 1287 eine Leistungspflicht des Drittschuldners (Verkäufers) voraussetzt, die hier aber gerade nicht besteht (vgl. oben Anm. 54). Trotz der Überweisung des Anwartschaftsrechtes geht das Eigentum daher nicht auf den Drittgläubiger, sondern auf den Käufer über, und der Gläubiger gelangt nicht in den Besitz der Sache. (A. M. Kuhnt JW. 1913, 191.) Hieraus kann jedoch kein Einwand gegen die hier vertretene Ansicht hergeleitet werden, wie dies Flatau (S. 73 ff.) aus den Bestimmungen der §§ 803, 804 ZPO. in Verbindung mit § 1204 BGB. folgern will, weil nichts gepfändet werden dürfe, was nicht zur Befriedigung des Gläubigers führen könne. (Ebenso LG. I Berlin KGBl. 1902, 48 f.) Denn die Vollstreckung in das Anwartschaftsrecht ist eine unerläßliche Vorbereitungsmaßnahme, ohne die eine wirksame Sachpfändung nicht möglich ist. (Gl. M. KG. SeuffArch. 65, 37.)

A. 59. Neben der Pfändung des Anwartschaftsrechts muß der Gläubiger hiernach außerdem noch die Sachen selbst nach § 808 ZPO. pfänden lassen. (Gl. M. KG. OLGR. 20, 349; Gaupp-Stein-Jonas Anm. II 9 zu § 857; Goldschmidt S. 269; Lazarus S. 122 f.; Samter S. 31; Rühl S. 171; Horn KGBl. 1904, 61 f.; Blach JW. 1913, 80 f. und im Ergebnis Brecht S. 306; Brechts Ansicht, daß der Gläubiger das zukünftige Eigentum und die Sachen in Analogie zu § 808 ZPO. pfänden müsse, scheint von der hier vertretenen nur terminologisch abzuweichen.)

A. 60. Im Gegensatz hierzu wollen v. Tuhr (II 2 S. 308) und Flatau (S. 102 ff., 109) auf die Pfändung des Anwartschaftsrechtes die Vorschriften über die Sachpfändung unmittelbar oder analog anwenden, weil die Pfändung des Anwartschaftsrechtes sich ebenso nach der Pfändung des Vollrechtes richten müsse, wie seine Übertragung in der gleichen Weise wie die Übertragung des Vollrechtes erfolge. Hiergegen macht Rühl (S. 170 f.) mit Recht geltend, daß die Vorschriften der §§ 808 ff. ZPO. nur für die Vollstreckung in die Sache, d. h. in das Eigentum, gelten und auch nur für diese passen, daß die ZPO. deutlich zwischen der „Zwangsvollstreckung in körperliche Sachen" und derjenigen in „Forderungen und andere Vermögensrechte" unterscheidet, sowie daß bei einer nach Analogie der Versteigerung einer Sache stattfindenden Versteigerung des Anwartschaftsrechtes der Ersteigerer glauben müßte, daß nunmehr die Sache ihm gehöre.

A. 61. Ob die Pfändung der Sachen vor oder nach der Pfändung des Anwartschaftsrechtes erfolgt, ist ohne Bedeutung. Auch vor der Pfändung des Anwartschaftsrechts kann der Drittgläubiger gültig pfänden, wenn auch das Pfandrecht erst mit der Befriedigung des Gläubigers entsteht (vgl. oben Anm. 45; gl. M. Gaupp-Stein-Jonas Anm. II 9 zu § 857; Rühl S. 172). Wenn der Verkäufer also die Annahme der Zahlung von dem Drittgläubiger nicht ablehnt, braucht dieser das Anwartschaftsrecht nicht erst pfänden zu lassen.

Die Frage, wie der Drittgläubiger zum Ersatze seiner Zahlung an den Verkäufer gelangt, ist streitig. Seuffert (1 b zu § 829), Förster-Kann (3 a zu § 835), Hellwig (System II 316), Flechtheim (ZZP. 28, 285 ff. und RheinArch. 1908, 282), Horn (KGBl. 1904, 62), Lemke (Recht 1907, 1047 f.), Fromherz (ZZP. 38, 58 f.) und Aubele (S. 78) rechnen die Aufwendungen zu den Kosten der Zwangsvollstreckung. Dem treten Gaupp-Stein-Jonas (I 2 zu § 788), Liebrecht (KGBl. 1905, 13) und Bendix (KGBl. 1906, 69) ohne eigene Stellungnahme entgegen. Rühl (S. 179) bezeichnet sie als zweifelhaft. Nußbaum (KGBl. 1904, 53), Bing (Recht 1907, 1247 f.), Falkmann (S. 640) wollen dem Drittgläubiger dagegen einen Anspruch aus ungerechtfertigter Bereicherung zusprechen. Dieser Ansicht ist zuzustimmen. A. 62.

Unter den Kosten der Zwangsvollstreckung können nur solche Aufwendungen verstanden werden, die unmittelbar zur Vorbereitung oder zur Durchführung der Zwangsvollstreckung gemacht werden. Dazu gehört die Zahlung an den Verkäufer aber ebensowenig wie z. B. die Kosten des Zivilprozesses, aus dessen Urteil vollstreckt werden soll, über die ein Titel nicht vorliegt. Das wird besonders deutlich in dem Falle, daß der Drittgläubiger den Verkäufer vor dem Beginn der Zwangsvollstreckung befriedigt hat. Hier kann doch nicht gut von den Kosten der Vorbereitung der Zwangsvollstreckung gesprochen werden. Die gegenteilige Ansicht würde auch zu dem rechtspolitisch nicht zu billigenden Ergebnis führen, daß dem Käufer, der die Restforderung des Verkäufers bestreitet, dem gleichwohl den Verkäufer befriedigenden Drittgläubiger gegenüber nur das Rechtsmittel der Erinnerung nach § 766 ZPO. zur Verfügung stünde. A. 63.

Gegen die hier vertretene Ansicht, daß dem Drittgläubiger ein Anspruch aus ungerechtfertigter Bereicherung zustünde, kann auch nicht geltend gemacht werden, daß dieser Anspruch deshalb ausgeschlossen sei, weil es an der nach der herrschenden Auffassung bei einer condictio notwendigen Unmittelbarkeit der Vermögensverschiebung zwischen dem Dritt- A. 64.

gläubiger und dem Käufer fehle. Das ist nicht der Fall. Die herrschende Ansicht wendet sich nur gegen die Anerkennung der actio de in rem verso utilis (vgl. RG. JW. 1908, 432). Ein solcher Fall liegt hier aber nicht vor. Durch die Leistung des Drittgläubigers an den Verkäufer wird ohne ein neues Geschäft mit einer Zwischenpartei der Käufer auf Kosten des Drittgläubigers von seiner Verbindlichkeit befreit. Es liegt also „Identität des den Verlust“ des Drittgläubigers „und den Gewinn des anderen vermittelnden Umstandes“ vor. (Gl. M. wohl RG. Gruchot 61, 798.)

A. 65. **2. Pfändung durch den Vorbehaltseigentümer.**

a) Allgemeines. Dem Verkäufer stehen neben den aus dem Vorbehaltseigentum sich ergebenden Rechten die Rechte auf Grund des Kaufvertrages zu. Aus diesen kann er, statt zurückzutreten oder die Sache wieder an sich zu nehmen, gegen den Käufer auf Erfüllung klagen. Auf Grund des Vollstreckungstitels kann er auch die Abzahlungssachen pfänden lassen. Darin liegt, wie unten in Anm. 87 ff. noch näher darzulegen ist, keine Wiederansichnahme der Sachen im Sinne des § 5. Das gleiche gilt, wenn der Verkäufer wegen einer etwaigen anderen Forderung hat vollstrecken lassen, die rechtlich mit dem Abzahlungskaufe nicht in Verbindung steht.

A. 66. Durch die Pfändung entsteht kein Pfandrecht (vgl. oben Anm. 45), da die gepfändeten Sachen dem Schuldner nicht gehören (RGZ. 60,72; Gaupp-Stein-Jonas Anm. II 4 zu § 804; Rühl S. 175; a. M. Kaufmann Gruchot 53, 348, 351). Die Pfändung ist aber gleichwohl zulässig, wie jede andere Pfändung von Sachen, die dem Schuldner nicht gehören. Daß die Pfandstücke im Eigentum des betreibenden Gläubigers selbst stehen, steht der Wirksamkeit und Zulässigkeit der Pfändung nicht entgegen, so daß die Vollstreckung — da ein Widerspruch nach § 771 ZPO. nicht in Frage kommt — ordnungsmäßig zur Befriedigung des Gläubigers zu Ende geführt werden kann. (Gl. M. RGZ. 29, 244 f.; LZ. 1919, 384; Stuttgart WüB. 18, 270; Celle OLGR. 27, 173; München SeuffArch. 71, 212; Dresden SeuffArch. 74, 349; Darmstadt 1 W 546/30, Kurznachrichtenkarte Nr. 145 des Eildienst der DStZ. 1931

Nr. 11; Gaupp-Stein-Jonas Anm. II 4 zu § 804; Staub Anhang zu § 382 Anm. 66; Rühl S. 173 f.; a. M. Seuffert Anm. 2 c zu § 804; Flechtheim RheinArch. 1908, 284.) Das Reichsgericht (RGZ. 79, 244) will dem Käufer zwar ein Recht zur Erinnerung gemäß § 766 ZPO. zuerkennen. Dem kann jedoch nicht gefolgt werden. Das obligatorische Besitzrecht des Käufers macht die Pfändung nicht fehlerhaft. (Gl. M. Rühl S. 175 und JW. 1930, 3786 sowie — mit allerdings wohl nicht zutreffender Begründung — LG. Braunschweig JW. 1930, 1527.)

b) Die stark umstrittene Frage, ob in der Pfändung oder der Versteigerung ein Verzicht des Verkäufers auf den Eigentumsvorbehalt zu erblicken sei, ist daher für die Frage der Zulässigkeit der Pfändung und die Durchführung derselben ohne Bedeutung. (Gl. M. Gaupp-Stein-Jonas Anm. II 4 zu § 804; Staub Anhang zu § 382 Anm. 66; Rühl S. 174.) Sie ist aber von Einfluß auf die materiellrechtlichen Folgen der Pfändung und der Verwertung. Erblickt man in der Pfändung einen Verzicht des Verkäufers auf den Eigentumsvorbehalt (so Breslau OLGR. 26, 395; LG. Düsseldorf JW. 1929, 3193; Dernburg II § 71 Anm. 12; § 200 Anm. 5; Oertmann JW. 1930, 3193 sowie für gewisse Fälle Flechtheim RheinArch. 1908, 284 ff.), so entsteht zwar sofort ein wirksames Pfandrecht, es ergeben sich aber — worauf das KG. OLG. 23, 212; Kaufmann Gruchot 53, 340 ff. und Rühl S. 178 ff. mit Recht hinweisen — unhaltbare Folgerungen, wenn die Zwangsvollstreckung wieder eingestellt wird oder das Pfandrecht des Verkäufers mit anderen Pfändungen konkurriert. Wenn daher auch mit dem Reichsgericht (RGZ. 66, 348), Planck (2 c zu § 455), Staudinger (II 4 zu § 455), Soergel (4 zu § 455), RGKomm. (4 zu § 455) und Staub (Anhang zu § 382 Anm. 66) anzunehmen ist, daß unter Umständen aus der Pfändung und Versteigerung auf einen Verzicht des Verkäufers auf den Eigentumsvorbehalt geschlossen werden **kann**, so ist dies doch in der Regel lediglich aus der Tatsache der **Pfändung** nicht zu entnehmen. (Gl. M. Kaufmann Gruchot 53, 381; Langenbach BerlAnwBl. 1928, 4 ff.; Rühl S. 178 ff. und JW. 1930, 3815.) Der Verkäufer bleibt daher bis zur Versteigerung Vorbehaltseigentümer und kann als solcher gegen andere Pfändungspfandgläubiger gemäß § 771 ZPO. Widerspruchsklage erheben.

A. 68. Die Rechtslage ändert sich dagegen in dem Augenblicke der Pfandverwertung. Wenn der Verkäufer wissentlich die ihm gehörende Sache — über die Regelung bei Unkenntnis des Verkäufers vgl. unten Anm. 72 — zur Tilgung der Schuld des Käufers versteigert und den Erlös an sich nimmt, so kann selbst eine ausdrückliche Erklärung, das Eigentum an der Sache gleichwohl nicht aufgeben zu wollen, nicht als rechtswirksam anerkannt werden. In diesem Verhalten kommt vielmehr der Wille des Verkäufers zum Ausdruck, das Eigentum aufzugeben, darauf zu verzichten und sich mit dem Versteigerungserlöse zu begnügen. (Gl. M. RGZ. 79, 246; Staub Anhang zu § 382 Anm. 66.)

A. 69. Der weitergehenden Ansicht Rühls (S. 183 und JW. 1930, 3815), daß der Verlust des Eigentums an dem an die Stelle der Sache getretenen Erlöse erst mit der Befriedigung des Verkäufers vor anderen Gläubigern eintrete, kann nicht zugestimmt werden. (Gl. M. wie Rühl im Ergebnis wohl Brecht S. 335 und Etzold S. 91 ff. und JW. 1930, 2084, die einen unter dem Vorbehalt der Befriedigung des Verkäufers aus dem Erlöse abgegebenen Verzicht annehmen.) Nicht erst die tatsächliche Befriedigung des Verkäufers, sondern schon die Pfandverwertung selbst ist mit der Eigentümerstellung des Verkäufers unvereinbar. Schon in der Betätigung des Entschlusses, die Sache zu verwerten, muß der Wille erblickt werden, auf den Eigentumsvorbehalt zu verzichten.

A. 70. Das Eigentum an der Sache geht also unmittelbar vor der Erteilung des Zuschlages auf den Käufer über. Daß bei dieser Rechtslage auch andere Pfändungspfandrechte konvaleszieren und damit den Anspruch des Verkäufers auf Befriedigung in Frage stellen, kann nicht gegen die vertretene Ansicht geltend gemacht werden. Einmal hat der Verkäufer es in der Hand, vor der Versteigerung vorhergehende Pfändungspfandrechte durch Widerspruchsklage aus dem Wege zu räumen. Er braucht also erst dann zur Versteigerung zu schreiten, wenn er die Konkurrenz anderer Pfändungspfandgläubiger nicht mehr zu befürchten hat. Tut er es nicht, so hat er sich die Folgen selbst zuzuschreiben.

Andererseits führt auch Rühls Ansicht praktisch zu keinem befriedigenderen Ergebnis. Zwar wird der Verkäufer gemäß den Darlegungen in Anm. 47 kraft Surrogation nach § 1247 Satz 2 BGB. Vorbehaltseigentümer des Erlöses. Eine vorzugsweise Befriedigung an dem an die Stelle des Pfandes getretenen Erlöse gegenüber den anderen Pfandgläubigern kann er jedoch nicht auf Grund seines Pfandrechts, sondern nur durch Geltendmachung seines vorbehaltenen Eigentums verlangen. Die Inanspruchnahme des Erlöses auf Grund des vorbehaltenen Eigentums durch den Verkäufer ist aber nach den Ausführungen unten in Anm. 86 als Wiederansichnahme im Sinne des § 5 AbzGes. anzusehen. Beruft der Verkäufer sich, um die anderen Gläubiger aus dem Felde zu schlagen, auf sein Eigentum, so zeitigt dies dem Käufer gegenüber die gleichen Wirkungen, wie wenn er zurückgetreten wäre. Diese Folge will aber der vollstreckende Verkäufer gerade nicht herbeiführen, sonst hätte er nicht die Vollstreckung statt des Rücktritts oder der Wiederansichnahme gewählt. Beruft sich der Verkäufer aber nicht auf sein Eigentum, so kann er auch nach Rühls Ansicht die Konkurrenz der anderen Gläubiger nicht verhindern.

Da der Käufer durch den Verzicht des Verkäufers unmittelbar A. 71.
vor der Erteilung des Zuschlages das Eigentum an der Sache erwirbt, ist in der Regel für einen Schadensersatzanspruch des Käufers gegen den Verkäufer wegen einer Verletzung der diesem obliegenden Verkäuferverpflichtung zur Verschaffung des Eigentums kein Raum. (Gl. M. KG. KGBl. 1914, 100 und im Ergebnis Rühl S. 212 ff.) Anders liegt die Sache nur dann, wenn sich der Verkäufer im Kaufvertrage verpflichtet hatte, wegen seiner Ansprüche nicht in die Abzahlungssache zu vollstrecken. Dann kann der Käufer einen ihm durch den Pfandverkauf erwachsenen besonderen Schaden gegen den Verkäufer geltend machen.

A. 72. Die dargelegten Gesichtspunkte treffen natürlich in dem — praktisch allerdings wohl kaum möglichen — Falle nicht zu, in dem der Verkäufer nicht erfahren hat, daß es sich bei den gepfändeten und versteigerten Sachen gerade um die unter seinem Eigentumsvorbehalt stehenden Sachen handelt. Hier kann aus seinem Verhalten nicht auf den Willen geschlossen werden, das Eigentum aufzugeben. Dann ist die Rechtslage die gleiche, wie wenn ein Dritter die Sachen zur Versteigerung gebracht hätte. An Stelle der versteigerten Sachen tritt der Versteigerungserlös in das Eigentum des Verkäufers, sofern nicht bei dem Gerichtsvollzieher eine Vermischung mit anderem Gelde stattgefunden hat (vgl. Anm. 47). Der Eigentumsvorbehalt geht alsdann erst mit der Abführung des Erlöses an die etwa in Frage kommenden anderen Pfandgläubiger oder den Verkäufer unter. Der Verkäufer hat in diesem Falle jedoch gegen die übrigen Pfandgläubiger die in Anm. 47 dargelegten Ansprüche.

### 3. Der Konkurs des Käufers.

A. 73. a) Im allgemeinen. Der Eigentumsvorbehalt gewährt dem Verkäufer im Konkurse des Käufers gemäß § 43 KO. ein Aussonderungsrecht (RGZ. 56, 241). Die für den gewöhnlichen Vorbehaltskauf offene Frage, ob dem Verkäufer neben dem Aussonderungsrecht noch eine Konkursforderung auf den restlichen Kaufpreis zusteht, und ob auf diese § 64 KO. analog anzuwenden ist (vgl. hierzu Rühl S. 157 ff.), ist für den Abzahlungskauf ohne Bedeutung, da hier infolge der Sonderbestimmung des § 5 in der Aussonderung ein Rücktritt des Verkäufers vom Kaufvertrage liegt (vgl. unten Anm. 84), so daß er keine Kaufpreisforderung haben kann.

A. 74. b) Dem Konkursverwalter steht nach der herrschenden Ansicht (RGZ. 64, 207, 334; 66, 367; 85, 403; Hamm JW. 26, 2116; Jaeger 10 und 11 zu § 17; Mentzel 2 zu § 26; Kiesow, Vergleichsordnung S. 135; v. Tuhr II 2 S. 319; Ehrenzweig, Schuldverhältnisse § 364 III; Staub Anhang zu § 382 Anm. 90; Levy in „Der Eigentumsvorbehalt in Wirtschaft und Recht" S. 150, 152; Seelig S. 60; Michaelis HdR. I S. 49; dagegen mit beachtlichen Ausführungen Rühl S. 204 ff. und Stulz JW. 1930,

2772) gemäß § 17 KO. das Wahlrecht zu, ob er Erfüllung oder Nichterfüllung verlangen will. Rühl ist entgegenzuhalten, daß das von ihm beklagte Ergebnis der herrschenden Meinung — daß nämlich der Konkursverwalter den Verkäufer zur Rückzahlung des Kaufpreises zwingen kann, obwohl dieser vielleicht lieber die Konkursquote erhalten hätte — im Interesse aller Gläubiger liegt und deshalb dem Zwecke des § 17 KO. doch nicht zuwiderlaufen dürfte. Außerdem scheint Rühl nicht zu beachten, daß die Rechtslage bei Ablehnung des Wahlrechts des Konkursverwalters dem Verkäufer nur dann einen Anspruch auf die Konkursquote gewährt, wenn er freiwillig auf sein Aussonderungsrecht verzichtet. Diesen Erfolg wird er aber auch bei einem Wahlrecht des Konkursverwalters durch einen Vergleich mit diesem erreichen können. Dieser wird in der Regel, wenn es sich nicht um schwer verwertbare Sachen handelt, nicht abgeneigt sein, auf einen solchen Vergleich einzugehen.

α) Wählt der Konkursverwalter die Erfüllung, so hat der Verkäufer kein Aussonderungsrecht. (Gl. M. Levy a. a. O. S. 151; a. M. Staub Anhang zu § 382 Anm. 93.) Die Kaufpreisschuld ist aber eine Masseschuld geworden. (Gl. M. RGZ. 77, 439 = JW. 1912, 201; Rumpf JW. 1930, 1349; Bendix JW. 1930, 1361.) A. 75.

β) Wählt der Konkursverwalter die Nichterfüllung oder erklärt er dem Verkäufer auf dessen Verlangen nicht unverzüglich, daß er Erfüllung verlangt, so kann dieser die Sache aussondern, wodurch die Wirkungen des Rücktritts eintreten (vgl. Anm. 84). A. 76.

4. Im **Vergleichsverfahren** des Käufers bleibt der Verkäufer gemäß § 4 VerglO. aus den gleichen Rechtsgrundsätzen unbeteiligt, wenn der Käufer die Erfüllung des Vertrages nicht mit Ermächtigung des Gerichts ablehnt. Lehnt der Käufer nicht ab, so kann der Verkäufer nach § 32 VerglO. weiter vollstrecken oder aussondern. (Gl. M. Darmstadt 1 W 546/30, Kurznachrichten Karte Nr. 145/31 des Eildienst der DStZ. 1931 Nr. 11; Hamm JW. 1927, 730 (für GeschAufsVO.); Cohn JW. 1930, 2759; Levy in „Der Eigentumsvorbehalt in Wirtschaft und Recht" S. 153). A. 77.

### G. Eigentumsvorbehalt und Schadensersatz wegen Nichterfüllung.

A. 78. Der Verkäufer kann bei Vorliegen der Voraussetzungen des § 326 BGB. statt zurückzutreten Schadensersatz wegen Nichterfüllung verlangen. Dieses Recht wird durch den Verkauf unter Eigentumsvorbehalt nicht berührt. Für eine etwaige Vollstreckung wegen dieses Anspruches in die Vorbehaltssache gilt das oben in Anm. 65 ff. Ausgeführte.

## III. Die Wiederansichnahme.

### A. Die Voraussetzungen der Wiederansichnahme.

A. 79. Die Voraussetzungen der Wiederansichnahme werden in der Regel im Abzahlungsvertrage besonders geregelt sein, z. B. für den Fall vertragswidriger Benutzung. Sofern das nicht der Fall ist, ist davon auszugehen, daß der Käufer auf Grund des Vertrages bezw. seines Anwartschaftsrechtes dem Verkäufer gegenüber ein Recht zum Besitze hat. Der Verkäufer kann also trotz seines Eigentums die Sache gemäß § 986 BGB. nicht herausverlangen, solange das Anwartschaftsrecht des Käufers besteht. Der Herausgabeanspruch des Verkäufers ist daher im Zweifel erst dann gegeben, wenn die Bedingung für den Eigentumsübergang ausgefallen ist. Darüber, wann das der Fall ist, vgl. die Ausführungen oben in Anm. 38.

A. 80. In den Vereinbarungen besonderer Voraussetzungen für den Rücktritt ist, worauf besonders hinzuweisen ist, im Zweifel nicht auch eine Vereinbarung der Voraussetzungen für die Rücknahme zu erblicken. Auch wenn nach dem Vertrage ein Rücktrittsrecht nur unter besonderen Voraussetzungen gegeben ist, kann dem Verkäufer schon früher das Rückforderungsrecht auf Grund seines Eigentums zustehen. (Gl. M. Samter S. 82, s. jedoch Anm. 81.)

### B. Der Begriff der Wiederansichnahme.

A. 81. Die Wiederansichnahme im Sinne des § 5 setzt voraus, daß dieselbe auf Grund des vorbehaltenen Eigentums, also als Ausfluß der rei vindicatio (§ 985 BGB.), erfolgt. Unter dieser Voraussetzung liegt in jeder Zurücknahme der Sache durch den Verkäufer, ohne Rücksicht auf seine Beweggründe, eine Wiederansichnahme im Sinne von § 5 vor. Auch wenn der Verkäufer mit Einverständnis des Käufers die Sache nur zu seiner Sicherung ohne die Absicht des Rücktritts wieder an sich nimmt, ist die Voraussetzung des § 5 erfüllt. (Gl. M. RGZ. 67, 387; 96, 297; KG. KGBl. 1930, 105; Enneccerus § 341 Anm. 7; Staub Anhang zu § 382 Anm. 74; Samter S. 83; Hörle Gruchot 55, 193; Rühl S. 82.) Deshalb ist es nicht richtig, wenn Samter (S. 82 f.) meint, daß in einem Falle, in dem das Rücktrittsrecht und das Recht zur Wiederansichnahme unter verschiedenen Bedingungen geregelt sind, die Ansichnahme nicht die Wirkung des Rücktritts habe. Samter folgert seine Ansicht aus der oben in Anm. 2 widerlegten Auffassung, daß § 5 eine Rechtsvermutung enthalte, während § 5 tatsächlich die in die Form einer Fiktion gekleidete Gesetzesregel enthält. Deshalb ist es gleichgültig, ob die Parteien oder der Verkäufer sich der Folgen der Wiederansichnahme bewußt waren. Diese ergeben sich ohne Rücksicht auf den Parteiwillen unmittelbar aus dem Gesetz. Auch in dem von Samter konstruierten Falle wirkt die Wiederansichnahme daher ebenso wie ein Rücktritt.

### C. Fälle der Wiederansichnahme.

Der **Begriff der Wiederansichnahme** ist mit Rücksicht auf den Zweck des Gesetzes über den Wortlaut hinaus **auszudehnen**. Es würde für den Käufer nur einen geringen Vorteil bedeuten, wenn die Wirkungen des Rücktritts, die das Gesetz an die Wiederansichnahme knüpft, erst mit der Rückgabe der Sache eintreten, da er hier des hauptsächlichen Vorteils der Rückgewähr der beiderseitigen Leistungen Zug um Zug verlustig ginge. A. 82.

Deshalb ist eine **Wiederansichnahme** im Sinne des Gesetzes schon in folgenden Fällen **anzunehmen**:

1. **In der Klage auf Herausgabe** der Abzahlungssachen liegt eine Wiederansichnahme. (Gl. M. Marienwerder OLGR. 38, 123; Enneccerus § 341 Anm. 7; Staub Anhang zu § 382 Anm. 74; Hörle Gruchot 55, 193; Samter S. 83; Aubele S. 80; Rühl S. 261; a. M. Michaelis HdR. I S. 49.) A. 83.

A. 84. **2.** Ferner liegt in der **Geltendmachung des Aussonderungsrechts** im Konkurse des Käufers eine Wiederansichnahme (gl. M. RGZ. 96, 297; Marienwerder OLG. 38, 123; Enneccerus § 341 Anm. 8; Staub Anhang zu § 382 Anm. 74; Hörle Gruchot 55, 193; Samter S. 83; Aubele S. 80; Rühl S. 262; Jaeger Anm. 15 zu § 26; Mentzel 2 letzter Anhang zu § 26; Bendix JW. 1930, 1362), sofern der Aussonderungsanspruch nicht lediglich auf Anerkennung seines Eigentums ohne das Verlangen auf Herausgabe gerichtet ist (gl. M. RG. JW. 1906, 436; Colmar OLGR. 15, 235; Jaeger Anm. 15 zu § 26; Seelig S. 57 f.).

A. 85. **3.** Auch liegt bei der **außergerichtlichen Rückforderung** der Sache eine Wiederansichnahme vor. (Gl. M. Staub Anhang zu § 382 Anm. 74; Lazarus S. 56; Hörle Gruchot 55, S. 193; Seelig S. 20; zweifelnd Enneccerus § 341 Anm. 8; a. M. Rühl S. 262.) Rühl begründet seine Ansicht damit, daß die bloße Zurückforderung keine so endgültige Erklärung enthalte, daß man hieran die auch für den Verkäufer oft sehr lästigen Rücktrittsfolgen knüpfen müßte, und daß bei der bloßen Zurückforderung ein Unsicherheitsfaktor enthalten sei, da der Verkäufer sein Verlangen ja wieder fallenlassen könnte. Diese Argumentation dürfte dem Sinne des § 5 nicht ganz gerecht werden. Dieser geht nur dahin, daß der Verkäufer, wenn er ernstlich die Sache zurückverlangt, Zug um Zug auch die empfangenen Raten zurückgewähren soll. Die Zurückforderung wirkt zwar nach dem oben entwickelten Gedanken so, als ob der Verkäufer damit den Rücktritt erklärt hätte. Die ausdehnende Auslegung des Begriffes der Wiederansichnahme zwingt aber nicht dazu, die bloße Rückforderung auch hinsichtlich der Unwiderruflichkeit dem Rücktritt gleichzustellen. Das Gesetz will nur verhindern, daß der Verkäufer die Sache ohne Rückgewähr der empfangenen Leistungen zurückerhält. Deshalb widerspricht es dem Zwecke des § 5, wenn seine Gleichstellung der Wirkungen der Wiederansichnahme mit denen des Rücktritts über das erstrebte Ziel hinaus auch auf das Wesen der Wiederansichnahme selbst ausgedehnt wird. Ob diese zurückgenommen werden kann, ist daher nicht in Analogie zu dem Rücktritt zu bestimmen. Es entspricht auch den Interessen beider Parteien mehr, dem Verkäufer zu gestatten, sein Verlangen fallenzulassen, ohne daß dies als eine einseitige (unzulässige) Zurücknahme des Rücktritts aufgefaßt werden müßte. Außerdem spricht gegen Rühls Begründung, daß auch der Güteantrag und bis zum Beginne der mündlichen Verhandlung des Beklagten zur Hauptsache auch die Klage einseitig zurückgenommen werden können. Auch hier wird mit der Rücknahme des Güteantrags oder der Klage die Voraussetzung des § 5 als beseitigt anzusehen sein. Endlich führt die Ansicht Rühls zu dem widerspruchsvollen Ergebnisse, daß der vertragsbrüchige Käufer dem nicht gerichtlich geltend gemachten Rückforderungsverlangen gegenüber kein Zurückbehaltungsrecht hätte. Er würde also, falls er sich nur zur Herausgabe Zug um Zug bereit erklärt, einerseits Anlaß zur Klage geben und deshalb in die Kosten verurteilt werden müssen, obwohl er andererseits auf die Klage des Verkäufers nur zur Herausgabe Zug um Zug verurteilt werden könnte.

4. Schließlich ist eine Wiederansichnahme in dem von Fuld (Gruchot 54, 572 f.) konstruierten Falle gegeben, daß **der Verkäufer** bei einer Pfändung durch einen Drittgläubiger des Käufers **nicht interveniert, aber** nach der Versteigerung **die Herausgabe des Erlöses** wegen ungerechtfertigter Bereicherung **verlangt**. Die gegenteilige Auffassung würde dazu führen, daß der Verkäufer den Erlös und die Raten behalten könnte. Insbesondere wäre es sogar möglich, daß der Verkäufer die Sachen selbst ersteigert und den Erlös für sich in Anspruch nimmt, also neben den Sachen die Raten und den Erlös sowie den Anspruch auf die noch nicht gezahlten Raten behält, soweit diese nicht durch den Erlös gedeckt sind. Dies würde aber dem Zwecke des Gesetzes zuwiderlaufen. Der Käufer würde durch das Eingreifen des Verkäufers dem Drittgläubiger gegenüber auch nicht besser gestellt sein, da dieser seinen Anspruch auf die zurückzugewährenden Raten pfänden lassen könnte. A. 86.

Gegen die dargestellte Ansicht kann auch nicht geltend gemacht werden, daß der Käufer wegen der Versteigerung nicht in der Lage ist, seine Rückgabeverpflichtung zu erfüllen. Der Fall liegt ebenso wie jeder andere Fall der verschuldeten Unmöglichkeit der Rückgabe. Der Käufer ist schadensersatzpflichtig. Der von ihm zu ersetzende Schaden kann aber geringer sein als die vom

Verkäufer zurückzugewährenden Leistungen. Hat der Verkäufer die Sachen selbst ersteigert, so beschränkt sich der dem Verkäufer zu ersetzende Schaden, da dieser die Sachen ja erhalten hat, auf sein Gebot. Dieses erhält er jedoch auf Grund seines Bereicherungsanspruchs von dem Drittgläubiger zurück, so daß ihm in diesem Falle regelmäßig überhaupt kein Schaden zu ersetzen ist. Der Käufer hat in diesem Falle also einen Anspruch auf Rückgewähr der gezahlten Raten, soweit diese die Ansprüche des Verkäufers aus § 2 überschreiten.

A. 87. 5. Dagegen bedeutet die **Pfändung und Versteigerung** der Abzahlungssachen **keine Wiederansichnahme** im Sinne des § 5. (Gl. M. KG. KGBl. 1914, 100; Stuttgart Recht 1905, 1393; LG. Düsseldorf JW. 1929, 3193; Seelig S. 53 ff.; Meyer KGBl. 1914, 146; Oertmann JW. 1929, 3193; Etzold JW. 1930, 2083 f.; Herzstein JW. 1930, 3365; Michaelis HdR. I S. 49; Rühl S. 262 f.; a. M. die amtliche Begründung des § 5; AG. Berlin-Mitte und — hinsichtlich der Versteigerung — LG. I Berlin KGBl. 1914, 102; AG. Berlin-Mitte und LG. I Berlin KGBl. 1918, 88; wohl auch LG. I Berlin KGBl. 1915, 38; Enneccerus § 341 II 1 b; Staub Anhang zu § 382 Anm. 74; Hörle Gruchot 55, 194; Samter S. 83.)

A. 88. Die Frage ist nur von Bedeutung, wenn die Vollstreckung nicht zur Durchführung eines auf das Eigentum gegründeten Anspruches erfolgt. Denn in diesem Falle ist die Voraussetzung des § 5 bereits mit der Geltendmachung des Herausgabeanspruches, spätestens mit der Klageerhebung gegeben (vgl. oben Anm. 83). Erfolgt die Pfändung dagegen zur Vollstreckung wegen einer anderen Forderung, so fehlt es an dem Tatbestandsmerkmale der Wiederansichnahme auf Grund des vorbehaltenen Eigentums. (Gl. M. Michaelis HdR. I S. 49.)

A. 89. Die Pfändung setzt den Verkäufer auch nicht in den unmittelbaren Besitz der Abzahlungssachen, so daß auch der gesetzgeberische Grund für die Bestimmung des § 5 hier entfällt.

A. 90. Die Versteigerung andererseits enthält nach den obigen Ausführungen in Anm. 68 den Verzicht des Verkäufers auf das Eigentum, so daß hier erst recht nicht von einer Ansichnahme auf Grund des Eigentumsvorbehalts die Rede sein kann. Durch die Pfandverwertung wird der Käufer durch den darin enthaltenen Verzicht des Verkäufers Eigentümer. Gleichzeitig wird — sofern die Vollstreckung nicht ausnahmsweise wegen einer anderen als der Kaufpreisforderung für die Abzahlungssachen selbst betrieben wird — der Verkäufer wegen seiner Restkaufforderung befriedigt, soweit der Erlös reicht. Dem Käufer kommt also — worauf Rühl S. 263 bereits mit Recht hinweist — der wirtschaftliche Wert der Sache zugute. Das Schutzinteresse des Käufers erfordert demnach die Erstreckung des § 5 auf diesen Tatbestand nicht. (Gl. M. Rühl S. 262 f.)

Die entgegengesetzte Meinung würde endlich zu einer innerlich A. 91.
nicht gerechtfertigten Verschiedenheit der Rechtslage bei einer Pfändung führen, je nachdem ob der Verkäufer sich das Eigentum vorbehalten hat oder nicht. In dem letzteren Falle könnte auch nach der entgegengesetzten Meinung der § 5 keine Anwendung finden. Es ist jedoch nicht zu erkennen, warum in diesem Falle der Käufer weniger schutzbedürftig sein sollte als in dem anderen Falle.

### D. Die Wirkungen der Wiederansichnahme.

Die Wiederansichnahme hat die gleiche Wirkung wie der A. 92.
Rücktritt. Der Käufer braucht die Sache also nur Zug um Zug gegen Rückgewähr der bezahlten Raten unter Berücksichtigung der Ansprüche aus § 2 herauszugeben. Wegen der Einzelheiten kann auf die Ausführungen zu den §§ 1 bis 3 verwiesen werden.

## § 6.

**Die Vorschriften der §§. 1 bis 5 finden auf Verträge, welche darauf abzielen, die Zwecke eines Abzahlungsgeschäfts (§. 1) in einer anderen Rechtsform, insbesondere durch miethweise Ueberlassung der Sache zu erreichen, entsprechende Anwendung, gleichviel ob dem Empfänger der Sache ein Recht, später deren Eigenthum zu erwerben, eingeräumt ist oder nicht.**

## I. Der Grundgedanke des § 6.

### A. Der Zweck und die wirtschaftliche Bedeutung des § 6.

A. 1. Die wirtschaftliche Bedeutung des § 6 und sein Zweck gehen dahin, Umgehungen der Vorschriften der §§ 1—5 AbzGes. zu verhindern. Das Abzahlungsgesetz unterwarf zum ersten Male in der Rechtsgeschichte (vgl. Rühl S. 222 f.) die Abzahlungsgeschäfte einer Sonderregelung. Bei der höchst einschneidenden, die Rechte der Abzahlungsverkäufer stark eindämmenden Einwirkung, die das Gesetz auf die Praxis der Abzahlungsverkäufer ausüben sollte, war mit Recht zu befürchten, daß die Abzahlungsverkäufer so weit als irgend angängig versuchen würden, Maschen des Gesetzes ausfindig zu machen, um sich seinen Wirkungen zu entziehen. Darüber, in welchem Umfange dies versucht worden ist und inwieweit die Bemühungen von Erfolg gewesen sind, vergleiche man die Ausführungen von Lichtenthal und Hein. Der Gesetzgeber mußte insbesondere einer Möglichkeit vorbeugen, das Abzahlungsgesetz durch den Abschluß eines nicht in die Rechtsform eines Kaufes gekleideten, wirtschaftlich auf das gleiche Ziel gerichteten Vertrages zu umgehen. Noch weniger als in der heutigen Zeit, die sich erfreulicherweise immer weiter von den Wegen der alten Begriffsjurisprudenz abwendet, konnte das Gesetz es zur Zeit seiner Schaffung der Rechtsprechung der Zivilgerichte überlassen, solchen Umgehungsversuchen durch eine ausdehnende Auslegung der §§ 1—5 mit Erfolg entgegenzutreten. Das Gesetz hat deshalb im § 6 den Versuch gemacht, eine Umgehung des von ihm beabsichtigten Erfolges durch eine positive Gesetzesvorschrift zu verhindern. § 6 bestimmt deshalb, daß alle Geschäfte, die die Zwecke eines Abzahlungsgeschäfts erreichen wollen, ohne Rücksicht auf ihre äußere Rechtsform den Vorschriften der §§ 1—5 unterliegen sollen.

## B. Die Motive des Gesetzes.

Für die Auslegung des § 6 kommt daher den Motiven eine A. 2.
besondere Bedeutung zu. Diese lauten: „Die wirtschaftlichen Zwecke eines Kaufs auf Abzahlung können auch mittels anderer Rechtsgeschäfte verfolgt werden. Die in der Praxis üblichste anderweite Form ist die mietweise Überlassung der Gegenstände. Das Gesetz darf sich jedoch nicht auf bestimmte Arten von Rechtsgeschäften beschränken, da seine Absicht alsdann durch die Wahl einer anderen Art leicht umgangen werden könnte. Der Entwurf sieht deshalb in § 6 die entsprechende Anwendung seiner Bestimmungen auf alle Fälle vor, in denen die Zwecke eines Abzahlungsgeschäfts der in § 1 gekennzeichneten Art in einer anderen Rechtsform erreicht werden sollen. Hiernach ist es zunächst nicht erforderlich, daß demjenigen, der den Gegenstand erwerben will, ein festes Recht auf diesen Erwerb eingeräumt wird; es genügt, wenn nur nach der stillschweigenden Absicht der Parteien die Übertragung des Eigentums das Endziel des Geschäfts ist. Vorausgesetzt wird ferner, daß der Gegenstand zur Benutzung überlassen wird, bevor der in Teilzahlungen zu entrichtende Gegenwert geleistet ist. Endlich muß, wenn die Bestimmung des § 6 Platz greifen soll, dem Gläubiger für den Fall, daß der Schuldner seinen Verpflichtungen nicht nachkommt, das Recht zustehen, vom Vertrag zurückzutreten oder doch die überlassene Sache dem Schuldner wieder zu entziehen. Macht dann der Gläubiger von diesem Rechte Gebrauch, so führt die entsprechende Anwendung der §§ 1—4 dahin, daß er die erhaltenen Gegenleistungen zurückzugewähren hat und nur die im § 2 bestimmten Ansprüche erheben kann. Wo dagegen die vorbezeichneten Voraussetzungen nicht zusammentreffen, liegen auch die Besonderheiten des Abzahlungsgeschäfts, welche eine gesetzliche Regelung fordern, nicht vor."

### C. Der Sinn des § 6.

A. 3. Der Sinn des § 6 geht nach den obigen Ausführungen also dahin, alle Verträge, die wirtschaftlich auf das gleiche Ziel gerichtet sind wie das unverhüllte Abzahlungsgeschäft, der entsprechenden Anwendung der §§ 1—5 zu unterwerfen, ohne Rücksicht darauf, in welcher Rechtsform das Geschäft abgeschlossen ist. Er will also den Besitzer einer Sache, der diese durch Teilzahlungen erwerben will, unter allen Umständen davor schützen, daß er die Sache ohne Rückgewähr seiner Leistungen herausgeben oder ohne die Voraussetzung des § 4 Abs. II sämtliche Raten auf einmal zahlen muß.

## II. Der Begriff des verhüllten Abzahlungsgeschäfts.

### A. Bedeutung des Begriffes „abzielen".

A. 4. § 6 unterwirft dem AbzGes. alle Geschäfte, die darauf abzielen, die Zwecke eines Abzahlungsgeschäfts in einer anderen Rechtsform zu erreichen. Bei der Prüfung, ob ein Geschäft unter den Tatbestand des § 6 fällt, ist zunächst zu unterscheiden zwischen Scheingeschäften, Umgehungsgeschäften und nicht auf Umgehung gerichteten Geschäften.

A. 5. 1. **Scheingeschäfte** sind solche Verträge, in denen im beiderseitigen Einverständnis zum Scheine Erklärungen abgegeben werden, die ein anderes Rechtsgeschäft als abgeschlossen erscheinen lassen, während die Parteien in Wahrheit über einen Kauf auf Abzahlung einig geworden sind. Ein solches Scheingeschäft wird vielfach bei dem sogenannten Möbelleihvertrage (Näheres über diesen siehe unten in Anm. 25 ff.) vorliegen. Es kann auch bei einem Finanzierungsgeschäft (Näheres hierüber siehe unten in Anm. 41 ff.) gegeben sein, wenn z. B. der Verkäufer mit Wissen und im Einverständnis des Käufers einen Strohmann vorschiebt, selbst aber als Darlehnsgeber an den Käufer auftritt. Doch wird ein solcher Fall praktisch kaum vorkommen.

A. 6. Bei einem Scheingeschäft ist das simulierte Geschäft nichtig und das verdeckte Geschäft, der Abzahlungskauf, gültig (§ 117 BGB.). Hier ist für die Anwendung des § 6 kein Raum. Die §§ 1—5 finden vielmehr unmittelbare Anwendung auf das verdeckte Geschäft.

2. Bei einem **Umgehungsgeschäft** wollen die Parteien dagegen ernstlich das von ihnen Erklärte. Ihre Absicht geht aber dahin, durch einen „Mißbrauch von Formen und Gestaltungsmöglichkeiten des bürgerlichen Rechtes“ (§ 5 AO.) die Verwirklichung des rechtlichen Tatbestandes eines Abzahlungskaufes auszuschließen. Hier ist das Erklärte und Gewollte — soweit es nicht aus anderen Gründen, etwa wegen Sittenwidrigkeit, nichtig ist — rechtsgültig. Das Geschäft zielt aber dahin ab, die Zwecke eines Abzahlungsgeschäfts in anderer Weise zu erreichen. Das Geschäft unterliegt deshalb dem § 6. Die Vorschriften der §§ 1—5 AbzGes. finden danach entsprechende Anwendung. A. 7.

3. Im Gegensatz hierzu stehen **Verträge**, bei denen es den Parteien **nicht auf eine Umgehung** des Abzahlungsgesetzes **ankommt**, bei denen sie die Formen und Gestaltungsmöglichkeiten des bürgerlichen Rechtes nicht mißbrauchen, um den Zweck eines Abzahlungsgeschäftes zu erreichen, bei denen die gewählte Rechtsform vielmehr die ihrem wirtschaftlichen Ziele zweckentsprechende Gestaltung bedeutet. A. 8.

Auch in diesen Fällen muß der § 6 AbzGes. Anwendung finden, wenn im übrigen seine Voraussetzungen gegeben sind. Die Motive begründen den § 6 zwar in der Hauptsache mit der Notwendigkeit, eine Umgehung des Gesetzes zu verhüten. Das Gesetz würde jedoch seinem Zwecke nicht gerecht werden, wenn es nicht auch solche Geschäfte auf Abzahlung einbeziehen wollte, die wirtschaftlich das gleiche Ziel erstreben wie ein Abzahlungskauf, jedoch berechtigterweise in eine andere Rechtsform gekleidet sind. Die Richtigkeit dieser Auffassung ergibt sich zwingend aus dem Beispiel eines Tausches auf Abzahlung, dem gerade bei dem heutigen wirtschaftlichen Tiefstande der Landwirtschaft eine erhöhte Bedeutung zukommt. Wenn ein Landwirt Maschinen oder andere notwendige Betriebsgegenstände gegen das Versprechen erwirbt, dafür nach der Ernte eine bestimmte Menge Getreide in bestimmten Teillieferungen zu leisten, so ist ein solches Geschäft durchaus ernst gemeint. Es kann daher nicht als eine in fraudem legis versuchte Umgehung der Bestimmungen des Abzahlungs- A. 9.

gesetzes aufgefaßt werden. Gleichwohl würde es dem Gedanken des Abzahlungsgesetzes hohnsprechen, wenn es deshalb rechtlich anders beurteilt werden würde als ein Kauf auf Abzahlung. Der Begriff des Wortes „abzielen" hat daher nur die Bedeutung eines objektiven Tatbestandsmerkmals. Es ist nur zu prüfen, ob das Rechtsgeschäft objektiv den gleichen wirtschaftlichen Zustand herbeiführt. Es kommt dagegen nicht darauf an, ob die Parteien subjektiv bei der Wahl der vereinbarten Rechtsform die Formen und Gestaltungsmöglichkeiten des bürgerlichen Rechtes mißbraucht haben oder nicht. (Gl. M. Rühl S. 294; RGZ. 131, 225; KG. JW. 1931, 75; a. M. Rautmann S. 24 und anscheinend die bisher im Schrifttum herrschende Ansicht.)

### B. Begriffsmerkmale des verhüllten Abzahlungsgeschäftes.

A. 10. Aus dem Hinweise auf § 1 ergibt sich in Verbindung mit den Motiven (siehe oben Anm. 2), daß § 6 den Umfang der dem § 1 unterliegenden Geschäfte nur hinsichtlich der Rechtsform des abgeschlossenen Vertrages erweitern will. Verhüllte Abzahlungsgeschäfte können daher nur solche Geschäfte sein, die unter den Begriff des § 1 fallen würden, wenn sie unverhüllt, d. h. in der Rechtsform eines Kaufvertrages, zwischen den Parteien abgeschlossen wären. Geschäfte, die von den Vorschriften der §§ 1—5 nicht unmittelbar erfaßt werden oder, wenn sie unverhüllt abgeschlossen würden, nicht von diesen erfaßt würden, will das Abzahlungsgesetz auch nach § 6 seinen Vorschriften nicht unterwerfen.

Hieraus ergibt sich, entsprechend den Erläuterungen zu § 1, daß das verhüllte Abzahlungsgeschäft folgende Voraussetzungen erfüllen muß:

A. 11. **1.** Den Gegenstand des Vertrages muß eine **bewegliche Sache** bilden. Das Abzahlungsgesetz stellt den unverhüllten Kauf eines Grundstücks oder eines Rechtes auf Abzahlung nicht unter seinen besonderen Schutz. Über den Begriff der beweglichen Sache vgl. oben Anm. 4—13 zu § 1.

A. 12. **2.** Die Sache muß dem Schuldner, wie schon in Anm. 14 zu § 1 ausgeführt ist, **übergeben** worden sein. Der Zweck des Abzahlungsgesetzes geht gerade dahin, den Schuldner zu schützen, der sich wegen der Notwendigkeit der sofortigen Besitzverschaffung dem Gläubiger gegenüber in einer besonders schwachen Stellung befindet. Auch hier liegt eine Übergabe im Sinne des Abzahlungsgesetzes daher nur bei der körperlichen Übergabe des § 929 Abs. I BGB. und der brevi manu traditio des § 929 Abs. II BGB. vor. Bei den anderen Übergabesurrogaten des BGB. (§§ 930, 931) entsteht ein Abzahlungsgeschäft dagegen erst bei der Erlangung des unmittelbaren Besitzes (vgl. Anm. 16—22 zu § 1).

3. Das Rechtsgeschäft muß darauf gerichtet sein, dem A. 13. Schuldner tatsächlich **die Stellung eines Eigentümers zu verschaffen.** Das unverhüllte Abzahlungsgeschäft wird in der Form eines Kaufvertrages abgeschlossen. Es ist jedoch zu eng, wenn die Motive (und ihnen folgend Samter Anm. 2a zu § 6; gl. M. auch Lazarus S. 40) daraus folgern, daß „die Übertragung des Eigentums das Endziel des Geschäftes“ sein müsse. Wirtschaftlich ist es für den Schuldner nur von untergeordneter Bedeutung, ob er rechtlich Eigentümer der Sache wird, wenn er nur tatsächlich das Recht hat, die Sache ungestört auf immer zu besitzen und zu nutzen. Nur auf diesen *wirtschaftlichen* Zweck des Geschäftes kann es aber nach dem oben in Anm. 3 dargelegten Sinne des § 6 ankommen, der durch den Schlußsatz noch unterstrichen wird: „gleichviel ob dem Empfänger der Sache ein Recht, später deren Eigentum zu erwerben, eingeräumt ist oder nicht“. (Gl. M. Aubele Anm. 5 zu § 6.) Näheres über die Bestimmung siehe unten Anm. 19.

Das von Lazarus S. 40 Anm. 1 gebildete Beispiel einer Abrede, nach der ein Vermieter dem Mieter verspricht, diesem auf Wunsch nach besonderer Mietzeit die Mietsache gegen einen festvereinbarten Preis unter Anrechnung des Mietpreises zu verkaufen, wenn er sie dann nicht selbst brauche oder besser verkaufen könne, ist kein Gegenargument. Hier handelt es sich um einen Mietvertrag und einen (potestativ) bedingten Kaufvertrag, der nicht das Ziel verfolgt, dem Schuldner *schon jetzt* die ungestörte Innehabung der Sache auf immer zu verschaffen. Aus *diesem* Grunde kann daher das Abzahlungsgesetz auf diesen Fall keine Anwendung finden.

Dagegen handelt es sich um ein verhülltes Abzahlungsgeschäft, wenn die Parteien über eine erfahrungsgemäß in zehn Jahren bis zur Wertlosigkeit abgenutzte Sache auf zehn Jahre einen Mietvertrag gegen einen in zehn vierteljährlichen Raten zu entrichtenden Mietzins abschließen, und zwar auch dann, wenn die Parteien ausdrücklich eine Verpflichtung zur Rückgabe der Sache nach Ablauf der Mietzeit bestimmen.

A. 14. 4. Endlich muß dem Schuldner gestattet sein, das Entgelt für die dargelegte Leistung des Gläubigers in **Teilzahlungen** zu berichtigen. Auch diese Vertragsbestimmung gehört zu den begrifflichen Erfordernissen des unverhüllten Abzahlungsgeschäfts. Im Gegensatz zu diesen ist es jedoch, wie bereits in Anm. 56 zu § 1 hervorgehoben ist, nicht erforderlich, daß das in Raten zu entrichtende Entgelt in barem Gelde besteht. Die Zwecke des Abzahlungskaufes können in gleicher Weise auch durch einen Vertrag erzielt werden, nach dem der Schuldner andere Leistungen als gerade Geld in Teilleistungen schuldet. In dieser Hinsicht kommen, wie bereits oben Anm. 9 ausgeführt ist, gerade in der heutigen Zeit Verträge in Frage, in denen ein Landwirt Betriebsgegenstände gegen Lieferung von landwirtschaftlichen Erzeugnissen zu bestimmten Ablieferungsterminen erwirbt.

A. 15. Das in Teilzahlungen zu entrichtende Entgelt muß — wie nochmals ausdrücklich hervorgehoben sei — die Gegenleistung für die Erreichung der dauernden ungestörten Benutzung der erworbenen Sache darstellen. Auch bei Vereinbarungen von Teilleistungen fallen daher solche Geschäfte nicht unter das Abzahlungsgesetz, bei denen die Teilleistungen nach dem ernstlichen Willen der Parteien nur das Entgelt für eine Überlassung zum Gebrauch und zur Nutzung auf Zeit darstellen sollen.

5. **Nicht wesentliche Begriffsmerkmale** für den Begriff des unverhüllten Abzahlungsgeschäftes sind dagegen, ebenfalls entsprechend dem oben (Anm. 31—33 zu § 1) entwickelten Begriffe des unverhüllten Abzahlungsgeschäftes, folgende Abreden:

A. 16. a) Die Rücktrittsklausel. Die Motive verlangen allerdings (vgl. oben Anm. 2), dem Gläubiger müsse „für den

Fall, daß der Schuldner seinen Verpflichtungen nicht nachkommt, das Recht zustehen, vom Vertrag zurückzutreten, oder doch die überlassene Sache dem Schuldner wieder zu entziehen". Das ist jedoch unrichtig. Für den Begriff des unverhüllten Abzahlungsgeschäftes ist es ohne Bedeutung, ob dem Gläubiger ein Rücktrittsrecht zusteht oder nicht. Die Anwendung der §§ 1—3 setzt allerdings tatbestandsmäßig ein Recht zum Rücktritt voraus, da sie das durch den Rücktritt geschaffene Rücktrittsverhältnis regeln. Für die Anwendung des § 4 ist es dagegen unerheblich, ob außer der Vertragsstrafe oder der Verfallklausel noch ein Rücktrittsrecht vereinbart ist. (Gl. M. Samter Anm. 2d zu § 6; Aubele Anm. 2 zu § 6; a. M. die von Hoffmann-Wilke besorgten früheren Auflagen dieses Kommentars Anm. 1 zu § 6.)

b) Das gleiche gilt von der Eigentumsvorbehaltsklausel. Sie ist aus den gleichen Gründen entgegen den Motiven keine begriffliche Voraussetzung des verhüllten Abzahlungsgeschäfts. Das Eigentum des Übergebers bleibt auch nicht, wie Samter (Anm. 2d zu § 6) meint, „tatsächlich stets vorbehalten", weil der verhüllte Abzahlungsvertrag eben ein Vertrag außerhalb der Rechtsform des Kaufes sei. Samter übersieht, daß ein verhülltes Abzahlungsgeschäft auch in solchen Rechtsformen möglich ist, bei denen der Empfänger der Sachen nach dem Vertrage das Eigentum an ihnen erwirbt, wenn der Entäußerer sich nicht das Eigentum ausdrücklich bis zur Bezahlung vorbehält. Als solche Rechtsform kommt hauptsächlich der Tausch (§ 515 BGB.) in Frage. A. 17.

### C. Die Erreichung der Zwecke eines Abzahlungsgeschäfts.

Wenn die oben in Anm. 11—15 auseinandergesetzten Voraussetzungen, Übergabe einer beweglichen Sache zwecks Verschaffung der Stellung eines Eigentümers gegen ein in Teilleistungen zu entrichtendes Entgelt, vorliegen, so handelt es sich um ein verhülltes Abzahlungsgeschäft. Der wirtschaftliche Zweck eines verhüllten Abzahlungsgeschäfts ist, wie dargelegt, dem Abzahlungskäufer sofort den unmittelbaren Besitz und die Nutzung der Sache auf die Dauer durch die Möglichkeit zu verschaffen, das Entgelt dafür in Raten zu entrichten. Dieser Zweck wird durch ein Rechts- A. 18.

geschäft erreicht, das den genannten Voraussetzungen entspricht. Ein besonders auf die Erreichung dieses Zieles gerichteter Wille eines oder beider Vertragschließenden ist zur Erfüllung des Tatbestandes eines verhüllten Abzahlungsgeschäfts nicht erforderlich. Insbesondere ist es, wie oben in Anm. 8—9 auseinandergesetzt ist, nicht notwendig, daß die Parteien den Vertrag in der vereinbarten Form nur zu dem Zwecke einer Umgehung der Bestimmungen der §§ 1—5 AbzGes. abgeschlossen haben. Es genügt also der objektive Tatbestand.

A. 19. Es ist ferner gleichgültig, welche Rechtsform auch immer die Parteien für den in Frage kommenden Vertrag gewählt haben. Nach dem Wortlaut des § 6 ist es sogar gleichgültig, ob dem Empfänger der Sache ein Recht, später deren Eigentum zu erwerben, eingeräumt ist oder nicht. Diese Bestimmung hat vornehmlich den Zweck, eine Umgehung des Gesetzes zu verhindern, und ist nur aus dieser Zweckbestimmung heraus zu verstehen. Daher darf aus ihr nicht der Schluß gezogen werden, daß auch ein Vertrag unter den § 6 fallen könnte, nach dem die Parteien einen Eigentumsübergang nicht ernstlich als wirtschaftlichen Endzweck wollen. (Gl. M. RG. JW. 1911, 826[46].) Andererseits ist es jedoch zu eng, wenn RG. (JW. 1911, 826[46]), Staub (Anhang zu § 392 Anm. 94), Lazarus (S. 40) und Samter (Anm. 2a zu § 6) die Bestimmung dahin auslegen, daß nur eine ausdrückliche Einräumung des Rechts zum Eigentumserwerbe nicht erforderlich sei, daß seine Einräumung jedoch eine stillschweigende, eine aus den Umständen sich ergebende sein müsse. Die Bestimmung ist vielmehr dahin zu verstehen, daß es für die Entscheidung, ob ein verhülltes Abzahlungsgeschäft vorliegt oder nicht, nicht darauf ankommt, ob ein (klagbares) Recht auf die Eigentumsübertragung eingeräumt ist oder nicht. (Gl. M. Michaelis HdR. I S. 50.) Es soll also ohne Einfluß sein, ob der Empfänger der Sache auf Grund des Vertrags einen Anspruch auf die formelle Übertragung des Eigentums hat. Maßgebend ist nur, wie die Motive sagen, daß „der Eigentumswechsel als in der Absicht der Parteien gelegen vom Richter angenommen werden kann". Die Motive stellen die Entscheidung also offensichtlich, wie schon oben in Anm. 1 und 3 betont worden ist, mit Recht nicht auf die formalrechtliche, sondern auf die wirtschaftliche Bedeutung des Vertrages ab. Man wird den Sinn des Gesetzes deshalb am besten dahin verstehen können, daß ein verhülltes Abzahlungsgeschäft nicht erst dann vorliegt, wenn dem Empfänger der Sachen ein Rechtsanspruch auf die Übertragung des Eigentumsrechts zugebilligt ist, sondern schon dann, wenn er nach dem Vertrage nur wirtschaftlich so gestellt werden soll, daß er die Sache ungestört und auf die Dauer wie ein Eigentümer besitzen und nutzen kann.

### D. Begriffsbestimmung des verhüllten Abzahlungsgeschäfts.

Ein verhülltes Abzahlungsgeschäft ist also ein Vertrag, kraft A. 20.
dessen dem einen Vertragsteil gegen ein in Teilleistungen zu entrichtendes Entgelt die Möglichkeit gegeben wird, wirtschaftlich eine ihm übergebene bewegliche Sache auf die Dauer so zu besitzen und so zu nutzen, wie wenn er sie von dem anderen Teile auf Abzahlung gekauft hätte.

## III. Fälle eines verhüllten Abzahlungsgeschäfts.

### A. Allgemeines.

Das verhüllte Abzahlungsgeschäft ist nach der obigen Begriffs- A. 21.
bestimmung „keine Abart eines bestimmten benannten Vertrages, sondern verschiedene Arten von Verträgen können den Charakter des Abzahlungsgeschäfts haben, ebenso wie Kauf, Werkverdingung und Kommissionsgeschäft den Charakter von Fixgeschäften haben können" (Lazarus S. 39). Wann ein Vertrag als verhülltes Abzahlungsgeschäft anzusehen ist, kann daher nur aus den Verhältnissen des Einzelfalles beurteilt werden. Es bedarf in jedem Falle der tatsächlichen Feststellung, daß der Vertrag nach seinem wirtschaftlichen Endzweck den Empfänger der Sachen tatsächlich so stellt, wie wenn er die Sachen von dem Vertragsgegner auf Abzahlung gekauft hätte.

Anhaltspunkte für eine solche Feststellung wird in der Praxis A. 22.
namentlich das Fehlen eines bestimmten Zeitpunktes für die Beendigung des Vertrages bieten. Auch aus der Bestimmung,

daß die einzelnen Raten nur bis zu einer bestimmten Gesamthöhe zu entrichten oder in einem bestimmten Betrage beim Erwerbe der Sachen auf den Erwerbspreis anzurechnen sind, werden sich Schlüsse auf ein verhülltes Abzahlungsgeschäft ziehen lassen. Schließlich werden Sicherungsklauseln für den Gläubiger, die für das abgeschlossene Geschäft nicht gemeingewöhnlich wären, wenn es nicht auf die Zwecke eines Abzahlungsgeschäftes abzielte, z. B. Vorbehalt des Rücktritts, Verfallklausel u. dergl., vielfach ein verhülltes Abzahlungsgeschäft erkennen lassen. Vor allem ist aber immer die Prüfung wesentlich, ob durch das Geschäft wirtschaftlich ein dem Abzahlungsgeschäfte gleicher Erfolg erzielt wird oder erzielt werden soll. Umgekehrt wird die Kürze der Vertragsdauer, die es ausschließt, daß der Wert der Sachen durch die Teilzahlungen abgezahlt wird, mitunter die Annahme eines verhüllten Abzahlungsgeschäftes verbieten.

### B. Einzelfälle.

A. 23. Den Charakter eines verhüllten Abzahlungsgeschäfts kann jedes Rechtsgeschäft haben, auf Grund dessen wirtschaftlich eine entgeltliche Übertragung und Benutzung ermöglicht werden kann. Insbesondere können daher folgende Verträge ein Abzahlungsgeschäft verhüllen:

A. 24. **1. Tauschverträge.** (Gl. M. Aubele Anm. 2 zu § 6.) Ein Beispiel eines solchen in die Form eines Tauschvertrages gehüllten Abzahlungsgeschäftes ist bereits oben in Anm. 9 gegeben worden.

A. 25. **2. Mietverträge.** Diese Fälle sind in § 6 als bezeichnendes und in der Zeit der Schaffung des Abzahlungsgesetzes häufigstes Beispiel eines verhüllten Abzahlungsgeschäftes erwähnt worden. Beispiele solcher Verträge, für die die Bezeichnung „Möbelleihverträge“ geprägt worden ist, sind unten (Anhang II B) abgedruckt. Unter der Herrschaft des Abzahlungsgesetzes sind solche Verträge, eben wegen ihrer Unterstellung unter das Abzahlungsgesetz und weil der Eigentumsvorbehalt als gültig angesehen wird, selten geworden.

A. 26. Die früher heftig umstrittene Frage nach der Rechtsnatur des Möbelleihvertrages hat deshalb erheblich an praktischer Bedeutung verloren. Im übrigen sind die aus der gegensätzlichen Auffassung sich ergebenden Unterschiede für die Frage der Gefahrtragung, der Kündigung usw., für die Praxis auch insofern nur von untergeordneter Bedeutung, als diese Fragen praktisch wohl sämtlich in den einzelnen Verträgen besonders geregelt werden. Die Streitfrage bedarf daher keiner eingehenden Erörterung mehr, zumal der Meinungsstreit in der Hauptsache auf einer nicht genügenden Unterscheidung zwischen Scheingeschäft und Umgehungsgeschäft beruht.

Eccius (II S. 82), Staub (JW. 98, 301), Boldt (S. 36), Heilbrun (S. 95), Lieske (S. 60, 65), Voigt (S. 56), Samoje (S. 3 ff.), Schmidt (S. 27 ff.), Vollrath (S. 80 f.) und — mit einer Ausnahme — Rühl (S. 231 f.) halten den Möbelleihvertrag für einen Kaufvertrag. Dieser Ansicht ist für die Fälle beizutreten, in denen es sich bei dem Möbelleihvertrage um ein Schein- oder Umgehungsgeschäft handelt. Dann wollen die Parteien in Wahrheit einen Kaufvertrag; die „Mietzinsen" stellen in Wirklichkeit nur die Kaufpreisraten dar. Auch das Reichsgericht (RGZ. 83, 222) hat — allerdings in einer Stempelsteuersache — die Möbelleihverträge als Kaufverträge mit Vorbehalt des Eigentums bezeichnet. A. 27.

Brüneck (Gruchot 10, 339 ff.), Hausmann (Veräußerung S. 6 ff., 197 ff.), Dernburg (II S. 406), Staub (Anhang zu § 392 Anm. 94), Aubele (Anm. 7 zu § 6) und Michaelis (HdR. I S. 51) erblicken in dem Möbelleihvertrage einen durch Zahlung eines bestimmten Betrages an Mietzinsraten auflösend bedingten Mietvertrag in Verbindung mit einem durch die gleiche Tatsache aufschiebend bedingten Kaufe oder mit einer schuldrechtlichen Verpflichtung des Vermieters zur Eigentumsübertragung nach Zahlung der vereinbarten Summe der Mietzinsraten. Nur die zweite Alternative sieht — offenbar zu eng — Höhne (Leihvertrag S. 6 ff., Theorie S. 11 ff., Regelung S. 9 ff.) für gegeben an. Die Auffassung Brünecks und Hausmanns, der man sich für den Fall, daß kein Scheingeschäft und kein Umgehungsgeschäft vorliegt, anzuschließen hat, stützt sich mit Recht darauf, daß § 6 AbzGes. selbst den Möbelleihvertrag für ein in einer anderen Rechtsform als der A. 28.

des Kaufes abgeschlossenes Geschäft erklärt. Der hiergegen von Rühl (S. 231) geltend gemachte Einwand, daß der Kaufvertrag sich durch das Fehlen eines Kaufpreises auszeichne, ist nicht berechtigt. Die im Vertrage bestimmte Summe der Mietzinsen stellt den Kaufpreis dar, auf den die Mietzinsen angerechnet werden.

A. 29. In der Praxis wird es allerdings wohl zu den Seltenheiten gehören, daß ein Möbelleihvertrag nicht nur zum Scheine abgeschlossen wird. Deshalb werden die Möbelleihverträge regelmäßig in Anlehnung an die oben angeführte Ansicht von Eccius, Staub usw. als Kaufverträge anzusehen sein. Immerhin sind Fälle denkbar, in denen die Parteien einen Möbelleihvertrag nicht zum Schein oder zur Umgehung abschließen. Solche Fälle sind dann nach der oben angeführten Ansicht von Brüneck, Hausmann usw. als bedingte Mietverträge mit bedingtem Kauf oder mit einer bedingten Verpflichtung zur Eigentumsübertragung anzusprechen. Ein solcher Fall liegt z. B. vor, wenn jemand nicht weiß, wie lange er eine bestimmte Sache brauchen wird, z. B. ein Kranker einen Rollstuhl. Er mietet deshalb den Rollstuhl zu einem bestimmten monatlichen Zinse, vereinbart aber gleichzeitig mit dem Vermieter für den Fall, daß die Summe der Mietzinsen einen bestimmten Betrag erreichen sollte, daß der Rollstuhl dann ohne weiteres für den Betrag als gekauft gelten und in sein Eigentum übergehen solle. Einen solchen Vertrag, den man im Gegensatz zu den zum Schein oder zur Umgehung geschlossenen Möbelleihverträgen als e c h t e n M ö b e l l e i h v e r t r a g bezeichnen könnte, wird man nicht als einen bloßen Kaufvertrag mit Eigentumsvorbehalt ansehen können, sondern als einen in der dargestellten Weise aus Kauf und Miete zusammengesetzten Vertrag ansehen müssen.

A. 30. Die Ansicht Samters (S. 86), es handle sich bei dem Möbelleihvertrag um einen „Mietsvertrag, verbunden mit einem abstrakten, aufschiebend bedingten, auf Eigentumserwerb der vermieteten Sache gerichteten Realvertrag", geht von einer irrigen Voraussetzung aus. Aus § 6 folgt nicht, daß das Abzahlungsgesetz „eben durch seinen § 6 aus einem Mietsvertrag zu Abzahlungsgeschäftszwecken jedwede Art der ‚Rechtsform des Kaufs' entfernte". Aus § 6 folgt nur, daß das Gesetz den Möbelleihvertrag nicht nur als einen Kaufvertrag ansieht. (Gl. M. Rühl S. 231.)

Da dem „Mieter" bei den Möbelleihverträgen regelmäßig A. 31.
gegen ein in Teilleistungen zu entrichtendes Entgelt — die Mietzinsen — die Möglichkeit gegeben wird, die ihm übergebenen Sachen mit dem Ziel des Eigentumserwerbs zu besitzen, fallen die Möbelleihverträge in der Regel unter § 6. Hieraus ist jedoch nicht zu entnehmen, daß jeder dem äußeren Anschein nach als Möbelleihvertrag anzusprechende Vertrag als ein verhülltes Abzahlungsgeschäft angesehen werden müsse. Das Reichsgericht hat in einer (soweit bekannt, nicht veröffentlichten) Entscheidung vom 20. Mai 1913 — III 538/12 — auf einen Vertrag, der nach dem unten Anhang S. 369 ff. abgedruckten Muster abgeschlossen war, mit Recht das Abzahlungsgesetz nicht angewendet, weil sich aus den Umständen des Einzelfalles ergab, daß das Endziel der Verträge auch nach der nicht ausgesprochenen Absicht der Parteien nicht auf die Übertragung des Eigentums gerichtet war. Das Reichsgericht hat den Vertrag daher in dem entschiedenen Falle als einen — übrigens auch nicht nach § 138 BGB. nichtigen — Mietvertrag mit nachträglicher Einräumung eines Kaufrechts angesehen. Mit Hilfe des gleichen Musters können jedoch auch verhüllte Abzahlungsgeschäfte abgeschlossen werden, sobald das wirtschaftliche Endziel der Verträge darauf geht, dem Empfänger der Sachen deren Besitz und Nutzung auf immer zu verschaffen, wie wenn er sie von dem anderen gekauft hätte.

3. **Pachtverträge.** Für diese Verträge, insbesondere die A. 32.
sogenannte Viehleihe, gelten die Ausführungen zu 2 (Anm. 25 ff.).

4. **Darlehnsverträge.** Auch in ihre Form kann ein Ab- A. 33.
zahlungsgeschäft verhüllt werden (gl. M. Aubele Anm. 2 zu § 6), jedoch mit Rücksicht auf § 607 BGB. nur hinsichtlich vertretbarer Sachen. Hier wird die unangemessene Höhe der „Zinsen" meist leicht erkennen lassen, daß es sich in Wahrheit um Kaufpreisraten handelt.

5. **Verwahrungsverträge.** (Gl. M. Aubele Anm. 2 zu § 6; A. 34.
Samter Anm. 3 zu § 6; RG. in JW. 1931, 75.)

A. 35. **6. Der Nießbrauch.** (Gl. M. Samter Anm. 3 zu § 6; RG. in JW. 1931, 75.)

A. 36. **7.** Endlich jedes **Treuhandverhältnis**, worauf Samter (Anm. 3 zu § 6) mit Recht hinweist.

### C. Fälle, in denen kein verhülltes Abzahlungsgeschäft vorliegt.

Fehlt eine der oben in Anm. 11—15 dargelegten Voraussetzungen, so kann es sich niemals um ein verhülltes Abzahlungsgeschäft handeln. Danach scheiden insbesondere folgende Verträge aus:

A. 37. 1. Verträge, bei denen ein **Eigentumswechsel** auch im wirtschaftlichen Sinne von den Parteien **nicht beabsichtigt** ist. (Gl. M. RG. JW. 1911, 826 und vom 20. Mai 1913 — III 538/12 —.)

A. 38. 2. Verträge, bei denen es sich **nicht** um eine **bewegliche** Sache handelt.

A. 39. 3. Verträge, bei denen **noch keine Übergabe** der Sache an den Schuldner erfolgt ist.

A. 40. 4. Verträge, bei denen **keine Teilleistungen** des Schuldners vereinbart sind.

### D. Finanzierungsgeschäfte.

A. 41. **1. Begriff.** Finanzierungsgeschäfte sind Verträge, die den Zweck haben, dem gerade heute in ungeahntem Umfange zahlungsschwachen Käufer die Anschaffung notwendiger Sachen auf Teilzahlung zu ermöglichen, andererseits aber dem nicht minder kapitalbedürftigen Verkäufer zwecks schnelleren Umschlages das längere Warten auf den Eingang des Entgelts für die umgesetzten Waren abzunehmen. Diese Finanzierung des Abzahlungsgeschäfts erfolgt durch die Gewährung von Kredit seitens eines Dritten.

Je nachdem, welchem der beiden am Abzahlungsgeschäft unmittelbar Beteiligten Kredit gewährt wird, ist zwischen zwei wirtschaftlich und rechtlich voneinander verschiedenen Formen zu unterscheiden. (Näheres siehe Rühl S. 277; Rautmann S. 1 ff.)

A. 42. a) Die *Absatzfinanzierung* oder *Diskontierung von Abzahlungsgeschäften* erfolgt in der Weise, daß der Verkäufer sich nach dem Abschluß eines Abzahlungsgeschäftes von einem Dritten, dem Finanzier (meist einem besonderen Finanzierungsinstitut), unter bestimmten Bedingungen, einen Betrag in Höhe des ihm von dem Käufer geschuldeten Restkaufgeldes vorschießen läßt. Der Verkäufer tritt seine Rechte einschließlich des hier stets vorbehaltenen Eigentums gegen den Käufer an den Finanzier ab.

b) Bei der Kundenfinanzierung läßt sich der Käufer von dem Finanzier einen Kredit geben, den er in bestimmten Raten zurückzuzahlen verspricht. Dieser Kredit wird in der Praxis: A. 43.

α) entweder unmittelbar im Hinblick auf einen ganz bestimmten Abzahlungskauf gegeben (Einzelkredit oder Finanzierungsgeschäft im engeren Sinne), A. 44.

β) oder ohne Rücksicht auf die zu kaufende Sache und einen bestimmten Verkäufer gewährt (Kollektivkredit, Einzelfinanzierung oder Konsumfinanzierung im engeren Sinne). A. 45.

Der Käufer sichert den Finanzier dadurch, daß er ihm das Eigentum an den erworbenen Sachen durch Besitzkonstitut überträgt oder diesem vom Verkäufer als seinem Beauftragten das vorbehaltene Eigentum übertragen läßt, vielfach auch noch dadurch, daß er vom Verkäufer an eigene Order ausgestellte und indossierte Wechsel akzeptiert und dem Finanzier übergibt, oder daß der Verkäufer die selbstschuldnerische Bürgschaft übernimmt. Andererseits sichert sich der Verkäufer vielfach dadurch, daß die Wirksamkeit des Kaufvertrags von der Gewährung des Kredites abhängig gemacht wird. A. 46.

**2. Rechtliche Würdigung der Finanzierungsgeschäfte.**

a) Rechtliche Natur der Finanzierungsgeschäfte.

α) Allgemeines. Die zwischen dem Kreditgeber und einer der Abzahlungsvertragsparteien über die Hingabe des Kredits abgeschlossenen Rechtsgeschäfte stellen sich — von dem oben in Anm. 5 erwähnten Falle eines Scheingeschäfts abgesehen — in jedem Falle als Darlehnsverträge dar. Darlehns- A. 47.

geber ist stets der Finanzier, Darlehnsnehmer ist bei der Absatzfinanzierung der Verkäufer, bei der Kundenfinanzierung der Käufer.

A. 48. β) Bei der *Absatzfinanzierung* liegt kein Verkauf der Restkaufgeldforderung an den Finanzier vor. Das ist an sich rechtlich möglich, liegt aber in der Regel nicht im Willen der Parteien. Der Abzahlungsverkäufer trägt das Risiko für den Eingang der Kaufpreisraten, er bleibt dem Käufer gegenüber der Vertragspartner. Die Abtretung der Ratenforderungen an den Finanzier erfolgt nur sicherungshalber. (Gl. M. Rühl S. 281 f.; Rautmann S. 14.) Es handelt sich also um ein dem Verkäufer von dem Finanzier gegebenes Darlehn.

A. 49. γ) In gleicher Weise liegt bei der *Kundenfinanzierung* ein Darlehnsvertrag zwischen dem Finanzier und dem Käufer vor. Der Finanzier ist auch beim Einzelkredit, sofern sich nicht im Einzelfalle aus besonderen Umständen ergibt, daß der Verkäufer nur im Auftrag und für Rechnung des Finanziers tätig geworden ist (gl. M. RGZ. 128, 254 = JW. 1929, 1380; Rühl S. 280), nicht als versteckter Verkäufer anzusehen. Der Vorteil und das Risiko des Kaufgeschäfts treffen den Verkäufer, nicht den Finanzier. (Gl. M. Rühl S. 280.)

b) *Rechtsgültigkeit der Finanzierungsgeschäfte.*

A. 50. In den Finanzierungsverträgen kehren fast sämtliche Abreden wieder, die vor dem Inkrafttreten des Abzahlungsgesetzes üblich waren und den Anlaß zu dessen Schaffung gegeben haben. Insbesondere sind in sehr vielen Finanzierungsverträgen die Ratenverfallklausel, die Fälligkeit beim Ausbleiben des Restes auch nur *einer* Rate und die Abrede anzutreffen, daß die Rücknahme der Sachen nicht als Rücktritt anzusehen sei. Deshalb werden die Finanzierungsgeschäfte, insbesondere die Kundenfinanzierungsverträge, wegen der Anhäufung der den zahlungsschwachen Schuldner drückenden Bestimmungen vielfach als wucherisch oder gegen die guten Sitten verstoßend (§ 138 BGB.) angesehen werden müssen (vgl. RGZ. 128, 256 ff. = JW. 1929, 1380; Rühl S. 288 f.). Andererseits darf nicht übersehen werden, daß der Finanzier ein großes Risiko eingeht und deshalb an der Auferlegung strenger Bedingungen ein berechtigtes Interesse hat. Man wird deshalb die Finanzierungsverträge, wenn sie nicht so außerordentlich harte Klauseln aufweisen wie der in RGZ. 128, 251 ff. entschiedene Fall, nicht stets für nichtig ansehen können. (Gl. M. Rühl S. 290 f.; v. Brockdorff in Eger 1928, S. 35f.; Rautmann S. 30 ff.) Insbesondere wird auch der Wunsch, durch die Einschiebung des Finanziers die Anwendbarkeit des Abzahlungsgesetzes auszuschließen, das Finanzierungsgeschäft nicht ohne weiteres sittenwidrig machen. (Gl. M. RGZ. 131, 224.) Darüber, ob die Anwendbarkeit des Abzahlungsgesetzes wirklich durch eine solche Einschiebung ausgeschlossen werden kann, vgl. unten Anm. 52 ff., insbesondere Anm. 55.

**3. Die Anwendbarkeit des Abzahlungsgesetzes.**

a) Allgemeines. Die Frage, ob die Finanzierungsgeschäfte dem Abzahlungsgesetz unterliegen, ist von außerordentlicher Bedeutung. Wenn die Finanzierungsverträge nicht als verhüllte Abzahlungsgeschäfte anzusehen sind, so unterliegen sie nur den allgemeinen Vorschriften des BGB. Die für die Abzahlungsgeschäfte verbotenen Vertragsbedingungen sind dann also gültig, sofern sie nicht den Bogen so sehr überspannen, daß deshalb nach den vorstehenden Ausführungen die einzelne Klausel oder der ganze Vertrag der Nichtigkeit nach § 138 BGB. anheimfiele. A. 51.

b) Bei der Absatzfinanzierung ist die Frage der Anwendbarkeit des Abzahlungsgesetzes ohne weiteres zu bejahen. Der Finanzier steht mit dem Käufer in keiner unmittelbaren vertraglichen Beziehung. Durch den Vertrag mit dem Verkäufer sind ihm nur dessen Rechte aus dem von diesem mit dem Käufer abgeschlossenen Vertrage (sicherungshalber) übertragen worden. Der Käufer kann dem Finanzier also gemäß § 404 BGB. die ihm aus dem Vertrage mit dem Verkäufer zustehenden Rechte entgegensetzen. Dieser Vertrag stellt sich aber unzweifelhaft als ein Abzahlungsgeschäft dar. Der Käufer ist also auch dem Finanzier gegenüber durch die direkte Anwendung findenden Vorschriften des Abzahlungsgesetzes geschützt. (Gl. M. Rühl S. 292; Rautmann S. 17 f.) A. 52.

A. 53. Nur hinsichtlich der Anwendung des § 5 macht Rautmann (S. 50 ff.) Bedenken geltend. Seiner Auffassung nach kann die Rücknahme der Sachen durch den Finanzier nicht als Ausübung des Rücktritts gelten, weil das Rücktrittsrecht nicht übertragbar sei, der Finanzier als Zessionar also ohne Eintritt in das Schuldverhältnis nicht zum Rücktritt berechtigt sei. Dieser Ansicht kann nicht beigestimmt werden. Es kann dahingestellt bleiben, ob die Ansicht Rautmanns richtig ist, daß das Rücktrittsrecht nicht übertragbar sei. (Gegen ihn Staudinger Vorbem. IV 5 vor § 346.) Selbst wenn das der Fall ist, wären die von Rautmann gezogenen Folgerungen unrichtig. Wie oben in Anm. 2 zu § 5 ausgeführt ist, hat die Bestimmung des § 5 nicht den Sinn, daß die Rücknahme eine Erklärung des Rücktritts enthält, sondern nur die Bedeutung, daß die Rücknahme die gleichen Wirkungen zeitigt wie der Rücktritt. Erblickt man aber im Gegensatz zu dieser Ansicht mit Rautmann in der Rücknahme einen Rücktritt, so müßte aus der Unübertragbarkeit des Rücktrittsrechts auch die Unübertragbarkeit des mit diesem identischen Rücknahmerechts gefolgert werden.

c) Die Anwendbarkeit auf die Kundenfinanzierung.

A. 54. α) Allgemeines. Schwieriger als bei der Absatzfinanzierung liegt die Frage bei der Kundenfinanzierung. Hier stützt sich der Finanzier dem Käufer gegenüber nicht auf abgetretene Rechte aus einem Abzahlungsgeschäft mit dem Verkäufer, sondern auf eigene Rechte aus dem mit dem Käufer geschlossenen Darlehnsvertrage. Es handelt sich jedenfalls nicht um ein unverhülltes Abzahlungsgeschäft.

A. 55. Andererseits wird hierdurch nicht die Annahme eines verhüllten Abzahlungsgeschäfts ausgeschlossen. § 6 setzt zwar offenbar nur den Tatbestand voraus, daß zwischen dem Gläubiger und dem Schuldner ein Vertrag in anderer Rechtsform als der des Kaufes abgeschlossen wird, und berücksichtigt die Möglichkeit der Einschiebung eines Dritten nicht. Das Gesetz hatte jedoch zur Zeit seiner Schaffung nach den damaligen wirtschaftlichen Verhältnissen keinen Anlaß hierzu. Deshalb kann aus dem Schweigen des Gesetzes kein Schluß gegen die Anwendung des

Gesetzes hergeleitet werden. (Gl. M. RG. in RGZ. 131, 213 = JW. 31, 1178; KG. JW. 31, 75; a. M. Berlak-Felix S. 40; Arndt, Das Recht des Kraftfahrers 1927 S. 17 ff.) Im Gegenteil ergibt der Sinn und der sozialpolitische Zweck des Gesetzes, daß die Bestimmungen des Gesetzes auch auf den Fall der Einschaltung eines Dritten ausgedehnt werden müssen. Das Abzahlungsgesetz bezweckt nicht eine Schmälerung der Rechte gerade des Verkäufers, sondern den Schutz des zahlungsschwachen Käufers. Vom Standpunkt des Gesetzes ist es deshalb ohne Bedeutung, ob der Verkäufer oder ein Dritter sich die von dem Gesetze gemißbilligten Rechte von dem schutzbedürftigen Käufer ausbedungen hat. Der Zweck des § 6 geht vielmehr gerade dahin, „dem kapitalschwachen Schuldner den Schutz des Gesetzes in weitestgehendem Maße zuteil werden zu lassen und dem Gesetz alle diejenigen Fälle zu unterwerfen, bei denen es sich wirtschaftlich um nichts anderes als um einen Abzahlungskauf handelt" (KG. JW. 1931, 75 f.). § 6 ist deshalb grundsätzlich nicht auf ein Rechtsverhältnis zwischen Verkäufer und Erwerber beschränkt. (Gl. M. RGZ. 128, 254 = JW. 1929, 1380; RGZ. 131, 213 = JW. 31, 1178; KG. JW. 1931, 75 f.; Rühl S. 292; Rautmann S. 23 f.; Graf Brockdorff in Eger 1928 S. 32 f. und das dort zitierte Urteil des KG. vom 6. März 1928 — 8 U 11847/27 —; a. M. Arndt a. a. O.)

β) Es ist daher zu prüfen, ob die Voraussetzungen des § 6 AbzGes. bei den Kundenfinanzierungsverträgen vorliegen. Dabei sind mit Rücksicht auf die Einschaltung des Darlehnsgebers auf der einen Seite das Rechtsverhältnis zwischen dem Käufer und dem Darlehnsgeber, auf der anderen Seite das Verhältnis zwischen dem Käufer und dem Verkäufer zu betrachten. A. 56.

αα) Darüber, unter welchen Voraussetzungen ein Kundenfinanzierungsvertrag im Verhältnis zwischen Käufer und Darlehnsgeber als ein verhülltes Abzahlungsgeschäft zu betrachten ist, gehen die Ansichten stark auseinander. A. 57.

ααα) Bisherige Ansichten.

Das Reichsgericht verlangt in RGZ. 128, 254 (= JW. 1929, 1380), daß der Finanzier sich des Verkäufers nur als Stroh- A. 58.

manns bedient haben, es sich in Wirklichkeit um ein Kaufgeschäft zwischen dem Finanzier und dem Käufer gehandelt haben müsse. In RGZ. 131, 215 = JW. 31, 1178 läßt das Reichsgericht es dagegen ausdrücklich offen, ob und unter welchen weiteren Voraussetzungen sonst die Kundenfinanzierungsverträge unter das Abzahlungsgesetz fallen. Auf dem gleichen Standpunkt scheint das von Graf Brockdorff (Eger 1928 S. 33) erwähnte Urteil des Kammergerichts vom 6. März 1928 — 8 U 11847/27 — zu stehen.

A. 59. Rautmann (S. 26 ff.) will das Abzahlungsgesetz auf die Fälle anwenden, in denen der Zweck des Finanzierungsvertrages nicht auf den Erwerb einer gesicherten Darlehnsforderung, sondern auf eine Unterstützung des mit dem Darlehnsgeber wirtschaftlich verbundenen Verkäufers gerichtet ist. Er sieht diese Voraussetzung dann als gegeben an, wenn der Finanzier entweder eine vorgeschobene Person oder ein von dem Verkäufer oder einem Verkäuferverband gegründetes Finanzierungsinstitut ist und die Finanzierung seine gesamte Tätigkeit darstellt.

A. 60. In ähnlicher Weise sehen das Kammergericht (JW. 1931, 76) und Graf Brockdorff (Eger 1928, 53) die Voraussetzungen des § 6 AbzGes. dann als gegeben an, wenn eine starke wirtschaftliche Interessenverknüpfung zwischen Verkäufer und Darlehnsgeber besteht.

A. 61. Rühl endlich (S. 293 ff. und JW. 1931, 76, 1178) bejaht die Anwendbarkeit des Abzahlungsgesetzes immer dann, wenn entweder wirtschaftliche Identität zwischen dem Verkäufer und dem Finanzier besteht oder der Darlehnsgeber sich dauernd mit der Finanzierung von Einkäufen befaßt und sein Geschäftsbetrieb ganz oder teilweise darauf zugeschnitten ist.

ββ) Eigene Stellungnahme.

A. 62. Alle vorbezeichneten Auffassungen dürften die Rechtslage nicht völlig erschöpfen. Die Ansicht des Reichsgerichts wird der Tatsache nicht gerecht, daß unter den § 6 nicht nur Umgehungsgeschäfte fallen, sondern auch wirtschaftlich berechtigte Abmachungen, sofern sie nur objektiv zur Erreichung der Zwecke eines Abzahlungsgeschäfts dienen (vgl. oben Anm. 8 f.). Auch die Ansichten des Kammergerichts, des Grafen Brockdorff und Rautmanns sind von dieser zu engen Auffassung nicht frei. Das Kammergericht verlangt eine „Verschleierung" des Kaufvertrags, Rautmann (S. 24) eine Umgehung des Abzahlungsgesetzes. Rühl, dessen positiven Ausführungen an sich durchaus zuzustimmen ist, läßt schließlich nicht erkennen, von welchem Ausgangspunkte er zu seinen Schlüssen gelangt.

Dieser Ausgangspunkt kann nur der oben in Anm. 3 ent- A. 63.
wickelte Sinn und Zweck des § 6 sein, dem Gesetz alle Fälle zu unterwerfen, bei denen wirtschaftlich das gleiche Ergebnis herbeigeführt wird, als wenn die Sachen auf Abzahlung gekauft wären. Von diesem Gesichtspunkte aus ist nicht zu prüfen, ob die Parteien das Abzahlungsgesetz umgehen wollen, oder ob die drei Beteiligten „die wirtschaftlichen Ergebnisse eines Abzahlungsgeschäfts in einer anderen Rechtsform erzielen wollen" (Rühl S. 296). Die Frage muß vielmehr dahin gestellt werden, ob sich der Vertrag zwischen dem Darlehnsgeber und dem Käufer *wirtschaftlich* so darstellt, als ob der Käufer von dem Darlehnsgeber auf Abzahlung gekauft hätte. Für diese Betrachtung kann es daher nicht darauf ankommen, ob der Darlehnsgeber sich gewerbsmäßig mit der Gewährung solcher Darlehen befaßt und seinen Geschäftsbetrieb wenigstens teilweise danach eingerichtet hat oder nicht. Diese Unterscheidung mag de lege ferenda berechtigt sein; de lege lata kann sie nicht anerkannt werden. Der wirtschaftliche Charakter des Geschäfts bleibt in beiden Fällen gleich. Das ergibt sich mit Deutlichkeit, wenn man sich die Fälle vor Augen hält, daß der Käufer bei Abschluß des Darlehnsvertrages zu Unrecht in dem einen Falle angenommen hat, es mit einem Finanzierungsinstitut zu tun zu haben, obwohl die Voraussetzung nicht vorlag, und in dem anderen Falle die Eigenschaft des Darlehnsgebers als Finanzierungsinstitut nicht gekannt hat.

*Ein ratenweise zurückzuzahlendes Dar-* A. 64.
*lehen zum Zwecke des Ankaufs beweglicher Sachen ist hiernach stets dann als verhülltes Abzahlungsgeschäft zu behandeln, wenn durch die Hingabe des Darlehns wirtschaftlich das gleiche Ergebnis herbeigeführt wird,*

wie wenn die Sachen auf Abzahlung gekauft wären.

A. 65. Das ist ohne weiteres anzunehmen, wenn der Verkäufer nur ein Strohmann des Darlehnsgebers ist. Hier ist der Darlehnsgeber in Wirklichkeit der einzige Vertragsgegner des Käufers, das zwischen ihnen geschlossene Rechtsgeschäft also in Wahrheit ein Kauf auf Abzahlung.

A. 66. Das gleiche gilt für den Fall der wirtschaftlichen Identität zwischen Verkäufer und Darlehnsgeber. Unter diesen Umständen muß der Darlehnsgeber eben wegen der wirtschaftlichen Identität so angesehen werden, wie wenn er selbst auf Abzahlung verkauft hätte.

A. 67. Die Voraussetzung der Gleichheit des wirtschaftlichen Erfolges mit einem Abzahlungskaufe ist jedoch nicht nur in diesen Fällen gegeben. Sie liegt vielmehr in allen Fällen vor, in denen das Darlehn vertraglich **nur** zu dem Zwecke eines Kaufes gewährt wird. Dann ist die Lage, wirtschaftlich betrachtet, zwischen dem Käufer und dem Darlehnsgeber die gleiche, als wenn der Käufer unmittelbar von diesem gekauft hätte. Der Käufer darf das Darlehn nur zum Kaufe der Sachen verwenden. Andererseits hat der Darlehnsgeber das Darlehn nur im Hinblick auf diese Verpflichtung gewährt. Der Käufer ist mithin gewissermaßen nur Hilfsperson für die — übrigens in der Praxis meist unmittelbare — Übertragung des Geldes von dem Darlehnsgeber an den Verkäufer. Das Darlehn verfolgt also, wie auch Graf Brockdorff (Eger 1928, S. 33) anerkennt, den zum Vertragsinhalt erhobenen Zweck, dem Darlehnsnehmer das Eigentum an den zu kaufenden Sachen zu verschaffen. Der von Rautmann (S. 25) hiergegen geltend gemachte Vergleich mit einem Baudarlehn, das den Darlehnsgeber nicht in die Stellung eines Bauherrn eintreten lasse, ist unberechtigt. Es kommt, wie schon oben in Anm. 9 ausgeführt, nicht darauf an, welchen Zweck der Darlehnsgeber subjektiv verfolgt, sondern auf den wirtschaftlichen Zweck des Darlehns. Deshalb ist auch das Baugeld in den §§ 1—8 des Gesetzes über die Sicherung der Bauforderungen vom 1. Juni 1909 besonderen

Vorschriften unterworfen worden, die sich aus dem Zwecke ergeben, der wirtschaftlich mit der Hingabe des Baugeldes verfolgt wird. Der wirtschaftliche Zweck des Finanzierungsdarlehns geht aber darauf hinaus, dem Darlehnsnehmer den Erwerb der Sache zu ermöglichen. Es ist also wirtschaftlich nicht anders, als wenn der Darlehnsgeber die Sachen von dem Verkäufer gekauft und um die Darlehnszinsen teurer an den Käufer weiterverkauft hätte. Daß diese wirtschaftliche Betrachtung richtig ist und auch dem eigenen Empfinden der beteiligten Wirtschaftskreise entspricht, erhellt deutlich aus dem von Rühl (S. 281) bezeugten Umstand, daß viele Finanzierungsinstitute rechtlich unbegründeterweise von dem Käufer die Anerkennung verlangen, daß dieser keine Gewährleistungsansprüche gegen sie hat.

Diese wirtschaftliche Gleichheit mit einem Abzahlungskauf A. 68.
ist besonders klar, wenn sich der Finanzier das Eigentum von dem Verkäufer hat übertragen lassen. Sie liegt aber auch dann vor, wenn keine dingliche Sicherung des Darlehnsgebers erfolgt ist. (A. M. Rühl S. 293.) Rühl dürfte jedoch nicht berücksichtigt haben, daß auch ein unverhülltes Abzahlungsgeschäft ohne Eigentumsvorbehalt möglich ist (vgl. Anm. 31 zu § 1). Einem solchen Verkaufe steht das dinglich nicht gesicherte Darlehn unter den obigen Voraussetzungen wirtschaftlich durchaus gleich.

Ebenso ist — wie bereits oben in Anm. 63 dargelegt — be- A. 69.
grifflich nicht erforderlich, daß der Finanzier sich gewerbsmäßig mit Finanzierungsgeschäften befassen muß. (A. M. Rühl S. 293, 295 f.) Ebenso wie ein Privatmann Sachen auf Abzahlung verkaufen kann, kann er auch durch ein von ihm gewährtes Darlehn wirtschaftlich den gleichen Erfolg herbeiführen. Auch in einem solchen Falle verfolgt das Darlehn den zum Vertragsinhalt erhobenen Zweck, dem Darlehnsnehmer das Eigentum an den zu kaufenden Sachen zu verschaffen.

Gegen die hier vertretene Ansicht kann auch nicht geltend gemacht A. 70
werden, daß sie dazu zwingt, auf die causa des Darlehnsvertrages zurückzugehen. Das ist auch in anderen Rechtsfällen notwendig, z. B. zur Prüfung, ob es sich um ein (nichtiges) Spieldarlehn handelt. Ebensowenig kann gegen die vertretene Ansicht ein-

gewendet werden, daß sie zu dem unbilligen Ergebnis führe, daß der Darlehnsgeber infolge der entsprechenden Anwendung der §§ 1, 5 im Falle des Rücktritts die Sachen an sich nehmen müßte gegen Rückgewähr der empfangenen Raten unter Abzug der Ansprüche nach § 2. Dieses Ergebnis wäre allerdings unbillig. Im Gegensatz zu dem Abzahlungskaufe, wo der Verkäufer seine Sachen wieder zurückerhält, würde hier der Darlehnsgeber an Stelle seines guten Geldes die für ihn nur mit Verlusten zu verwertende Sache erhalten. Der Einwand wäre jedoch verfehlt. Wie unten in Anm. 92 ff. darzulegen ist, kann die entsprechende Anwendung der §§ 1—5 auf die Kundenfinanzierung nicht zu diesem Ergebnis führen. Im übrigen werden derartige Fälle in der Praxis wohl nur höchst selten vorkommen.

A. 71. Nicht unter den Begriff des verhüllten Abzahlungsgeschäfts fallen hiernach nur solche Darlehnsverträge, bei denen das ratenweise zurückzuzahlende Darlehn nicht zu dem vertraglich ausbedungenen Zwecke des Ankaufs von beweglichen Sachen gewährt worden ist. Entgegengesetztenfalls unterliegen alle Kundenfinanzierungsgeschäfte der entsprechenden Anwendung der §§ 1—5 AbzGes.

A. 72. Das Ergebnis, daß die Kundenfinanzierungsverträge im Verhältnis zwischen dem Finanzier und dem Käufer dem Abzahlungsgeschäft unterliegen, dürfte rechtspolitisch nur zu begrüßen sein. Einerseits wäre nicht einzusehen, warum der das Finanzierungsdarlehn aufnehmende Darlehnsschuldner weniger schutzbedürftig sein sollte als der unmittelbar auf Abzahlung Kaufende. In beiden Fällen ist der schutzbedürftige Schuldner wegen des sofort zu befriedigenden Bedarfes nach den Sachen mehr oder weniger widerstandslos gegen die von dem Gläubiger gestellten Bedingungen. Andererseits führt die Anwendung des Abzahlungsgesetzes, wie in Anm. 84 ff. dargestellt wird, zu keinen den berechtigten Interessen des Gläubigers nicht zumutbaren Ergebnissen. Endlich würde der Gläubiger auch, worauf Rühl (S. 297) mit Recht hinweist, gerade bei Ablehnung der vertretenen Ansicht die Gefahr laufen, daß die Rechtsprechung wegen des Schutzbedürfnisses des Schuldners desto eher zur Anwendung des § 138 BGB., d. h. zur Beseitigung des ganzen Vertrages, geneigt wäre, wie dies das Reichsgericht ja auch in dem Falle des Urteils in RGZ. 128, 251 = JW. 1929, 1380 getan hat.

Das Ergebnis berührt sich trotz des dargestellten konstruktiven Gegensatzes in dem in Anm. 84 ff. dargestellten Enderfolge mit den Auffassungen Rautmanns und Rühls, die entsprechend ihrer in Anm. 59, 61 dargestellten Auffassung den auch ihrer Ansicht nach notwendigen Schutz des Käufers auf dem Wege der Heranziehung des Verkäufers zu erreichen suchen. (Näheres siehe unten in Anm. 99.) Demgegenüber dürfte die hier vertretene Ansicht den Vorzug größerer Einfachheit und Klarheit besitzen.

ββ) Die Anwendbarkeit des Abzahlungsgesetzes auf das Rechtsverhältnis zwischen dem Käufer und dem Verkäufer untersuchen nur Rautmann und Rühl.

ααα) Bisherige Ansichten.

Rautmann bejaht (S. 30) die Anwendung des Abzahlungsgesetzes auf das Verhältnis zwischen dem Käufer und dem Verkäufer in allen Fällen, in denen der Verkäufer dem Finanzier vertraglich für die Erfüllung der dem Käufer dem Darlehnsgeber gegenüber obliegenden Verpflichtungen haftet. Der Käufer habe zwar den Kaufpreis in voller Höhe an ihn bezahlt, er habe aber im Einverständnis und unter Haftung des Verkäufers zu diesem Zwecke zuvor ein Darlehn aufgenommen. Daher habe sich nichts an der Tatsache geändert, daß der Käufer den Betrag, den er zum Erwerbe der gekauften Sache aufwenden muß, in Raten leistet. Nur in der Person des Zahlungsempfängers sei ein Wechsel eingetreten. Die wirtschaftlichen Zwecke eines Abzahlungsgeschäftes würden also erreicht. A. 73.

Rühl (S. 297) sieht den § 6 AbzGes. dagegen immer dann als gegeben an, wenn der Abschluß des Darlehnsvertrages nach dem Inhalt des Kaufvertrages Bedingung für den Abschluß des Kaufes war. In diesem Falle führten Käufer und Verkäufer mit Hilfe des Darlehnsgebers bewußt denselben Erfolg herbei, als ob ein Erwerb der Sache auf Grund eines Abzahlungsgeschäfts A. 74.

stattfände. Nach dem Willen der Parteien würden also die Zwecke eines Abzahlungsgeschäfts in einer anderen Rechtsform erreicht.

βββ) Eigene Stellungnahme.

A. 75. Diesen Ansichten kann nicht zugestimmt werden. Es ist zwar zutreffend, daß infolge der Einschaltung des Darlehnsgebers die wirtschaftlichen Zwecke eines Abzahlungskaufes erreicht werden, aber nicht im Verhältnis zwischen dem Käufer und dem Verkäufer. Mit Hilfe des Darlehns seitens des Finanziers wird der Vertrag zwischen dem Käufer und dem Verkäufer beiderseits sofort erfüllt. Der Verkäufer erhält den vollen Kaufpreis und überträgt den Besitz der Sache an den Käufer und — je nach den vertraglichen Abmachungen zwischen dem Finanzier und dem Käufer — das Eigentum an den Käufer oder in dessen Auftrag in Erfüllung seiner Vertragspflicht an den Finanzier. Das Anwartschaftsrecht des Käufers auf den Erwerb des Eigentums besteht also nicht gegenüber dem Verkäufer, sondern gegenüber dem Darlehnsgeber. Bei dieser Sachlage kann nicht die Rede davon sein, daß das Verhältnis zwischen dem Verkäufer und dem Käufer wirtschaftlich ebenso liegt, wie wenn der Verkäufer sich das Darlehn hätte geben lassen und die Sachen dem Käufer auf Abzahlung verkauft hätte. Dazu wäre Voraussetzung, daß der Verkäufer trotz der Zahlung des vollen Kaufpreises noch irgendwelche eigenen Rechte oder Pflichten gegen den Käufer hätte.

A. 76. An diesem Ergebnis ändert sich auch nichts, wenn der Verkäufer dem Finanzier gegenüber die Haftung für die Rückzahlung der Darlehnsraten durch den Käufer übernommen hat, sofern aus dieser Abmachung nicht zu folgern ist, daß der Finanzier nur Strohmann des Verkäufers oder mit diesem wirtschaftlich identisch ist. (Über diese Fälle siehe unten in Anm. 77.) Ist das nicht der Fall, so gründen sich die Regreßansprüche des vom Finanzier in Anspruch genommenen Verkäufers gegen den Käufer, wie auch Rautmann (S. 30) zugeben muß, nicht auf den Kaufvertrag, sondern auf die nach § 426 Abs. II oder nach § 774 Abs. I BGB. auf den Verkäufer übergegangene Darlehnsforderung des Finanziers. Den Regreßansprüchen des Verkäufers gegenüber kann sich der

Käufer dann gemäß § 412 BGB. auf die Vorschriften des Abzahlungsgesetzes insoweit berufen, als er sie dem Finanzier gegenüber geltend machen kann, da die Regreßansprüche des Verkäufers aus § 426 Abs. II BGB. oder § 774 Abs. I BGB. auf gesetzlicher Zession beruhen.

Anders ist die Rechtslage jedoch dann, wenn der Finanzier ein Strohmann des Verkäufers oder mit diesem wirtschaftlich identisch ist. Im ersteren Falle — der nicht mit dem oben in Anm. 65 behandelten Falle zu verwechseln ist, daß der Finanzier den Verkäufer vorgeschoben hat — ist der Verkäufer der aus dem Darlehnsvertrage in Wahrheit Berechtigte. Das mit dem Käufer abgeschlossene Geschäft stellt sich also in Wirklichkeit in seiner Gesamtheit als ein Verkauf auf Abzahlung dar. Bei wirtschaftlicher Identität zwischen Verkäufer und Darlehnsgeber sind diese ebenfalls wirtschaftlich nur eine Person, so daß auch hier wegen der rechtlich-formellen Verschiedenheit keine Trennung zwischen dem Barkaufe und dem Darlehnsvertrage möglich ist. Wirtschaftlich ist die Sache von einem, nur rechtlich gespaltenen, Gegenkontrahenten auf Abzahlung gekauft worden. A. 77.

Ferner wird man auch dann ein verhülltes Abzahlungsgeschäft zwischen dem Käufer und dem Verkäufer annehmen müssen, wenn in dem Kaufvertrage ausdrücklich vereinbart ist, daß der Käufer die gekauften Sachen an den Verkäufer zurückgeben müsse, wenn der Finanzier von dem Darlehnsvertrage zurücktritt. Hier ist das Kaufgeschäft beiderseits noch nicht erfüllt. Die Verpflichtung des Käufers soll vielmehr auch dem Verkäufer gegenüber erst erfüllt sein, wenn der Käufer den Finanzier voll befriedigt hat. Bei einer solchen Abmachung ist die Lage, wirtschaftlich betrachtet, nicht anders, als wenn der Käufer unverhüllt von dem Verkäufer auf Abzahlung gekauft hätte. Bei einem solchen Vertrage wird übrigens in der Regel der Verdacht eines Umgehungsgeschäfts oder wirtschaftlicher Identität zwischen Verkäufer und Finanzier bestehen. A. 78.

Schließlich liegt natürlich ein Abzahlungsgeschäft zwischen dem Verkäufer und dem Käufer vor, wenn das von dem Finanzier gewährte Darlehn zusammen mit der Anzahlung nicht zur Deckung A. 79.

des Kaufpreises ausreicht und der Käufer den Rest in Raten an den Verkäufer zu zahlen hat. Gerade dieser — nach Rühl (S. 300) nicht seltene — Fall dürfte übrigens für die Richtigkeit der hier vertretenen Ansicht sprechen. Wäre das ganze Finanzierungsgeschäft wirtschaftlich nichts anderes als ein verkappter Abzahlungskauf zwischen dem Verkäufer und dem Käufer, so wäre es unverständlich, warum das Finanzierungsinstitut nicht den ganzen Kaufpreisrest zu übernehmen bereit ist.

## IV. Die entsprechende Anwendung der §§ 1—5.

### A. Allgemeines.

A. 80. Die Bestimmungen der §§ 1—5 sind nur entsprechend anzuwenden. Die in diesen Bestimmungen für das unverhüllte Abzahlungsgeschäft gegebenen Vorschriften sind also nicht unmittelbar, sondern ihrem Sinne gemäß anzuwenden. Es ist daher zu untersuchen, inwieweit die positiven Vorschriften der §§ 1—5 eine über die Regelung der Rechtsbeziehungen beim unverhüllten Abzahlungsgeschäft hinausgehende allgemeine Bedeutung haben. Nur soweit dies der Fall ist, ist eine entsprechende Anwendung möglich.

### B. Die entsprechend anzuwendenden allgemeinen Regeln der §§ 1—5.

A. 81. 1. **Die Vorschriften des § 4** bieten keine Schwierigkeiten. Sie stellen sich als eine allgemeine Rechtsregel dar, die nicht nur im Hinblick auf das unverhüllte Abzahlungsgeschäft getroffen ist.

A. 82. 2. Anders liegt es hinsichtlich der **Vorschriften der §§ 1—3.** Der Zweck dieser Bestimmungen ist der, die Rücknahme der auf Abzahlung verkauft gewesenen Sachen von der gleichzeitigen Rückgabe der empfangenen Leistungen abhängig zu machen und die Entschädigungsansprüche des Verkäufers unabdingbar zu bestimmen. Diese Vorschriften können also nur dort eine entsprechende Anwendung finden, wo dem Gläubiger auf Grund des Rücktritts ein Anspruch auf Rückgabe der Sachen zusteht. Ihre Anwendung ist dagegen in den Fällen ausgeschlossen, in denen sich aus dem Rücktrittsverhältnis ein solcher Anspruch nicht ergibt. Insbesondere kann daher in einem solchen Falle der Schuldner nicht seinerseits von dem Gläubiger verlangen, daß dieser die Sachen gegen Rückzahlung der um die Entschädigungsforderungen nach § 2 gekürzten Ratenzahlungen zurücknimmt.

3. **Die Vorschrift des § 5** will verhindern, daß der Gläubiger die unter Eigentumsvorbehalt verkaufte Sache zurücknimmt, ohne gleichzeitig den Vertrag aufzulösen. Der entsprechenden Anwendung ist daher nur diese allgemeine Regel fähig. A. 83.

### C. Die entsprechende Anwendung.

Aus den vorstehenden Ausführungen ergibt sich, daß für die entsprechende Anwendung zu unterscheiden ist zwischen den Vorschriften der §§ 1—3 und 5 einerseits und denen des § 4 andererseits.

1. **Die Vorschriften des § 4** sind bei allen verhüllten Abzahlungsgeschäften anzuwenden. Danach sind insbesondere auch die regelmäßig bei den Kundenfinanzierungsverträgen anzutreffenden Abreden nichtig, daß das ganze Darlehn auch beim Ausbleiben nur einer Rückzahlungsrate fällig sein soll. Auch bei diesen kann die Fälligkeit rechtswirksam nur für den Fall getroffen werden, daß der Schuldner mit mindestens zwei aufeinanderfolgenden Teilzahlungen ganz oder teilweise im Verzug ist und der Betrag, mit dessen Zahlung er im Verzug ist, mindestens dem zehnten Teile des Kaufpreises gleichkommt. A. 84.

Entsprechend dem oben in Anm. 56 zu § 4 ausgeführten Rechtsgedanken wird man auch bei den Kundenfinanzierungsverträgen als den „Kaufpreis" im Sinne der entsprechenden Anwendung des § 4 Abs. II nicht nur den Betrag des Darlehns, sondern die Summe der Anzahlung und des Darlehns zu betrachten haben. Es mag vielleicht zweifelhaft sein, ob die Lage nicht wirtschaftlich so aufzufassen ist, als ob der Käufer die Sache um den Betrag des Darlehns von dem Finanzier auf Abzahlung gekauft hat. Das kann aber nicht ausschlaggebend sein. Maßgebend ist vielmehr der Wille des Gesetzes, daß die Fälligkeit nur beim Rückstande von mindestens einem Zehntel der Gesamt- A. 85.

verpflichtung eintreten soll. Jedenfalls kommt als Kaufpreis im Sinne der Anwendung des § 4 Abs. II nicht der zwischen dem Käufer und dem Verkäufer vereinbarte Preis in Frage, da dieser ja voll bezahlt ist und das Verhältnis zwischen dem Käufer und dem Finanzier nicht berührt.

A. 86. **2. Die entsprechende Anwendung der §§ 1—3 und 5** gestaltet sich dagegen verschieden, je nach der Rechtsnatur des verhüllten Abzahlungsgeschäftes.

A. 87. a) Verträge, die in Wahrheit Kaufgeschäfte zwischen den Parteien sind. Das sind in erster Linie die Absatzfinanzierungsgeschäfte, bei denen ja, wie oben in Anm. 52 ff. dargelegt, zwischen dem Verkäufer und dem Käufer ein unverhüllter Abzahlungskauf geschlossen ist. Ferner gehören hierher alle Umgehungsgeschäfte, die die Formen und Gestaltungsmöglichkeiten des BGB. zur Verschleierung eines Abzahlungskaufes mißbrauchen, z. B. der größte Teil der Möbelleihverträge sowie die Kundenfinanzierungsgeschäfte durch einen Strohmann. Endlich sind hierher zu rechnen auch die Kundenfinanzierungsverträge, bei denen wirtschaftlich eine Identität zwischen dem Verkäufer und dem Finanzier besteht. In diesen Fällen bietet die entsprechende Anwendung der §§ 1—3 und 5 keine Schwierigkeiten. Tritt der Pseudovermieter, -verpächter usw., der ja in Wahrheit der Verkäufer ist, oder der Strohmann bezw. mit dem Verkäufer wirtschaftlich identische Finanzier, der ja in Wahrheit nur Beauftragter des Verkäufers ist, zurück oder macht er das vorbehaltene Eigentum geltend, so haben sich die Parteien die empfangenen Leistungen unter Beachtung der Vorschriften des § 2 Zug um Zug zurückzugewähren. Dabei ist beim Kundenfinanzierungsvertrage als die von dem Käufer empfangene Leistung nicht das von dem Finanzier erhaltene Darlehn, sondern die von dem Verkäufer erhaltene Sache anzusehen. Ebenso ist die dem Käufer zurückzugewährende Leistung nicht der Kaufpreis, sondern die Summe der Anzahlung (an den Verkäufer) und der Ratenzahlungen (an den Finanzier).

b) Bei den wirtschaftlich ernstgemeinten verhüllten Abzahlungsgeschäften ist die Rechtslage dagegen je nach dem abgeschlossenen Vertragstypus verschieden zu beurteilen. Grundsätzlich gilt für alle derartigen Verträge folgendes.

α) Allgemeines. Die entsprechende Anwendung der §§ 1—3 kommt nur in den Fällen in Frage, in denen der Gläubiger auf Grund des Rücktritts vom Vertrage berechtigt ist, die Rückgabe der Sachen zu verlangen (vgl. oben in Anm. 82). Ebenso besteht die entsprechende Anwendung des § 5 darin, daß die Rücknahme der Sachen auf Grund des dem Gläubiger zustehenden Eigentums die gleichen Wirkungen hat wie ein Rücktritt vom Vertrage. Welche Wirkungen dieser Rücktritt nach sich zieht, ergibt sich aus dem Inhalte des einzelnen Vertrages. A. 88.

β) Danach ist für die wirtschaftlich ernstgemeinten verhüllten Abzahlungsgeschäfte zu unterscheiden, ob der Gläubiger auf Grund des Rücktritts die Herausgabe der Sachen zu verlangen hat oder nicht.

αα) Verträge, bei denen dem Gläubiger die Sachen auf Grund des Rücktrittsverhältnisses zurückzugewähren sind, sind alle verhüllten Abzahlungsgeschäfte mit Ausnahme der Kundenfinanzierungsgeschäfte. Für sie gilt hinsichtlich der entsprechenden Anwendung der §§ 1—3 und 5 das gleiche wie für die zu Umgehungszwecken verhüllten Abzahlungsgeschäfte (vgl. Anm. 87). A. 89.

Hinsichtlich der echten Möbelleihverträge insbesondere (vgl. Anm. 29 zu § 6) ist hervorzuheben, daß eine entsprechende Anwendung der §§ 1—3 auch in Frage kommt, wenn der Vertrag durch Kündigung des Vermieters beendet wird (a. M. Michaelis, HdR. I S. 51), da die Kündigung des Vermieters die gleiche Wirkung wie seine Rücktrittserklärung hat. Es ist für die Rechtslage ganz gleichgültig, ob der Vermieter bei einem Zahlungsverzuge des Mieters von seinem vertraglichen Rücktrittsrecht oder von seinem gesetzlichen Kündigungsrecht nach § 554 BGB. Gebrauch macht. Deshalb muß nach den Ausführungen in Anm. 86 zu § 1 die entsprechende Anwendung auch in den Fällen erfolgen, in denen der Vermieter von seinem A. 90.

gesetzlichen oder vertraglichen Kündigungsrecht Gebrauch macht und den Vermieter zur Herausgabe der Sache zwingt. Im übrigen wird die Frage für die Praxis von geringer Bedeutung sein, da der Vermieter regelmäßig auch bei Anwendung der §§ 1—3 nichts herauszuzahlen haben wird. Der vereinbarte Mietzins wird bei dem echten Möbelleihvertrage in der Regel dem verkehrsüblichen Mietzinse (vgl. Anm. 47 zu § 2) entsprechen und in ihm wird in der Regel die volle Wertminderung (vgl. Anm. 55, 59 zu § 2) bereits enthalten sein.

A. 91. ββ) Beim Rücktritt von einem Kundenfinanzierungsvertrage (der nicht unter die oben Anm. 87 behandelten Voraussetzungen fällt) kann der Finanzier dagegen auf Grund des Rücktrittsverhältnisses an sich die Herausgabe der Sachen nicht verlangen. Dem Finanzier steht kein Rücktrittsrecht von dem Kaufvertrage zu, da er an diesem nicht beteiligt ist. (Gl. M. Rühl S. 302.)

A. 92. ααα) Der Rücktritt von dem Darlehnsvertrage verpflichtet den Käufer also nicht zur Herausgabe der mit Hilfe des Darlehns gekauften Sachen. Der Darlehnsgläubiger kann den Herausgabeanspruch auch nicht auf das ihm von dem Käufer oder in dessen Auftrage von dem Verkäufer übertragene Eigentum gründen. Denn diese Eigentumsübertragung ist in Erfüllung des mit dem Käufer geschlossenen Vertrages erfolgt, von dem er ja zurückgetreten ist. Nach dem Rücktritt ist auch der Darlehnsgeber verpflichtet, die empfangene Leistung zurückzugewähren. Die empfangene Leistung ist aber das ihm vom Käufer oder in dessen Auftrage vom Verkäufer übertragene Eigentum. Wenn der Darlehnsgeber seinen Herausgabeanspruch daher auf § 985 BGB. stützt, so kann ihm der Darlehnsnehmer mit Erfolg entgegenhalten, daß er verpflichtet sei, das Eigentum an ihn zu übertragen (dolo facit, qui petit, quod redditurus est; vgl. SA. 79, 357).

A. 93. Vielfach wird jedoch in den Finanzierungsverträgen besonders vereinbart, daß der Käufer nach dem Rücktritt die Sachen — sei es an den Verkäufer, sei es an den Finanzier — herauszugeben hat, daß der Finanzier also im Falle des Rücktritts nicht zur Eigentumsübertragung an den Käufer verpflichtet ist, das Eigentum vielmehr bei ihm verbleiben oder an den Verkäufer zurückfallen soll. Ist dies der Fall, so wird es sich meist um einen Fall wirtschaftlicher Identität zwischen Verkäufer und Finanzier handeln. Jedenfalls aber finden die Vorschriften der §§ 1—3 AbzGes. Anwendung. Der Käufer kann nicht nur die Herausgabe der Sachen verweigern, solange sich der Finanzier — oder an seiner Stelle der Verkäufer — nicht zur Zug-um-Zug-weisen Rückzahlung seiner Leistungen nach Abzug der Gebrauchsvergütung gemäß § 2 erbietet. (So anscheinend Rühl S. 302.) Der Käufer hat auch nach dem Rücktritt des Darlehnsgebers von dem Finanzierungsvertrage einen eigenen Anspruch gegen den Darlehnsgeber auf Rückgewähr seiner Leistungen Zug um Zug gegen Rückgabe der Sachen. Er ist also nicht nur berechtigt, vom Verkäufer zu verlangen, daß dieser ihn gegenüber einem dem Abzahlungsgesetze zuwiderlaufenden Verlangen des Darlehnsgebers so stellt, wie wenn auch auf das Verhältnis zwischen dem Finanzier und ihm das Abzahlungsgesetz Anwendung zu finden hätte. (So — von seinem Standpunkt folgerichtig — Rautmann S. 31.)

Hat der Finanzier für den Fall des Rücktritts die Rückgabe der Sachen oder die in Anm. 93 behandelten Abreden nicht vereinbart, so ist eine entsprechende Anwendung der §§ 1—3 ausgeschlossen. Denn diese Vorschriften sollen nur verhindern, daß der Käufer die Sachen ohne gleichzeitige Rückgewähr der geleisteten Ratenzahlungen (abzüglich der Forderung des Verkäufers nach § 2) zurückgeben muß. Auf Grund des Rücktritts von dem Darlehnsvertrage ist der Gläubiger jedoch nur berechtigt, die Rückgabe des geliehenen Betrages zu fordern, und andererseits verpflichtet, die auf Grund des Vertrages erhaltenen Rechte — darunter das ihm eventuell übertragene Eigentum — zurückzuübertragen. In diesem Falle kommt also nicht die entsprechende Anwendung der §§ 1—3, sondern nur die des § 4 Abs. I und II in Frage. Der Gläubiger ist also auch auf Grund des Rücktritts von dem Darlehnsvertrage nicht berechtigt, die gesamte Restforderung auf A. 94.

einmal zu verlangen, wenn nicht die Voraussetzungen des § 4 Abs. II vorliegen; eine vom Käufer versprochene Vertragsstrafe kann im Rahmen des § 4 Abs. I herabgesetzt werden.

A. 95. ββ β) Die entsprechende Anwendung des § 5. Nimmt der Finanzier, ohne zurückzutreten, die Sachen auf Grund des auf ihn übergegangenen Eigentums an sich, so bedeutet die entsprechende Anwendung des § 5, daß die gleichen Rechtswirkungen eintreten, wie wenn der Finanzier von dem Vertrage zurückgetreten wäre (vgl. Anm. 2 zu § 5). Es gilt alsdann also das oben für den Fall des Rücktritts vom Darlehnsvertrage (Anm. 92 ff.) Ausgeführte.

A. 96. Danach schließt die entsprechende Anwendung von § 5 aus, daß der Darlehnsgeber die Sachen auf Grund des ihm übertragenen Eigentums herausverlangt, falls keine der in Anm. 93 behandelten Vereinbarungen getroffen ist. Verlangt er sie nämlich auf Grund seines Eigentums heraus, so hat er das Eigentum an den Sachen infolge seiner nach § 5 entstehenden Rücktrittsverpflichtungen an den Darlehnsgeber zu übertragen (vgl. Anm. 92), so daß ihm dieser entgegenhalten kann, daß er etwas herausverlangt, was er zu übertragen hat.

A. 97. Nur wenn eine der besonderen in Anm. 93 dargestellten Vereinbarungen getroffen ist, kann der Darlehnsnehmer dem Herausgabeverlangen nicht widersprechen. In diesem Falle finden aber die §§ 1—3 Anwendung (vgl. Anm. 93).

A. 98. γγγ) Ergebnis. Der Abzahlungskäufer ist mithin dem Finanzier gegenüber ebenso geschützt wie bei dem unverhüllten Abzahlungsgeschäfte gegenüber dem Verkäufer. Auch für den Finanzier dürfte die vertretene Auffassung keine Unbilligkeit bedeuten. Abgesehen davon, daß er sich meist durch eine Vereinbarung mit dem Verkäufer den Rücken gedeckt haben wird, hat die Anwendung des Abzahlungsgesetzes auf ihn nur die Folge, daß er nicht schon beim Ausbleiben einer Rate die gesamte Restforderung auf einmal geltend machen kann, und daß er dem Käufer die Sachen nicht ohne gleichzeitige Rückgewähr der Raten wegnehmen darf, soweit er hierzu überhaupt berechtigt ist. Er braucht die Sachen aber nicht zurückzunehmen, wenn er nicht will. Er kann wie der Abzahlungsverkäufer Erfüllung verlangen und zur Befriedigung seines Erfüllungsanspruches in die Sachen vollstrecken.

Rühl (S. 297) und Rautmann (S. 30 ff.) halten trotz ihrer A. 99.
teilweise erheblich weniger weitgehenden Unterstellung der Kundenfinanzierungsverträge unter das Abzahlungsgesetz einen Schutz des Käufers gegen ein dem Abzahlungsgesetz zuwiderlaufendes Vorgehen des Finanziers für erforderlich. Sie billigen dem Käufer daher einen Anspruch gegen den Verkäufer zu, von diesem so gestellt zu werden, wie er stehen würde, wenn das Abzahlungsgesetz auf das Rechtsverhältnis zu dem Finanzier Anwendung zu finden hätte. Hiergegen ist neben der oben in Anm. 75 f. erörterten grundsätzlichen Ablehnung des Kaufvertrages als eines verhüllten Abzahlungsgeschäfts folgendes geltend zu machen. Einmal reicht dieser Schutz nicht aus. Der Käufer würde in der Regel seine Ansprüche gegen den Verkäufer erst später durchsetzen können als der Finanzier seine Rechte gegen ihn. Der Anspruch gegen den Verkäufer würde ihn insbesondere nicht zur Zurückbehaltung gegenüber dem Herausgabeverlangen des Finanziers berechtigen. Damit würde der Zweck des Abzahlungsgesetzes aber zum wesentlichsten Teile vereitelt werden. Andererseits würden sich teilweise praktisch unmögliche Folgen ergeben. Wenn der Finanzier z. B. entgegen der Vorschrift des § 4 Abs. II AbzGes. die ganze Restsumme zu fordern berechtigt wäre, obwohl der Käufer nur mit einer Rate im Rückstande ist, so würde dieser bis zur Fälligkeit derselben den Unterschiedsbetrag zwischen der Gesamtforderung und der rückständigen Rate von dem Verkäufer fordern können. Es käme also auf eine praktisch zwecklose Geldverschiebung zwischen dem Finanzier und dem Verkäufer hinaus, zu der der Finanzier ohnehin in der Regel auf Grund der von dem Verkäufer eingegangenen Haftung berechtigt wäre.

Deshalb dürfte die hier vertretene Lösung nicht nur der Rechtslage, sondern auch den wirtschaftlichen und praktischen Bedürfnissen am meisten entsprechen.

## § 7.

Wer Lotterieloose, Inhaberpapiere mit Prämien (Gesetz vom 8. Juni 1871, Reichs-Gesetzbl. S. 210) oder Bezugs- oder Antheilscheine auf solche Loose oder Inhaberpapiere gegen Theilzahlungen verkauft oder durch sonstige auf die gleichen Zwecke abzielende Verträge veräußert, wird mit Geldstrafe *bis zu fünfhundert Mark* bestraft.

Es begründet keinen Unterschied, ob die Uebergabe des Papiers vor oder nach der Zahlung des Preises erfolgt.

## I. Allgemeines.

### A. Zweck und Grundgedanke des § 7.

**1. Allgemeines.** Die Vorschrift des § 7 hängt mit dem Abzahlungsgesetze innerlich ebenso lose zusammen wie die Vorschrift des § 56 a Ziff. 4 RGO. Beide Bestimmungen sind gewerbepolizeiliche Bestimmungen, die die Gewerbefreiheit hinsichtlich bestimmter Abzahlungsgeschäfte einschränken. Sie waren beide im ersten Regierungsentwurf nicht enthalten. Während der Reichstag jedoch den von der Kommission entworfenen jetzigen § 7 in das Gesetz aufnahm, lehnte er einen Antrag (Antrag Gröber, Nr. 228 der Reichstagsdrucks. 1893/94) ab, der in das Gesetz eine den Hausierhandel auf Abzahlung beschränkende Bestimmung einfügen wollte. Die Ablehnung ist vermutlich aus der schon in den Motiven hervorgehobenen Schwierigkeit der tatsächlichen Durchführung erfolgt. Später ist eine — übrigens über den Antrag Gröber erheblich hinausgehende — entsprechende Bestimmung als § 56 a Ziff. 4 in die RGO. eingefügt worden. Zu einer erschöpfenden Erläuterung des Sonderrechts der Abzahlungsgeschäfte gehört daher auch eine Erläuterung dieser Vorschrift. (Näheres siehe unten Anhang I.). A. 1.

A. 2. Der Zweck des § 7 geht dahin, einen Anreiz zum Spiel auf das geschäftlich unerfahrene Publikum zu verhindern.

A. 3. **2. Die Begründung** der zweiten Regierungsvorlage lautet: „Mißstände besonderer Art haben sich bei dem Handel auf Teilzahlung, welcher Lotterielose und Inhaberpapiere mit Prämien zum Gegenstand hat, sichtbar gemacht. Es wird namentlich darüber Klage geführt, daß durch den fraglichen Handel gerade bei dem geschäftlich unerfahrenen Publikum der Anreiz zum Spiel absichtlich genährt wurde, und zwar vielfach unter Verwendung von Bezugs- und Anteilscheinen, die schon durch ihre äußere Ausstattung bei dem Käufer den Irrtum hervorrufen mußten, daß er bereits durch den Empfang eines solchen Scheines einen sicheren Wert erworben habe. Auf der anderen Seite spricht keinerlei wirtschaftliches Bedürfnis gegen die Ausschließung von Geschäften der bezeichneten Art. Der Entwurf bedroht deshalb die Verabredung von Teilzahlungen bei der Veräußerung derartiger Papiere mit einer Geldstrafe bis zu fünfhundert Mark. Dem Zwecke der Vorschrift entsprechend muß dies auch gelten, wenn die Übergabe des Papiers nicht erfolgt ist, also ein Abzahlungsgeschäft im Sinne des § 1 nicht vorliegt."

### B. Charakter der Vorschrift.

A. 4. Die in § 7 mit Strafe bedrohte Handlung ist nach den vorstehenden Ausführungen ein sogenanntes Polizeidelikt. Auf dieses finden die allgemeinen Vorschriften (erster Teil) des Strafgesetzbuches ebenso Anwendung wie die Vorschriften der Strafprozeßordnung.

## II. Die strafbare Handlung.

### A. Der Täter des strafbaren Abzahlungsgeschäfts.

A. 5. **1. Nur der Veräußerer** kann Täter der strafbaren Handlung sein. Das Gesetz stellt nur den Verkauf, nicht auch den Ankauf von Lospapieren unter Strafe. Deshalb kann der Käufer niemals Täter oder Mittäter sein. Wohl aber kann er als Anstifter strafbar sein, wenn er den Verkäufer vorsätzlich zu dem verbotenen Abzahlungsgeschäft überredet hat.

**2. Jede physische Person** kann als Täter in Frage kommen, A. 6.
die den strafbaren Tatbestand verwirklicht, nicht etwa nur ein Kaufmann oder Gewerbetreibender.

Ist der Verkäufer eine nichtphysische Person, A. 7.
etwa eine Aktiengesellschaft, so ist der Täter der strafbaren Handlung diejenige natürliche Person, die für die juristische Person die strafbare Handlung vorgenommen hat.

Ein Geschäftsinhaber, auf dessen Namen oder Firma ein ver- A. 8.
botenes Abzahlungsgeschäft abgeschlossen wird, wird im übrigen in der Regel selbst als Täter anzusehen sein. (Gl. M. RG. GoltdArch. 51, 404; Stenglein Anm. 3 zu § 7; Aubele Anm. 3 zu § 7.)

**3.** Auf die **Teilnahme** finden die allgemeinen Vorschriften A. 9.
des Strafgesetzbuches Anwendung. Daher ist nicht nur die Mittäterschaft, sondern auch Anstiftung und Beihilfe strafbar. (Gl. M. Stenglein Anm. 4 zu § 7.) Derjenige, der im Namen eines anderen ein Geschäft abgeschlossen hat, ist deshalb als Mittäter oder Gehilfe zu bestrafen. (Gl. M. Aubele Anm. 3 zu § 7.) Hat der Agent dagegen im eigenen Namen Originalpapiere auf Abzahlung verkauft, so daß keine weiteren Leistungen mehr zu machen sind, so ist er Alleintäter, während der Geschäftsherr als Anstifter in Frage kommt. (Gl. M. Stenglein Anm. 4 zu § 7; Aubele Anm. 3 zu § 7.)

## B. Der strafbare Tatbestand.

**1. Der innere Tatbestand.** § 7 erwähnt nichts über die zur A. 10.
Bestrafung erforderliche Schuld des Täters. Das Bewußtsein der Rechtswidrigkeit ist daher — wie regelmäßig — auch hier keine Voraussetzung der Strafbarkeit.

Dagegen darf aus dem Schweigen des Gesetzes nicht geschlossen A. 11.
werden, daß der Täter auch ohne Verschulden strafbar sei. Auch bei den Polizeidelikten (vgl. oben Anm. 4) ist es heute nicht bestritten, daß nur schuldhaftes Handeln mit Strafe bedroht ist (RGSt. 38, 104).

Andererseits würde es zu weit gehen, wenn man annehmen A. 12.
wollte, daß der § 7 ein vorsätzliches Tun erforderte. Bei Vergehen — um ein solches handelt es sich hier (vgl. unten Anm. 39) — fordert das Strafgesetzbuch und die sonstige Straf-

gesetzgebung des Reiches zwar nach der einhelligen Ansicht von Schrifttum und Rechtsprechung bei Schweigen des einzelnen Strafgesetzes in der Regel ein vorsätzliches Handeln (vgl. Olshausen Vorbem. 4 vor § 51). Gerade diese Regel gilt jedoch, wie in der Wissenschaft und Rechtsprechung anerkannt wird, für die Polizeidelikte nicht. Ihrem vorbeugenden Charakter entsprechend setzen diese Strafvorschriften grundsätzlich nur Fahrlässigkeit voraus. Olshausen (Vorbem. 4 vor § 51) und Frank (Vorbem. II vor § 360) folgern daraus, daß allgemein und hinsichtlich jedes einzelnen Tatbestandsmerkmals ein fahrlässiges Verhalten genügt. Das Reichsgericht (RGSt. 38, 104; 48, 323; 49, 118), dem sich Köhler (S. 160) anschließt, hält dagegen eine Prüfung für erforderlich, ob nicht die zur Erfüllung des Tatbestandes erforderliche Tätigkeit begrifflich ein vorsätzliches Handeln erfordert. Diese Meinung will daher die Frage, ob und inwieweit Fahrlässigkeit zur Erfüllung des Tatbestandes genügt, nur nach der Natur des einzelnen Delikts und dem Zwecke entscheiden, den der Gesetzgeber mit der Strafvorschrift erkennbar verfolgt. Es kann hier dahingestellt bleiben, welcher Ansicht der Vorzug zu geben ist. Auch nach der engeren Auffassung des Reichsgerichts wird man zu dem Ergebnis kommen müssen, daß zur Erfüllung des Tatbestandes des § 7 nach der Natur und dem Zwecke der Strafbestimmung Fahrlässigkeit ausreicht. Der Grund des Verbotes beruht in der allgemeinen Gefahr, die mit dem Verkaufe von Lospapieren verbunden ist. Es will jede durch einen solchen Verkauf mögliche Schädigung des Publikums verhindern. Dieser Grund der Strafvorschrift trifft auch gegenüber dem fahrlässigen Täter zu. Deshalb wird man grundsätzlich eine fahrlässige Verletzung des § 7 auch nach der Ansicht des Reichsgerichts ebenso für strafbar zu erachten haben wie eine fahrlässige Verletzung der Höchstpreisbestimmungen (§ 148 Ziff. 8 RGO.; § 12 Ziff. 4 Stellenvermittlungsgesetz vom 2. Juni 1910; § 4 Höchstpreisgesetz vom 4. August 1914) oder der Bestimmungen über Sonntagsruhe für Ladenschluß (§ 146 a RGO.). Auch hier ist Fahrlässigkeit als die zur Strafbarkeit ausreichende Schuldform erachtet worden (GewArch. Bd. 4 S. 467; RGSt. 49, 119; 27, 33).

Zweifelhaft kann nur sein, ob auch eine Fahrlässigkeit für das zum Tatbestande erforderliche **unmittelbare Tun** — den Verkauf — genügt. Ein Verkauf ist begrifflich nur als vorsätzliches Handeln denkbar, er erfordert ein bewußtes Tun. Das Reichsgericht hat (RGSt. 48, 323 f.) in einem Falle, in dem ein Schuß ohne den Willen des Angeklagten wegen der dem Angeklagten bekannten schlechten Beschaffenheit des Gewehres von selbst losgegangen war, eine Fahrlässigkeit zur Bestrafung aus § 367 Nr. 8 StGB. nicht als ausreichend anerkannt, weil der Angeklagte „eine die Entladung des Schusses verursachende Tätigkeit nicht ausgeübt" hatte. Ein solcher Fall ist hinsichtlich des § 7 jedoch nicht denkbar; ein Kaufvertrag kann nicht ohne den Willen des Verkäufers zustande kommen. Hier kann nur eine bei dem unmittelbaren Tun mitwirkende Fahrlässigkeit in Frage kommen. Ein solches fahrlässiges Verhalten scheint aber auch das Reichsgericht (a. a. O.) als zur Verurteilung hinreichend anzusehen. A. 13.

Hiernach genügt zur Erfüllung des subjektiven Tatbestandes des § 7 eine **Fahrlässigkeit des Täters**. Eine strafbare Handlung liegt also z. B. vor, wenn ein Lotteriekollekteur ein Los auf Abzahlung verkauft, obwohl er bei der nach der obwaltenden Sachlage gebotenen Sorgfalt und Umsicht nach seinen Fähigkeiten und Kenntnissen hätte voraussehen können, daß der Käufer nicht, wie er glaubte, ein eingetragener Kaufmann sei (vgl. Anm. 34). Ebenso macht sich derjenige strafbar, der eine von seinem Lehrling entgegengenommene Bestellung auf Abzahlung bestätigt, obwohl er beim Durchlesen der Bestätigung hätte bemerken müssen, daß sich unter den bestellten Waren auch Lospapiere befinden. A. 14.

2. Der **äußere Tatbestand** des § 7 erfordert, daß folgende Tatbestandsmerkmale vorliegen:

a) **Eine Veräußerung.** Diese kann in Form eines **Kaufes oder eines sonstigen auf die gleichen Zwecke abzielenden Vertrages** erfolgen. A. 15.

Hiernach ist die Form und der Rechtsbegriff des Rechtsgeschäftes völlig gleichgültig. § 7 läßt allein die wirkliche Bedeutung A. 16.

und den wirtschaftlichen Zweck desselben maßgebend und entscheidend sein, sofern das Geschäft nur auf die gleichen Zwecke wie ein Abzahlungsverkauf abzielt. (Gl. M. RGSt. 30, 168.) Danach sind gemäß § 7 nicht nur alle unverhüllten Abzahlungsverkäufe (§ 1 AbzGes.), sondern auch alle verhüllten Abzahlungsverträge im Sinne des § 6 AbzGes. (vgl. Anm. 10 ff. zu § 6) strafbar.

A. 17. Der Begriff der „sonstigen" auf die gleichen Zwecke abzielenden Verträge des § 7 deckt sich mit dem Begriffe des verhüllten Abzahlungsgeschäftes. (Gl. M. Samter S. 93.) Es kann daher hinsichtlich der einzelnen Begriffsmerkmale auf die Ausführungen in Anm. 10 ff. zu § 6 verwiesen werden. Ein Veräußerungsvertrag im Sinne des § 7 liegt danach dann vor, wenn es dem Erwerber des Papiers ermöglicht werden soll, den sofortigen und dauernden Genuß daran zu erlangen, wie wenn er es von dem Veräußerer gekauft hätte. Deshalb ist auch die Vermietung (besser Verpachtung) von Lospapieren zum Gewinnbezuge ein verbotenes Abzahlungsgeschäft. (Gl. M. Rönnberg S. 142; Stenglein Anm. 7 zu § 7.) Ebenso liegt eine Veräußerung im Sinne des § 7 auch dann vor, wenn der Veräußerer nicht eine schon vorhandene Schuldverschreibung auf den Inhaber verkauft, sondern eine solche seinerseits ausstellt. (Gl. M. Samter S. 92.)

A. 18. Nur insoweit geht der Begriff des verbotenen Abzahlungsgeschäfts weiter, als es bei diesem gemäß § 7 Abs. II gleichgültig ist, ob die Übergabe des Papiers vor oder nach der Zahlung des Kaufpreises erfüllt ist. (Näheres siehe unten Anm. 36, 52 f.)

A. 19. Ob der einzelne Käufer das Eigentum an den Originallosen nicht ausschließlich, sondern nur zu ideellen Teilen erwirbt, ist für den Charakter des Rechtsgeschäftes als einer Veräußerung ohne Bedeutung. (Gl. M. RGSt. 30, 167; Aubele Anm. 6 zu § 7.) Nach der Ansicht des Reichsgerichts (GoltdArch. 50, 126; auch DJZ. 03, 136; JW. 03, 224; Recht 03, 84, 428; WarnJahrb. 04, 427), dem sich Stenglein (Anm. 7 zu § 7) und Aubele (Anm. 7

zu § 7) anschließen, liegt dagegen keine strafbare Veräußerung vor, wenn mehrere Personen gemeinsam (Serienlosgesellschaft, §§ 705 ff. BGB.) durch einen an der Gesellschaft beteiligten Bankier oder einen sonstigen Vertreter der Gesellschaft gemeinsam Lospapiere erwerben. Das Reichsgericht begründet diese Ansicht damit, daß der Bankier lediglich der geschäftsführende Gesellschafter sei und daher von einer „Veräußerung" von dem Bankier an die Gesellschaft nicht die Rede sein könne. Die vom Vertreter erworbenen Papiere würden vielmehr gemäß § 718 BGB. ohne weiteren Rechtsakt Gesellschaftsvermögen, d. h. gemeinschaftliches Eigentum der Gesellschafter. Dieser Ansicht kann nicht allgemein zugestimmt werden. Es ist denkbar, daß sich unter der Form einer solchen Serienlosgesellschaft eine Abzahlungsveräußerung des Bankiers verhüllt. Man wird ein zulässiges Rechtsgeschäft daher nur dann annehmen können, wenn der Bankier nicht in Wirklichkeit Veräußerer an die übrigen Mitglieder der Gesellschaft ist.

b) Gegenstand der Veräußerung. Nur die Abzahlungsveräußerung über bestimmte Papiere ist strafbar. Diese Papiere sind:

α) Lotterielose. Das sind auf den Inhaber lautende Schuldverschreibungen, in denen der Veranstalter einer Lotterie die Auszahlung einer Geldsumme für den Fall verspricht, daß auf das Los ein Gewinn entfällt, der nach einem bestimmten vorher aufgestellten Plane von einem ungewissen, wesentlich durch Zufall zu entscheidenden Ereignisse abhängig ist (vgl. Olshausen Anm. 4 a zu § 286). A. 20.

Das Strafgesetzbuch (§ 286 Abs. II) setzt der Lotterie die Ausspielung beweglicher oder unbeweglicher Sachen gleich. Der Sprachgebrauch verwendet die beiden Begriffe gegensätzlich, je nachdem Geld oder andere Sachen die Gewinne bilden. Rechtlich ist die Lotterie eine Unterart der Ausspielung. Deshalb will Rönnberg (S. 145) den Begriff der Lotterielose im Sinne des § 7 nur auf die Lose einer Geldlotterie anwenden. Stenglein (Anm. 5 zu § 7) und Aubele (Anm. 3 zu § 7) folgern dagegen aus dem § 286 Abs. II StGB., daß auch Ratengeschäfte über A. 21.

sonstige Ausspiellose unter das Verbot des § 7 fallen. Dieser Ansicht, die auch Samter (S. 91) teilt, ist zuzustimmen, wenn auch mit anderer Begründung. § 286 Abs. II StGB. kann schon wegen seiner Stellung im Gesetze nicht als eine allgemeine Rechtsregel aufgefaßt werden, die über die Vorschrift des § 286 StGB. hinaus allgemeine Bedeutung hätte. Deshalb, weil § 286 StGB. für die Strafbarkeit der öffentlichen Veranstaltung einer Lotterie die Ausspielung einer solchen gleicherachtet, folgt noch nicht, daß das Ausspielungslos auch einem Lotterielose im Sinne des § 7 AbzGes. gleichzuerachten sei. Dies ergibt sich vielmehr aus dem Sinne und Zwecke des Gesetzes. Es wäre eine durch nichts begründete Durchbrechung des vom Gesetze verfolgten Zweckes, wenn es nicht ebenso wie das BGB. die Ausspielung einer Lotterie gleicherachten wollte. Weil der gesetzgeberische Zweck bei beiden Vorschriften der gleiche ist, wird man daher auch den Abzahlungsverkauf von Ratenlosen nach § 7 für verboten ansehen müssen.

A. 22. Für die Strafbarkeit ist es ohne Bedeutung, ob die Lotterielose vom Staate oder von einer staatlich zugelassenen Rechtsperson oder von Privaten, ob sie für das allgemeine Publikum oder einen bestimmten geschlossenen Personenkreis ausgegeben werden. Auch der Lotteriekollekteur der Staatslotterie darf die Lose nicht auf Abzahlung verkaufen. Andererseits verstößt auch der Verkauf von Losen einer nicht erlaubten Lotterie gegen das Verbot des § 7. (Gl. M. Stenglein Anm. 5, 9 zu § 7; Aubele Anm. 3 zu § 7; a. M. Rönnberg S. 144; Samter S. 91 f.) Rönnberg (a. a. O.) hält einen Verkauf von Losen nicht erlaubter Lotterien auf Abzahlung nach § 7 nicht für strafbar, weil der Verkauf ohnehin schon strafbar, jedoch nicht doppelt zu bestrafen sei. Rönnberg lehnt die Strafbarkeit nach § 7 also offenbar nur wegen Gesetzeskonkurrenz ab. Dieser Ansicht kann aus den unten in Anm. 42 entwickelten Gründen nicht zugestimmt werden. Auch die Ansicht Samters (a. a. O.) kann nicht geteilt werden, daß der Abzahlungsverkauf von Losen nicht genehmigter Lotterien deshalb straflos sein müsse, weil der Lotterievertrag bei fehlender staatlicher Genehmigung unverbindlich sei, die Lose daher nur Urkunden über rechtsunverbindliche Erklärungen darstellten. Ohne eine staatliche Genehmigung begründet der Lotterie- oder Ausspielungsvertrag zwar nach § 763 BGB. keine klagbare Verbindlichkeit. Die Erklärungen sind aber nicht unverbindlich. Die entgegengesetzte Ansicht Samters dürfte die Natur der naturalis obligatio wohl nicht richtig verstehen. Sie wird auch dem oben in Anm. 2 und 3 dargelegten Zweck der Vorschrift nicht gerecht, wenn sie die nicht staatlich genehmigten Ratenlosverträge nicht strafbar sein lassen würde. Die Gefahr einer Anreizung und Ausnutzung der Spielleidenschaft des Publikums besteht bei den nicht genehmigten Ausspielungen nicht minder als beim Abzahlungsverkauf von Losen staatlich genehmigter Lotterien.

β) Inhaberpapiere mit Prämien. Der Begriff der Inhaberpapiere mit Prämien ergibt sich aus §§ 793, 808 BGB. und dem Gesetz vom 7. Juni 1871. Nach § 1 dieses Gesetzes sind Inhaberpapiere mit Prämien „auf den Inhaber lautende Schuldverschreibungen, in welchen allen Gläubigern oder einem Teile derselben außer der Zahlung der vorgeschriebenen Geldsumme eine Prämie dergestalt zugesichert wird, daß durch Auslosung oder durch eine andere auf den Zufall gestellte Art der Ermittlung die zu prämiierenden Schuldverschreibungen und die Höhe der ihnen zufallenden Prämien bestimmt werden sollen". A. 23.

Die Inhaberpapiere mit Prämien unterscheiden sich von den Lotterielosen dadurch, daß bei der Lotterie der Einsatz verloren werden kann. Bei den Prämienpapieren handelt es sich dagegen um eine Schuldverschreibung über ein Darlehn, das der Gläubiger unter allen Umständen zurückerhalten muß. Durch die Verlosung wird nur ermittelt, ob und in welcher Höhe der Gläubiger neben dem Nennbetrage des Darlehns noch eine Prämie erhält. A. 24.

Solche Inhaberpapiere mit Prämien dürfen nach § 1 des Gesetzes vom 7. Juni 1871 im Inlande nur auf Grund eines Reichsgesetzes und nur zum Zwecke der Anleihe des Reiches oder eines Landes ausgegeben werden. Vor dem 1. Mai 1871 ausgegebene ausländische Inhaberpapiere mit Prämien dürfen nach § 3 des Gesetzes im Inlande nur dann weiterbegeben oder börsen- A. 25.

mäßig gehandelt werden, wenn sie abgestempelt sind. Andere Inhaberpapiere mit Prämien dürfen nach § 2 des Gesetzes im Inlande überhaupt nicht weiterbegeben oder börsenmäßig gehandelt werden.

A. 26. Für die Strafbarkeit nach § 7 ist es jedoch ohne Einfluß, ob die auf Abzahlung verkauften Inhaberpapiere überhaupt gehandelt werden dürfen. (Gl. M. Stenglein Anm. 5 zu § 7; a. M. Rönnberg S. 144.) Deshalb würde auch der Verkauf eines die Zusicherung von Prämienzahlungen enthaltenden Inhabergrundschuldbriefes (§ 1195 BGB.) strafbar sein, wenn ein solcher dem Gesetze vom 7. Juni 1871 zuwider ausgegeben wäre.

A. 27. Zu beachten ist aber, worauf bereits Samter in Anm. 3 zu § 7 S. 92 richtigerweise hinweist, daß eine Umschreibung auf den Namen nach § 806 BGB., Art. 101 und 174 EGBGB. den Papieren ihre Eigenschaften als Inhaberpapiere raubt.

A. 28. $\gamma$) Bezugs- oder Anteilscheine auf Lotterie- und Inhaberpapiere mit Prämien. Unter Bezugs- oder Anteilscheinen sind Urkunden zu verstehen, in denen der Veräußerer die Verpflichtung übernimmt, die Originalpapiere (Bezugsscheine) oder ideelle Anteile daran (Anteilscheine) zu verschaffen, oder in denen sich der Aussteller obligatorisch zur Auszahlung eines auf ein Lospapier entfallenden Gewinnes oder eines Gewinnanteils verpflichtet. (Gl. M. Rönnberg S. 143, 165; Samter S. 92; a. M. Stenglein Anm. 5 zu § 7.) Der entgegengesetzten Ansicht Stengleins, daß § 7 keine Anwendung zu finden hat, wenn der Veräußerer sich nur obligatorisch zur Auszahlung eines Gewinnes verpflichtet hat, kann nicht gefolgt werden. Wirtschaftlich ist das Verhältnis zwischen den Parteien ebenso, wie wenn der Aussteller dem Käufer versprochen hätte, ihm die Originalpapiere oder einen ideellen Anteil daran zu Eigentum zu verschaffen. Die Gefahr einer Anreizung des Spieltriebes ist in diesem Falle nicht geringer als bei jenem. Daher muß ein solcher Vertrag ebenfalls als Verkauf eines Bezugs- oder Anteilscheines angesehen werden.

A. 29. Ob der Veräußerer des Bezugs- oder Anteilscheines im Besitz des Originallospapieres ist oder nicht, ist für den Tatbestand des § 7 ohne Bedeutung (Gl. M. Stenglein Anm. 5 zu § 7; Samter S. 92).

Die Veräußerung von Anteilscheinen an Lotterielosen, welche kein Miteigentum am Originallose, sondern nur persönliche Ansprüche des Käufers gegen den Verkäufer begründen, ist als die Veranstaltung einer Lotterie durch den Verkäufer anzusehen. (Gl. M. RGSt. 4, 80; GoltdArch. 48, 111; Stenglein Anm. 5 zu § 7.) Deshalb handelt es sich hier nicht um den Verkauf Anteilscheines, sondern um den Verkauf eines Lotterieloses eines selbst. A. 30.

Bezugs- oder Anteilscheine im Sinne des § 7 sind ferner nicht Urkunden, die nur zum Beweise des Verkaufes eines Lotterieloses oder einer Inhaberprämienschuldverschreibung oder des Erwerbes des ideellen Miteigentumes an einem solchen Papiere ausgestellt worden sind. Hier ist schon die Veräußerung des Lospapieres oder des ideellen Miteigentumes selbst strafbar. (Gl. M. RGSt. 30, 167; RG. in MBlfdiV. 07, 350 f.; Stenglein Anm. 5 zu § 7; Samter S. 93.) Die Bezugs- oder Anteilscheine müssen vielmehr selbst Gegenstand des Geschäftes gewesen sein. (Gl. M. RGSt. 30, 167; Stenglein Anm. 5 zu § 7.) A. 31.

δ) § 7 zählt die Papiere, die den Gegenstand eines verbotenen Abzahlungsgeschäftes bilden können, erschöpfend auf. Gemeinsam ist allen diesen Papieren, daß sie die Möglichkeit eines vom Zufall abhängenden Gewinnes gewähren. Wenn es neben den im Gesetze genannten auch noch andere Papiere gibt, die eine solche Möglichkeit gewähren, so ist es doch nicht gestattet, den § 7 in ausdehnender Auslegung auch auf diese Papiere anzuwenden. Dem steht einmal der Wortlaut und der Charakter des § 7 als Strafvorschrift entgegen, die als solche eine extensive Analogie nicht zuläßt. Andererseits läßt auch die Begründung (vgl. oben Anm. 3) deutlich erkennen, daß der § 7 nur den Mißständen begegnen will, die sich gerade bei dem Handel auf Teilzahlung bemerkbar gemacht hatten, „welcher Lotterielose und Inhaberpapiere mit Prämien zum Gegenstand hat". Endlich ergibt auch die in der Einleitung S. 25 dargestellte Tatsache, daß in der dritten Lesung an Stelle des in A. 32.

zweiter Lesung angenommenen Antrages Enneccerus der zweite Regierungsentwurf ohne jegliche Erweiterung des Gegenstandes der verbotenen Abzahlungsverträge wieder angenommen wurde, zwingend, daß das Gesetz nur den Abzahlungshandel gerade der in § 7 ausdrücklich genannten Papiere verbieten will.

Daher ist der Verkauf aller übrigen Schuldverschreibungen auf den Inhaber außer Lotterielosen, Inhaberpapieren mit Prämien oder Bezugs- oder Anteilscheinen auf diese Papiere auch dann nicht nach § 7 strafbar, wenn sie das Recht auf einen mehr oder minder dem Zufall abhängigen Gewinn verbriefen.

A. 33. c) Teilzahlungen. Für das Tatbestandsmerkmal der Teilzahlungen gelten die Ausführungen in Anm. 23—30 zu § 1. Es muß dem Käufer daher gestattet sein, das Entgelt in drei Raten zu leisten (vgl. Anm. 30 zu § 1), wobei das Verhältnis der Teilzahlungen gleichgültig ist. Eine Befugnis, die ganze Leistung auf einmal zu erfüllen, steht der Strafbarkeit nicht entgegen; die Festsetzung bestimmter regelmäßig wiederkehrender Zahlungsraten ist nicht notwendig (Recht 07, 1416, 3612; DJZ. 08, 11; Spruchs. 110; ObLGSt. 8, 224; SeuffBl. 73, 366; RGSt. 10, 423). Daher ist § 7 auch erfüllt, wenn der Erwerber die in eine Darlehnsforderung umgewandelte Kaufpreisschuld in Raten tilgt (gl. M. ObLG. München in BankArch. 08, 209; Stenglein Anm. 6 zu § 7; a. M. Lazarus S. 128) oder wenn der Kaufpreis auf längere Zeit (z. B. drei Jahre) gestundet wird unter Vereinbarung monatlicher Raten für die Stundung und Verwaltungskosten (OLG. Celle, GoltdArch. 43, 427). Bei dem Verkauf mehrerer Papiere unter Bewilligung von jedesmal gleich hohen Ratenzahlungen ist regelmäßig anzunehmen, daß nicht mehrere Geschäfte bezüglich der einzelnen Papiere vorliegen, sondern die einzelnen Leistungen Ratenzahlungen auf den Gesamtpreis sind (RGSt. 30, 169; ObLGSt. 1, 233; 8, 156; DJZ. 09, 115, Spruchs. 117; WarnJahrb. 08, 402; 09, 389). Nach den Ausführungen in Anm. 56 zu § 1, 14 zu § 6 ist es endlich gleichgültig, ob das in Raten zu entrichtende Entgelt des Erwerbers in Geld oder in anderen Sachen besteht.

d) Die Person des Käufers. Nach § 8 findet das Abzahlungsgesetz, mithin auch § 7, keine Anwendung, wenn der Empfänger der Ware ein in das Handelsregister eingetragener Kaufmann (Näheres hierüber siehe zu § 8) ist. Danach kommen auch die strafrechtlichen Vorschriften des Gesetzes nicht zur Anwendung, wenn die Lospapiere gegen Teilleistungen an einen eingetragenen Kaufmann verkauft werden. Die Eigenschaft des Erwerbers als eingetragener Kaufmann bildet daher nicht nur einen Strafausschließungsgrund, sondern einen Mangel des Tatbestandes. Zum Tatbestande des § 7 gehört, daß der Erwerber nicht als Kaufmann in das Handelsregister eingetragen ist. (Gl. M. Stenglein Anm. zu § 8.) Deshalb hat auch § 59 StGB. Anwendung zu finden, wenn der Täter bei dem Verkaufe ohne Fahrlässigkeit (vgl. oben Anm. 14) irrtümlich angenommen hat, der Käufer sei ein eingetragener Kaufmann. (Gl. M. Stenglein Anm. zu § 8; Rönnberg S. 146.) A. 34.

Im übrigen ist die Person des Käufers ohne Bedeutung für den Tatbestand des § 7. Es ist daher gleichgültig, ob der Käufer geschäftsfähig ist oder nicht, oder ob er ein Inländer oder ein Ausländer ist. Das Gesetz läßt nirgends erkennen, daß es etwa nur einen Schutz des deutschen Publikums bezwecke. (Gl. M. RGSt. 37, 288; WarnJahrb. 05, 368; JW. 04, 590; Aubele Anm. 7 zu § 7.) Ebenso ist es ohne Bedeutung, ob der Käufer eine physische oder eine juristische Person ist. A. 35.

e) Nicht zum Tatbestande des § 7 gehören dagegen:

α) Die Übergabe der Lospapiere. Nach der ausdrücklichen Bestimmung des Abs. II begründet es keinen Unterschied, ob die Übergabe des Papiers vor oder nach der Zahlung des Preises erfolgt. Diese Bestimmung bezieht sich jedoch nur auf die strafrechtliche Seite des Ratenlosverkäufers. Über die zivilrechtliche Bedeutung des Unterschiedes siehe unten Anm. 52 f. A. 36.

β) Die Rücktritts- und Eigentumsvorbehaltsklauseln gehören ebensowenig zum Tatbestande A. 37.

des verbotenen Abzahlungsgeschäftes wie zum Begriffe des erlaubten Abzahlungsgeschäftes (vgl. oben Anm. 31 zu § 1).

A. 38. γ) Gewerbsmäßigkeit. Das Gesetz setzt ein gewerbsmäßiges Handeln als Form der strafrechtlichen Begehung nicht voraus. Daher ist auch jeder vereinzelte Fall eines Ratenlosverkaufes strafbar. (Gl. M. Stenglein in Anm. 9 zu § 7; Samter S. 96.)

### C. Die Straftat.

A. 39. 1. **Allgemeines.** Die Straftat war nach dem ursprünglichen Gesetzestext mit einer Geldstrafe bis zu 500 Mark bedroht. Die Tat ist daher gemäß § 1 Abs. II StGB. ein Vergehen. Da das Gesetz den Versuch des Ratenlosverkaufes nicht ausdrücklich mit einer Strafe bedroht, ist dieser also gemäß § 43 Abs. II StGB. straflos. Die Straftat ist vollendet mit dem Abschluß des Vertrages.

A. 40. 2. Der **Begehungsort** liegt im Inlande, wenn hier Handlungen vorgenommen worden sind, die auch nur einen Akt des strafbaren Tatbestandes der Veräußerung verwirklichen. Das ist z. B. der Fall, wenn im Inlande die Einigung mit dem Käufer getroffen oder die Verschaffung der Papiere vollzogen ist. In diesem Falle ist es für die Strafbarkeit gleichgültig, ob die Veräußerung vom Ausland in das Inland oder vom Inland in das Ausland erfolgte. (Gl. M. RGSt. 10, 423; 39, 258; Stenglein Anm. 2 zu § 7; Aubele Anm. 7 zu § 7.)

#### 3. Einheit und Mehrheit von Straftaten.

A. 41. a) Fortgesetzte Handlung. Die Strafbarkeit des Ratenlosverkaufes setzt, wie schon oben in Anm. 38 hervorgehoben, keine Gewerbsmäßigkeit voraus. Daher bildet die einzelne Veräußerung bereits eine selbständige Straftat. (Gl. M. Fuld S. 41; Stenglein Anm. 9 zu § 7; Aubele Anm. 10 zu § 7.) Auch bei mehrfacher Verwirklichung des Straftatbestandes ist nicht ein einziges, sogenanntes fortgesetztes Delikt anzunehmen. Ein solches liegt nur vor, wenn die wiederholten Straftaten auf einem einheitlichen Vorsatze beruhten und dasselbe Rechtsgut verletzten (vgl.

Olshausen Anm. 8 a zu § 73). Die Annahme eines einheitlichen Vorsatzes zur Begehung mehrerer Ratenlosverkäufe ist aber nicht möglich. Die Begehung des strafbaren Ratenlosverkaufs ist nur möglich, wenn der Täter einen zum Abschluß eines solchen Geschäftes geneigten Vertragsgegner findet. Das hängt aber nicht von dem Willen des Täters ab. Der Vorsatz des Täters kann daher nicht von vornherein auf das Gesamtobjekt der Verletzung gerichtet sein. Sein einheitlicher Entschluß kann vielmehr nur darauf gerichtet sein, bei jeder sich bietenden Gelegenheit Lospapiere auch auf Abzahlung zu verkaufen, wenn ein Barverkauf nicht möglich ist. Ein solcher einheitlicher Entschluß allein reicht jedoch zur Annahme eines einheitlichen Vorsatzes hierzu nicht aus (vgl. Köhler S. 540; Olshausen Anm. 8 a zu § 73 und die dort angeführten Entscheidungen des Reichsgerichts). Die Annahme eines fortgesetzten Vergehens ist daher nicht möglich. (Gl. M. Stenglein Anm. 9 zu § 7; Aubele Anm. 10 zu § 7; a. M. Rönnberg S. 145 f.)

b) Rechtliches Zusammentreffen. Durch die Veräußerung eines der in § 7 genannten Papiere kann gleichzeitig ein anderes Strafgesetz verletzt werden. So ist insbesondere ein rechtliches Zusammentreffen mit einer verbotenen Ausspielung (§ 286 StGB.; gl. M. RG. Goltd. 48, 11), mit einem landesrechtlichen Verbot des Verkaufs ausländischer Lose, mit der Begebung verbotener Inhaberpapiere mit Prämien (§ 6 des Gesetzes vom 8. Juni 1871) und mit Betrug (§ 263 StGB.) möglich. In allen diesen Fällen liegt Idealkonkurrenz (§ 73 StGB.) zwischen dem § 7 und dem anderen verletzten Strafgesetze vor. (Gl. M. Stenglein Anm. 9 zu § 7; Aubele Anm. 10 zu § 7.) Rönnberg (S. 144) begründet seine Ansicht, daß ein Abzahlungsverkauf von Losen nicht genehmigter Lotterien oder von verbotenen Inhaberpapieren mit Prämien nicht nach § 7 strafbar sei, mit dem Hinweis darauf, daß der Verkauf dieser Papiere ohnehin schon strafbar sei (vgl. oben Anm. 22). Er scheint also eine Gesetzeskonkurrenz zwischen diesen Strafvorschriften und dem § 7 anzunehmen. Das ist jedoch nicht richtig. Der Tat- A. 42.

bestand des Verkaufes verbotener Lose oder Inhaberpapiere mit Prämien und der Tatbestand des verbotenen Abzahlungsverkaufs stehen nicht im Verhältnis von Generalgesetz und Sondergesetz zueinander. Es liegt auch weder Abhängigkeit (Subsidiarität) des einen von dem anderen Strafgesetze vor, noch wird die Strafandrohung des § 7 AbzGes. von der des § 286 StGB. oder des § 6 des Gesetzes vom 8. Juni 1871 aufgezehrt. Jede Straftat ist ohne die andere möglich. Daher liegt keine Gesetzeskonkurrenz, sondern Idealkonkurrenz zwischen dem verbotenen Abzahlungsgeschäft und einer der anderen Straftaten vor.

A. 43. 4. **Die Bestrafung.** Der Strafrahmen betrug nach dem ursprünglichen Gesetzestexte 3 bis 500 Mark. Eine Freiheitsstrafe war im Gesetze nicht angedroht. An die Stelle dieses Strafrahmens ist durch die Verordnung über Vermögensstrafen und Bußen vom 6. Februar 1924 in Verbindung mit § 2 der Zweiten Verordnung zur Durchführung des Münzgesetzes vom 12. Dezember 1924 der Strafrahmen der §§ 27 und 27 a StGB. getreten. Danach beträgt die Strafe drei Reichsmark bis höchstens zehntausend Reichsmark. Beruht die Tat auf Gewinnsucht, so kann die Geldstrafe auf hunderttausend RM. erhöht werden. Ist die verhängte Geldstrafe uneinbringlich, so tritt an ihre Stelle gemäß § 29 StGB. Gefängnis; die Strafe kann aber auch in Haft umgewandelt werden, da es sich um ein Vergehen handelt und Geldstrafe allein angedroht ist.

A. 44. Die Bestrafung des Ratenlosverkaufes setzt keinen Strafantrag voraus. Zuständig zur Aburteilung ist nach § 25 GVG. der Amtsrichter allein. Die Strafverfolgung verjährt gemäß § 67 Abs. II StGB. in drei Jahren.

## III. Zivilrechtliche Bedeutung des § 7.

### A. Gültigkeit des verbotenen Abzahlungsgeschäftes.

A. 45. § 7 bestimmt selbst nichts darüber, ob das seinem Verbote zuwider abgeschlossene Abzahlungsgeschäft zivilrechtlich gültig ist. Im Schrifttum besteht über die Frage eine erhebliche Meinungsverschiedenheit.

Enneccerus (§ 341 II 3) hält den Vertrag für nichtig, weil § 7 A. 46.
die schädlichen Wirkungen solcher Geschäfte für den Käufer verhindern wolle. Michaelis (HdR. I S. 52) ist der gleichen Ansicht, weil die Geschäfte gegen ein gesetzliches Verbot verstießen. Ohne Begründung hält auch Aubele (Anm. 11 zu § 7) die verbotenen Abzahlungsgeschäfte für nichtig.

Schmitt (S. 80), Hausmann (S. 101), Fuld (I S. 42), A. 47
Stenglein (Anm. 10 zu § 7) und die früheren von Hoffmann-Wilke besorgten Auflagen dieses Kommentars (S. 69) stehen dagegen auf dem Standpunkt, daß zwar nicht der Verkäufer, wohl aber der Käufer einen Erfüllungsanspruch habe. Diese Ansicht stützt sich auf eine vor dem Inkrafttreten des BGB. ergangene Entscheidung des Reichsgerichts vom 17. Mai 1887 (RGZ. 18, 219), nach der nur derjenige sich auf die Verbotswidrigkeit eines Rechtsgeschäfts berufen kann, gegen den sich das Verbot nicht richtet.

RGKomm. (Anm. 3 zu § 134), Endemann (§ 157 b Anm. 10), A. 48.
Lazarus (S. 130 f.), Samter (S. 95), Voigt (S. 44 f.), Schmidt (S. 47) und Gillmann-Jonas (S. 62) halten endlich das trotz des Verbotes zustande gekommene Geschäft für rechtsgültig. Dieser Ansicht muß zugestimmt werden.

Dadurch, daß § 7 den Verkauf der darin genannten Papiere A. 49.
auf Abzahlung mit Strafe bedroht, enthält er gleichzeitig ein Verbot dieser Rechtsgeschäfte. Es könnte daher die Bestimmung des § 134 BGB. eingreifen, nach der alle gegen ein Verbotsgesetz verstoßenden Rechtsgeschäfte nichtig sind, wenn sich aus dem Gesetz oder der Rechtsordnung nicht das Gegenteil ergibt. § 134 BGB. setzt in erster Linie voraus, daß das Verbot gegen das Rechtsgeschäft im ganzen gerichtet ist. Das ist jedoch bei zweiseitigen Verträgen nicht der Fall, wenn das Verbot sich nur gegen das Verhalten des e i n e n Vertragsteils richtet, nur diesen in seinen Handlungen beeinflussen und vom Abschluß eines Vertrages abhalten will. Die Nichtigkeit verbotswidrig abgeschlossener zweiseitiger Rechtsgeschäfte ist daher in aller Regel nur dann anzunehmen, wenn sich das Verbot gleichmäßig gegen beide Teile richtet und sowohl das Veräußerungs- wie das Erwerbsgeschäft

untersagt (RGZ. 60, 275; 78, 353; 100, 40, 239; 102, 294; 104, 107; vgl. Crisolli HdR. VI 357). Diese Voraussetzung ist hier nicht gegeben. Wie oben in Anm. 5 ausgeführt, bedroht § 7 nur den Verkäufer, nicht aber auch den Käufer mit einer Strafe. Dieser macht sich durch einen Kauf von Lospapieren auf Abzahlung nicht einer verbotenen Handlung schuldig. Das Verbot des § 7 richtet sich also nicht gegen das Rechtsgeschäft im ganzen, es will nicht seinen Rechtserfolg treffen, sondern nur den Verkäufer von dem Verkaufe auf Abzahlung abhalten. Daher macht das Verbot des § 7 einen entgegen seiner Vorschrift vorgenommenen Losabzahlungskauf nicht nichtig.

## B. Die zivilrechtlichen Folgen eines verbotenen Abzahlungsgeschäftes.

A. 50. **1. Allgemeines.** Die Ratenlosverkäufe sind hiernach als solche nicht nichtig. Ob sich eine Nichtigkeit im einzelnen Falle aus den besonderen Umständen des Einzelfalles ergibt, etwa aus § 138 BGB., kann hier nicht näher untersucht werden. Ebenso bedarf es keiner Erörterung der sich aus § 763 BGB. ergebenden Folgen eines Abzahlungsverkaufs von Losen staatlich nicht genehmigter Lotterien. Die hierbei auftauchenden Fragen sind ausschließlich auf Grund der allgemeinen Bestimmungen zu entscheiden.

A. 51. **2. Der Einfluß des Abzahlungsgesetzes auf die verbotenen Abzahlungsgeschäfte.** Der Tatbestand des verbotenen Abzahlungsgeschäfts deckt sich nicht mit dem Begriff des Abzahlungsgeschäftes im Sinne der §§ 1—5 AbzGes. Für ihn ist es nach Abs. II gleichgültig, ob die Übergabe der Papiere vor oder nach der Zahlung des Preises erfolgt. Für die Anwendung der §§ 1 bis 5 ist jedoch, wie oben in Anm. 14 zu § 1 ausgeführt, Voraussetzung, daß die Sachen dem Käufer übergeben sind.

Danach sind zu scheiden:

A. 52. a) Verbotene Abzahlungsverkäufe ohne Übergabe der Lospapiere. Auf diese Rechtsgeschäfte finden die Vorschriften der §§ 1—6 keine Anwendung.

b) Verbotene Abzahlungsgeschäfte, bei denen das Lospapier übergeben worden ist. A. 53.
Soweit die im § 7 bezeichneten Papiere Inhaberpapiere und damit bewegliche Sachen im Sinne des § 1 sind (vgl. Anm. 4 zu § 1), unterliegen die über sie abgeschlossenen Abzahlungsgeschäfte den Vorschriften der §§ 1—6. (Gl. M. Lazarus S. 131; Gillmann-Jonas S. 62; Samter S. 93.) Dabei ist es, wie oben in Anm. 16 zu § 1 ausgeführt, ohne Bedeutung, ob die Übergabe dem Abschluß des Abzahlungsvertrages vorangegangen ist oder nicht. Auch für diese verbotenen Abzahlungsgeschäfte gelten die Regeln, daß die Parteien sich die empfangenen Leistungen Zug um Zug zurückzugewähren haben, wenn der Verkäufer von seinem vertraglichen oder gesetzlichen Rücktrittsrecht Gebrauch macht, daß dem Verkäufer in diesem Falle neben der Rückgabe des Lospapieres nur die Ansprüche aus § 2 zustehen, sowie daß die Rückforderung des Papieres auf Grund des etwa vorbehaltenen Eigentums die gleichen Wirkungen zeitigt wie die Erklärung des Rücktritts. In gleicher Weise wie beim normalen Abzahlungsgeschäft hat der Käufer ferner gemäß § 4 Abs. I ein Recht auf Herabsetzung einer übermäßig hohen Vertragsstrafe; ebenso kann die Restschuld rechtswirksam nur unter den Voraussetzungen des § 4 Abs. II ausbedungen werden. Endlich finden diese Vorschriften auch bei verhüllten verbotenen Abzahlungsgeschäften entsprechende Anwendung.

Auf die Abweichungen von dem Regelfalle einzugehen, die A. 54.
sich aus der Besonderheit des Gegenstandes des Abzahlungsgeschäftes von Lospapieren ergeben, ist nicht erforderlich. Einmal werden solche verbotenen Abzahlungsgeschäfte mit Rücksicht auf die Strafandrohung des § 7 in der Praxis nur selten vorkommen und noch seltener zu einem Rechtsstreit über die aus dem Rücktrittsverhältnis entspringenden Streitfragen führen. Andererseits würde die Erörterung aller theoretisch möglichen Zweifelsfragen einen erheblich über den Rahmen dieses Buches hinausgehenden Raum in Anspruch nehmen. Damit erübrigt sich eine Stellungnahme zu den Ausführungen Hausmanns (Anm. 7 zu § 7) und Samters (Anm. 5 zu § 7).

## § 8.

Die Bestimmungen dieses Gesetzes finden keine Anwendung, wenn der Empfänger der Waare als Kaufmann in das Handelsregister eingetragen ist.



### I. Allgemeines.

#### A. Zweck und Grundgedanken des § 8.

A. 1. **1. Im allgemeinen.** Das Abzahlungsgesetz bezweckt, wie seine in der Einleitung dargestellte Entstehungsgeschichte zeigt, den Schutz des wirtschaftlich Schwachen und geschäftlich Unerfahrenen vor einer Ausbeutung durch den Abzahlungsverkäufer. Es nimmt von diesem Schutze im § 8 die in das Handelsregister eingetragenen Kaufleute aus. Der Grund hierfür ist darin zu suchen, daß diese dem Gesetze wegen ihrer kaufmännischen Kenntnisse geschäftlich gewandt genug erscheinen, um keines besonderen Schutzes zu bedürfen. Dieser gesetzgeberische Grund wird in den Motiven ausdrücklich klargestellt.

2. Die **Motive** begründen den § 8 folgendermaßen: „Die Einschränkungen, die der Entwurf in seinen vorgehenden Bestimmungen trifft, sind nur auf denjenigen Teil des Publikums berechnet, der eines gesetzlichen Schutzes gegen nachteilige Vertragsabschlüsse bedarf. Mit Rücksicht hierauf und im Interesse der Verkehrsfreiheit im Großhandel rechtfertigt es sich, jene Bestimmungen keine Anwendung finden zu lassen auf Geschäfte, die ein in das Handelsregister eingetragener Kaufmann als Käufer oder in den Fällen des § 6 in entsprechender Eigenschaft abschließt." A. 2.

### B. Keine Unterscheidung zwischen erlaubten und verbotenen Abzahlungsgeschäften.

§ 8 unterscheidet — mit Recht — nicht zwischen den Bestimmungen der §§ 1—6 und der Strafbestimmung des § 7. Daher kann auch, wie bereits oben in Anm. 34 zu § 7 ausgeführt ist, die Strafbestimmung des § 7 keine Anwendung finden, wenn der Empfänger des Papiers ein in das Handelsregister eingetragener Kaufmann ist. Wer Papiere der im § 7 bezeichneten Art an einen in das Handelsregister eingetragenen Kaufmann gegen Teilzahlungen veräußert, bleibt also straflos, sofern das Rechtsgeschäft nicht — etwa wegen nicht genehmigter Ausspielung (§ 286 StGB.) — strafbar ist. Gegen die Gültigkeit des mit dem Kaufmann abgeschlossenen Abzahlungsgeschäfts können daher auch keine Bedenken bestehen. A. 3.

## II. Die Voraussetzungen der Nichtanwendbarkeit des Abzahlungsgesetzes.

### A. Im allgemeinen.

Die Vorschriften des Abzahlungsgesetzes sind nicht anwendbar, wenn der Empfänger der Ware als Kaufmann in das Handelsregister eingetragen ist. N u r dieser Umstand entscheidet. Es A. 4.

ist daher insbesondere nicht erforderlich, daß das Abzahlungsgeschäft sich auf seiten des Käufers auch als ein Handelsgeschäft (§ 343 HGB.) darstellt.

### B. Empfänger der Ware.

A. 5. **1. Empfänger.** Der Ausdruck Empfänger der Ware ist irreführend. Es kann nicht darauf ankommen, wer die Ware tatsächlich erhält, nach § 7 Abs. II ist es sogar für den Tatbestand des verbotenen Abzahlungsgeschäfts unerheblich, ob der Verkäufer die Ware überhaupt vor der Bezahlung des Kaufpreises übergibt. Der § 8 meint daher nach der einhelligen Ansicht des Schrifttums offenbar den (mit dem Empfänger begrifflich nicht notwendig gleichen) Vertragsgegner des Verkäufers. Im Falle einer Stellvertretung entscheidet daher nicht der Stand des Vertreters, sondern der des Vertretenen. Dieses Ergebnis mag innerlich nicht ganz begründet erscheinen. Es ist insbesondere nicht ganz einzusehen, warum der Käufer des Schutzes noch bedürftig erscheint, der sich durch einen eingetragenen Kaufmann vertreten läßt, der für eigene Geschäfte den Schutz des Gesetzes nicht nötig hat. Die Vorschrift des § 8 läßt jedoch eine andere Deutung als die vertretene nicht zu. Es muß daher angenommen werden, daß das Gesetz den Fall der Stellvertretung übersehen hat.

A. 6. **2. Ware** ist jede bewegliche Sache, die Gegenstand des Abzahlungsgeschäftes im Sinne des vorliegenden Gesetzes sein kann. Der Ausdruck bedeutet keinen Gegensatz zu dem Begriff der beweglichen Sache im Sinne des § 1. Der erste Entwurf verwendete noch selbst das Wort „Sache". Dieser Ausdruck ist von der Reichstagskommission lediglich aus redaktionellen Gründen in Anlehnung an den im Handelsgesetzbuch für das Wort „bewegliche Sache" gebrauchten technischen Ausdruck (vgl. § 1 Abs. II Ziff. 1 HGB.) ersetzt worden.

### C. Eintragung in das Handelsregister als Kaufmann.

A. 7. **1. Allgemeines.** Die Eintragung in das Handelsregister hat im Hinblick auf die Kaufmannseigenschaft des Eingetragenen eine verschiedene Wirkung. Das Handelsregister geht davon aus, daß gewisse Gewerbetreibende schon wegen des Betriebes eines Handelsgewerbes oder wegen ihrer Organisationsform Kaufleute sind; dies sind die sogenannten Mußkaufleute (§ 1 HGB.) und Formkaufleute (§ 6 HGB.; J. von Gierke § 6 I). Andere Personen mit bestimmten Betrieben werden dagegen erst durch die Eintragung Kaufleute; dies sind die sogenannten Soll- und Kannkaufleute (§§ 2, 3 HGB.).

Eingetragen werden können jedoch, von den sonstigen Voraus- A. 8.
setzungen abgesehen, nur solche Personen, deren Gewerbebetrieb über den Umfang des Kleingewerbes hinausgeht, und die nicht Handwerker sind, sogenannte Vollkaufleute. Liegen diese Voraussetzungen vor, so hat die Eintragung bei den Mußkaufleuten (§ 1 HGB.) nur deklaratorische Bedeutung, während sie bei den Soll- und Kannkaufleuten konstitutiv wirkt. Liegen diese Voraussetzungen für die Eintragung nicht vor, geht also z. B. der Betrieb des Mußkaufmanns nicht über den Umfang des Kleingewerbes hinaus, ist er sogenannter Minderkaufmann (§ 4 HGB.), oder erfordert das Unternehmen eines Sollkaufmanns keinen in kaufmännischer Weise eingerichteten Geschäftsbetrieb, so kann nicht geltend gemacht werden, daß der Eingetragene nur ein Minderkaufmann oder überhaupt kein Kaufmann sei; sie sind die sogenannten Scheinkaufleute (§ 5 HGB.; J. von Gierke § 13). Auch sie sind oder gelten — auf die in dieser Hinsicht bestehende Streitfrage braucht hier nicht eingegangen zu werden — als Vollkaufleute.

2. **Die Eintragung allein entscheidet.** Bei dem in Anm. 7 A. 9.
und 8 dargelegten Rechtszustande liegt es nahe, den § 8 dahin auszulegen, daß auch der Mußkaufmann von dem Schutze des Abzahlungsgesetzes ausgeschlossen ist, der unzulässigerweise nicht eingetragen ist (so Gareis, SeuffBl. Sonderabdruck S. 7 f.), daß aber andererseits der Scheinkaufmann des Schutzes des Abzahlungsgesetzes nicht verlustig ginge (so Staub Anm. 32 zu § 348). So sehr diese Ansichten auch mit dem Zwecke des § 8 übereinstimmen, nur den von den Wohltaten des Abzahlungsgesetzes auszuschließen, der ihrer nicht bedarf, wird man ihnen doch nicht folgen dürfen.

A. 10. Der mit den Motiven im Einklang stehende Wortlaut des § 8 stellt die Entscheidung ausdrücklich darauf ab, daß der Empfänger der Ware als Kaufmann in das Handelsregister eingetragen ist. Das zur Zeit der Schaffung des Abzahlungsgesetzes geltende AHGB. kannte zwar überhaupt keine konstitutiv wirkende Eintragung in das Handelsregister, sondern nur Kaufleute kraft Gewerbebetriebes („Mußkaufleute"). Es unterschied aber in fast gleicher Weise zwischen Vollkaufleuten und Minderkaufleuten und schloß ebenso wie das HGB. die Minderkaufleute von der Eintragung in das Handelsregister aus (Art. 10). Den von Gareis und Staub aus dem Gesetze herausgelesenen Sinn hätte das Gesetz hiernach unschwer dadurch ausdrücken können, daß es die Kaufleute mit Ausnahme der im Art. 10 AHGB. aufgeführten Personen ausnehme. Dann wäre wirklich die Vollkaufmanns*eigenschaft* maßgebend gewesen.

A. 11. Da das Gesetz diesen Weg nicht gegangen ist, muß angenommen werden, daß es im Gegensatz zu Gareis nicht die wahre Kaufmannseigenschaft, sondern nur die äußere Tatsache des Eingetragen*seins* entscheiden lassen will. Hierfür können auch beachtliche Gründe geltend gemacht werden. Zunächst schafft die Abstellung der Entscheidung auf eine leicht feststellbare äußere Tatsache eine einfache und klare Rechtslage. Sodann war — worauf Lazarus S. 33 mit Recht hinweist — zur Zeit des AHGB. die Zahl der nicht eingetragenen, aber an sich einzutragenden kleinen Kaufleute tatsächlich viel größer als der Kreis der eingetragenen nicht eintragungsfähigen Minderkaufleute. Da dieser Zustand dem Gesetzgeber unmöglich hat unbekannt sein können, ist hieraus der Schluß zu ziehen, daß das Gesetz — sehr verständigerweise — gerade diese kleinen Kaufleute mit unter seinen Schutz hat stellen wollen.

A. 12. Hat das Gesetz die Entscheidung aber einmal auf die äußere Tatsache der Eintragung abgestellt, so muß auch Staubs Ansicht abgelehnt werden, daß § 8 nur *den* in das Handelsregister Eingetragenen ausnehme, der wirklich Kaufmann ist. Staub geht (Anm. 32 zu § 348) davon aus, daß § 8 den eingetragenen *Kaufmann* ausnähme. Das ist jedoch, wie ausgeführt, nicht der Fall. Daß der Scheinkaufmann durch das Abzahlungsgesetz nicht geschützt ist, erscheint auch durchaus berechtigt. Einmal würde die gegenteilige Annahme mit dem öffentlichen Glauben des Handelsregisters in einem schwer löslichen Widerspruch stehen und im Interesse der Verkehrssicherheit zu bedauern sein. Andererseits erscheint es auch nicht als unbillig, wenn derjenige, der sich in das Handelsregister eingetragen hat oder seine Löschung nicht durchführt, auch so behandelt wird, wie wenn er der Vollkaufmann wäre, der er zu sein vorgibt.

Für die Nichtanwendung des Gesetzes ist daher allein die Tat- A. 13.
sache der Eintragung in das Handelsregister maßgebend, ohne Rücksicht darauf, ob sie zu Recht erfolgt ist oder nicht. Andererseits genießen alle Nichteingetragenen den Schutz des Abzahlungsgesetzes, auch wenn sie von Rechts wegen hätten eingetragen werden müssen. (Gl. M. Lazarus S. 32 ff.; Fuld Anm. 3 zu § 8 S. 45; Schmitt Note 5 zu § 8 S. 82; Hausmann Anm. 1 zu § 8 S. 104; Samter Anm. 2 zu § 8 S. 97; Aubele Anm. 4 zu § 8; Rühl S. 229; Michaelis, HdR. I S. 52; Gillmann-Jonas S. 30; Wolf in DJZ. 1901, 555; Bondi in JW. 1930, 3778 f.; Heilbrun S. 10; Vollrath S. 23; Schmidt S. 48 f. und anscheinend RG. in JW. 1930, 3778.)

**3. Eintragung als Kaufmann.** Die Eintragung muß als A. 14.
Kaufmann erfolgt sein. Darunter ist auch die Eintragung als Gesellschafter einer offenen Handelsgesellschaft zu verstehen. (Gl. M. RG. in JW. 1930, 3778.) Eine Eintragung als Organ einer Handelsgesellschaft oder als Prokurist ist dagegen gleichgültig. (Gl. M. Samter Anm. 2 zu § 8 S. 98; a. M. Aubele Anm. 5 zu § 8.)

**4. Zeitpunkt der Eintragung.** Für den Ausschluß der An- A. 15.
wendbarkeit der §§ 1—6 des Abzahlungsgesetzes sind in der Regel die Verhältnisse zur Zeit der Übergabe der Sachen an den Käufer maßgebend, da ein Abzahlungsgeschäft im Sinne der §§ 1—6 nach den Ausführungen in Anm. 14 zu § 1 erst mit der Sachübergabe zustande kommt. (Gl. M. Rühl S. 229; Samter S. 98.) Die Eintragung zur Zeit des Vertragsabschlusses ist nur dann maßgebend, wenn die Sachen dem Käufer schon vorher übergeben waren (vgl. Anm. 16 zu § 1).

A. 16. Dagegen ist hinsichtlich der Anwendbarkeit des § 7 stets der Zeitpunkt des Vertragsabschlusses maßgebend, da es nach § 7 Abs. II auf die Strafbarkeit der Tat ohne Einfluß ist, ob die Sachen vor oder nach der Zahlung des Kaufpreises übergeben werden.

A. 17. **5. Das maßgebende Handelsregister.** Die Frage, ob § 8 sinngemäß auch auf ausländische Kaufleute anzuwenden ist, ist bestritten. Samter (S. 98) lehnt jede Anwendung ab, da als Handelsregister nur das deutsche in Betracht käme. Lazarus (S. 34) und Aubele (Anm. 5 zu § 8) wollen den in das deutsche Handelsregister eingetragenen Kaufleuten nur solche Ausländer gleichstellen, die in ein dem deutschen Handelsregister ungefähr entsprechendes Register eingetragen sind. Schmitt (Anm. 5 zu § 8 S. 82 f.), Heilbrun (S. 11 f.) und Vollrath (S. 25) folgern dagegen aus der ratio legis, daß ein ausländischer Kaufmann deshalb, weil er nach den Gesetzen seines Landes nicht eingetragen werden könne, nicht besser stehen dürfe als ein entsprechender deutscher Kaufmann. Dieser Ansicht ist beizutreten. Eine eingehende Erörterung dürfte sich mit Rücksicht auf die geringe praktische Bedeutung der Frage erübrigen. Es sei nur zur Vermeidung von Mißverständnissen darauf hingewiesen, daß es bei der Frage nicht auf die Staatsangehörigkeit, sondern auf den Ort der Niederlassung des Käufers ankommt. Ein Deutscher oder ein Ausländer, der ein — in Deutschland zur Eintragung in das Handelsregister verpflichtendes — Bankgeschäft in einem Lande betreibt, das kein Handelsregister kennt, genießt daher den Schutz des Abzahlungsgesetzes nicht. Der Angehörige eines kein Handelsregister kennenden Staates ist dagegen geschützt, wenn er in Deutschland ein Handelsgewerbe betreibt und hier unzulässigerweise nicht in das Handelsregister eingetragen ist.

## III. Ergebnis.

A. 18. Liegen die vorstehend erörterten Voraussetzungen des § 8 vor, so finden die Vorschriften des Abzahlungsgesetzes auf das Abzahlungsgeschäft keine Anwendung. Der als Kaufmann Eingetragene kann also beim Rücktritt des Verkäufers kraft Gesetzes weder die Herausgabe der gezahlten Raten Zug um Zug gegen

Rückgabe der Sachen verlangen noch die Rechte aus § 4 geltend machen. Andererseits macht sich der Verkäufer durch die Veräußerung der im § 7 genannten Papiere an einen als Kaufmann in das Handelsregister Eingetragenen auch dann nicht strafbar, wenn er weiß, daß die Eintragung zu Unrecht erfolgt ist.

## § 9.

**Verträge, welche vor dem Inkrafttreten dieses Gesetzes abgeschlossen worden sind, unterliegen den Vorschriften desselben nicht.**

§ 9 bestimmt, daß die vor dem Inkrafttreten des Gesetzes abgeschlossenen Abzahlungsverträge den Bestimmungen des Gesetzes nicht unterliegen. A. 1.

Das Abzahlungsgesetz ist in der am 21. Mai 1894 in Berlin ausgegebenen Nr. 23 des Reichsgesetzblatts 1894 publiziert worden. Es ist daher gemäß Art. 2 der damals geltenden Reichsverfassung von 1871 am 4. Juni 1894 in Kraft getreten. Vor diesem Termin abgeschlossene Verträge dürften jetzt nicht mehr in Frage kommen. Eine Erörterung der für solche Verträge maßgebenden Bestimmungen erübrigt sich daher.

# Anhang I

## Die Vorschriften der Reichsgewerbeordnung betreffend die Abzahlungsgeschäfte.

### A. § 56 a RGO.

Ausgeschlossen vom Gewerbebetrieb im Umherziehen sind ferner:

. . .

4. das Feilbieten von Waren sowie das Aufsuchen von Bestellungen auf Waren, wenn solche gegen Teilzahlungen unter dem Vorbehalt veräußert werden, daß der Veräußerer wegen Nichterfüllung der dem Erwerber obliegenden Verpflichtungen von dem Vertrage zurücktreten kann (§§ 1 und 6 des Gesetzes betreffend die Abzahlungsgeschäfte vom 16. Mai 1894).

## I. Allgemeines.

Die Vorschrift des § 56 a Ziff. 4 RGO. enthält das schon bei der A. 1. Beratung des Abzahlungsgesetzes von dem Abgeordneten Gröber beantragte, damals jedoch vom Reichstag abgelehnte Verbot des Hausierhandels auf Abzahlung (vgl. Einleitung S. 23). Sie ist bei der Beratung der Novelle zur RGO. von 1896 vom Reichstag in die RGO. eingesetzt worden. Der Abgeordnete Hitze begründete den Antrag (StenBer. 1381) mit den besonderen Gefahren, die die Abzahlungsgeschäfte bieten, „indem sie einerseits dem Leichtsinn Vorschub leisten, andererseits der Mißbrauch der Ausbeutung sehr nahe liegt". Die RGO. hält also gegenüber dem Hausierhandel den Schutz des Abzahlungsgesetzes nicht für ausreichend. Das muß als berechtigt anerkannt werden. Bei dem stehenden Gewerbe kommt es zu dem Abschluß eines Abzahlungsgeschäftes, weil der Käufer eine bestimmte Ware haben will und deshalb den Verkäufer aufsucht. Beim Hausierhandel sucht dagegen umgekehrt der Verkäufer den Käufer auf, um diesen zum Ankauf der mitgeführten Waren zu bewegen. Es liegt daher auf der Hand, daß beim Hausierhandel eine weitaus größere Gefahr eines leichtsinnigen Ankaufs besteht als bei dem stehenden Gewerbe, zumal die Hausierer vielfach die aufgesuchten Kunden in mehr oder minder aufdringlicher Weise zum Abschluß eines Geschäftes zu überreden versuchen.

§ 56 a Ziff. 4 RGO. verbietet unter gewissen Voraussetzungen den Verkauf auf Abzahlung im Hausierhandel.

## II. Die Voraussetzungen des Verbotes.

### A. Gewerbebetrieb im Umherziehen.

A. 2. Ein Gewerbebetrieb im Umherziehen liegt nach dem Eingange des § 55 RGO. vor bei einer gewerblichen Betätigung, die eine Person außerhalb des Gemeindebezirks ihres Wohnortes oder der durch besondere Anordnung der höheren Verwaltungsbehörde dem Gemeindebezirke des Wohnortes gleichgestellten nächsten Umgebung desselben ohne Begründung einer gewerblichen Niederlassung und ohne vorgängige Bestellung in eigener Person ausübt.

**1. Notwendige Begriffsmerkmale.** Gemäß § 55 RGO. sind zum Begriffe des Gewerbes im Umherziehen folgende Voraussetzungen in der Person des Tätigwerdenden erforderlich, ohne Rücksicht darauf, ob er selbständig oder Angestellter ist. (Gl. M. Wolff-Crisolli S. 130 Anm. 5.)

A. 3. a) Ein Gewerbebetrieb. Es ist also in erster Hinsicht die Absicht erforderlich, durch fortgesetzte Tätigkeit dieser Art einen Gewinn zu erzielen. Vereinzelte Geschäfte fallen also nicht unter den Begriff des Gewerbebetriebs. Andererseits braucht es sich nicht unbedingt um einen dauernden Gewerbebetrieb zu handeln. (Näheres siehe Landmann Anm. 2 zu § 55.)

A. 4. b) Eine Tätigkeit außerhalb des Gemeindebezirks des Wohnortes des Gewerbetreibenden. Innerhalb des Gemeindebezirks seines Wohnortes kann ein Gewerbetreibender daher regelmäßig Kunden auch zwecks Abschlusses eines Abzahlungsgeschäfts aufsuchen, soweit es sich nicht um Gegenstände handelt, die wegen ihrer Art vom ambulanten Gewerbebetrieb ausgeschlossen sind (§ 42a RGO.), oder für die die höhere Verwaltungsbehörde nach § 42b RGO. den ambulanten Gewerbebetrieb am Wohnorte ohne vorgängige Erlaubnis verboten hat. (Gl. M. Landmann Anm. 2 zu § 42 a und Anm. 2 zu § 56 a).

c) Das Fehlen einer gewerblichen Niederlassung an dem (außerhalb des Gemeindebezirks des Wohnortes belegenen) Tätigkeitsorte. Das ist nach § 42 Abs. II RGO. der Fall, wenn der Gewerbetreibende an dem betreffenden Orte eine zu dauerndem Gebrauch eingerichtete, beständig oder doch in regelmäßiger Wiederkehr von ihm benutzte feste Verkaufsstätte für den Vertrieb seines Gewerbes nicht besitzt. Dies liegt bei einem Wanderlager vor, nicht dagegen bei einer eine gewisse Selbständigkeit besitzenden Filiale oder einem sogenannten Saisongeschäft in einem Badeorte. (Näheres siehe Landmann Anm. 5 zu § 55.) Am Orte seiner gewerblichen Niederlassung kann der Gewerbetreibende daher, soweit nicht die oben in Anm. 4 bezeichneten Ausnahmen der §§ 42a und 42b RGO. eingreifen, von Haus zu Haus Waren auf Abzahlung feilbieten, auch wenn er an einem anderen Orte wohnt. (Gl. M. Landmann Anm. 2 zu § 56a.) A. 5.

Die gewerbliche Niederlassung muß an dem Tätigkeitsorte bestehen. Nur an diesem wird das Hausieren vom Gesetze als Ausfluß des stehenden Gewerbes betrachtet. Auch wer an einem Orte eine gewerbliche Niederlassung besitzt, unterliegt an anderen Orten den Vorschriften über das Wandergewerbe (BayerObGH. in GoltdArch. 20, 411; OLG. Dresden, Fischer 11, 281; OVG. in PrVerwBl. 12, 424). A. 6.

d) Das Fehlen einer vorgängigen Bestellung. A. 7.

α) Eine Bestellung bedeutet die — ausdrückliche oder stillschweigende — Aufforderung an den Gewerbetreibenden, den Besteller zu besuchen und ihm Waren feilzubieten. Eine allgemeine Aufforderung zum Besuche und zur Mitbringung genügt. (Gl. M. KG. in Reger ErgBd. 3, 36; 10, 6 f.; Recht 11 Sp. 46; Reger 22, 324; 35, 40; Lindenberg Anm. 12 zu § 55; Berger-Wilhelmi S. 164 f.; Neukamp Anm. 3 zu § 55; a. M. Landmann Anm. 6 zu § 55 und die dort zitierten Entscheidungen.) Der entgegengesetzten Meinung ist entgegenzustellen, daß die Vorschriften über das Gewerbe im Umherziehen den Schutz des Publikums vor unangemeldeten Belästigungen durch Hausierer und die Fernhaltung unzuverlässiger Elemente vom

Hausierhandel bezwecken. Diese Voraussetzungen kommen jedoch schon dann nicht in Frage, wenn der Gewerbetreibende von dem Kunden zum Besuche aufgefordert ist, nicht erst, wenn auch der Kreis der vorzulegenden Waren näher bezeichnet ist. An den Kunden, der den Gewerbetreibenden bestellt hat, darf daher auch auf Abzahlung verkauft werden. (Gl. M. Landmann Anm. 2 zu § 56 a.)

A. 8. β) Vorgängigkeit der Bestellung bedeutet, daß die Bestellung an den Hausierer schon erfolgt ist, bevor er sich zu dem Kunden begibt. Ob der Gewerbetreibende selbst den Anstoß zu der Bestellung gegeben hat, ist unerheblich. Eine Bestellung, die der Hausierer erst an Ort und Stelle veranlaßt, sei es durch persönliche Nachfrage oder durch öffentliche Ankündigung, genügt jedoch nicht, um den Tatbestand des Gewerbebetriebes im Umherziehen auszuschließen. (Näheres Wolff-Crisolli S. 142.)

A. 9. **2. Trotz Vorliegen der Begriffsmerkmale zu 1 kein Wandergewerbe.** Außer dem in Anm. 3—8 dargestellten Tatbestande des § 55 RGO. setzt die Anwendung des § 56 a Ziff. 4 RGO. ferner voraus, daß es sich nicht um eine durch andere Vorschriften der RGO. gestattete Tätigkeit unter den an sich gegebenen begrifflichen Voraussetzungen des Gewerbebetriebes im Umherziehen handelt. Diese Voraussetzung liegt in folgenden Fällen vor:

A. 10. a) Beim Besuche von Messen, Jahr- und Wochenmärkten liegt kein Gewerbe im Umherziehen im Sinne des § 56 a Ziff. 4 vor, selbst wenn der Besucher nicht am Meß- oder Marktorte eine gewerbliche Niederlassung besitzt oder in dem Gemeindebezirke desselben wohnt. Der Besuch von Messen und Märkten unterliegt — von hier nicht interessierenden Ausnahmen abgesehen — nicht den in Titel III RGO. für den Gewerbebetrieb im Umherziehen getroffenen Bestimmungen. Innerhalb des Meß- und Marktverkehrs sind daher auch Abzahlungsverkäufe zulässig. (Gl. M. Landmann Anm. 3 a zu § 64; Stier-Somlo Anm. 2 zu § 64; Flesch-Hiller-Luppe S. 176.)

A. 11. b) Für Handelsreisende innerhalb der Grenzen der §§ 44 und 44 a RGO. gilt das Verbot des § 56a Ziff. 4 RGO. ebenfalls nicht. Auch hier handelt es sich an sich um einen Gewerbebetrieb im Umherziehen, wenn der Reisende außerhalb seines Wohnsitzes ohne Begründung einer gewerblichen Niederlassung tätig wird. (Gl. M. Wolff-Crisolli S. 140.) Gleichwohl unterliegen die nach § 44 RGO. gestatteten Geschäfte außerhalb der gewerblichen Niederlassung nicht den im Titel III gegebenen Vorschriften, da die Tätigkeit gemäß § 44 RGO. als ein Ausfluß des stehenden Gewerbes in Titel II gestattet worden ist. Auch die — sonst überflüssige — Vorschrift des § 44 Abs. III RGO. spricht für diese Auslegung. (Gl. M. pr. MinErl. vom 16. Januar 1885 im MinBl. S. 52; ObLG. München in Reger 10, 192 und Reger 13, 18; KG. in Reger 22, 24 = KGJ. 22 C 103; OLG. Jena in BlfRechtspfl.iTh. 35, 84; Landmann S. 557 f. und Anm. 2 zu § 67; Lindenberg Anm. 2 zu § 44; Stier-Somlo Anm. 6 zu § 44; a. M. OLG. Dresden in Reger 9, 217; Reger 18, 171 und Sächs. Ann. 19, 488; OLG. Celle in GoltdArch. 37, 315.)

Hiernach dürfen mit Legitimationskarte versehene Handels- A. 12.
reisende und Handelsagenten auch beim Vorliegen der zu 1 (Anm. 3—8) dargestellten Voraussetzungen an Kaufleute oder gewerbliche Verbraucher in deren gewerblichen Räumen auf Abzahlung verkaufen, wenn sie nur Proben und Muster oder die durch besondere Bestimmung der Reichsregierung zugelassenen Waren mit sich führen. An andere Personen als Kaufleute oder gewerbliche Verbraucher und außerhalb der Geschäftsräume von Kaufleuten ist der Verkauf auf Abzahlung ferner stets zulässig im Handel mit Schriften und Bildwerken; er ist ferner Reisenden gestattet, die Bestellungen auf Traubenwein und Schaumwein, überwebte Holzrouleaux (jedoch nur Reisenden von Fabrikanten) oder auf Erzeugnisse der Leinen- und Wäschefabrikation oder Nähmaschinen nachsuchen. (Näheres siehe Wolff-Crisolli S. 140 ff.)

## B. Unzulässige Abzahlungsgeschäfte.

1. Schon das **Feilbieten von Waren oder Aufsuchen von Be-** A. 13
**stellungen auf Waren** mit dem Angebot der Vereinbarung eines Abzahlungsgeschäftes — nicht erst wie im § 7 AbzGes. der Verkauf — ist durch § 56a Ziff. 4 RGO. vom Gewerbebetriebe im Umherziehen ausgeschlossen.

A. 14. a) Waren sind auch hier alle beweglichen Sachen, die Gegenstand eines Abzahlungsgeschäfts sein können. Der Begriff ist im weitesten Sinne auszulegen. (KG. in Reger 16, 11.)

A. 15. b) Feilbieten bedeutet eine Aufforderung zum Kaufe einer bereitgehaltenen Sache durch irgendwelche Handlungen. Ein lediglich passives Verhalten, ein bloßes Feilhalten, erfüllt den Tatbestand des Feilbietens nicht (vgl. Landmann Anm. 9 zu § 55 S. 649).

A. 16. c) Aufsuchen von Bestellungen auf Waren liegt vor, wenn der Hausierer unter Vorlegung von Mustern, Proben oder Abbildungen einen Auftrag über die Lieferung einer nicht bereitgehaltenen Ware zu erlangen sucht.

A. 17. **2. Angebot eines Abzahlungsgeschäfts mit bestimmten Abreden.** Das Feilbieten oder Aufsuchen von Warenbestellungen auf Abzahlung allein unterliegt aber noch nicht dem Verbot von § 56a Ziff. 4 RGO.; es müssen noch bestimmte Abreden vorliegen. Das Feilbieten oder Aufsuchen auf Abzahlung ist im Wandergewerbe nur dann verboten, wenn es mit dem Vorbehalt des Rücktritts wegen Nichterfüllung verbunden wird.

A. 18. a) Die Rechtsform, in die das Abzahlungsgeschäft gekleidet werden soll, ist gleichgültig, wie aus der ausdrücklichen Erwähnung des § 6 AbzGes. hervorgeht. Danach ist also auch die Aufforderung zu einem verhüllten Abzahlungsvertrage (vgl. Anm. 10 ff. zu § 6) verboten.

A. 19. b) Der Vorbehalt des Rücktritts ist wesentliche Voraussetzung für die Ausschließung des Abzahlungsgeschäfts vom Gewerbebetriebe im Umherziehen. § 56a Ziff. 4 RGO. spricht nur von dem Vorbehalt des Rücktritts wegen Nichterfüllung der dem Käufer obliegenden Verpflichtungen. Aus dem Hinweise auf § 1 AbzGes. ist jedoch zu entnehmen, daß § 56a Ziff. 4 RGO. alle Fälle des Rücktritts im Auge hat. Nach den Ausführungen in Anm. 86 zu § 1 AbzGes. wird man daher annehmen müssen, daß die Aufforderung zu einem Abzahlungsgeschäft im Hausierhandel auch dann nicht zulässig ist, wenn der Hausierer sich aus anderen Gründen ein Rücktrittsrecht vorbehält.

c) Der Eigentumsvorbehalt steht in der Wirkung seiner Geltendmachung gegenüber dem Käufer gemäß § 5 AbzGes. der Ausübung des Rücktrittsrechts gleich. Deshalb wird er dem Vorbehalt eines Rücktrittsrechts selbst dann gleichzuerachten sein, wenn das dem Verkäufer gemäß § 455 BGB. im Zweifel bei Zahlungsverzug des Käufers zustehende gesetzliche Rücktrittsrecht ausdrücklich ausgeschlossen werden soll. (Gl. M. anscheinend Stier-Somlo Anm. 6 zu § 56a S. 262.) A. 20.

d) Die sonstigen Voraussetzungen eines Abzahlungsgeschäfts. Da § 56a Ziff. 4 RGO. ausdrücklich auf § 1 AbzGes. verweist, muß das angebotene Rechtsgeschäft schließlich den sämtlichen Voraussetzungen eines Abzahlungsgeschäfts im Sinne des § 1 AbzGes. entsprechen. Die angeregte Vereinbarung muß daher dahin gehen, daß die Sache dem Kunden im Falle eines Vertragsschlusses gegen die Verpflichtung zur Zahlung von mindestens drei Teilzahlungen vor der Zahlung des Preises übergeben werden soll. Mit Rücksicht auf den Zweck des § 56a Ziff. 4 RGO. wird es jedoch nicht erforderlich sein, daß die Sache sofort nach Vertragsschluß übergeben werden soll. Dann könnten die Parteien das Verbot durch eine Vereinbarung umgehen, daß die Sache erst nach der Zahlung der ersten Raten übergeben werden solle. Es wird daher als genügend angesehen werden müssen, wenn die Sache nach dem Vertrage zwar nicht sofort, aber noch vor Zahlung des ganzen Kaufpreises übergeben werden soll. A. 21.

## III. Zivilrechtliche Bedeutung des § 56a Ziff. 4 RGO.

Die RGO. enthält keine Bestimmung darüber, ob das dem Verbote des § 56a Ziff. 4 RGO. zuwider abgeschlossene Geschäft zivilrechtlich gültig ist. Die Frage der Gültigkeit ist daher nach den oben in Anm. 45—49 zu § 7 entwickelten Gesichtspunkten zu beurteilen. Danach muß das verbotswidrig zustande gekommene Rechtsgeschäft als rechtswirksam angesehen werden. Auch das Verbot des § 56a Ziff. 4 RGO. richtet sich nicht gegen das Rechtsgeschäft im ganzen, sondern will nur den Hausierer vor dem Abschluß eines solchen Vertrages abhalten. Nur das Feilbieten und A. 22.

Aufsuchen von Warenbestellungen unter den erörterten Voraussetzungen ist ausgeschlossen und durch § 148 Ziff. 7a RGO. unter Strafe gestellt, nicht aber auch der Abschluß eines entsprechenden Vertrages seitens des vom Hausierer Aufgesuchten. Das Erwerbsgeschäft ist also nicht untersagt. Die Voraussetzung des § 134 BGB. für eine Nichtigkeit des Rechtsgeschäftes liegt mithin nicht vor. (Gl. M. Staudinger Anm. 5 f zu § 134; Soergel Anm. 3 zu § 134.)

## B. § 148 RGO.

Mit Geldstrafe bis zu einhundertfünfzig Reichsmark und im Unvermögensfalle mit Haft bis zu vier Wochen wird bestraft:

...

7a. wer dem § 56 Abs. 1, Abs. 2 Ziff. 1 bis 5, 7 bis 11, Abs. 3, den §§ 56 a oder 56 b zuwiderhandelt;

...

In allen diesen Fällen bleibt die Strafe ausgeschlossen, wenn die strafbare Handlung zugleich eine Zuwiderhandlung gegen die Steuergesetze enthält.

Vorbemerkung. Anmerkung

### Vorbemerkung.

Im nachstehenden wird der § 148 Ziff. 7a RGO. nur hinsichtlich der Zuwiderhandlung gegen § 56a Ziff. 4 RGO. erörtert.

## I. Allgemeines.

Die Strafvorschrift des § 148 RGO. ist ein reines Polizeidelikt (vgl. Anm. 4 zu § 7). Gemäß § 145 RGO. sind für das Mindestmaß der Strafe, das Verhältnis von Geldstrafe zur Freiheitsstrafe, nicht jedoch auch für die Verjährung (über diese siehe unten Anm. 12), die Vorschriften des Strafgesetzbuches maßgebend. Über diese Vorschrift hinaus gelten jedoch auch die übrigen allgemeinen Grundsätze und Vorschriften des Strafgesetzbuches. (Gl. M. Landmann Anm. 2 zu § 145; Lindenberg Anm. 2 zu § 145; Stier-Somlo Anm. 1 zu § 145.) A. 1.

## II. Die strafbare Handlung.

### A. Der Täter des strafbaren Hausierhandels auf Abzahlung.

1. **Nur der Hausierer** kann Täter der strafbaren Handlung sein. In § 56a Ziff. 4 RGO. ist nur das Feilbieten und Aufsuchen von Warenbestellungen untersagt. Eine Zuwiderhandlung gegen diese Bestimmung kann daher nur der Gewerbetreibende begehen. Der Käufer kann niemals Mittäter sein. A. 2.

Jede physische Person kann Täter sein, die den strafbaren Tatbestand verwirklicht. Dazu gehört jedoch, daß der Täter einen Gewerbebetrieb (vgl. Anm. 3 zu § 56a RGO.) im Umherziehen (vgl. Anm. 2ff. zu § 56a RGO.) ausübt. Ein Privatmann, der kein Gewerbe betreibt, kann sich also nicht nach § 148 Ziff. 7a RGO. strafbar machen. Ist die Geschäftsperson eine nichtphysische Person, so ist Täter oder Anstifter der strafbaren Handlung diejenige natürliche Person, die die strafbare Handlung vorgenommen hat. A. 3.

2. Auf die **Teilnahme** finden die allgemeinen Vorschriften Anwendung. Da es sich bei der Zuwiderhandlung gegen § 148 Ziff. 7a RGO. nur um eine Übertretung handelt, ist eine Bei- A. 4.

hilfe zu ihr gemäß § 49 StGB. nicht strafbar. Wenn ein Reisender gegen die Vorschrift des § 56a Ziff. 4 RGO. verstößt, so kann der Geschäftsinhaber unter Umständen als Anstifter in Frage kommen. (Gl. M. BayrObLG. in ObLGSt. 10, 203.)

## B. Der strafbare Tatbestand.

A. 5. **1. Der innere Tatbestand.** § 148 Ziff. 7a RGO. erwähnt ebensowenig etwas über die zur Strafbarkeit des Tuns erforderliche Schuld des Täters wie § 7 AbzGes. Aus den in Anm. 10—14 zu § 7 entwickelten Gedanken ergibt sich, um so mehr als es sich hier nur um eine Übertretung handelt, daß auch hier zwar eine Schuld des Täters, nicht aber auch Vorsatz und Bewußtsein der Rechtswidrigkeit Voraussetzung der Strafbarkeit sind; Fahrlässigkeit genügt. (Gl. M. BayrObLG. in Reger 24, 249 und Reger ErgBd. 3, 28; OLG. München in Reger 5, 285; OLG. Dresden Ann. 14, 107; Landmann Anm. 2 zu § 148; Lindenberg Anm. 27 zu § 148; Stier-Somlo Anm. 1 zu § 148; Flesch-Hiller-Luppe Anm. zu § 148.)

A. 6. **2. Der äußere Tatbestand** ist in den Anm. 2—21 zu § 56a Ziff. 4 RGO. erörtert.

## C. Die Straftat.

A. 7. **1. Allgemeines.** Die Straftat war ursprünglich mit einer Geldstrafe bis zu 150 Mark und im Unvermögensfalle mit Haft bis zu vier Wochen bedroht. An die Stelle der Markstrafe ist jetzt gemäß der Verordnung über Vermögensstrafen und Bußen vom 6. Februar 1924 in Verbindung mit § 2 der Zweiten Verordnung zur Durchführung des Münzgesetzes vom 12. Dezember 1924 eine Strafe bis zu 150 Reichsmark getreten. Die Straftat ist also gemäß § 1 Abs. III StGB. eine Übertretung. Der Versuch ist also nicht strafbar.

A. 8. Vollendet ist die strafbare Handlung bereits mit dem Feilbieten oder Aufsuchen von Warenbestellungen unter Angebot der Vereinbarung eines Abzahlungsgeschäftes mit Rücktrittsklausel. Der Abschluß eines Geschäfts ist nicht erforderlich. (Gl. M. OLG. München Reger ErgBd. 1, 234.)

**2. Einheit und Mehrheit von Strafen.**

a) Fortgesetzte Handlung. Die Strafbarkeit des Hausierhandels auf Abzahlung setzt zwar ein Hausiergewerbe, nicht aber auch eine Gewerbsmäßigkeit der Straftat voraus. Auch ein Hausierer, der nur in einem Falle einen Verkauf auf Abzahlung anbietet, macht sich strafbar. Auch bei mehrfacher Verwirklichung des Straftatbestandes liegt aus den oben in Anm. 41 zu § 7 AbzGes. auseinandergesetzten Gründen kein fortgesetztes Delikt, sondern eine reale Mehrheit von Straftaten vor. A. 9.

b) Rechtliches Zusammentreffen des strafbaren Hausiergeschäftes mit anderen strafbaren Handlungen ist möglich. Das Hausiergeschäft auf Abzahlung kann insbesondere zugleich den Tatbestand des Betruges, eines verbotenen Abzahlungsgeschäfts (§ 7 AbzGes.) sowie des Handels ohne Wandergewerbeschein und ohne Straßensteuerheft (§§ 57—59 UStDB., Erlaß des RFM. vom 25. Juni 1926 — III U 9007 —), der Unterlassung der Anmeldung des Betriebes und der Hinterziehung der Hausiersteuer erfüllen. In allen diesen Fällen liegt Idealkonkurrenz (§ 73 StGB., § 418 [383] AO.) vor. Bei einem Zusammentreffen mit einer Steuerzuwiderhandlung erfolgt nach der ausdrücklichen Vorschrift des § 148 Abs. II RGO. jedoch nur eine Bestrafung wegen der Steuerzuwiderhandlung. Das gilt auch trotz der Vorschrift des § 418 AO. bei einer Idealkonkurrenz mit einer Reichssteuerzuwiderhandlung. § 148 Abs. II RGO. geht dieser Bestimmung als lex specialis vor. Übrigens würde nach § 418 AO. die Strafe auch ohne die Vorschrift des § 148 Abs. II RGO. nur aus der AO. zu entnehmen sein, da § 148 RGO. in keinem Falle eine schwerere Strafe androht als diese. A. 10.

**3. Die Bestrafung.** Der Strafrahmen beträgt 1 bis 150 RM. Die Haftstrafe ist nicht wahlweise neben der Geldstrafe angedroht, sondern nur als Ersatzfreiheitsstrafe. A. 11.

Die Bestrafung setzt keinen Strafantrag voraus. Zuständig zur Aburteilung ist gemäß § 25 GVG. der Amtsrichter allein. Die strafbaren Hausiergeschäfte auf Abzahlung verjähren gemäß § 145 Abs. II RGO. „binnen drei Monaten von dem Tage an gerechnet, an welchem sie begangen sind“. Dem- A. 12.

gegenüber bestimmt § 67 StGB., daß die Verjährung mit dem Tage beginnt, an dem die Handlung begangen ist. Trotz diesem abweichenden Wortlaute wird man jedoch nicht annehmen dürfen, daß die Verjährungsfrist des § 145 Abs. II RGO. um einen Tag länger sei als die des § 67 StGB. Dies ergibt sich sowohl aus dem Sprachgebrauch anderer Gesetze wie aus den Motiven zum StGB. (S. 77). Diese lassen deutlich erkennen, daß mit der Bestimmung des § 67 keine Neuerung, sondern nur eine Klärung der bisher strittigen Berechnung beabsichtigt worden ist. (Gl. M. Stenglein Anm. 4 zu § 145; Lindenberg Anm. 3 zu § 145; a. M. Landmann Anm. 3 zu § 145 S. 717 f.)

# Anhang II.

## Formulare von Verträgen über Abzahlungsgeschäfte.

Aus der Tatsache des Abdruckes ist nicht zu entnehmen, daß jede einzelne Vertragsbedingung für rechtlich zulässig erachtet wird.

### A.
### Formulare zu unverhüllten Abzahlungsgeschäften, wie sie heute in der Praxis üblich sind.

Es wird darauf hingewiesen, daß die vier letzten Formulare dieses Abschnitts (Formulare Nr. 4, 5, 6, 7) Eigentum des Reichsverbandes des kreditgebenden Einzelhandels E. V. Berlin sind, der gütigerweise die Genehmigung zu ihrem Abdruck erteilt hat, wofür ihm auch an dieser Stelle der verbindlichste Dank ausgesprochen wird. Es wird besonders darauf aufmerksam gemacht, daß jeder weitere Nachdruck oder jede anderweitige Benutzung dieser vier letzten Formulare unzulässig ist und von dem Verein verfolgt werden wird.

# Formular 1.

§ 1. Unterzeichneter hat heute von der Firma ........................ folgende Gegenstände in dem von ihm anerkannten Werte der danebenstehenden vereinbarten und angemessenen Preise im neuen und guten Zustande unter den weiter unten nachfolgenden Vertragsbedingungen empfangen.

1 Goldmark = $^{10}/_{42}$ USA.-Dollar.

| | GM | Pf. | | GM | Pf. |
|---|---|---|---|---|---|
| | | | Transport ... | | |
| | | | | | |
| | | | | | |
| | | | | | |
| Transport ... | | | | | |

Gesamtbetrag in Buchstaben: GM ..........................................

§ 2. Als Anzahlung sind heute GM .................... zu entrichten. Der Restbetrag beläuft sich somit auf ................ GM. Käufer verpflichtet sich, bis zur völligen Bezahlung des Gesamtpreises in .......... Raten jedesmal ................ GM, beginnend am .............................., zu zahlen.

§ 3. Alle Zahlungen sind im Geschäftslokal der Verkäuferin während der Geschäftsstunden zu leisten oder spesenfrei auf Gefahr des Käufers der Verkäuferin einzusenden. Diese Verpflichtung erlischt auch dann nicht, wenn die Verkäuferin die Zahlung wiederholt beim Käufer hat abholen lassen.

Handschriftliche Quittungen unserer Kassierer sowie Postsendungen an dieselben oder Quittungsmarken ohne Daten haben keine Gültigkeit.

Akzepte werden nicht an Zahlungsstatt, sondern nur unter dem Vorbehalt pünktlichen Einganges angenommen. Der jeweils eingelöste Betrag wird nach Einlösung dem Konto gutgebracht.

§ 4. Sämtliche Gegenstände einschließlich der noch nachträglich entnommenen Sachen bleiben bis zur vollständigen Bezahlung des Gesamtkaufpreises Eigentum der Verkäuferin und hat Käufer sich solange jeder Verfügung darüber zu enthalten, insbesondere darf er davon nichts verpfänden, verkaufen oder versetzen, auch nicht ohne schriftliche Genehmigung vermieten; er verpflichtet sich außerdem, dieselben, abgesehen von der sachgemäßen Abnutzung, in demselben guten Zustand zu erhalten, wie er sie empfangen hat, und für jeden durch Feuer oder andere Ursachen entstandenen Schaden aufzukommen unter Zugrundelegung der oben angeführten Werte. Die Versicherung gegen Feuersgefahr hat Käufer selbst sofort nach Empfang auf eigene Kosten vorzunehmen. Käufer verpflichtet sich, auch der Verkäuferin oder deren Stellvertreter jederzeit Zutritt in seine Wohnung zwecks Besichtigung der Vertragsgegenstände zu gestatten. Ist Käufer mit zwei aufeinanderfolgende Ratenzahlungen ganz oder teilweise im Verzuge und mit dem zehnten Teil der Kaufsumme im Rückstand, so ist der ganze verbleibende Rest ohne weiteres fällig und sofort zahlbar. Verkäuferin verpflichtet sich, wenn Käufer innerhalb einer Woche nach Übergabe oder Lieferung eventuelle Mängel meldet, diese zu beseitigen. Erfolgt die Bemängelung nicht in dieser Frist, so entsagt Käufer dem Einwande der Minderwertigkeit mit Ausnahme von versteckten oder arglistig verschwiegenen Mängeln.

§ 5. Sollten hiervon Gegenstände seitens eines anderen Gläubigers gepfändet werden, so ist der Käufer verpflichtet, noch vor geschehener Pfändung den betreffenden Gerichtsvollzieher davon zu unterrichten, daß dieselben Eigentum obiger Firma sind, ferner hat er der Verkäuferin sofort hiervon Mitteilung zu machen, Pfändungsprotokoll und eidesstattliche Versicherung zu beschaffen. Für alle infolge Interventionsklagen entstehenden Kosten und für jeden hieraus der Verkäuferin erwachsenden Schaden haftet der Käufer. Ferner verpflichtet sich Käufer, Wohnungsveränderungen noch vor dem Umzuge der Verkäuferin anzuzeigen. Im Unterlassungsfalle hat Käufer die für die Ermittlung der Adresse entstehenden Kosten zu zahlen. Sind obige Gegenstände in den Besitz eines Dritten gelangt, so ist Verkäuferin berechtigt und legitimiert, allein, ohne Mitwirkung des Käufers, die Herausgabe zu verlangen.

§ 6. Verkäuferin ist berechtigt, von diesem Vertrage ohne weiteres zurückzutreten und die sofortige Herausgabe obiger Gegenstände zu verlangen, wenn Käufer irgendwie seine Vertragsverpflichtungen verletzt, insbesondere wenn er mit einer Ratenzahlung ganz oder teilweise im Rückstand ist, ebenso wenn sich auch nachträglich herausstellt, daß Käufer kreditunwürdig ist oder unwahre Angaben über die seine Kreditwürdigkeit bedingenden Verhältnisse gemacht hat. In allen diesen Fällen soll es der Verkäuferin gestattet sein, auch ohne vorhergegangene gerichtliche Klage die Vertragsobjekte zurückzunehmen, und wird ihr vom Käufer hierdurch die Befugnis eingeräumt, zu jeder Tageszeit in der Wohnung des Käufers mit ihren Leuten zu erscheinen und dort so lange zu verweilen, bis die Rücknahme erfolgt ist. Käufer erklärt ausdrücklich, in diesem Verfahren eine Verletzung des Hausrechts oder irgendeine andere strafbare Handlung nicht erkennen zu wollen und etwaige Gegenansprüche nur mittels besonderer Klage geltend zu machen.

§ 7. Falls Käufer dem Verkäufer für andere Waren oder Leistungen, welche ihm ohne Eigentumsvorbehalt kreditiert worden, entweder einen Betrag schuldet, bevor er die obigen Gegenstände entnommen, oder bei resp. nach Entnahme derselben schuldig wird, so sollen sämtliche Zahlungen des Käufers unbedingt erst auf diese Schuld verrechnet werden und erst nach Tilgung derselben den in diesem Vertrage angeführten Gegenständen gutgebracht werden. Ebenso sollen durch die Abzahlungen erst die Kosten getilgt sein, welche aus einem eventuellen Prozeßverfahren entstanden und vom Käufer zu tragen sind, bevor die laufenden Zahlungen auf obige Gegenstände verrechnet werden. — Entnimmt Käufer später noch weitere Waren auf Verträge mit Eigentumsvorbehalt, so bleibt es dem Verkäufer überlassen, auf welchen Vertrag er die vom Käufer geleisteten Zahlungen verrechnen will, und es sollen jedenfalls sämtliche Gegenstände aller abgeschlossenen Verträge so lange Eigentum des Verkäufers bleiben, bis die Gesamtschuld aus denselben voll bezahlt ist.

§ 8. Reklamationen werden nur innerhalb drei Tagen berücksichtigt. Bei Uhren gewähren wir ein Jahr Garantie bei allen von selbst entstandenen Schäden.

§ 9. Erfüllungsort für Lieferung und Zahlung ist ausdrücklich .......................... Für alle Rechtsstreitigkeiten, ohne Rücksicht auf den Wohnsitz des Käufers und auf die Höhe des Objektes, ist als zuständig das Amtsgericht zu .......................... vereinbart. Käufer begibt sich ausdrücklich des Rechts der Verjährung.

Mündliche Abmachungen haben keine Gültigkeit.

Gelesen, genehmigt und eigenhändig unterschrieben. Abschrift des Vertrages ist mir übergeben worden.

---

# Formular 2.

.........................., den .......................... 193........

Reisender: ..........................

**Kaufschein Nr. .......... mit Eigentumsvorbehalt.**

..........................................................................................

D..... Unterzeichnete, Herr — Frau — .........................., geborene .........................., geboren .......................... zu .........................., Vorname des Mannes: .........................., Stand: .........................., geboren .......................... zu .........................., wohnhaft .........................., ob eigene Wohnung: ................, beschäftigt .........................., empfing von obenstehender Firma:

.......................... .............. M ...... Pf. .......................... .............. M ...... Pf.

.......................... .............. M ...... Pf. .......................... .............. M ...... Pf.

(1 Goldmark = $^{10}/_{42}$ USA.-Dollar)

zum Preise von .................. GM .......... Pf. geliefert und sofort nach der ersten Abzahlung mit .................. GM .......... Pf. Unterzeichnete... ausgehändigt. Der Restbetrag von .................. GM .......... Pf. muß in .................. Raten von .................. GM .......... Pf. bezahlt werden.

Die erste Rate beginnt am ..........................

Wohnungsveränderungen sind noch vor dem Umzuge dem Verkäufer anzuzeigen.

Bis zur vollständigen Zahlung des ganzen Betrages bleibt Verkäufer Eigentümer obiger Waren und darf Käufer dieselben weder verkaufen noch versetzen.

Sollte Käufer mit zwei aufeinanderfolgenden Raten oder mit dem zehnten Teil des Kaufpreises im Verzuge bleiben, so ist die vorhandene Restschuld ohne weiteres fällig und sofort zahlbar und ist Verkäufer berechtigt, auf Zahlung des ganzen Restbetrages zu klagen und im Unvermögensfalle die Rückgabe der Waren zu beanspruchen.

Zahlungen sind nur gegen Originalquittungen mit Stempel der Firma zu leisten und haben die Quittungen nur für den vorgedruckten Betrag Gültigkeit. Es werden nur solche Quittungen, welche mit dem Sonntagsdatum versehen sind, anerkannt.

Für alle Rechtsstreitigkeiten ohne Rücksicht auf den Wohnsitz des Käufers und auf die Höhe des Objektes ist als zuständig vereinbart, sofern das Geschäft im Deutschen Reich abgeschlossen wurde, das Amtsgericht .....................

Mündliche Abmachungen sowie Änderungen des Vertrages haben keine Gültigkeit. Sollte der Ehemann mit dem Kauf seiner Ehefrau nicht einverstanden sein, so hat derselbe binnen 24 Stunden dieses dem Geschäft brieflich anzuzeigen; unterläßt der Ehemann dieses, so ist er mit dem Kauf seiner Ehefrau einverstanden.

Unterschrift des Käufers:

...............................................................

Ich übernehme selbstschuldnerische Bürgschaft:

...............................................................

---

# Formular 3.

(Firma:) ................................................................................................

Bankkonto: ..............................
Filiale: ................................ Verkäufer: ..............................

**Bestellschein Nr.** ............... (Für den Kunden).
(Gemäß § 151 BGB.)

Name: ....................................., ........., Vorname: ..............................
Ort: ................................, ......................, Straße: ..............................
Beruf: ............................, geb.: .............................., Ort: ..............................
Frau: ............................, Vorname: ............................, geb.: ..............................

Ich — Wir — bestellen bei der Firma:

| Lfd. Nr. | Gegenstand | RM | Pf. |
|---|---|---|---|
| | | | |
| | | | |
| | | | |

Montagekosten und Material werden mit RM ........................ bei der Aufstellung gezahlt.

Montagekosten und Material sind im Vertrag mit RM .................... bereits berechnet RM ........................

Abzüglich Anzahlung . . . RM ........................

Restbetrag . . . RM ........................

Der Besteller verpflichtet sich, die vereinbarte Anzahlung von RM ......................... zu leisten und den Rest in ............... aufeinanderfolgenden gleichen monatlichen Raten von RM ..............., beginnend am ............................, zu tilgen.

Alle Beträge sind auf das Konto ............... unserer Firma bei der ......................................, Depositenkasse ............... (Postscheckkonto ......................) zu überweisen.

Der Bestellung liegen die umseitigen allgemeinen Bedingungen zugrunde, die vom Besteller ausdrücklich anerkannt werden. Mündliche Nebenabreden haben keine Gültigkeit.

Datum: ......................................

Unterschrift des Kunden: ................................................

Unterschrift der Ehefrau: ................................................

## Schuldanerkenntnis.

Hierdurch erkenne ich — wir — an, der ......................................... einen Betrag von RM .................... (in Worten: Reichsmark ......................................) zu schulden.

Ich — wir — verpflichte(n) mich — uns —, diesen Betrag in ............... aufeinanderfolgenden Raten von je RM ..................... zurückzuzahlen. Die erste dieser Raten ist fällig am ..............................., jede weitere einen Monat später.

| Ort und Datum: | Unterschrift des Kunden: |
|---|---|
| ...................................... | ...................................... |
| Straße (Platz) Nr.: | Unterschrift der Ehefrau: |
| ...................................... | ...................................... |

(Rückseite.)

## Allgemeine Bedingungen.

1. Der Verkäufer ist zur Lieferung nur verpflichtet, wenn er die im Bestellschein vereinbarte Anzahlung in bar erhalten hat.

2. Der Besteller verpflichtet sich, die Raten an die vom Verkäufer angegebene Stelle jeweils pünktlich portofrei zu

zahlen und erkennt das Gericht des ihm aufgegebenen Zahlungsortes als zuständiges Gericht für Streitfälle an, falls dieser Zahlungsort nicht mit dem Domizil des Verkäufers identisch sein sollte.

3. Sollte Besteller, wenn auch unverschuldet, mit mindestens zwei Raten — wenn diese nicht den zehnten Teil der Kaufsumme ausmachen, dann erst bei diesem Rückstande — in Verzug bleiben, so hat dies die Fälligkeit der ganzen Restschuld zur Folge. Der Käufer verpflichtet sich, für die Klagebearbeitung einschließlich Terminsvertretung mindestens die Hälfte der gesetzlichen Anwaltsgebühren zu zahlen. Die vom Besteller erfolgten Zahlungen werden immer zuerst auf die bereits entstandenen gerichtlichen oder außergerichtlichen Kosten, dann auf Verzugszinsen und dann auf die älteste fällig gewordene und noch nicht getilgte Rate in Anrechnung gebracht. Der Verkäufer ist aber schon, wenn eine der vereinbarten Zahlungen nicht rechtzeitig geleistet wird, nach Befinden berechtigt, von den Vereinbarungen zurückzutreten und die Ware zurückzuholen, ohne daß sich Besteller dieser Maßnahme gegenüber auf sein Hausrecht berufen darf. Die Kosten des Hin- und Rücktransportes sowie alle sonstigen Spesen trägt in diesem Falle der Besteller. Der Verkäufer hat nach Rückgabe der Ware die geleisteten Zahlungen zurückzugewähren, kann davon aber den Betrag für die infolge der Vereinbarungen gemachten Aufwendungen für Beschädigungen der Ware usw. in Abzug bringen. Bei normaler Abnutzung werden für die Wertverminderung usw. allermindestens 20 Prozent des Kaufpreises und für die Überlassung der Ware eine monatliche Miete von 3 Prozent des vereinbarten Kaufpreises berechnet. Bei übermäßig hoher Abnutzung, bei Beschädigungen erhöhen sich die Sätze entsprechend.

Falls Besteller sich weigert, die bestellte Ware abzunehmen, kann der Verkäufer statt der Abnahme 20 Prozent als Schadensersatz ohne Fristsetzung verlangen.

Wenn der Vertrag aus finanziellen Gründen von dem Verkäufer abgelehnt wird, trägt der Käufer die bis dahin entstandenen Spesen.

4. Mängelrügen, die berücksichtigt werden sollen, müssen binnen drei Tagen nach Ablieferung der Ware in dem Geschäftslokal des Verkäufers geltend gemacht werden. In diesem Falle und bei etwaigen Reparaturen ist Besteller nicht berechtigt, die vertraglichen Verpflichtungen einzustellen. Besteller verpflichtet sich, die Ware bis zur völligen Bezahlung regelmäßig nur durch den Verkäufer nachsehen zu lassen.

5. Der Besteller ist verpflichtet, eintretenden Wohnungswechsel, Pfändungen sowie überhaupt sämtliche die Geltendmachung des Eigentumsrechts gefährdende oder dasselbe verletzende Vorkommnisse dem Verkäufer sofort bekanntzugeben.

Bei einer Pfändung hat der Besteller die durch einen etwa anzustrengenden Interventionsprozeß entstehenden Kosten zu tragen oder aber den durch die Überlassung entstehenden Rechtsverlust zu ersetzen. Bei Nichtmeldung der Pfändung ist ebenfalls der gesamte Restbetrag fällig.

6. Die Ware ist gegen jede Beschädigung des Innern und Äußeren zu schützen. Jeden durch Verletzung dieser Verpflichtungen entstehenden Schaden hat der Besteller zu ersetzen, auch darf die Ware ohne schriftliche Genehmigung des Verkäufers nicht weiterverkauft oder zum Kauf angeboten werden.

7. Der Besteller verpflichtet sich, die gelieferten Gegenstände gegen Feuer, Diebstahl und Einbruchsdiebstahl bei einer ersten Versicherungsgesellschaft zu versichern. Alle Ansprüche gegen die Versicherungsgesellschaft bei einem eventuellen Schadensfalle

tritt der Besteller hiermit dem Verkäufer ab, und zwar in Höhe seiner gegenüber dem Verkäufer jeweils bestehenden Schuld. Er verpflichtet sich auch, diese Abtretung schriftlich zu vollziehen und sie gegenüber der Versicherungsgesellschaft zu erklären.

8. Bis zur völligen Bezahlung des Kaufpreises bleiben die gelieferten Waren Eigentum des Verkäufers, was der Besteller ausdrücklich anerkennt. Wechsel gelten erst nach ihrer Einlösung als Zahlung. Besteller ist sich bewußt, daß jede Verfügung über die Ware vor völliger Bezahlung gegen die Strafgesetze verstößt.

9. Der Verkäufer ist berechtigt, die Vereinbarungen sofort aufzuheben und die gelieferten Waren zurückzuholen, wenn der Besteller gegen diese Vereinbarungen verstößt. Nicht zufriedenstellende Auskunft über den Besteller oder Handlungen des Bestellers oder anderer Mitglieder seines Hauses, welche die Eigentumsrechte des Verkäufers bedrohen oder verletzen, berechtigen den Verkäufer zum Rücktritt und zur sofortigen Abholung der Ware.

10. Eventuelle Stempelgebühren oder sonstige staatliche Abgaben trägt der Besteller.

11. Käufer verzichtet auf schriftliche Bestätigung der Annahme dieser Bestellung, an die sich Besteller bis 14 Tage nach Unterzeichnung des Bestellscheines gebunden erklärt. Geht dem Besteller nicht spätestens an diesem Tage vom Verkäufer eine Ablehnungserklärung zu, so soll die Vereinbarung als zustande gekommen gelten.

12. Erfüllungsort und Gerichtsstand ist ..............................

13. Besondere Vereinbarungen: ..............................

14. Der Verkäufer ist berechtigt, alle seine Rechte gegenüber dem Besteller, insbesondere das vorbehaltene Eigentumsrecht, an Dritte abzutreten.

15. Weitere Vereinbarungen müssen zwecks deren Gültigkeit schriftlich bestätigt werden. Gleichlautende Abschrift dieses Bestellscheins hat Besteller erhalten.

Zur besonderen Beachtung!

Die vereinbarten Raten sind pünktlich, d. h. bis zum Dritten jeden Monats, einzuzahlen.

Der festgesetzte Kaufpreis hat nur dann Gültigkeit, wenn die vereinbarten Zahlungstermine eingehalten werden.

Werden die Raten nicht innerhalb 90 Tagen pünktlich gezahlt, so erhöht sich der Kaufpreis um 10 Prozent; diese 10 Prozent sind bei Zahlung der letzten Rate gleichfalls fällig.

---

## Formular 4.

(Nachdruck und unbefugte Verwendung ist verboten.)

.................................... Fol.: ....................................

Name: ....................................

Wohnung: ....................................

### Kaufvertrag mit Eigentumsvorbehalt.

#### Muster A.

Unterzeichnete...... kauf....... von der Firma .................................... nachstehend...... Gegenstand...... zu den dabei vermerkten vorher vereinbarten Preisen unter den folgenden und umstehenden Einheitsbedingungen des .............................. und erkenn...... an, daß sich sämtliche Waren in gutem Zustande befinden.

...................... ............ RM ..... Pf. ...................... ............ RM ..... Pf.

...................... ............ RM ..... Pf. ...................... ............ RM ..... Pf.

Gesamtbetrag in Buchstaben: .................................... Reichsmark.

(1 RM = $^{10}/_{42}$ nordamerik. Dollar.)

Der vorstehende in Reichsmark (1 RM = $^{10}/_{42}$ nordamerik. Dollar) errechnete Gesamtbetrag von *M* ...................... wird folgendermaßen von d.......... Käufer..... bezahlt:

a) Anzahlung von .................... RM., die sofort gezahlt werden.

b) Der Restbetrag beläuft sich somit auf .................... RM., diese sind zahlbar in wöchentlichen — 14 tägl. — monatlichen Raten von .................... RM., beginnend am ....................

c) Es werden folgende Akzepte gemäß § 3 der umstehenden Einheitsbedingungen in Zahlung gegeben:

........................................................................................................................

Erfüllungsort und Gerichtsstand für sämtliche aus dem Kaufvertrag sich ergebenden Streitigkeiten soll das Amtsgericht .................... ohne Rücksicht auf den Wohnort des Käufers und auf die Höhe des Streitgegenstandes sein.

Die obigen Waren kaufe...... ich — wir — mit Bewilligung und im Auftrage von ...................................., für die ich mit diesem zusammen die gesamtschuldnerische Haftung übernehme.

Vor- und umstehende Bedingungen gelesen, genehmigt und durch untenstehende Unterschrift anerkannt.

...................................., den .................... 19..........

Name: ........................................................................
Stand: ........................................................................
Beschäftigt bei: ........................................................................
Geburtstag und -jahr: ........................................................................
Geburtsort: ........................................................................
Wohnung: ........................................................................

Name: ........................................................................
Stand: ........................................................................
Beschäftigt bei: ........................................................................
Geburtstag und -jahr: ........................................................................
Geburtsort: ........................................................................
Wohnung: ........................................................................

### Selbstschuldnerische Bürgschaft.

Für die von Herr — Frau — ..............................................
durch diesen Vertrag eingegangenen Verpflichtungen übernehme ich hiermit die selbstschuldnerische Bürgschaft unter Verzicht auf die Einreden der Teilung und der Vorausklage entsprechend den obigen und umseitig niedergelegten Bedingungen. Etwaige mündliche Vereinbarungen haben auch mir gegenüber keine Gültigkeit. Ich unterwerfe mich ausdrücklich dem oben vereinbarten Gerichtsstand.

Name: ..............................................................

Stand: ..............................................................

Beschäftigt bei: ..............................................................

Geburtstag und -jahr: ..............................................................

Geburtsort: ..............................................................

Wohnung: ..............................................................

Umstehende Bedingungen beachten!

(Rückseite:)

Einheitsbedingungen des ..............................................................

§ 1. (Eigentumsvorbehalt.) Die gekauften Gegenstände bleiben bis zur vollständigen Bezahlung der Schuld bezw. bis zum Eingang der Wechselbeträge Eigentum der Verkäuferin (Firma).

Laufen gleichzeitig Verbindlichkeiten aus mehreren Käufen bei der Firma, so bleibt die gekaufte Ware bis zur Tilgung der Gesamtschuld deren Eigentum.

§ 2. Alle Zahlungen sind pünktlich an den umstehend bezeichneten Tagen im Geschäftslokal der Firma während der Geschäftsstunden zu leisten oder spesenfrei auf Gefahr des Käufers der Firma einzusenden. Diese Verpflichtung besteht auch dann, wenn Firma die Zahlung mehrmals beim Käufer hat abholen lassen.

Die Zahlungen sind derart zu verrechnen, daß durch den bezahlten Betrag zunächst die Schulden getilgt werden, die der Firma die geringste Sicherheit bieten, insbesondere auf etwa entstandene Unkosten und Schulden auf Waren, die nicht unter Eigentumsvorbehalt verkauft wurden. Die Zahlung ist jeweils auf die am längsten rückständige Rate zu verrechnen.

§ 3. Akzepte werden nicht an Zahlungsstatt, sondern nur unter dem Vorbehalt pünktlichen Einganges angenommen. Die Gutschrift des Betrages erfolgt nach jeweiliger Einlösung.

§ 4. Der Käufer trägt die Gefahr für den Untergang und die Verschlechterung der Ware. Läßt der Käufer die gekaufte Ware bei der Firma lagern, so haftet diese für Untergang und Verschlechterung nur, wenn sie diese vorsätzlich herbeigeführt hat.

Firma haftet für ihr zur Aufbewahrung übergebene Sachen entsprechend Abs. 1.

Personen, die ein Kontobuch oder eine Quittung über die Waren vorlegen, ist Firma ohne Legitimationsprüfung die Gegenstände herauszugeben berechtigt.

§ 5. Der Käufer hat die Waren unverzüglich nach Übergabe oder Lieferung durch die Firma zu untersuchen und, wenn sich ein Mangel zeigt, der Firma unverzüglich Anzeige zu machen. Unterläßt der Käufer die Anzeige, so gilt die Ware als genehmigt, es sei denn, daß es sich um einen Mangel handelt, der bei der Untersuchung nicht erkennbar war.

Zeigt sich ein solcher Mangel, so muß die Anzeige unverzüglich nach der Entdeckung gemacht werden, andernfalls gilt die Ware auch in Ansehung dieses Mangels als genehmigt.

Zur Erhaltung der Rechte des Käufers genügt die rechtzeitige Absendung der Anzeige.

Die vorstehenden Vorschriften finden keine Anwendung, wenn die Firma den Mangel arglistig verschwiegen hat.

§ 6. Werden die Waren beim Käufer von anderer Seite gepfändet, so hat dieser spätestens am dritten Tage **der** Firma hiervon Mitteilung zu machen. Er hat gleichzeitig zwecks rechtzeitiger Intervention das Pfändungsprotokoll vorzulegen und für die die Intervention rechtfertigenden Unterlagen Sorge zu tragen.

Für alle hieraus entstehenden Unkosten und für einen der Firma hieraus entstehenden Schaden haftet Käufer. Durch weitere Ratenzahlungen werden zunächst die Kosten getilgt, die aus der Intervention entstanden sind. Eine Verpflichtung zur Intervention übernimmt die Firma nicht.

Käufer verpflichtet sich, Wohnungsveränderungen vor dem Umzuge mitzuteilen und ohne Zustimmung der Firma Möbel weder aus dem Gemeindebezirk noch aus der Wohnung zu entfernen.

§ 7. Firma ist berechtigt, vor oder nach erfolgter Übergabe von diesem Vertrage zurückzutreten, sofern sich herausstellt, daß Käufer kreditunwürdig ist oder unwahre Angaben über die seine Kreditwürdigkeit bedingenden Verhältnisse gemacht hat.

Firma hat das Recht, falls die in § 2 genannten Zahlungen nicht pünktlich erfolgen, nach erfolgter Androhung ohne Setzung einer Nachfrist von diesem Vertrage zurückzutreten oder Schadensersatz wegen Nichterfüllung zu verlangen.

Firma braucht in jedem Falle des Rücktritts nur die tatsächlich gezahlten Beträge unter Anwendung des § 2 des Gesetzes vom 16. Mai 1894 zurückzuerstatten.

Ist Käufer mit zwei aufeinanderfolgenden Raten ganz oder teilweise in Verzug und kommt der Betrag, mit dem er in Verzug ist, mindestens dem zehnten Teile des Kaufpreises der Ware gleich, so ist der Restkaufpreis sofort fällig und zahlbar.

§ 8. Firma hat das Recht, Lager- und Transportspesen nach dem im Speditionsgewerbe geltenden Sätzen zu berechnen.

§ 9. Stempel dieses Vertrages trag........ Käufer.

§ 10. Änderungen der Bedingungen dieses Vertrages haben nur schriftlich Gültigkeit.

§ 11. Dem Vertrag ist ein Zahlungsziel von ............... Wochen (............... Monaten) zugrunde gelegt. Für jede ............... Woche (Monat) früherer Zahlung des Gesamtbetrages ermäßigt sich der Gesamtpreis um ............... Prozent.

Dieser Vertrag ist Eigentum des ............................................................. Gebrauch nur Mitgliedern gestattet. Nachdruck und mißbräuchliche Benutzung werden verfolgt.

## Formular 5.

(Nachdruck und unbefugte Verwendung ist verboten.)

Formular ist Eigentum des ............................................................

Fol.: ....................................
Name: ....................................
Wohnung: ....................................

### Bestellantrag.

Unterzeichnete....... bestell.......... bei der Firma .............................. unter Verzicht auf die ausdrückliche schriftliche Erklärung der Annahme auf Grund der nachfolgenden und umstehenden Bedingungen nachstehend aufgeführte Waren:

| | RM | Pf. | | RM | Pf. |
|---|---|---|---|---|---|
| | | | Transport ... | | |
| | | | | | |
| | | | | | |
| | | | | | |
| Transport ... | | | | | |

Gesamtbetrag in Buchstaben: ............................ Reichsmark.
(1 RM. = $^{10}/_{42}$ nordamerik. Dollar.)

Die Bezahlung des vorstehenden in Reichsmark errechneten Gesamtbetrages von RM .................... geschieht in folgender Weise:

a) Anzahlung von RM ....................

b) Restzahlung nach Lieferung in — wöchentlichen — 14tägigen — monatlichen — Raten von RM ...................., beginnend am ....................

Erfüllungsort und Gerichtsstand für sämtliche aus der Bestellung sich ergebenden Streitigkeiten soll das Amtsgericht .................... ohne Rücksicht auf den Wohnort des Bestellers und auf die Höhe des Streitgegenstandes sein.

Die obigen Waren bestelle........ ich — wir — mit Bewilligung und im Auftrage von ...................., für die ich mit diesem zusammen die gesamtschuldnerische Haftung übernehme.

...................., den .................... 19......

Name: ....................
Stand: ....................
Beschäftigt bei: ....................
Geburtstag und -jahr: ....................
Geburtsort: ....................
Wohnung: ....................

Name: ....................
Stand: ....................
Beschäftigt bei: ....................
Geburtstag und -jahr: ....................
Geburtsort: ....................
Wohnung: ....................

## Selbstschuldnerische Bürgschaft.

Für die von Herrn — Frau — ..........................................................
auf Grund der obigen Bestellung zu übernehmende Verpflichtung des Hauptschuldners übernehme ich hiermit die selbstschuldnerische Bürgschaft unter Verzicht auf die Einreden der Teilung und der Vorausklage. Entsprechend den umseitig niedergelegten Bedingungen wird die Bürgschaft von mir übernommen. Etwaige mündliche Vereinbarungen haben auch mir gegenüber keine Gültigkeit.

Die Kosten der Verstempelung für vorliegende Bürgschaft werden von mir getragen.

.............................., den ........................................ 19......

Name: ..........................................................................................

Stand: ..........................................................................................

Beschäftigt bei: ............................................................................

Geburtstag und -jahr: ..................................................................

Geburtsort: ...................................................................................

Wohnung: .....................................................................................

Umstehende Bedingungen beachten!
(Siehe Rückseite Formular 4!)

# Formular 6.

(Nachdruck und unbefugte Verwendung ist verboten.)

Fol.: ..............................................

Name: ..........................................

Wohnung: .....................................

## Kaufvertrag

über folgende von der Firma ...........................................
gekaufte, in gutem Zustand befindliche Gegenstände:

| | RM | Pf. | | RM | Pf. |
|---|---|---|---|---|---|
| | | | Transport... | | |
| | | | | | |
| | | | | | |
| | | | | | |
| Transport... | | | | | |

Gesamtbetrag in Buchstaben: .............................................. Reichsmark.

(1 RM = $^{10}/_{42}$ nordamerik. Dollar.)

Anzahlung RM ................., Rest in monatlichen — wöchentlichen — 10 tägigen — Raten à RM .................., beginnend am ..........................

Erfüllungsort ist Wohnsitz des Verkäufers, Gerichtsstand unabhängig von Streitwerthöhe Amtsgericht ..............................

Die Waren bleiben bis zur Barzahlung der Kaufschuld, Zinsen und Kosten sowie bis zur Einlösung der gegebenen Wechsel, bei gleichzeitigen Verbindlichkeiten aus mehreren Käufen bis zur Tilgung der Gesamtschuld Eigentum des Verkäufers.

Der Kaufpreis bleibt auch dann Bringschuld, wenn der Verkäufer Zahlung vom Käufer abholt. Aus eingehenden Zahlungen werden zunächst die Unkosten, dann die Schulden, die Verkäufer geringere Sicherheit bieten, ferner Schulden, die am längsten rückständig sind, getilgt.

Geht dem Verkäufer die Mängelanzeige nicht spätestens 30 Tage nach Übergabe der Ware zu, so erlischt der Anspruch auf Wandlung, Minderung oder Schadensersatz, Absendung der Mängelanzeige genügt nicht.

Werden die Waren gepfändet, so sind die Interventionsbelege dem Verkäufer sofort vorzulegen, der zur Intervention berechtigt, aber nicht verpflichtet ist. Käufer haftet für alle Interventionskosten, soweit diese nicht vom Gegner erstattet werden.

Veränderungen der Arbeitsstelle, der Wohnung und des Standorts der Ware sind dem Verkäufer ungesäumt schriftlich mitzuteilen.

Macht Käufer über seine Person, Beschäftigung oder Kreditwürdigkeit unrichtige Angaben oder zahlt er die Raten nicht pünktlich, so kann Verkäufer ohne Nachfristsetzung vom Vertrage zurücktreten.

Ist Käufer ganz oder teilweise mit zwei aufeinanderfolgenden Raten in Höhe von zusammen einem Zehntel der Kaufschuld im Verzuge, so ist der Rest fällig.

Bei Möbeln geht der Transport zu Lasten des Käufers. Stempel dieses Vertrages trägt Käufer.

Mündliche Abreden sind ungültig.

.............................., den ........................................ 19........

Name: ....................................................................................

Stand: ....................................................................................

Beschäftigt bei: ..........................................................................

Geburtsort und -datum: ...............................................................

Wohnung: ................................................................................

Die obigen Waren kaufe ich im Auftrage von ..............................., für die ich die gesamtschuldnerische Haftung übernehme.

Name: ..............................
Stand: ..............................
Beschäftigt bei: ..............................
Geburtsort und -datum: ..............................
Wohnung: ..............................

Ich bürge selbstschuldnerisch für den Käufer gemäß diesem Kaufvertrag.

.............................., den .............................. 19........

Name: ..............................
Stand: ..............................
Beschäftigt bei: ..............................
Geburtsort und -datum: ..............................
Wohnung: ..............................

---

## Formular 7.

(Nachdruck und unbefugte Verwendung ist verboten.)

Fol.: ..............................
Name: ..............................
Wohnung: ..............................

### Bestellantrag.

Unterzeichnete...... bestell......... bei der Firma .............................. unter Verzicht auf die ausdrückliche schriftliche Erklärung der Annahme auf Grund der nachfolgenden Bedingungen nachstehend aufgeführte Waren:

| | RM | Pf. | | RM | Pf. |
|---|---|---|---|---|---|
| | | | Transport... | | |
| | | | | | |
| | | | | | |
| | | | | | |
| Transport... | | | | | |

Gesamtbetrag in Buchstaben: ........................................ Reichsmark.
(1 RM = $^{10}/_{42}$ nordamerik. Dollar).

Anzahlung RM .................., Rest in monatlichen — wöchentlichen — 10tägigen — Raten à RM .................., beginnend am .......................................

Erfüllungsort ist Wohnsitz der Lieferfirma, Gerichtsstand unabhängig von Streitwerthöhe Amtsgericht ......................

Die bestellten und gelieferten Waren bleiben bis zur Barzahlung der Schuld, Zinsen und Kosten sowie bis zur Einlösung der gegebenen Wechsel, bei gleichzeitigen Verbindlichkeiten aus mehreren Lieferungen bis zur Tilgung der Gesamtschuld Eigentum der Firma.

Die Zahlungen bleiben auch dann Bringschuld, wenn die Firma Zahlung vom Besteller abholt. Aus eingehenden Zahlungen werden zunächst die Unkosten, dann die Schulden, die Firma geringere Sicherheit bieten, ferner Schulden, die am längsten rückständig sind, getilgt.

Geht der Firma die Mängelanzeige nicht spätestens 30 Tage nach Übergabe der Ware zu, so erlischt der Anspruch auf Wandlung, Minderung oder Schadensersatz. Absendung der Mängelanzeige genügt nicht.

Werden die Waren gepfändet, so sind die Interventionsbelege der Firma sofort vorzulegen, die zur Intervention berechtigt, aber nicht verpflichtet ist. Besteller haftet für alle Interventionskosten, soweit diese nicht vom Gegner erstattet werden.

Veränderungen der Arbeitsstelle, der Wohnung und des Standortes der Ware sind der Firma ungesäumt schriftlich mitzuteilen.

Macht Besteller über seine Person, Beschäftigung oder Kreditwürdigkeit unrichtige Angaben oder zahlt er die Raten nicht pünktlich, so kann Firma von dem durch Annahme dieses Bestellantrages zustande kommenden Vertrage ohne Nachfristsetzung zurücktreten.

Ist Besteller ganz oder teilweise mit zwei aufeinanderfolgenden Raten in Höhe von zusammen einem Zehntel der Schuld im Verzuge, so ist der Rest fällig.

Bei Möbeln geht der Transport zu Lasten des Bestellers.

Mündliche Abreden sind ungültig.

..............................., den ........................................ 19........

Name: ..............................................................................

Stand: ..............................................................................

Beschäftigt bei: ...............................................................

Geburtsort und -datum: ...................................................

Wohnung: .......................................................................

Die obigen Waren bestelle ich im Auftrage von ............................., für die ich die gesamtschuldnerische Haftung übernehme.

Name: ..............................................................................

Stand: ..............................................................................

Beschäftigt bei: ...............................................................

Geburtsort und -datum: ...................................................

Wohnung: .......................................................................

Ich bürge selbstschuldnerisch für die auf Grund der obigen Bestellung zu übernehmende Verpflichtung des Hauptschuldners.

.............................., den ........................................ 19........

Name: ..........................................................................................
Stand: ..........................................................................................
Beschäftigt bei: ..............................................................................
Geburtsort und -datum: ................................................................
Wohnung: ......................................................................................

---

## B.

## Formulare zu verhüllten Abzahlungsgeschäften, wie sie namentlich früher üblich waren.

Die Formulare sind von den früheren Herausgebern dem Werk von W. Hausmann: Die Veräußerung beweglicher Sachen gegen Ratenzahlung, Berlin 1891, entnommen worden.

## Formular 8.

Zwischen den Unterzeichneten ist heute nachstehender Vertrag abgeschlossen worden:

§ 1. Es vermietet der Möbelhändler ..............................................
wohnhaft ........................................................................................
an de.............................................................................................
wohnhaft ........................................................................................
die in § 6 näher bezeichneten Gegenstände im Gesamtwerte von ..................... Mark .......... Pf.

§ 2. Mieter, welcher anerkennt, daß ihm sämtliche Sachen neu und in gutem Zustande sowie dem oben angegebenen Werte angemessen übergeben sind, verpflichtet sich, dieselben in gutem Zustande zurückzuliefern und für jeden Schaden, welcher während der Mietszeit an diesen entsteht, zu haften, auch die Transportkosten hin und zurück allein zu tragen. Geht durch die Schuld des Mieters das eine oder andere Stück der vermieteten Gegenstände dem Vermieter verloren, so erstattet Mieter den vollen Wert eines solchen, wie im § 7 angegeben ist. Werden durch Exekution dem Mieter die vermieteten Gegenstände abgepfändet, so verpflichtet er sich, dem Vermieter sofort Anzeige zu machen und alle durch einen nötigenfalls anzustellenden Interventionsprozeß entstehenden gerichtlichen und außergerichtlichen Kosten zu tragen resp. zu erstatten. Nichtbefolgung dieser Vorschrift zieht die sofortige Auflösung des Vertrages in Gemäßheit des § 3 nach sich.

§ 3. Mieter verpflichtet sich, für den Mietsgebrauch heute .................... Mark .......... Pf. sowie am 1. jedes Monats (wöchentlich) .................... Mark .......... Pf. pränumerando zu zahlen, und räumt dem Vermieter das Recht ein, wenn die Miete nicht pünktlich gezahlt worden ist, sämtliche vermieteten Gegenstände sofort ohne vorhergegangene Kündigung und gerichtliche Klage zurückzunehmen. Zu diesem Behufe wird dem Vermieter vom Mieter hiermit die Befugnis ausdrücklich zugestanden, zu jeder Tageszeit mit so vielen seiner Leute, als er zum Transport der Sachen bedarf, in der Wohnung des Mieters zu erscheinen und sich dort so lange aufhalten zu dürfen, als die Übernahme und Verladung der vermieteten Gegenstände erforderlich macht. Mieter erklärt hiermit ausdrücklich, in diesem Verfahren des Vermieters eine Verletzung seines Hausrechts oder irgendeine andere strafbare Handlung nicht erkennen zu wollen. Außerdem muß Mieter die etwa rückständige Miete bis zu dem Tage der Zurücknahme der Gegenstände sofort bezahlen.

§ 4. Sämtliche Sachen sind mit den eingebrannten oder aufgestempelten Worten ........................... bezeichnet, und darf Mieter, bei Strafe des Betrugs, keines dieser Stücke veräußern, verpfänden oder ohne schriftliche Einwilligung des Vermieters aus seiner Wohnung entfernen; er hat überhaupt jeden Wohnungswechsel acht Tage vorher dem Vermieter anzuzeigen und dessen Genehmigung einzuholen. Auch darf Mieter ohne Genehmigung des Vermieters die ihm vermieteten Gegenstände nicht länger als einen Monat an eine andere Person vermieten.

§ 5. Die Dauer dieses Leihkontraktes ist auf so lange Zeit verabredet worden, bis die nach § 1 wirklich geleisteten Mietszahlungen zusammen den Wertbetrag von .................... Mark .......... Pf. erreicht haben. Wenn nun diese Mietszahlungen regelmäßig und vollständig erfolgt sind, **verpflichtet sich der Vermieter, die bis dahin vermieteten Gegenstände dem Mieter auch käuflich zu überlassen und die gezahlte Miete mit**[1] **als Kaufgeld anzurechnen.**

§ 6. Beide Teile erkennen ausdrücklich an, daß dieser Kontrakt in allen Punkten so abgeschlossen ist, wie beabsichtigt und verabredet worden, und haben demnach die Kontrahenten zum Zeichen der vollsten Genehmigung ihn durch eigenhändige Unterschrift vollzogen.

Berlin, den .................................................. 19........

Vermieter: ........................................

Mieter gelesen: ........................................

§ 7. Wert der Stücke.

| | | | Mark | Pf. |
|---|---|---|---|---|
| | 1. | | | |
| | 2 | | | |
| | 3. | | | |
| | 4. | | | |

[1]) Das Wort „mit" ist hier sehr bezeichnend.

## Formular 9.

Zwischen dem Nähmaschinenfabrikanten ..................................
und dem ................................................, ..................................................
wohnhaft, ist heute nachstehender Vertrag geschlossen worden:

§ 1. Es vermietet der Nähmaschinenfabrikant .......................
an den ................................ eine ........................................ im Werte von ........................................................................................................

§ 2. Mieter verpflichtet sich, für die mietsweise Benutzung der gedachten Nähmaschine heute für den ersten Monat ........................... Mark sowie am ...............ten jeden folgenden Monats .......................... Mark pränumerando zu zahlen. Sollte Mieter mit einer der Mietszahlungen im Rückstande verbleiben, so ist Vermieter berechtigt, die qu. Maschine sofort ohne weitere Kündigung zurückzunehmen. Zu diesem Behufe wird dem Vermieter vom Mieter hiermit ausdrücklich die Befugnis zugestanden, zu jeder Tageszeit mit so viel Leuten, als er zum Transport der Maschine bedarf, in der Wohnung des Mieters zu erscheinen und dort so lange sich aufhalten zu dürfen, als es die Übernahme der Maschine erforderlich macht. Auch muß der Mieter die etwa rückständige Miete bis zu dem Tage der Zurücknahme der Maschine sofort bezahlen.

§ 3. Mieter, welcher anerkennt, daß ihm die Maschine neu und in brauchbarem Zustande sowie dem oben angegebenen Werte angemessen übergeben ist, verpflichtet sich, dieselbe *in gutem Zustande zurückzuliefern* und für jeden Schaden, welcher während der Mietszeit an derselben entsteht, zu haften, auch die Transportkosten, hin und zurück, zu tragen. Wird durch Exekution dem Mieter die Maschine abgepfändet, so ist er verpflichtet, dem Vermieter hiervon sofort Anzeige zu machen und alle durch einen etwa anzustellenden *Interventionsprozeß* entstehenden gerichtlichen und außergerichtlichen Kosten zu tragen resp. zu erstatten. Die Nichtbefolgung dieser Bestimmung hat zur Folge, daß der Vermieter berechtigt ist, die Maschine sofort zurückzunehmen. Sollte diese alsdann nicht mehr vorhanden sein, so ist Mieter verpflichtet, den Wert derselben, wie er im § 1 angegeben ist, nach Abrechnung der bereits geleisteten Mietszahlungen, dem Vermieter zu erstatten. Letzteres geschieht auch für den Fall, daß die Maschine dem Mieter auf irgendeine Art verlorengeht.

§ 4. Mieter darf bei Vermeidung der gesetzlichen Strafen die vorerwähnte Maschine nicht veräußern, verpfänden oder ohne schriftliche Einwilligung des Vermieters aus seiner Wohnung entfernen. Auch hat er jeden Wohnungswechsel acht Tage vorher dem Vermieter anzuzeigen, widrigenfalls der Vermieter berechtigt ist, die Maschine sofort zurückzunehmen.

§ 5. Sobald die im § 2 bestimmten Mietszahlungen den Betrag von .................... Mark erreicht haben, verbleibt die Maschine dem Mieter als sein Eigentum.

Berlin, den ................................................ 19......

Vermieter: ....................................

Mieter gelesen: ...............................

---

## Formular 10.

Eigentum des Vereins Berliner Möbelhändler.

Zwischen den Unterzeichneten ist heute nachstehender Mietsvertrag verabredet und abgeschlossen worden:

§ 1. Es vermietet der Möbelhändler ....................................,
wohnhaft zu Berlin ....................................................,
an d..........................................................................,
wohnhaft zu .............................................................,

die nachstehend aufgeführten Gegenstände im Werte der daneben ausgeworfenen Summen:

| | Mark | Pf. |
|---|---|---|
| | | |
| | | |
| | | |
| | | |

§ 2. Mieter erkennt an, daß ihm die vermieteten Gegenstände in gutem Zustande übergeben sind und daß sie den im § 1 angegebenen Wert haben, verpflichtet sich, für jeden zufälligen Schaden, welchen die Sachen während der Dauer des Vertrages erleiden, zu haften und aufzukommen, und übernimmt die Kosten des Hin- und Rücktransportes und den Stempel für beide Vertragsexemplare, hat auch die Verwendung und Kassierung der Stempelmarken zu betreiben und haftet für den aus der Unterlassung dem Vermieter entstehenden Schaden.

§ 3. Mieter verpflichtet sich, als Mietszins für den Zeitraum von heute ab bis zum ........................ 18........ heute im voraus die Summe von ........................ Mark, ferner am ........................ ........................ Mark und demnächst am ............ten Tage jedes folgenden Quartals (Monats, Woche) ........................ Mark im Geschäftslokale des Vermieters während der Geschäftsstunden zwischen 8 Uhr morgens und 8 Uhr abends zu zahlen.

§ 4. Die Dauer dieses Mietsverhältnisses ist auf so lange festgesetzt, bis die tatsächlich geleisteten Mietszahlungen den Gesamtwert der im § 1 ausgeworfenen Wertssummen erreicht haben. Ist dieser Fall eingetreten, so hat der Mieter das Recht erlangt, die bis dahin nur gemieteten Sachen als sein Eigentum zu behalten, so daß dann dieser Vertrag in einen den §§ 258 und 259 Teil I Tit. 11 des Allgemeinen Landrechts entsprechenden Kaufvertrag übergeht.

Bevor die Mietszahlungen die aus § 1 ersichtliche Gesamtsumme erreicht haben, kann Mieter auch nicht einmal an einzelnen Mietssachen Eigentum erwerben; er würde sich daher durch Verpfändung oder Veräußerung derselben strafbar machen.

§ 5. Mieter verpflichtet sich, von einem etwaigen Wohnungswechsel dem Vermieter sofort Anzeige zu machen und in dem Falle, wenn Mietssachen gepfändet oder einbehalten werden oder sonst abhanden kommen, hiervon den Vermieter sofort zu benachrichtigen und ihn durch Beschaffung des erforderlichen Materials in den Stand zu setzen, mit Erfolg intervenieren zu können. Jeden aus der Unterlassung oder aus der Verzögerung dieser Anzeigen entstehenden Schaden, Kostenaufwand und Verlust hat der Mieter zu tragen und zu ersetzen, welcher überhaupt alle zur Beseitigung von Pfändungen und Retentionsansprüchen und zur Wiederherbeischaffung der Mietssachen aufgewendeten gerichtlichen und außergerichtlichen Kosten zu tragen und zu erstatten hat. Außerdem verpflichtet sich Mieter, die geliehenen Möbel sofort nach Empfang gegen Feuersgefahr zu versichern, resp. haftet Mieter bei Nichtbefolgung bei etwaigem Feuerschaden für den vorstehend angegebenen Wert. Dem Vermieter steht das Recht zu, die als Mietszins angenommenen Zahlungen des Mieters auch noch nachträglich zunächst auf solche Schäden und Kosten zu verrechnen.

Sind die Mietssachen in den Besitz eines Dritten gelangt, so ist der Vermieter berechtigt und legitimiert, allein ohne Mitwirkung des Mieters die Herausgabe zu verlangen.

§ 6. Wird eine Mietsrate nicht pünktlich, d. h. spätestens am ........................ Tage nach der Fälligkeit, voll gezahlt, so ist der Vermieter berechtigt, sämtliche Mietssachen ohne Kündigung zurückzunehmen, unbeschadet seines Rechtes, die Nachzahlung des rückständigen Mietszinses zu verlangen. Dem Vermieter ist gestattet, zum Zwecke der Fortnahme der Sachen mit dem erforderlichen Hilfspersonal die Wohnung des Mieters zu betreten und sich darin aufzuhalten.

Ist Mieter aus irgendwelchen Gründen nicht mehr in der Lage, die einzelnen Mietssachen zurückgeben zu können, so hat er für jeden fehlenden Gegenstand ohne Rücksicht auf ein Verschulden die im § 1 dafür ausgeworfene Wertsumme zu ersetzen.

Eine Rückforderung und Rückzahlung der geleisteten Mietsraten findet in keinem Falle statt.

Die auf Grund des § 2 heute gezahlte Summe darf vom Mieter auf rückständige Mietsraten nicht verrechnet werden.

§ 7. Für alle aus diesem Vertrage und Vertragsverhältnisse sich ergebenden Rechtsstreitigkeiten, insbesondere für alle Klagen auf Zahlung des Mietszinses und auf Rückgabe der Mietssachen, wird ohne Rücksicht auf die Höhe und den Wert des Streitgegenstandes das Königl. Amtsgericht I in Berlin als zuständiges Gericht vereinbart und als solches von beiden Teilen anerkannt.

Berlin, den ..........ten ............................ 189.....

Vermieter: ..............................

Als Zeuge: ..............................   Mieter: ..............................

**Die Quittungen werden, ohne daß es besonders bemerkt wird, bei nicht pünktlichen Zahlungen stets mit Vorbehalt der Rechte ausgestellt, und ist auf Grund vorstehenden Kontraktes an Miete bezahlt worden:**

| Datum | | Für die Zeit | In Buchstaben | Mark | Pf. | Unterschrift |
|---|---|---|---|---|---|---|
| | | | | | | |
| | | | | | | |
| | | | | | | |

# Formular 11.

Zwischen der Handlung ..........................................
als Vermieter und dem Herrn ..........................................
als Mieter wird heute nachstehender Vertrag geschlossen:

Es vermietet die Handlung ..........................................
an den Herrn ..........................................,
wohnhaft ..........................................., die umstehend bezeichneten Gegenstände im Gesamtwerte von Mark ...................,
in Worten: ..........................................

Mieter erkennt an, daß ihm sämtliche umstehenden Gegenstände in gutem Zustande übergeben worden sind, und verpflichtet sich, falls durch Zwangsvollstreckung die umstehend bezeichneten Gegenstände gepfändet werden, dem Vermieter sofort davon Anzeige zu machen, auch die Kosten des etwaigen Interventionsprozesses zu tragen.

Mieter verpflichtet sich, für den Mietsgebrauch heute .......................... Mark ............ Pf. sowie am ............ten jeden folgenden Monats ........................ Mark ............ Pf. pränumerando zu zahlen. Vermieter haben das Recht, bei nicht pünktlicher Zahlung die Gegenstände sofort zurückzunehmen. Zu diesem Zwecke wird den Vermietern .......................................... hiermit ausdrücklich die Erlaubnis erteilt, zu jeder Tageszeit mit so vielen ihrer Leute, als zum Transport der Sachen notwendig sind, in die Wohnung des Mieters einzutreten und dort so lange zu verweilen, als es die Rücknahme und Verladung der gemieteten Gegenstände erfordert.

Ohne ausdrückliche Erlaubnis der Vermieter dürfen die vermieteten Gegenstände nicht weiterveräußert oder auch nur aus der Wohnung entfernt werden.

Die Dauer dieses Kontraktes ist auf so lange verabredet, bis die Mietszahlungen den Betrag von ...................... Mark ............ Pf. erreicht haben.

Wenn die Mietszahlungen bis zu dieser Höhe vollständig geleistet sind, verpflichten sich die Vermieter, die vermieteten Gegenstände dem Mieter zum Eigentum zu überlassen und die gezahlte Miete als Kaufgeld zu rechnen.

Beide Teile haben diesen Kontrakt gelesen, genehmigt und eigenhändig unterschrieben.

Berlin, den ........................................ 19......

Vermieter: ..............................

Mieter: ..............................

---

## C.

## Formular eines nicht ohne weiteres als verhülltes Abzahlungsgeschäft anzusehenden Vertrages.

Der Besteller schließt mit dem Lieferanten gleichzeitig die beiden nachstehend abgedruckten Verträge ab. Über die rechtliche Beurteilung solcher Verträge siehe oben (Anmerkung 31 zu § 6).

### Formular 12.

#### Teil a.

.................., den .............................. 19......

An die

Firma ..................................................

I.

Ich — Wir — miete..... hierdurch von Ihnen für die Dauer von .............. Monaten vom Tage der Absendung ab, die bis ungefähr .................. nach .................. auf meine — unsere — Kosten und auf meine — unsere — Gefahr per ..................

abzusendenden, endstehend näher spezifizierten Materialien für einen Mietspreis von

Mark ............................ ............ Pf.,

in Worten: Mark ..............................................................

## II.

Die Zahlung des Mietspreises erfolgt mit:

1. Mark ......................, ............ Pf. am .........ten ........................ 19.......
2. Mark ......................, ............ Pf. am .........ten ........................ 19.......
3. Mark ......................, ............ Pf. am .........ten ........................ 19.......
4. Mark ......................, ............ Pf. am .........ten ........................ 19.......
5. Mark ......................, ............ Pf. am .........ten ........................ 19.......
6. Mark ......................, ............ Pf. am .........ten ........................ 19.......
7. Mark ......................, ............ Pf. am .........ten ........................ 19.......

mit der Maßgabe, daß ich — wir — Ihnen über die Gesamtsumme der Raten zu ......................... bis ......................... vor Absendung der gemieteten Gegenstände einen von mir — uns — akzeptierten, am ............................. fälligen Wechsel zu geben habe — haben —, der im Falle pünktlicher Zahlung der jeweils fälligen Rate zuzüglich Wechselstempel und Domizilprovision gegen ein neues, am nächsten Ratentermine fälliges Akzept über die Gesamtsumme der noch nicht bezahlten Raten eingetauscht wird. Stempelkosten — zurzeit $^3/_{10}$ v. H. —, die von Ihnen für die ursprüngliche und etwaige Weitermietszeit gezahlt werden sollten, sind Ihnen von mir — uns — auf Ihr Erfordern zu vergüten.

## III.

Sollte eine fällige Mietsrate auch nicht einmal innerhalb fünf Tagen nach Aufforderung bezahlt werden, so sind Sie berechtigt, den Mietsvertrag aufzuheben und die von mir — uns — gemieteten Gegenstände ohne Anrufung des Gerichts auf meine — unsere — Kosten abholen zu lassen.

Außerdem bin ich — sind wir — zur Zahlung des gesamten Mietspreises bis zum Schluß des Mietsvertrages so, als ob derselbe fortbestände, verpflichtet. Dieser Mietspreis ist sofort zahlbar. Bei anderweitiger Vermietung während der ursprünglichen Vertragsdauer geht von Beginn der neuen Miete ab nur der Unterschied zwischen dem mit mir — uns — und dem etwaigen mit dem neuen Mieter von Ihnen vereinbarten, Ihnen zugeflossenen niedrigeren Mietspreis zu meinen Lasten; die danach von mir — uns — bereits zuviel gezahlten Beträge werden Sie mir — uns — zurückvergüten.

IV.

Sämtliche Mietsgegenstände, deren Wert an den Absendungsorten für die

zu 1 genannten Materialien Mark ..........., ...... Pf. pro ..........
zu 2 genannten Materialien Mark ..........., ...... Pf. pro ..........
zu 3 genannten Materialien Mark ..........., ...... Pf. pro ..........
zu 4 genannten Materialien Mark ..........., ...... Pf. pro ..........
zu 5 genannten Materialien Mark ..........., ...... Pf. pro ..........
zu 6 genannten Materialien Mark ..........., ...... Pf. pro ..........

beträgt, sind, wie ich mich — wir uns — überzeugt habe....., für meine — unsere — Verwendungszwecke durchaus passend.

V.

Frachtbasis für die Lieferung ist .................. Erfüllungsort für alle Zahlungsverbindlichkeiten ist Ihr Kontor in .................. Von der Absendung der Materialien bis zu ihrem Wiedereintreffen bei Ihnen läuft die Miete, und habe... ich — wir — auch jedwede Gefahr zu tragen. Ich — Wir — verpflichte...... mich — uns —, mindestens 14 Tage vor Rücksendung bei Ihnen anzufragen, ob die Materialien nach Ihrem Lagerplatz .................. zurückzuliefern sind oder etwa nach einer anderen — näher oder weiter gelegenen — Station; in jedem Falle ist Frachtbasis für die Rücklieferung ..................

VI.

Der für die ursprüngliche Mietszeit vereinbarte Mietszins gilt auch weiterhin, es sei denn, daß für den Fall der einverständlichen Fortsetzung des Gebrauchs bezw. der Miete auf unbestimmte Zeit ein höherer oder niedrigerer Mietszins schriftfestgesetzt ist. Bei etwaiger verspäteter Rücklieferung sind Sie — unbeschadet Ihrer etwaigen höheren Schadensersatzansprüche — berechtigt, die Weiterzahlung des Mietszinses in monatlich pränumerando in bar zahlbaren Teilbeträgen zu verlangen bis zum Wiedereintreffen der Materialien bei Ihnen bezw. bis zur Ersatzzahlung, insoweit Sie es vorziehen sollten, für nicht rechtzeitig zurückgelieferte Gegenstände die unter Ziffer IV aufgeführten Ersatzwerte oder die zur Beschaffung von gleichwertigen Ersatzmaterialien etwa notwendigen höheren Beträge zu fordern. Dies gilt auch im Falle des Untergangs der Materialien oder der aus einem sonstigen Grunde eintretenden Unmöglichkeit der Rückgabe.

VII.

Sie haften mir — uns — dafür, daß die nachbenannten Gegenstände mir — uns — in der in diesem Schreiben bezeichneten Beschaffenheit von Ihnen übergeben werden, lediglich in der Weise, daß Sie alle Mängel, die Ihnen als Verletzung obiger Verpflichtung nachgewiesen werden, **auf Ihre Kosten** beseitigen. Die Materialien gelten als vertragsmäßig von mir — uns — anerkannt, wenn ich — wir — nicht innerhalb acht Tagen nach Empfang derselben schriftlich etwaige Mängel spezifiert rüge.........

Spezialbestimmung für ........................................ usw.

VIII.

Eine Haftung Ihrerseits für irgendwelche Ansprüche anderer Art, auch wegen verspäteter Lieferung, ist ausgeschlossen.

IX.

Ich — Wir — werde...... die bezeichneten Gegenstände vor Überanstrengung in jeder Weise schützen und vom Augenblick der Absendung ab bis zum Wiedereintreffen derselben auf meine — unsere — Kosten in durchaus gebrauchs- und betriebsfähigem Zustande erhalten und die hierzu erforderlichen Reparaturen vornehmen.

Spezialbestimmung für ................................................ usw.

X.

Der Mietspreis ist unabhängig davon, ob die Materialien an den einzelnen Tagen 12 Stunden oder weniger in Gebrauch genommen werden. Für diejenigen Tage, an denen die Materialien länger als 12 Stunden in Benutzung sind, tritt eine dem Grundpreise und der Zahl der Überstunden entsprechende Erhöhung des Mietszinses ein, die am Schlusse eines jeden Monats für den voraufgegangenen Monat in bar zahlbar ist. Ich bin — Wir sind — daher verpflichtet, Ihnen in monatlichen Zwischenräumen die Tage, an denen Überstunden gemacht worden sind, und die Zahl der Überstunden aufzugeben.

XI.

Ich — Wir — werde...... an diesen Mietsgegenständen niemandem Rechte irgendwelcher Art bestellen, insbesondere dieselben nicht in Untermiete geben oder Rechte aus dem Mietsvertrage einem anderen abtreten. Werden die Mietsgegenstände gepfändet oder sonstwie durch Dritte in Anspruch genommen, so bin ich — sind wir — verpflichtet, Ihnen hiervon sofort schriftliche Anzeige zu erstatten.

Die Ausübung eines Zurückbehaltungsrechtes und die Aufrechnung von Gegenforderungen stehen mir — uns — nicht zu.

## XII.

Für alle Rechtsstreitigkeiten ist nach Wahl des Klägers der allgemeine Gerichtsstand des Beklagten oder das Landgericht I oder II in Berlin zuständig.

## XIII.

Mündliche Abmachungen irgendwelcher Art, die in diesem Schreiben nicht enthalten sind, sollen ungültig sein, namentlich ist mir — uns — ein Kaufrecht auf die hier in Rede stehenden Mietsgegenstände in keiner Form eingeräumt.

Spezifikation umseitig!

# Teil b.

.............................., den .............................. 19........

An die

Firma ..............................................................................

Sie räumen mir — uns — heute das Recht ein, die mir — uns — heute vermieteten Materialien in ihrer Gesamtheit von Ihnen zu kaufen. Der Kaufpreis entspricht den in meinem — unserem — Schreiben vom heutigen Tage verzeichneten Werten zuzüglich Zinsen in Höhe von 2 Prozent über den Reichsbankdiskontsatz, mindestens aber .............. Prozent p. a. für die Zeit vom Lieferungstage ab bis zur Schlußzahlung, gerechnet auf den gesamten Lieferungswert. Voraussetzung für das Kaufrecht ist, daß ich — wir — die sämtlichen im Mietsvertrage von mir — uns — übernommenen Verpflichtungen prompt erfülle......, bis zum .............................. schriftlich erkläre......, die Materialien kaufen zu wollen, und innerhalb der heute festgesetzten Mietsdauer den Kaufpreis bar bezahle....... Die Nichterfüllung einer dieser drei Bedingungen hat den Verlust des

Kaufrechts auch dann zur Folge, wenn die Miete über die heute vereinbarte Zeit hinaus festgesetzt bezw. verlängert wird.

Sie verpflichten sich, mir — uns — auf den Kaufpreis die gezahlten Mietsbeträge voll — jedoch keine Zinsen hierauf — anzurechnen.

Der im Mietsvertrage vereinbarte Erfüllungsort gilt auch für die beiderseitigen Ansprüche aus dem Kaufe. Das Eigentumsrecht an den Mietsobjekten geht erst nach Bezahlung des gesamten Kaufpreises auf mich — uns — über und verbleibt bis dahin bei Ihnen.

Hochachtungsvoll

.................................................

# Sachregister.

**Gewöhnliche und hochstehende Ziffern, zusammenstehend, verweisen auf Paragraphen und Anmerkungen. — S. = Seite.**

---

## G.

## H.

## L.

## O.

## T.

## W.

## Z.

*Otto Walter, Buchdruckerei, Berlin S 14*